中國學術思想 研究輯刊

三四編

林慶彰 主編

第2冊

毛《傳》、鄭《箋》訓詁中的經學建構與文本意識（下）

王誠御 著

花木蘭文化事業有限公司

國家圖書館出版品預行編目資料

毛《傳》、鄭《箋》訓詁中的經學建構與文本意識（下）／王
誠御 著 -- 初版 -- 新北市：花木蘭文化事業有限公司，2021
〔民 110〕
目 6+302 面；19×26 公分
（中國學術思想研究輯刊 三四編；第 2 冊）
ISBN 978-986-518-485-8（精裝）
1. 詩經 2. 訓詁學 3. 經學
030.8   110010871

ISBN-978-986-518-485-8

中國學術思想研究輯刊
三四編 第 二 冊   ISBN：978-986-518-485-8

毛《傳》、鄭《箋》訓詁中的
經學建構與文本意識（下）

作　　　者　王誠御
主　　　編　林慶彰
總 編 輯　杜潔祥
副總編輯　楊嘉樂
編　　　輯　許郁翎、張雅淋、潘玟靜　美術編輯　陳逸婷
出　　　版　花木蘭文化事業有限公司
發 行 人　高小娟
聯絡地址　235 新北市中和區中安街七二號十三樓
　　　　　　電話：02-2923-1455 ／傳真：02-2923-1452
網　　　址　http://www.huamulan.tw 信箱 service@huamulans.com
印　　　刷　普羅文化出版廣告事業
封面設計　劉開工作室
初　　　版　2021 年 9 月
全書字數　561651 字
定　　　價　三四編 14 冊（精裝）新台幣 36,000 元

毛《傳》、鄭《箋》訓詁中的經學建構與文本意識（下）

王誠御　著

第三章　鄭玄《毛詩箋》的體例、解經方法及其問題

　　鄭玄，《後漢書》有傳，後漢人所撰〈鄭玄別傳〉，今存若干佚文。〔註1〕後人所撰鄭玄年譜有：王鳴盛著，迮鶴壽補譜：《鄭康成年譜》、〔註2〕陳鱣《鄭君紀年》（此書又有袁鈞訂正本）、孫星衍《鄭司農年譜》、沈可培《鄭康成年譜》、侯登岸《漢大司農康成鄭公年譜》、丁晏《漢鄭君年譜》、〔註3〕林春溥《鄭蔡年譜合表》，〔註4〕另據平步青所記，洪頤煊亦撰有鄭玄年譜。〔註5〕

─────────────

〔註1〕輯錄較詳者為〔日〕佐藤文四郎：〈鄭玄別傳輯考〉，原載《支那學雜誌》，又收入《服部先生古稀祝賀記念論文集》（東京：富山房，1936年4月），此文有馬導源中譯本，收入《日本漢學研究論文集》（臺北：中華叢書編審委員會，1960年7月），頁91～105，最近則有熊明輯校：《漢魏六朝雜傳集》（北京：中華書局，2017年6月），頁306～320。

〔註2〕〔清〕王鳴盛：《蛾術編》，卷五十八〈說人〉附迮鶴壽所補〈鄭康成年譜〉，頁824～826。

〔註3〕以上均見國家圖書館編：《漢晉名人年譜》（北京：北京圖書館出版社，2004年6月），第一冊，袁鈞訂正本《鄭君紀年》見《北京圖書館藏珍本年譜叢刊》，第6冊。

〔註4〕〔清〕林春溥：《鄭蔡年譜合表》，有光緒庚寅蔡氏三餘書屋刻本，據陳乃乾：〈共讀樓所藏年譜目〉，《陳乃乾文集》，頁982，蔡指蔡邕。

〔註5〕〔清〕平步青云：「（阮）文達《譜》刻入甘泉黃右原《高密遺書》中（引按：《高密遺書》現已收入〔清〕黃奭《逸書考》中，然《逸書考》所收《鄭司農年譜》乃孫星衍所著，非阮元），最為賅審，蓋補孫《譜》、陳《紀》而成……洪（頤煊）自撰《鄭康成年譜》一卷（原注：見臨海詩□）……間有與文達闇合者，全譜實不及文達遠甚」，《霞外攟屑》，卷六〈鄭司農年譜〉，頁310。

而民國以來又有：龔道耕《鄭君年譜》、〔註6〕大川節尚〈鄭玄年譜〉、〔註7〕王利器《鄭康成年譜》、〔註8〕安國《鄭玄年譜》等。〔註9〕

　　本章在相關研究的基礎上，針對若干尚可發揮之處，分為四節討論：第一節討論鄭玄注《禮》、《詩》先後及其《詩》學歷程，第二節則論證《毛詩箋》書名之取義，作為第四節討論體例的準備，第三節則嘗試推測鄭玄所見毛《詩》、《詩序》、毛《傳》的文本形態應均為竹簡本，藉此重探清水茂的「鄭玄通學受紙的發明影響」之說；並從鄭《箋》述及毛《詩》、《詩序》、毛《傳》之處，與其注解時特殊的行文次序，來推測鄭玄所見毛《詩》、《詩序》、毛《傳》的內容。第四節則討論鄭《箋》體例的問題，及其訓詁特色。

第一節　鄭玄注《禮》、《詩》先後及其《詩》學歷程

一、鄭玄先學韓《詩》、魯《詩》、齊《詩》考辨

　　《後漢書・鄭玄傳》云：「玄少為鄉嗇夫，〔註10〕得休〔註11〕歸，嘗〔註12〕詣學官，不樂為吏，父數怒之，不能禁。遂造太學受業，師事京兆第五元先，〔註13〕始通《京氏易》、公羊《春秋》、《三統歷》、《九章算術》，又從東郡張恭

〔註6〕龔道耕著，李冬梅校正：〈龔編《鄭君年譜》校正〉，《儒藏論壇》第3輯（成都：四川大學出版社，2009年5月），頁35～77。

〔註7〕〔日〕大川節尚：《三家詩より見たる鄭玄の詩經學》，頁1～15（頁碼另起）。

〔註8〕王利器：《鄭康成年譜》（濟南：齊魯書社，1983年3月）。

〔註9〕收入安作璋主編：《鄭玄集》，下冊，《齊文化叢書・文獻集成》（濟南：齊魯書社，1997年6月），第6冊，頁719～753。

〔註10〕李賢《注》：「《前書》曰：『鄉有嗇夫，掌聽訟，收賦稅』也」，頁323，按引文見《漢書・百官公卿表》，又《後漢志・百官志》：「其鄉小者，縣置嗇夫一人」，劉昭《注》：「《風俗通》曰：『嗇者，省也。夫，賦也。言消息百姓，均其役賦』」，《後漢書》，〈志〉第二十八，頁978。

〔註11〕「休」即「休沐」，《文選》卷二十七鮑照〈休沐重還道中〉，李善《注》：「休，假也。沐，洗也。《漢書》：『張安世沐未嘗出』，如淳曰：『五日得下一休沐』」，頁392，按引文見《漢書》卷五十九〈張湯傳〉附〈張安世傳〉，原文無「張安世」三字，今本亦無如淳《注》，《漢書補注》，頁1225，另參楊鴻年：《漢魏制度叢考》（武漢：武漢大學出版社，2005年5月），頁232～236。

〔註12〕按：「嘗」即「常」之假借。

〔註13〕第五元先有數說，關鍵乃是「元先」二字如何解讀，第一說：其人名「第五元」，而「先」即「先生」，或「先」字衍文，則第五元者，第五，複姓，元，名。第二說：第五，複姓，元先，字，其人又有指為第五種，與非第五種等說，詳《山

祖〔註14〕受《周官》、《禮記》、《左氏春秋》、《韓詩》、《古文尚書》；以山東無足問者，乃西入關，因涿郡盧植，〔註15〕事扶風馬融〔註16〕。」〔註17〕此即後人考證鄭玄《詩》學師承所據；然諸異說的癥結，除了《後漢書》是否可信之外，最關鍵的是涉及三家《詩》輯佚理論的問題：相對於史書記載，根據鄭玄交遊、師承，或三禮注引《詩》、解《詩》，來確認其《詩》學歷程，何者更為可信？

　　茲將關於鄭玄先學何《詩》之異說羅列於下，論及鄭玄注三禮用何家《詩》，亦與本題相關，故亦略為附及：

　　（1）持鄭康成先學韓《詩》說者有：王應麟、〔註18〕陳啟源、〔註19〕惠棟、〔註20〕趙懷玉、〔註21〕錢大昭、〔註22〕王引之、〔註23〕馮登府、〔註24〕

　　東省志‧諸子名家志》編纂委員會編：《鄭玄志》（山東：山東人民出版社，2003年5月），〈鄭玄師第五元先考〉，頁42～44，晚近張欣以〈《後漢書‧鄭玄傳》所載第五元先考略〉，《中國典籍與文化》第2期（2018年），頁76～79，綜合各家說法，根據〈鄭玄別傳〉之「第五元先」之「先」字不能屬下讀，判斷「第五元先」之說為是，其說較可信，而「第五元先其人，蓋以字行，亦可能史佚其名。第五元先與同為京兆之第五興先（第五種）者，並非同一人」。

〔註14〕張恭祖生平略無可考，而〔唐〕史承節：〈鄭康成祠碑記〉作「張欽祖」，〔清〕董誥等編：《全唐文》（上海：上海古籍出版社，1990年12月），卷三百三十，頁1478，〔清〕鄭珍《鄭學錄》卷一云：「此作『恭』，未詳」，《鄭珍集‧經學》，頁270。阮元以為乃避金顯宗諱所改，見《山左金石志》，可備一說，另參〔日〕大川節尚：《三家詩より見たる鄭玄の詩經學》，頁211～212。按：「欽」亦訓「敬」，「敬」與「恭」義近，則「欽祖」者或是訓詁改字。

〔註15〕《後漢書‧盧植傳》：「少與鄭玄俱事馬融」，卷六十四，頁565。

〔註16〕《後漢書‧馬融傳》：「涿郡盧植、北海鄭玄，皆其徒也」，卷六十上，頁528。

〔註17〕《後漢書》，卷三十五，頁323。

〔註18〕〔宋〕王應麟：「鄭康成先通韓《詩》」，《困學紀聞（全校本）》，頁379。

〔註19〕〔清〕陳啟源：「康成箋《詩》與注它典引《詩》者多有異同，蓋因先通韓《詩》，後見《毛敘》，又它典所引，類多斷章，則就文立義故也」，《毛詩稽古編》，卷二十六，頁869。

〔註20〕〔清〕惠棟：《九經古義》，《皇清經解諸經總義類彙編（一）》，頁310。

〔註21〕〔清〕趙懷玉：〈校刻《韓詩外傳》十卷〉：「鄭康成亦先通韓《詩》」，屈守元：《韓詩外傳箋疏》，頁543。

〔註22〕〔清〕錢大昭：《《詩古訓》自序》：「韓《詩》鄭所先通，采用尤多」，《可廬著述十種敘例》，《國家圖書館藏古籍題跋叢刊》，第4冊，頁328。

〔註23〕〔清〕王引之：「鄭君先治韓《詩》」，《經義述聞》，《皇清經解諸經總義類彙編（一）》，頁756。

〔註24〕馮登府著，房瑞麗校注：《三家詩遺說》：「蓋鄭注禮時，從張恭祖受韓《詩》，故與列女傳不同」，頁19。

朱士端、〔註25〕陳奐、〔註26〕沈濤、〔註27〕秦瀛、〔註28〕包世榮、〔註29〕魏源、〔註30〕陶方琦、〔註31〕馬瑞辰、〔註32〕王劼、〔註33〕廖平、〔註34〕何定生、〔註35〕鄧聲國、〔註36〕彭美玲、〔註37〕李世萍、〔註38〕陳錦春等。〔註39〕

（2）持鄭康成先學魯《詩》、齊《詩》，或鄭玄初始即兼通三家《詩》等說者，如：

a. 王鳴盛云：「鄭康成先通《魯詩》」，〔註40〕又平步青（或陶方琦）云：「蓋鄭君早從盧君（引按：指盧植）受《詩》，盧固兼治《魯詩》者，且鄭君受業馬融，融亦見為今文之學，曾注《列女傳》，是亦先通《魯詩》者……故鄭君箋毛，尚羈用《魯詩》。」〔註41〕

〔註25〕〔清〕朱士端：「蓋鄭氏先通韓《詩》，故注禮與箋《詩》不同」，《彊識編》，頁85。

〔註26〕〔清〕陳奐：「鄭康成習韓《詩》，兼通齊、魯，最後治毛《詩》」，《鄭氏箋考徵》，《詩毛氏傳疏》，第4冊，頁1上。

〔註27〕〔清〕沈濤：「又案康成注禮皆用韓《詩》」，《銅熨斗齋隨筆》，收入《清人考訂筆記（七種）》，頁580。

〔註28〕〔清〕秦瀛：「鄭康成先通韓《詩》，後箋毛《傳》」，〈《詩測》序〉，《清人詩經序跋精萃》，頁69。

〔註29〕〔清〕包世榮：「鄭君，禮家也，其注禮多主韓《詩》說。晚見毛《詩》，以其義優，乃箋毛」，〈《毛詩禮徵》序〉，《清人詩經序跋精萃》，頁380。

〔註30〕〔清〕魏源：〈兩漢經師今古文家灋攷序〉：「鄭康成初年習韓《詩》，及箋《詩》，改從毛」，《湖南文徵》，卷八十，第5冊，頁2751。

〔註31〕〔清〕陶方琦：「鄭從張恭祖受韓《詩》，見于本傳」，〈《韓詩遺說補》敘〉，《漢孳室文鈔》，卷四，《續修四庫全書》，第1567冊，頁533。

〔註32〕〔清〕馬瑞辰：「又鄭君先從張恭祖授韓《詩》，兼通齊、魯之學」，〈《毛詩後箋》序〉，《毛詩後箋》，《續修四庫全書》，第67冊，頁5。

〔註33〕〔清〕王劼：「鄭氏以韓《詩》弟子而箋毛，年職自高，不暇深求；輒易《傳》，本三家之餘」，《毛詩讀》，卷首〈凡例〉，《四庫未收書輯刊》，第陸輯，第2冊，頁325。

〔註34〕〔清〕廖平：「箋毛《傳》用韓《詩》」，《今古學考》，《廖平選集》，上冊，頁67。

〔註35〕何定生：「鄭氏（玄）原攻韓《詩》，後來又改主毛《傳》」，〈讀詩綱領〉，《定生論學集——詩經與孔學研究》，頁11，補書名號。

〔註36〕鄧聲國：「眾所周知，鄭康成本習韓《詩》，又兼習齊《詩》、魯《詩》」，《文獻學與小學論考》，頁166。

〔註37〕彭美玲：《鄭玄毛詩箋以禮說詩研究》，頁81。

〔註38〕李世萍：《鄭玄《毛詩箋》研究》，頁130。

〔註39〕陳錦春：〈漢四家《詩》說異同譾論〉，《詩經研究叢刊（第二十九輯）》，頁209。

〔註40〕〔清〕王鳴盛：《蛾術編》，卷五，頁79。

〔註41〕〔清〕平步青：《霞外攟屑》，卷六〈漢孳室所著書目〉，頁417，疑平氏有用

　　b. 彭漢遺云：「鄭康成先治齊《詩》」，〔註42〕陳子展云：「初，鄭注禮蓋用今文齊說。」〔註43〕

　　c. 范家相云：「鄭康成未箋毛《傳》時，其注三禮多用《魯詩》，兼出齊、韓」，〔註44〕宋綿初云：「至鄭氏雖從張恭祖受《韓詩》，但其學該博，不名一家」，〔註45〕孔廣森云：「鄭君先學齊、魯、韓《詩》，晚乃為《毛詩箋》，故不純同毛公」，〔註46〕祁雋藻云：「鄭始學三家，後惟宗毛」，〔註47〕黃位清云：「鄭先通二〔三〕家，後改從毛」，〔註48〕黃以周云：「鄭先治三家《詩》，後習毛《詩》」，〔註49〕陳柱云：「鄭君先通三家，後箋毛《傳》」，〔註50〕張舜徽云：「鄭氏先治三家，後治毛《詩》」。〔註51〕

　　以上諸異說中，始即兼學三家《詩》之說過於空泛，也缺乏證據，不須討論；而何以《後漢書》之先學《韓詩》說較為可信，其它異說的根據與問題又為何，以下逐一討論：

　　先學《魯詩》之說，蓋因鄭玄與盧植之交遊而起，陶方琦云：「鄭君先從張恭祖受《韓詩》，又從盧植問魯《詩》（原注：臧氏拜經謂鄭專治《魯詩》，無為《韓詩》。〔註52〕陳氏左海謂鄭用今文之學，〔註53〕兼通魯、韓，陳說是

陶氏原文之處。

〔註42〕彭漢遺：〈毛詩正疑錄〉，《北京民國大學月刊》第 1 期（1928 年），頁 60。

〔註43〕陳子展：《詩經直解》，頁 86。

〔註44〕〔清〕范家相：《三家詩拾遺》，卷首〈源流〉，《四庫全書》，第 88 冊，頁 504。

〔註45〕〔清〕宋綿初：《韓詩內傳徵》，卷首〈序〉，《續修四庫全書》，第 75 冊，頁 81。

〔註46〕〔清〕孔廣森：《經學卮言（外三種）》，頁 64，原書標點為「晚乃為毛《詩》，箋故不純同毛公」，誤，今正。

〔註47〕〔清〕祁雋藻：〈《毛詩傳箋異義解》敘〉，〔清〕沈鎬：《毛詩傳箋異義解》，《續修四庫全書》，第 73 冊，頁 301。

〔註48〕〔清〕黃位清：《詩異文錄》，卷首〈自序〉，《續修四庫全書》，第 75 冊，頁 395，「三」字原磨滅作「二」，今據文義訂正。

〔註49〕〔清〕黃以周：〈答鄭康成學業次第問〉，《儆季文鈔》，卷四，《清代詩文集彙編》，第 708 冊，頁 504。

〔註50〕陳柱：〈守玄閣詩學敘〉，《待焚文藁》，卷四，林慶彰主編：《民國文集叢刊》，第 1 編，第 120，頁 236。

〔註51〕張舜徽：《鄭學叢著》，頁 35。

〔註52〕〔清〕臧庸：《拜經日記》，《皇清經解諸經總義類彙編（三）》，頁 2668。

〔註53〕〔清〕陳壽祺：〈答臧拜經論鄭學書〉，《左海文集》，卷四，《續修四庫全書》，第 1496 冊，頁 161～162。

也）」，〔註54〕按陶氏概括臧氏之說亦未當，臧庸《拜經日記》實云：「然則康成雖從張恭祖習《韓詩》，而注三禮及箋毛《詩》，所用魯《詩》為多」，無專治魯《詩》之語。而陶氏謂先學韓《詩》，是；然謂鄭玄曾學魯《詩》、齊《詩》，兩漢文獻中似無明文可證，各家僅就交遊而言，不如《後漢書》可信。

先學齊《詩》之說，彭氏蓋據陳喬樅《三家詩遺說攷》將鄭玄三禮注均歸入齊《詩》之故，陳喬樅云：「禮家師說，均用齊《詩》，鄭君據以為解，知其所述，多本齊《詩》之義」，〔註55〕然此說與《後漢書》的矛盾如何調解？陳壽祺云：「（范史）疏漏則有之矣，蓋鄭君先受《韓詩》，實已兼通三家，後乃治毛氏，禮注所據，未嘗專守一師也」，〔註56〕陳喬樅云：「范史特言從張恭祖受《韓詩》，而不知其兼通三家也」，〔註57〕是陳氏父子不信《後漢書》明文，而相信其所輯佚理論所推定的家法；而葉德輝雖然指出陳氏父子對鄭玄三禮注中引《詩》的問題：「陳書均并入齊《詩》，未免肊斷」，〔註58〕然並未提出論據。實則陳氏此處恐有方法論上的矛盾：因為陳氏判斷家法，往往根據的是史書明文，即陳氏通常先確定史書所載某人之先祖、交遊等等情況，來判定某人治某家《詩》，則某人所有著作涉及《詩》者均為某家《詩》，故凡與此相異者又可推定為非某家《詩》，此為陳氏的基本思路；而在處理鄭玄時，陳氏卻堅信其所推定的輯佚成果，而推翻其常常視為主要證據的史書，其用心大概如李霖所說，因為齊《詩》早亡，幾無可徵，為了使三家《詩》佚文的份量相等，乃將三禮注中龐大的引《詩》資料劃歸齊《詩》。〔註59〕陳氏既然別有用心，方法上也有問題，是以仍當以《後漢書》為準，鄭玄乃先學《韓詩》。

〔註54〕〔清〕陶方琦：〈《魯詩故訓纂》敘〉，《漢孳室文鈔》，卷三，《續修四庫全書》，第 1567 冊，頁 526。

〔註55〕〔清〕陳喬樅：《三家詩遺說攷・齊詩遺說攷》，卷首〈自敘〉，《續修四庫全書》，第 76 冊，頁 325，又見 339。

〔註56〕〔清〕陳壽祺：〈答臧拜經論鄭學書〉，《左海文集》，卷四，《續修四庫全書》，第 1496 冊，頁 161。

〔註57〕〔清〕陳喬樅：《三家詩遺說攷・韓詩遺說攷》，卷首〈敘錄〉，《續修四庫全書》，第 76 冊，頁 500。

〔註58〕〔清〕葉德輝：〈阮氏《三家詩補遺》敘〉，〔清〕阮元：《三家詩拾遺》，《續修四庫全書》，第 76 冊，頁 2。

〔註59〕李霖：「洎陳氏父子出，劃康成《禮》注於齊，以為禮家詩說均用齊詩……三家之規模乃可相抗，三家詩之輯佚始稱大成」，〈論陳喬樅與王先謙三家詩學之體系〉，頁 97。

二、鄭玄注禮、《詩》先後

前人論鄭玄著作之次第，多據黃以周〈答鄭康成學業次第問〉之說，而黃氏的主要方法是「今以《注》義求之」，即比勘鄭玄各經注中對同一文字或議題之解釋的前後變化，來判斷鄭玄注經的先後次第，故其結論是：「先注《周官》，次《禮記》，次《禮經》，次《古文尚書》，次《論語》，次毛《詩》，最後乃注《易》」，〔註60〕張舜徽以為黃氏此說「足補諸家所為《年譜》及《鄭學錄》、《北海三考》諸書所未及，證說精詳，足成定論」，〔註61〕然黃氏此說，後來亦有異論：

（1）李雲光與黃以周的主要差異在於注《周禮》與《禮記》的先後，李氏主要就後漢時事，及三禮注中引用、論及毛《傳》與否，重新論證：「蓋注《禮記》在先，其次為《周禮》，其次為《儀禮》也」，〔註62〕彭美玲說略同，並指出黃以周之說「殆僅能論證《周禮注》在《毛詩箋》前，似未足論證其早於《禮記注》也」。〔註63〕

（2）谷麗偉認為：「范曄認為鄭玄注《周禮》、《儀禮》在先，注《禮記》于後，黃氏之說與〈儒林列傳〉不符」，〔註64〕然谷氏此說未妥，因為〈儒林列傳〉無明文，且黃以周認為「此范氏隨文意慎倒敘之，非其著書之次弟也」，〔註65〕故其行文順序不足作為著作時代先後之證，谷氏亦誤解黃氏之意。又谷氏文中亦未明說鄭玄著作之次第究竟為何，但根據谷氏修正李雲光及楊天宇有關鄭玄注三禮時已見毛《傳》之說，則谷氏似以為鄭注三禮的次第是：《周禮》，《儀禮》，《禮記》。

從上述學者的討論，可見此一問題的關鍵，在於鄭玄注三禮時及見毛《傳》與否，茲留待下文討論後，再作說明。

〔註60〕以上均見〔清〕黃以周：〈答鄭康成學業次第問〉，《儆季文鈔》，卷四，《清代詩文集彙編》，第708冊，頁504。
〔註61〕張舜徽：《鄭學叢著》，頁31～32。
〔註62〕李雲光：《三禮鄭氏學發凡》（上海：華東師範大學出版社，2012年12月），頁9，補書名號。
〔註63〕彭美玲：《鄭玄毛詩箋以禮說詩研究》（臺北：國立臺灣大學中國文學研究所碩士論文，1992年6月），頁41、47。
〔註64〕谷麗偉：〈鄭玄注三《禮》與始見毛《傳》之先後考〉，頁38。
〔註65〕以上均見〔清〕黃以周：《儆季文鈔》，卷四，《清代詩文集彙編》，第708冊，頁503～504。

三、鄭玄注《禮》時已見毛《詩》未見毛《傳》

（1）舊說回顧

唐人以降，多主鄭玄注三《禮》時未見毛《詩》、毛《傳》之說，如：

孔穎達《毛詩正義》、《禮記正義》共五處論及此事（詳見下引）。

閻若璩引或說云：「或難予：鄭注《儀禮》、《禮記》未見《毛詩傳》，故《注》所引《詩》與毛異」。〔註66〕

陸奎勳云：「按康成註禮時未見毛《詩》。」〔註67〕

宋綿初云：「注禮時未得毛《傳》，大率皆韓、魯家言。」〔註68〕

胡培翬云：「鄭先注禮，而後箋《詩》，故往往不同。要之，箋《詩》多為定論。」〔註69〕

馮登府云：「鄭康成《儀禮・鄉飲酒禮・注》……蓋後從毛《傳》，故先後不合。」〔註70〕

沈欽韓云：「鄭君晚見毛《詩》，所注三禮何以不復更改？」〔註71〕

陳奐云：「箋《詩》乃在注禮之後。」〔註72〕

丁晏云：「鄭君注禮之時，未見毛《傳》」，〔註73〕又：「晏案：鄭君箋《詩》在注禮、《論語》之後。」〔註74〕

陳玉樹云：「鄭司農注《禮記》時，引《詩》皆用三家說，後得大毛公《詩傳》，更從毛說；然《記注》已行，亦不改定。」〔註75〕

〔註66〕〔清〕閻若璩：《尚書古文疏證》，卷一，頁53。
〔註67〕〔清〕陸奎勳：《陸堂詩學》，卷首〈讀詩總論〉，《續修四庫全書》，第62冊，頁252。
〔註68〕〔清〕宋綿初：《韓詩內傳徵》，卷首〈序〉，《續修四庫全書》，第75冊，頁81。
〔註69〕〔清〕胡培翬：《燕寢考》，《胡培翬集》，頁314。
〔註70〕〔清〕馮登府著，房瑞麗校注：《三家詩遺說》，頁64。
〔註71〕〔清〕沈欽韓：〈擬策問五道〉，《幼學堂文稿》，卷三，《續修四庫全書》，第1499冊，頁199。
〔註72〕〔清〕陳奐：《《毛詩鄭氏箋考徵》自序〉，《三百堂文集》，《清代詩文集彙編》，第553冊，頁205。
〔註73〕〔清〕丁晏：〈毛公推改什首辨〉，《頤志齋文集》，卷二，《清代詩文集彙編》，第587冊，頁76。
〔註74〕〔清〕丁晏：《鄭君年譜》，《北京圖書館藏珍本年譜叢刊》，第6冊，頁708。
〔註75〕〔清〕陳玉樹：〈覆劉生啟晴書〉，《後樂堂文鈔》，卷六，《晚清四部叢刊》第4編，第94冊，頁355。

皮錫瑞云：「鄭注三《禮》時未見毛《傳》。」〔註76〕

孫詒讓云：「余治《禮經》，嘗疑鄭君禮注與《詩箋》說多駁異，讀山陽丁氏《鄭君年譜》，乃知其箋毛《詩》在中平以後，而禮注先行，所據者三家《詩》也」，〔註77〕又：「詒讓前讀《鄭志》，知鄭君先注三《禮》，後箋毛《詩》，訓釋異同，不復追改……竊謂《詩箋》之作，在高密為晚年定論，其所發正，校《禮》注為尤精。」〔註78〕其它多有從此說者。〔註79〕

（2）鄭玄注三禮時是否及見毛《詩》、毛《傳》問題檢討

如上所述，前人論說，多認為鄭玄注三禮時未見毛《詩》、毛《傳》；但從清代開始，已有學者簡略地指出鄭玄三禮注已用毛《詩》，值得特別注意：

陳壽祺云：「《禮記·緇衣》引〈都人士〉首章，《注》曰『此詩毛氏有之，三家則亡』，此鄭參稽四家之驗」，〔註80〕既云「四家」，則陳氏以為鄭玄注《禮記》已用毛《詩》。

沈濤云：「而（鄭玄）〈緇衣〉《注》云『此詩毛氏有之，三家則亡』，蓋亦用毛《詩》矣。」〔註81〕

胡承珙云：「案《禮記·緇衣》引〈都人士〉首章，鄭《注》云……據此，是鄭為《記注》時，並非不見毛《詩》；但其時未為毛學，故多用三家《詩》耳。」〔註82〕

其後此一問題，開始有學者作了專題討論，而李雲光也有限度地修正舊說：「注此二禮（《周禮》、《儀禮》）時，以師馬融，而得見毛《傳》也……此可見注《禮記》之時未得毛《傳》，注《周禮》、《儀禮》之時已得之也」，〔註83〕至

〔註76〕〔清〕皮錫瑞：《鄭志疏證》，卷三，頁4下，又見皮錫瑞：《經學通論》，卷二，頁64。

〔註77〕〔清〕孫詒讓：〈冒巢民先生年譜序〉，《籀廎述林》，頁355，標點有修改。

〔註78〕〔清〕孫詒讓：〈與南海桂季廉文燦書〉，《籀廎述林》，頁304。

〔註79〕如：〔日〕細谷惠志〈從《禮記·表記》篇引用的《詩》來分析鄭玄的注釋〉，《第二屆詩經國際學術研討會論文集》，頁373～374、又：李霖：〈從《大雅·思齊》看鄭玄解《詩》的原則〉，《中國經學》第15輯，頁57等等，不備引。

〔註80〕〔清〕陳壽祺：〈答臧拜經論鄭學書〉，《左海文集》，卷四，《續修四庫全書》，第1496冊，頁161。

〔註81〕〔清〕沈濤：《銅熨斗齋隨筆》，卷一，收在《清人考訂筆記（七種）》，頁580。

〔註82〕〔清〕胡承珙：《毛詩後箋》，卷三，《續修四庫全書》，第67冊，頁77，一般只引胡氏此說作為清人已有此類說法的先聲，失之稍晚。

〔註83〕李雲光：《三禮鄭氏學發凡》，頁12～13。

楊天宇始正式提出鄭玄注三禮已見毛《傳》說，〔註84〕梁錫鋒從之，從注三禮與齊《詩》的特殊關係，與「逃難注禮」時只攜帶齊《詩》等角度對楊說作了補充，〔註85〕而羅健蔚對此一問題，綜合前人論述，詳盡考察了三禮注中所有說《詩》引《詩》的例證，修正楊說，認為應是注《禮》時已見毛《詩》，未見毛《傳》；〔註86〕後來谷麗偉亦對楊、梁二說有所修正，但未見羅氏之說。〔註87〕而今人論三《禮》注之引書時或舉及毛《詩》、毛《傳》，〔註88〕蓋亦本此說。

故針對此一問題，尚有綜合各家意見再作檢討的必要；而討論這一問題的關鍵有二：一在於三禮注與《鄭志》的矛盾如何處理？彼此的可信度又如何？二則經注「矛盾」或經說「不同」，為什麼一定是後人所預設的「著作先後」、「所見資料有異」所致？而不是體現鄭玄的解經觀念？

是以下文首先考察各家所舉出的三禮注中引及毛《詩》、毛《傳》之例，其次針對前述二問題略抒己見。

楊天宇文中所舉三禮注引毛《傳》者六證，最有力者有三，而梁錫鋒、羅健蔚、谷麗偉又續添一條證據，以下針對此四條證據略作考辨：

a. 《周禮・春官・小宗伯》：「若大甸，則帥有司而饁獸於郊，遂頒禽」，鄭玄《注》：「《詩傳》：『禽雖多，擇取三十焉，其餘以與大夫、士，以習射於澤宮而分之』」，〔註89〕孫詒讓謂此《詩傳》即〈車攻〉之毛《傳》，〔註90〕楊天宇云：「鄭《注》所引，顯係此毛《傳》文，唯多『而分之』三字，則鄭玄轉引所加」〔註91〕；然谷麗偉批評：「然《穀梁傳》昭公八年：『禽雖多，天子取三十焉，其餘與士眾，以習射于射宮。』案《穀梁傳》與《魯詩》同屬『魯學』，在漢初的傳授者皆為申培公，既然《穀梁傳》有此文，則鄭《注》

〔註84〕楊天宇：〈鄭玄《注》《箋》中《詩》說矛盾原因考析〉，《經學探研錄》，頁23～34。

〔註85〕梁錫鋒：《鄭玄以禮箋《詩》研究》，頁188～192。

〔註86〕羅健蔚：《鄭玄《三禮注》說《詩》與引《詩》之研究》（臺北：國立臺灣大學中國文學研究所碩士論文，2005年7月）。

〔註87〕谷麗偉：〈鄭玄注三《禮》與始見毛《傳》之先後考〉，《殷都學刊》（2012年），頁37～41。

〔註88〕如馬楠：「鄭注三禮廣引《左傳》、《儀禮》、《禮記》、毛《詩》之文」，《比經推例──漢唐經學導論》，頁78。

〔註89〕《周禮注疏》，卷十七，頁293。

〔註90〕〔清〕孫詒讓：《周禮正義》，第5冊，頁1452。

〔註91〕楊天宇：《經學探研錄》，頁26。

所引《詩傳》很可能指《魯詩》之傳」，〔註92〕谷說實屬推測，其實可能是毛《傳》與《穀梁傳》所記同出一源，故文字相似。

b.《儀禮·聘禮》：「出祖釋軷，祭酒脯，乃飲酒于其側」，鄭玄《注》：「《詩傳》曰：『軷，道祭也』」，〔註93〕楊天宇云：「此所引《詩傳》，乃《毛詩·大雅·生民》『取羝以軷』之《傳》文」；〔註94〕谷麗偉批評：「既然齊、韓兩家亦皆有《詩傳》，那就不能僅僅依據《聘禮注》與毛《傳》大略相同，即認定鄭《注》所引為毛《傳》」，又云：「《儀禮注》與《鄭箋》的不同，顯然說明鄭玄注《儀禮》時並未得見毛《傳》」，而「《禮記注》提及毛《詩》，說明鄭玄注《禮記》時已見到毛《傳》……鄭玄注《周禮》、《儀禮》時未得見毛《傳》，《注》中所引多為三家《詩》說，三家《詩》說與毛《詩》義頗有一致之處，致使後來學者誤以為鄭玄當時已得見毛《傳》並引用了毛《詩》說。注《禮記》時，鄭玄已得見毛《傳》，但因當時鄭氏尚未治毛《詩》之學，故雖提及毛《詩》、毛公，卻仍多采三家《詩》說」，〔註95〕谷說有理，此條未可視為鄭玄注三禮時已見毛《傳》之證。

c.《禮記·緇衣》：「《詩》云：『彼都人士，狐裘黃黃，其容不改，出言有章，行歸于周，萬民所望』」，鄭玄《注》：「此詩毛《詩》有之，三家則亡」，〔註96〕楊天宇云：「由此可見，鄭玄注《禮記》時，不僅已見毛《傳》，且與三家《詩》作過對比研究。」〔註97〕

d. 梁錫鋒、谷麗偉又續添一證：《禮記·射義》：「其節：天子以〈騶虞〉為節；諸侯以〈貍首〉為節；卿大夫以〈采蘋〉為節；士以〈采繁〉為節」，鄭玄《注》：「〈騶虞〉、〈采蘋〉、〈采繁〉，毛《詩》篇名。」〔註98〕然此一「毛」字，又有可疑，羅健蔚云：「既然四家《詩》無異，鄭《注》僅須說明是『《詩》篇名』即可，為何要添加『毛』字？這是後人誤植？抑或原本即是如此？不得而知」，〔註99〕實則羅氏之疑問，乃僅據阮刻本而未複查它本所致，喬秀岩

〔註92〕谷麗偉：〈鄭玄注三《禮》與始見毛《傳》之先後考〉，頁40。

〔註93〕《儀禮注疏》，卷二十四，頁283。

〔註94〕楊天宇：《經學探研錄》，頁27。

〔註95〕谷麗偉：〈鄭玄注三《禮》與始見毛《傳》之先後考〉，頁39、38、41。

〔註96〕《禮記注疏》，卷五十五，頁929。

〔註97〕楊天宇：《經學探研錄》，頁28。

〔註98〕《禮記注疏》，卷六十二，頁1014，谷麗偉：〈鄭玄注三《禮》與始見毛《傳》之先後考〉，頁40。

〔註99〕羅健蔚：《鄭玄《三禮注》說《詩》與引《詩》之研究》，頁178。

云：「檢余（仁仲）本、纂圖互注本此《注》作『今《詩》篇名』，正可與下文『〈貍首〉逸』相對，亦合鄭氏語例，是作『今詩』為正，『毛詩』為訛，斷然可知……是知此乃阮元刻本之訛字，因其訛出於阮本，故《校勘記》亦無說耳」，〔註100〕喬說可從，梁、谷氏續添此例，非是。

則前述四例，無疑義者僅上引《禮記·緇衣》鄭玄《注》一例，據此例，已可知鄭玄注三禮時至少已見毛《詩》，至於是否及見毛《傳》，則未易斷言；但楊天宇認為鄭玄注三禮時已見毛《傳》，故其說與《鄭志》不合，是以楊氏又對《鄭志》提出新的理解。而楊氏引出五經正義中「後得《毛詩傳》」之語有四處，羅健蔚又補出一例，共得五處，茲比較如下：

出　　處	內　　容
〈燕燕〉之《正義》	《鄭志》答炅模云：「為《記注》時，就盧君，先師亦然。後乃得毛公《傳》，既古書，義又且；然《記注》已行，不復改之。」〔註101〕
〈南陔〉之《正義》	《鄭志》答炅模云：「為《記注》時，就盧君耳，先師亦然。後乃得毛公《傳》，既古書，義又當；然《記注》已行，不復改之。」〔註102〕
〈禮器〉之《正義》	鄭答炅模云：「為《記注》之時，依循舊本，此文是也。後得《毛詩傳》，而為《詩》注，更從毛本，故與《記》不同。」〔註103〕
〈孔子閒居〉之《正義》	案《鄭志》答炅模云：「注《記》時就盧君，後得毛《傳》，乃改之」，凡《注》與《詩》不同，皆倣此。〔註104〕
〈坊記〉之《正義》	案《鄭志》答炅模云：「注《記》時就盧君，後得毛《傳》，乃改之。」〔註105〕

其餘或未明引其文，然其義亦大致相同。〔註106〕而關於以上數例的文字

〔註100〕喬秀岩：〈《禮記》版本雜識〉，《北京讀經說記》，頁87，增書名號。

〔註101〕《毛詩注疏》，卷二之一，頁78，據《校勘記》改。

〔註102〕《毛詩注疏》，卷九之四，頁343。

〔註103〕《禮記注疏》，卷二十三，頁450。

〔註104〕《禮記注疏》，卷五十一，頁866，據《校勘記》改。

〔註105〕《禮記注疏》，卷五十一，頁866，據《校勘記》改，楊氏引文未據《校勘記》改，《經學探研錄》，頁23。

〔註106〕如《禮記·大傳》引《詩》，《禮記正義》：「與此《注》不同者，《禮注》在前，《詩箋》在後，故《詩》有與《禮注》不同，故鄭答炅模云然也」，《禮記注疏》，卷三十四，頁622。

差異，楊天宇云：「孔穎達引《鄭志》答炅模之言，凡四見。……以上四條引文，不唯互有詳略，於文義亦有出入。據〈禮器〉、〈燕燕〉、〈南陔〉之《疏》所引，是《禮記注》完成前，終未得見毛《傳》……可是據《坊記‧疏》所引，是開始注《禮記》時未見毛《傳》，後來見到毛《傳》，乃改之，即據以修改其《注》中的《詩》說。為什麼同一個孔穎達所引同一條《鄭志》，其文字和內容卻如此不同呢……由此可以推知，孔穎達作《疏》時，《鄭志》已決非一種本子，抑或所引之文已成佚文，而據所聞或據他書轉引」，〔註107〕而楊氏之說，存在二疑點：

a. 「乃改之」如何理解：

谷麗偉云：「竊以為楊氏之說不確，〈燕燕〉、〈南陔〉疏中的『不復改之』，是指不再修改《禮記注》中的詩說，而〈坊記〉疏中的『乃改之』，是謂作《箋》時改從毛《詩》說。四則材料雖詳略各異，表意並無二致」〔註108〕，按谷說未必確，羅健蔚云：「所謂『乃改之』，孔穎達的理解是：在作《毛詩箋》時，乃改變對《詩》篇的解釋。但是『乃改之』，楊天宇跟李雲光認為也可以理解為：注《禮記》的初期未得毛《傳》，見得之後才又修改《注》中的《詩》說。兩造的看法都合理。」〔註109〕

b. 以上諸引文是否為「同一條《鄭志》」：

羅健蔚指出「這五則『答炅模』之言不一定屬於『同一條《鄭志》』而有詳略之不同，也有可能分屬兩條（第3則〔註110〕可能有別於其他則）」，〔註111〕其說甚是，但可以補充的是：分析楊氏的說法，其實楊氏可能假設同一人所著同一書中，不同處引一段文字必然相同，此一假設就古人引書的實際情況來說未必成立，而上述五例，〈禮器〉之《正義》所引者明顯不同，可能是孔穎達分別引用兩條《鄭志》中答炅模之語，而加以揉合，故只有此處引文不加《鄭志》二字，而稱「鄭答炅模云」。

而通觀上述五條引文，其實都只說後得毛《傳》，而不是後得毛《詩》，所以羅健蔚認為：「鄭玄於遭黨錮之禍時的十餘年間完成《三禮注》，當時至

〔註107〕楊天宇：《經學探研錄》，頁25～26。
〔註108〕谷麗偉：〈鄭玄注三《禮》與始見毛《傳》之先後考〉，頁38。
〔註109〕羅健蔚：《鄭玄《三禮注》說《詩》與引《詩》之研究》，頁171。
〔註110〕按：見前引《禮記‧禮器》之《正義》。
〔註111〕羅健蔚：《鄭玄《三禮注》說《詩》與引《詩》之研究》，頁173。

少已經見得毛《詩》文與《毛詩序》，並參用之。唯當時尚宗守今文《詩》說，未專研、深究毛《詩》學，故應用甚少。至於《鄭志》『答炅模』所言，僅止於《禮記注》，而其中所謂『未得《毛詩傳》』，應指《毛詩故訓傳》而言；這一部分在《禮記注》當中，確無資料可尋。然而，在《周禮注》或《儀禮注》中卻有三則與毛《傳》相同的文字記載，這是否代表鄭玄在注解這兩部典籍時就已見得毛《傳》？尚待更多資料的輔佐與進一步的研究，方能釐清」，〔註112〕其說既不與上述諸材料矛盾，且能也符合毛《詩》、毛《傳》的流傳形態，是最可取的說法。

不過，此一問題，尚有若干可以反思之處：

a. 三禮注與《鄭志》之關係：各家的說解，都力圖調和三禮注與《鄭志》，但是三禮注與《鄭志》，是否存在何者更為可信的問題？〔註113〕且五條引中所謂「然《記注》已行，不復改之」，其所謂《記注》，是否即為今日流傳的《禮記注》？

b. 根本的方法論問題是：從黃以周以降，考訂鄭玄三禮注的撰作次第，都認為三禮注中的諸多差異，主要是因為撰作時間有別因而導致先後立說有異，其實此一問題，須從鄭玄的解經理念來理解，《鄭志》云：「為《記注》時，執就盧君」，又：「為《記注》之時，依循舊本」，〔註114〕亦即鄭注三禮，其間立說的差異，有一部分只是反映所依據的舊說有所不同，未必能全面反映鄭玄先後認知之差異。且《鄭志》又云：「《論語注》人間行久，義或宜然，故不復定，以遺後說」，〔註115〕此為論《詩序》「哀窈窕」之《箋》與《論語注》異同之語，若據此語推衍，則鄭玄非常注意每一經典各自的文義脈絡，故不一定根據後來的見解修改前作，亦即：三禮注的異同，未必可作為考察鄭玄撰作時代的依據，而可能是根據三禮不同的文義脈絡所作的詮釋。

另外，《毛詩正義》又曾指出：「注禮之時，未詳詩意故耳」，〔註116〕這句

〔註112〕羅健蔚：《鄭玄《三禮注》說《詩》與引《詩》之研究》，頁183。
〔註113〕如《毛詩正義》云：「《鄭志》未為定解也」，《毛詩注疏》，卷四之三，頁170。又閻若璩云：「《鄭志》十一卷，追論康成生平應對時人者，今不傳，疑亦多為後所屬，非本文」，《尚書古文疏證》，卷四，頁192。
〔註114〕分見《鄭志疏證》，卷三，頁11下、卷六，頁14上。
〔註115〕《鄭志疏證》，卷三，頁4上～4下。
〔註116〕《毛詩注疏》，卷十八之三，頁670～671。

話的弦外之音正提示讀者：為什麼鄭玄每一處注解，都必然是完美無瑕地通考四家詩義而作的解釋，且鄭玄更能原原本本地記得自己所注諸書中的每一句話，而不出錯？〔註117〕

　　c. 各家公認《儀禮注》最晚出，然《周禮注》、《禮記注》為問題癥結所在，但茲將黃、李、虞三家說對照如下表；後來劉文清先生又據三禮注術語加以檢驗，〔註118〕其結果支持黃以周說，較可信。

姓　　名	最　　先	次　　之	最　　後
黃以周	《周禮》	《禮記》	《儀禮》
李雲光	《禮記》	《周禮》	《儀禮》
虞萬里〔註119〕	《禮記》、《儀禮》難分先後		《儀禮》
劉文清先生	《周禮》	《禮記》	《儀禮》

　　如更以此結論印證於引書差異，及漢人學習三禮的順序，或注中明顯的年日敘述，〔註120〕與漢代制度，〔註121〕關於鄭玄三禮著作次第，也許尚有討論空間。

（3）小結

　　總之，鄭玄注三禮時已見毛《詩》，未見毛《傳》之說，是目前較為可信的說法。鄭玄注禮、《詩》之次第，應為《周禮》、《禮記》、《儀禮》、毛《詩》。其學《詩》則先學魯《詩》，次通三家，終主毛《詩》。

〔註117〕　如〔清〕閻若璩：「康成號為接顏一見，終身不忘者，安得有忘其為字誤？」《尚書古文疏證》，卷一，頁53。

〔註118〕　劉文清：「而經由筆者探討《毛詩箋》訓詁術語，發現其術語在形式上愈趨簡化、分工，而在作用上愈趨明卻、專一，以此例之《三禮注》所用術語，『《周禮》《禮記》注雜而亂，《儀禮》注簡而一』，似可徵驗《儀禮注》之晚出。……今以《周禮注》的術語最為『雜而亂』，……本身術語的運用亦複雜紊亂……而《禮記注》……用法已較簡化，殆係後出」，〈鄭玄《三禮注》「之言」訓詁術語析論——兼論其術語意義之演變〉，《臺大中文學報》第41期（2013年6月），頁40。

〔註119〕　虞萬里：〈《三禮》漢讀、異文及其古音系統〉，《榆枋齋學術論集》，頁109～110。

〔註120〕　如《儀禮‧有司徹》鄭玄《注》：「延熹中設校書定作『𩛷』」，《儀禮注疏》，卷五十，頁599，此例李雲光：《三禮鄭氏學發凡》已揭出，頁11，但誤作「延熹中詔校書定作『𩛷』」。

〔註121〕　參〔清〕劉善澤：《三禮注漢制疏證》（長沙：岳麓書社，1997年1月）。

第二節　鄭玄《毛詩箋》書名及其意義

本節所要討論的《毛詩箋》書名，雖然早已有學者正確指出其意義，看似已無賸義，然尚有其它異說須加以考辨者。此外，亦辨正「毛詩詁訓箋」、「康成之《箋》亦曰《詩譜》」這兩個說法是否妥當。

一、釋《毛詩箋》之「箋」

諸家考訂「箋」字，主要的思路不外有二：一是與「箋」作為書寫載體及文體的意義繫連；二則就鄭玄注毛《詩》的態度來理解「箋」字。下文茲就此二思路加以討論，另有若干說法不在此二思路之中，別為一類檢討：

（1）從「箋」的書寫載體義理解《毛詩箋》之「箋」

《說文解字・五上・竹部》：「箋，表識書也。从竹，戔聲」，〔註122〕《說文解字》此處僅言「箋」的功用，未言「箋」之形制為何。然其形制可以根據「箋」字的形旁與聲旁來解釋，據「箋」字从竹，並旁證以《說文解字》據形繫聯的特性，「箋」字前後為「笵」與「符」字，《說文解字》分別解釋為：「竹簡書也」、「信也。漢制以竹，長六寸。分而相合。」〔註123〕可知「箋」應是竹簡。然竹簡甚多，「箋」又有何特色？根據其从「戔」聲，沈括已經指出從者「戔」多有「小」義、〔註124〕則「箋」从「戔」聲，乃指「竹簡之小者為箋」，〔註125〕故後來《考聲》解「箋」字為：「箋，小簡也」，〔註126〕十分準確。

那麼，小簡與書寫載體有何關係呢？余嘉錫指出：「蓋簡冊之制，字與上下齊，無復餘地，故讀者欲有所表識，則削竹為小箋，繫之於簡。劉向校書，康成箋《詩》，皆先書之於箋也」，〔註127〕這說明了何以表識一己意見須用箋

〔註122〕〔清〕段玉裁：《說文解字注》，頁191。

〔註123〕〔清〕段玉裁：《說文解字注》，頁191。

〔註124〕〔宋〕沈括著，胡道靜校正：《新校正夢溪筆談》，《胡道靜文集》（上海：上海人民出版社，2011年12月），卷十四，頁107。

〔註125〕梁啟超語，參沈兼士：〈右文說在訓詁學上之沿革及其推闡〉，《沈兼士學術論文集》（北京：中華書局，2004年5月），頁119～120。

〔註126〕〔清〕龍璋：《小學蒐逸》（北京：國家圖書館出版社，2013年4月），下冊，頁1。

〔註127〕余嘉錫：〈書冊制度補考〉，《余嘉錫文史論集》（長沙：岳麓書社，1997年5月），頁508。

的書寫背景，如郭店《老子》甲本、上博《孔子詩論》，〔註128〕某些簡的上下均無留白處可書寫。故解釋《毛詩箋》的「箋」，一方面須要把握「小簡」的意思，一方面要結合簡牘的書寫形制，大致符合這兩個條件的說法有：

程大昌云：「鄭康成之釋《詩》也，自名其語曰『箋』，〔註129〕……古無紙，專用簡牘，簡則以竹為之，牘則以木為也。康成每條自出己說，以片竹書之，而列毛《傳》之傍，故特名『鄭氏箋』者，明此箋之語，已實言之也」，〔註130〕李耀南云：「然竹木之書，至漢時仍不廢也，如鄭玄之《毛詩箋》（原注：《博物志》云：鄭玄釋《詩》，別為注文，附毛公之下，而自名曰箋，謂別以片竹書之，列毛《傳》之旁也）」，〔註131〕按張華《博物志》無此文，疑李氏本欲引《博物志》後再申一己之說，然而僅先注記《博物志》之名而未檢對，後遂遺忘，遂混淆己說為《博物志》之文。不過程、李二氏之說，都沒有連貫到「解經方式」的層面來理解，王博玄云：「（鄭玄）自云『注《詩》』，是其書內容本與鄭玄其他經注無異，特因採用『箋』的方式書寫、撰作，故名曰箋。而『繫於相應之簡』之形式，亦與注體『注於經下』頗為類似」，〔註132〕王氏之說把握「簡」之義，並結合注解體例來解釋「箋」字取義，最為貼切可取。

（2）從鄭玄注毛《詩》的態度理解《毛詩箋》之「箋」

鄭玄《六藝論·詩論》：「注《詩》宗毛為主，其義若隱略，則更表明；如有不同，即下己意，使可識別也」，〔註133〕故後來解釋《毛詩箋》取義者，

〔註128〕 荊門市博物館編：《郭店楚墓竹簡》（北京：文物出版社，1998 年 5 月），頁 3、馬承源主編：《上海博物館藏戰國楚竹書（一）》（上海：上海古籍出版社，2001 年 11 月），頁 3，不過《孔子詩論》尚有留白簡的問題，參周鳳五：〈論上博孔子詩論竹簡留白問題〉，《上博館藏戰國楚竹書研究》（上海：上海書店，2002 年 3 月），頁 187～191。

〔註129〕 引按：此語大概是指今本《詩》文之下，凡屬鄭玄之語，都有「箋云」二字（《詩序》之《箋》除外）。

〔註130〕 〔宋〕程大昌：《演繁露》（北京：中華書局，1985 年，《叢書集成初編》本），卷五，頁 56，周翠英：《《演繁露》註》（北京：中國社會科學出版社，2018 年 9 月），卷之五，頁 103。

〔註131〕 李耀南：〈中國書裝考〉，原刊《圖書館學季刊》第 4 卷第 2 期（1930 年），今據《北京圖書館同人文選》（北京：書目文獻出版社，1987 年 10 月），頁 7。

〔註132〕 王博玄：《唐代以前經籍注解體裁研究》，頁 46。

〔註133〕 〔清〕皮錫瑞：《六藝論疏證》，《皮錫瑞全集》，第 3 冊，頁 555。

亦本此發揮，主要有三說，一訓為「表」，一訓為「薦」，一從地域關係來解釋：

　　a. 訓「表」

　　《毛詩正義》：「鄭於諸經皆謂之『注』，〔註134〕此言『箋』者，呂忱《字林》云：『箋者，表也，識也』，鄭以毛學審備，遵暢厥旨，所以表明毛意，記識其事，故特稱為『箋』；餘經無所遵奉，故謂之『注』。注者，著也，言為之解說，使其義著明也。」〔註135〕

　　成伯璵云：「鄭玄謂之『箋』，亦無義例，述作之體，不欲相因耳」，又：「『箋』者，『表』也，毛公之《傳》有所滯隱及不曲盡義類，重表明之。或云毛曾為北海太守，玄即北海高密人也，以爵里之隔，致有禮讓，文儒之道，其不然乎。」〔註136〕

　　王觀國云：「觀國案：諸家字書：『箋』，子堅切，表識書也，亦作『牋』、『菚』。……謂之『牋，表』者，以此牋牘而表出己意也。」〔註137〕

　　《四庫全書總目提要》：「推張華所言，蓋以公府用記，郡將〔註138〕用箋之意。……然則康成特因毛《傳》而表識其傍，如今人之簽記，積而成秩，故謂之『箋』，實無庸別曲說也」，〔註139〕張壽林說全同。〔註140〕

〔註134〕按：值得注意的是：鄭玄題為「注」在兩漢時期也是特殊現象，〔清〕程廷祚〈六書原起論〉已經指出「按西京諸儒解詁聖經，無名『注』者，其以『注』名，事更起於東漢」，《青溪文集》，卷三，《國家圖書館藏鈔稿本乾嘉名人別集叢刊》，第 3 冊，頁 157，陳侃理亦云：「注體之興，蓋起自東漢」，〈《史記集解》為注體說〉，《文史》2018 年第 2 輯，頁 287，而張能甫則明確指出：「解釋古書稱為『註』始於鄭玄」，《鄭玄註釋語言詞彙研究》（成都：巴蜀書社，2000 年 3 月），頁 3。然〔唐〕成伯璵《毛詩指說》云：「注起孔安國，傳有鄭康成」，《四庫全書》，第 70 冊，頁 174，此文「注」、「傳」二字似誤倒，當作「傳起孔安國，注有鄭康成」。

〔註135〕《毛詩注疏》，卷一之一，頁 12，按「注」、「註」二字原即用字不一。

〔註136〕均見〔唐〕成伯璵：《毛詩指說》，《四庫全書》，第 70 冊，頁 174。

〔註137〕〔宋〕王觀國：《學林》，頁 6，標點有修改。

〔註138〕引按：「郡將」即「郡守」，《漢書・酷吏傳》：「（趙）繡見（嚴）延年新將」，顏師古《注》：「新為郡將也，謂『郡守』為『郡將』者，以其兼領武事也」，《漢書補注》，卷九十，頁 1570，另參楊鴻年：《漢魏制度叢考》，頁 336～338。

〔註139〕魏小虎：《四庫全書總目彙訂》，頁 450，然魏氏引陳尚君、張金耀云此乃《博物志》中之「或云」，非張華語。

〔註140〕張壽林：〈《毛詩故訓傳箋》提要〉，《續修四庫全書總目提要》，頁 303。

傅維森云：「案：以『表』釋『箋』，實本《說文》，而《廣雅》則謂：『箋，云也』，〔註141〕《篇海》謂古者紀其事，以竹編次為之，是非表識而何？《釋文》云：『箋本亦作牋』，玫《後漢書・胡廣傳》《注》引《周成雜字》亦云『牋，表也』，〔註142〕然則『箋』為『表識』，無疑義矣。」〔註143〕

丁福保云：「『箋』之云者，《說文》云：『表識書也』，謂書所未盡，待我而表識之也，康成箋《詩》，昔人謂所以表明毛意，記識其事，故特稱之為『箋』；或謂毛公嘗為北海郡，康成是郡人，注毛《詩》而曰『箋』者，所以示敬也。」〔註144〕

胡樸安云：「按《說文》云：『箋，表識書也』，言於毛《傳》有發明，表識於上也……鄭氏箋毛，因毛《傳》而表識其傍，如今人之箋記，積而成秩，故謂之『箋』。」〔註145〕

洪湛侯云：「根據他（鄭玄《六藝論》）自己所說，所謂『箋』就有『表明』和『識別』的意思。『表明』是對毛《傳》沒有說清楚的地方加以闡明，『識別』是對毛《傳》的不同見解用己意加以辨別。『表明』和『識別』概括了鄭氏解詩的全部工作。因此他把這部著作的書名稱作《箋》。」〔註146〕

張艷云：「這說明『箋』的體式因表識毛《傳》而成，以毛《傳》為本，一方面對其簡略隱約之處加以補充和闡明，一方面又把不同的解釋提出來，而不與毛《傳》相雜，稱為『鄭箋』。」〔註147〕

按，訓「箋」為「表」，雖源出《說文解字》「表識書也」，但此乃解釋「箋」的作用，非訓「箋」為「表」；故後來持此說者，又把「表」字解為「表明」，儼然「箋」有用作「表明」之義的文例，不可從。

〔註141〕 見《廣雅・釋言》，王念孫云：「未詳」，又《廣雅・釋詁》：「箋，書也」，〔魏〕張揖著，〔清〕王念孫疏證：《廣雅疏證》（臺北：鼎文書局，1972年9月），頁154、121～122。

〔註142〕 見《後漢書・胡廣傳》：「文吏試牋奏」李賢《注》，卷四十四，頁405，又《周成難字》可參龍璋：《小學蒐逸》，上冊，頁325～330。

〔註143〕 〔清〕傅維森：〈詁訓傳箋注解名義疏〉，《缺齋遺稿》，卷一，林慶彰等主編：《晚清四部叢刊》第10編，第98冊，頁43。

〔註144〕 丁福保：〈敬告注佛經之居士〉，《佛學大辭典》（臺北：臺灣印經處，1974年4月），卷首附錄，上冊，頁2（頁碼另起）。

〔註145〕 胡樸安：《中國訓詁學史》，頁152，標點有增補。

〔註146〕 洪湛侯：《詩經學史》，頁194。

〔註147〕 張艷：《毛《傳》、《鄭箋》對《詩經》訓詁之比較》，頁6。

b. 訓「薦」

《初學記・文部・經典》：「東漢鄭玄，取毛氏訓詁所不盡及異同者，續之為注解，謂之曰『箋』，箋，薦也，言薦成毛意。」〔註 148〕

《後漢書・儒林傳》：「鄭玄作《毛詩箋》」，李賢《注》：「箋，薦也，薦成毛義也。」〔註 149〕梁益云：「『箋』之為言『薦』也，主於薦成毛《傳》之意也。」〔註 150〕

按「箋」上古精母元部，「薦」上古精母文部，〔註 151〕二字聲母同，韻母旁轉，訓「箋」為「薦」除了有聲音關係外，也說明了鄭玄「其義若隱略，則更表明」的宗旨。不過此說的問題仍然與訓「表」相似，即「箋」字無用作「薦」之義的文例，故仍然不可從。

c. 地域關係

張華《博物志》云：「鄭玄注毛《詩》曰『箋』，不解此意，或云：『毛公嘗為北海郡守，玄是此郡人，故以為敬』」，〔註 152〕程大昌《演繁露》引崔豹《古今注》云：「毛公嘗為康成鄉州太守，故康成不敢與之齒躡，而以『箋』為言，『箋』猶『牋』也，與『牋記』之『牋』同也」，〔註 153〕鄭樵云：「鄭康成生東漢之末，又為《詩箋》本毛氏，以毛公為北海相，康成北海人，故傳所書」，〔註 154〕王鳴盛云：「尊敬毛公，毛已為傳注，故不稱傳、不稱注，而稱箋（原注：見張華《博物志》。李賢《後漢書注》：『箋，薦也。薦成毛義』）」，

〔註 148〕《初學記》，卷二十一，頁 498。

〔註 149〕《後漢書》，卷七十九下，頁 691。

〔註 150〕〔元〕梁益：《詩傳旁通》，卷十五，頁 284。

〔註 151〕郭錫良：《漢字古音手冊》，頁 202、203。

〔註 152〕〔晉〕張華著，〔宋〕周日用等注，范寧校證：《博物志校證》（北京：中華書局，1980 年 1 月），卷六〈文籍考〉，頁 72，標點有修改。又：王富祥：〈博物志疏證〉，《臺東師專學報》第 4 期（1976 年 4 月），頁 29～30。

〔註 153〕〔宋〕程大昌：《演繁露》，卷五，頁 55～56，余嘉錫：〈書冊制度補考〉：「今本《古今注》無此條，惟《博物志》卷四（原注：士禮居本）云：……崔豹蓋又就張華之說引申之」《余嘉錫文史論集》，頁 508，然年華林：《《古今注》校箋》（北京：綫裝書局，2014 年 9 月），仍失收此條，考《古今注》卷下〈問答釋義〉有問「籍」、「傳」等語，此條或應是〈問答釋義〉中之佚文。

〔註 154〕〔宋〕鄭樵著，顧頡剛輯點：《詩辨妄》，《續修四庫全書》，第 56 冊，頁 231，鄭樵語又見《通志・藝文略》，見該書附錄二，頁 244。按：「所」讀為「是」，「所書」即「是書」，指毛《詩》。

〔註155〕清水茂云：「我想對『箋』的解釋，還是時代較近的晉代張華（232～300）認為是對毛公表示謙遜的稱呼這一說法，較為妥當。」〔註156〕按：《後漢書・鄭玄傳》：「鄭玄字康成，北海高密人也」，〔註157〕又稱東州人，《後漢書・鄭太傳》載鄭太云：「東州鄭玄學該古今」，李賢《注》：「玄北海人，故云東州。」〔註158〕然「東」字似「青」字之誤，故王鳴盛云：「案：北海，國名。高密，縣名。屬青洲刺史郡」，〔註159〕近是；然「東」、「青」形不近，似涉東方為青色而誤，〔註160〕而「郡」當作「部」，《後漢書・續漢志・郡國志四》「北海國」下有「高密」縣，屬青州刺史部。〔註161〕

而此說歷來駁者甚多，陳振孫云：「雖未必由此，然漢、魏間達上之辭，皆謂之『箋』，則其為敬明矣」，〔註162〕周孚云：「康成自箋《詩》耳，何預北海相事也」，〔註163〕《四庫全書總目提要》云：「然康成生於漢末，乃修敬於四百年前之太守，殊無所取」，〔註164〕張壽林說同，〔註165〕段玉裁云：「此泥魏晉時上書偁『箋』之例，絕非鄭意」，〔註166〕余嘉錫云：「其說實迂曲不可通」，〔註167〕胡樸安云：「不必如張華《博物志》所云……致敬毛公而用『箋』也」，〔註168〕王博玄云：「張華所言過於迂曲，《總目》所駁甚是」。〔註169〕

〔註155〕〔清〕王鳴盛：《蛾術編》，卷五十八〈說人〉，頁 829。

〔註156〕〔日〕清水茂著，蔡毅譯：《清水茂漢學論集》（北京：中華書局，2003 年 10月），頁 31。

〔註157〕《後漢書》，卷三十五，頁 323。

〔註158〕《後漢書》，卷七十，頁 605～606。

〔註159〕〔清〕王鳴盛：《蛾術編》，卷五十八〈說人〉，頁 816。

〔註160〕謝朓：〈和徐都曹一首〉：「結軫青郊路」，李善《注》：「《周禮》曰：『東方謂之青』」《文選》，卷三十，頁 440，按：引文見《周禮・冬官・考工記・畫繢》，《周禮注疏》，卷四十，頁 622。

〔註161〕《後漢書》，《志》第二十二，頁 937～938。

〔註162〕〔宋〕陳振孫：《直齋書錄解題》（上海：上海古籍出版社，1987 年 12 月），頁 34～35。

〔註163〕〔宋〕周孚：〈非《詩辨妄》〉，收錄於〔宋〕鄭樵著，顧頡剛輯點：《詩辨妄》，《續修四庫全書》，第五十六冊，頁 231。

〔註164〕魏小虎：《四庫全書總目彙訂》，頁 450。

〔註165〕張壽林：〈《毛詩故訓傳箋》提要〉，《續修四庫全書總目提要》，頁 303。

〔註166〕段玉裁：《說文解字注》，頁 191。

〔註167〕余嘉錫：《余嘉錫文史論集》，頁 508。

〔註168〕胡樸安：《中國訓詁學史》，頁 152，標點有增補。

〔註169〕王博玄：《唐代以前經籍注解體裁研究》，頁 46。

按後漢李固〈祀胡母先生教〉亦修敬於漢初之胡母生，〔註170〕則鄭玄修敬於毛公，於理或有之，故張華立說的根據並無不妥，問題乃在於如果從「箋」字本身即可說明《毛詩箋》書名的取義，則不必將地域關係視為《毛詩箋》之所以稱「箋」的理由。

（3）其它說法

成伯璵云：「又或不名『傳』、『注』，而別謂之，義皆以解經也……鄭玄謂之『箋』，亦無義例，述作之體不欲相因耳。」〔註171〕

惠棟云：「鄭康成釋五經皆稱『註』，獨毛《詩》稱『箋』，蓋《箋》附《傳》後，故避『註』而稱『箋』。」〔註172〕

黃汝成云：「康成治《詩》，重毛公之賢，稱『箋』自下。」〔註173〕

彭美玲云：「今觀鄭《箋》廣引三《禮》，旁搜群籍，復兼採三家以申毛、補毛、改毛，幾達無一字無來歷之程度，殆即別立『箋』名之要義歟」，〔註174〕此說無法與「箋」字字義聯繫，未可取。

王承略云：「『箋』（引按：指《毛詩箋》之『箋』）為表明、記識之意。」〔註175〕按：「表明」、「記識」實為二義，不可混同。

李世萍云：「筆者覺得是否可以這樣說，鄭玄已經感覺到《詩》與其它經典的不同之處，即《詩》所具有的文學性，所以他在注釋《詩》時便自覺不自覺地進行文學的解讀，這樣的解釋更具靈活性和隨意性，類似後來的札記之類，用小竹片標記於詩句旁邊，所以鄭玄把他對《詩》的注解特別命名為『箋』」〔註176〕此一解釋的問題是：鄭玄是否意識到了《詩》的文學性？而文學解釋的靈活性與隨意性與札記這一形式有何必然關係？從上述兩個問題來考察，李氏之說也不可取。

〔註170〕〔東漢〕李固：〈祀胡母先生教〉，〔唐〕許敬宗編，羅國威校注：《日藏弘仁本文館詞林校注》（北京：中華書局，2001年10月），頁466。

〔註171〕〔唐〕成伯璵：《毛詩指說》，《四庫全書》，第70冊，頁174。

〔註172〕〔清〕王士禎著，〔清〕惠棟訓纂：《漁洋山人精華錄訓纂》，卷首〈訓纂凡例〉，頁1。

〔註173〕〔清〕顧炎武著，〔清〕黃汝成集釋：《日知錄集釋》，卷首〈敘〉，頁3，標修有增補。

〔註174〕彭美玲：《鄭玄毛詩箋以禮說詩研究》，頁68。

〔註175〕董治安主編，王承略整理：《兩漢全書》，第二冊，頁203，毛亨部分。

〔註176〕李世萍：《鄭玄《毛詩箋》研究》，頁63。

　　唐元云:「而對《毛詩箋》,則應該注意到,它所直接針對的是毛《詩》,而不是《詩經》……它的前提是采納《毛詩故訓傳》為《詩經》的基本注本,在此基礎上,再有所表明和識別。《毛詩箋》主承一家之說,並且是在傳的基礎上解經,所以,鄭玄為了與『三禮注』這樣的會通諸家言說,並且直接針對經文的注本相區別,就采用『箋』這個字的詞義特點,起了一個與眾不同的名字──《毛詩箋》,」〔註177〕按唐氏之說有二疑點:一則區分《詩經》與毛《詩》來解釋鄭玄《毛詩箋》的解釋立場,是否有必要?且毛《詩》為何一定不是《詩經》之原貌?但這並不意謂著毛《詩》就必然可信;只是須要特別注意:《詩經》與毛《詩》的關係是目前無法證實也無法證偽的問題。而其所謂「《詩經》之原貌」是否存在,又如何流傳?漢人如何得見?二則,舉例三禮注為佐證似未恰當,因為《儀禮》除鄭玄以外,此前無任何注解,故《儀禮注》很少引用它家注解。〔註178〕

　　(4) 小結

　　解釋《毛詩箋》書名的取義,最重要的是必須將《毛詩箋》之「箋」的書寫載體義與其解經方式相結合以解釋,且此一解釋必須有其它文例為證,故諸說之中,王博玄的說法最合理:「(鄭玄)自云『注《詩》』,是其書內容本與鄭玄其他經注無異,特因採用『箋』的方式書寫、撰作,故名曰箋。而『繫於相應之簡』之形式,亦與注體『注於經下』頗為類似」。而訓為「表」或訓為「薦」,則是從鄭玄注毛《詩》的宗旨來加以解釋,事實上並非《毛詩箋》之「箋」字的文本義,故亦再無其它「箋」字可解釋為「表」、為「薦」;而訓「表」、訓「薦」,其實也說明了具體的訓詁工作如何受解釋者的思想傾向所影響。

二、《毛詩箋》異名辨正

　　(1) 稱《毛詩箋》,當始於《隋書·經籍志》之《詩》類小序:「鄭玄作《毛詩箋》」;〔註179〕然後魏人劉芳《毛詩箋音證》,〔註180〕乃本之於《毛詩

〔註177〕唐元:《經學浮沉中的文體變遷:兩漢經解文體研究》,頁295。

〔註178〕皮錫瑞:「漢《禮經》通行,有師授而無注釋。馬融但注〈喪服〉經傳,鄭君始全注十七篇」,《經學通論》,卷三,頁7,又張舜徽:「終東漢之世,注十七篇《儀禮》者,惟鄭氏一人耳」,《鄭學叢著》,頁33。

〔註179〕〔日〕興膳宏、川合康三:《隋書經籍志詳考》,頁85。

〔註180〕〔日〕興膳宏、川合康三:《隋書經籍志詳考》,頁76。

箋》者，故知後魏人所見已有題為《毛詩箋》者。

（２）稱「《毛詩詁（古）訓箋》」者，迮鶴壽、〔註181〕馬吉平、王述平、〔註182〕安國等或僅舉此名，或並存此一異名，〔註183〕稱「《毛詩傳箋》」者，如《詩經學大辭典》曾用此名；〔註184〕然不論「《毛詩詁（古）訓箋》」或「《毛詩傳箋》」，均有二問題：《毛詩故訓傳》不應省稱為《毛詩詁訓》，且鄭玄不僅僅是箋毛《傳》，亦解毛《詩》本文，故仍當稱《毛詩箋》為是。

（３）彭維新云：「鄭康成之《箋》（原注：亦曰《詩譜》）」，〔註185〕誤，蓋彭氏不知《毛詩箋》與《詩譜》原為二書。

第三節　鄭玄所見毛《詩》、《詩序》、毛《傳》的文本形態及其來源——兼評清水茂「鄭玄通學受紙的發明影響」說

要理解鄭玄《毛詩箋》，首先應追問：鄭玄所讀毛《詩》、《詩序》、毛《傳》的文本形態為何？文本載體及書寫形態是否會影響鄭玄的閱讀經驗，進而影響其撰作意圖與解經理念？

此一思路大致發軔於虞萬里：〈鄭玄所見三禮傳本殘缺錯簡衍奪考〉，〔註186〕其後關於鄭玄之《尚書》、《論語》注解也有同類型的論著出現：曾新桂：〈《論語》鄭玄注所據本考〉、〔註187〕王利：〈鄭玄《尚書》注本非杜林漆書本考——兼論孔氏古文本與孔壁本諸問題〉，〔註188〕而近來趙培：

〔註181〕〔清〕王鳴盛：《蛾術編》，卷五十八，附迮氏〈鄭氏群書表〉，頁831。

〔註182〕馬吉平、王述平：〈鄭氏談叢十一篇〉：「一作《毛詩古訓箋》」，收在王振民主編：《鄭玄研究文集》（濟南：齊魯書社，1999年10月），頁337。

〔註183〕安國：《鄭玄年譜》，附錄三〈鄭玄著述表〉，《鄭玄集》，下冊，頁751。

〔註184〕夏傳才主編：《詩經學大辭典》，上冊，頁346～347。

〔註185〕〔清〕彭維新：〈詩經鳥獸草木蟲魚圖序〉，《湖南文徵》，卷六十，第4冊，頁2354。

〔註186〕虞萬里：〈鄭玄所見三禮傳本殘缺錯簡衍奪考〉，《中國經學》第12期（桂林：廣西師範大學出版社，2014年6月），頁1～50。

〔註187〕曾新桂：〈《論語》鄭玄注所據本考〉，《寧德師範學院學報(哲學社會科學版)》，總第118期（2016年第3期），頁56～60。

〔註188〕王利：〈鄭玄《尚書》注本非杜林漆書本考——兼論孔氏古文本與孔壁本諸問題〉，臺北：中央研究院中國文哲研究所「經學史重探（I）」學術研討會論文，2018年7月19日～7月20日。

〈毛傳鄭箋所本之《詩經》面貌管窺——以《曹風・鳲鳩》為例〉正式從此一思路對毛、鄭所見的《詩經》形態為何作出有益的探索，大意指出「鄭君箋《詩》時所見合於毛《傳》之《詩經》，已非毛公作《傳》時所據之本」，「所以我們從《傳》《箋》之中所分析得出的不應該只是單一文本的資訊」，〔註189〕但趙氏所論，還可補充的是：鄭玄所見毛《詩》、《詩序》、毛《傳》是竹簡本還是紙本？若是竹簡本，則王國維與清水茂關於鄭玄的論述，便須重新檢討：

　　王國維云：「則鄭（玄）之所以知六經策皆二尺四寸者，亦第據《鉤命訣》所云《春秋》策推之，並未親見六經策」，〔註190〕而清水茂〈紙的發明與後漢學風〉論證「鄭玄能兼采今古文，集兩漢經學之大成，應該說相當程度上是受到紙的發明的恩惠」，且指證《毛詩箋》應該也是紙本形態流傳：「試想鄭玄的『箋』的分量遠遠多於《詩經》本文，比之毛氏《詁訓傳》也毫不遜色。假如把這些『箋』都附在原來的竹簡文本上，僅『箋』就盈箱溢篋，作為書籍，絕難使用」，〔註191〕清水氏此一論述雖有新意，但將竹木簡被紙替代的時間估算得太短，〔註192〕故只要證明鄭玄所讀、所著之書均係竹簡本，則清水氏關於鄭玄通學的論述，便失去立論基礎，無法成立。

　　而探索上述問題的方法，主要是考察東漢時人寫作時所用的文本載體，與鄭《箋》及鄭玄相關《詩》學著作推測鄭玄所見毛《詩》、《詩序》、毛《傳》的內容。以下對上述問題略作討論：

一、鄭玄所見毛《詩》與毛《傳》及其所著《毛詩箋》均當為竹簡本蠡測

　　東漢時代紙已發明，但紙並未立刻取代原來的書寫載體，事實上紙、簡仍在一段不算短的時間內並用，馬先醒云：「儘管竹木簡的應用，終於被紙所取代，但這種取代的過程還是很緩慢的，並且在許多地方還留下了用簡

〔註189〕趙培：〈毛傳鄭箋所本之《詩經》面貌管窺——以《曹風・鳲鳩》為例〉，《中山大學學報（社會科學版）》第2期（2018年），頁28、35。

〔註190〕王國維著，胡平生、馬月華校注：《簡牘檢署考校注》，頁18，參頁12。

〔註191〕〔日〕清水茂：〈紙的發明與後漢學風〉，《清水茂漢學論集》，頁30～31，標點有增補。

〔註192〕同樣的問題，也出現在〔日〕富谷至編，張西艷譯：《漢簡語彙考證》（上海：中西書局，2018年9月）中，富谷氏云：「紙被發明以後，不久就成為主要的書寫材料」，頁4。

時代的痕跡」，〔註193〕大庭脩也考察了紙張發明之後木簡仍然持續使用的情況，〔註194〕然簡被紙取代，進而「紙的風行當在公元 3 至 4 世紀的晉代」。〔註195〕

在這一背景下，虞萬里則指出：「鄭玄所處時代已有紙張，然其注三禮所見文本仍是簡牘，此從其注釋用語中可以證實無疑」；〔註196〕但遍考《毛詩箋》、〈六藝論〉、《鄭志》、《詩譜》，似無直接證據可證明鄭玄所讀之毛《詩》、《詩序》、毛《傳》的文本形態為何；然而旁敲側擊，似仍有若干間接證據可供佐證：

1. 東漢時人寫作的文本載體

（1）東漢時人仍用簡來書寫經典，可舉三例為證

《後漢書·周磐傳》：「若命終之日……編二尺四寸簡，寫〈堯典〉一篇，并刀、筆各一，以置棺前，示不忘聖道」、〔註197〕《後漢書·曹褒傳》：「褒既受命，乃次序禮事，依準舊典，雜以五經讖記之文，撰次天子至於庶人冠婚吉凶終始制度，以為百五十篇，寫以二尺四寸簡，其年十二月奏上。」〔註198〕按周氏編簡寫經，此東漢時人用簡寫經之證，而曹氏作此《新禮》，儼然形同經典，故寫以二尺四寸簡，此東漢時人擬經之作亦書於簡之證。〈曹褒傳〉又云：「會帝崩，和帝即位，褒乃為作《章句》，帝遂以《新禮》二篇冠」，曹褒此一《章句》準之《新禮》，仍書於簡的可能性很大。據曹褒擬經之注解，尚用竹簡；則傳世經典與其注解沒有理由不用竹簡。

又李善《文選注》引《楚國先賢傳》載後漢孫敬「編楊柳簡，以寫經文，

〔註193〕馬先醒：〈簡牘釋義〉，《簡牘學要義》（臺北：簡牘學會，1980 年，未署月份），頁 6。

〔註194〕〔日〕大庭脩著，徐世虹譯：《漢簡研究》（桂林：廣西師範大學出版社，2001年 9 月），第三篇第二章〈使用紙時期的木〉，頁 239～245，又可參頁 233～238。

〔註195〕錢存訓：《書於竹帛》，《錢存訓文集》（北京：國家圖書館出版社，2012 年 12月），第一卷，頁 140，不過錢氏又在〈紙的起源新證〉一文中說：「紙在公元前 2 世紀的西漢時代已經通行，不僅作為襯墊、包裹等日常生活的用品，甚至可供繪製地圖之用。雖然迄今還沒有長篇有字的文獻發現，但出土的西漢紙證明在當時已用作書寫」，《錢存訓文集》，第一卷，頁 225，雖然如此，用紙來寫作文章與謄抄經書在兩漢仍然很罕見，說詳下。

〔註196〕虞萬里：〈鄭玄所見三禮傳本殘缺錯簡衍奪考〉，頁 1，又見頁 4。

〔註197〕《後漢書》，卷三十九，頁 1311。

〔註198〕《後漢書》，卷三十五，頁 322。

晨夕誦習之」，舒焚串譯此文為：「他買不起紙張，就編聯楊柳木簡，用以抄寫經文，每天日夜誦讀學習」，〔註199〕按：「編楊柳簡」不當解為「就編聯楊柳木簡」，當是編楊柳為「簡」之形，一如竹、木簡之制。舒氏又補「他買不起紙張」一句，雖為原文所無，似頗得文義，然而孫敬除了家貧不得購紙故編楊柳為簡外，也因其所抄為儒家經典，必慎重其事，故雖不能用竹、木簡，仍退而求其次編楊柳為簡以示敬。

又《後漢書‧盧植傳》：「臣前以《周禮》諸經，發起粃謬，敢率愚淺，為之解詁；而家乏，無力供繕寫上，願得將能書生二人，共詣東觀，就官財糧，專心研精，合《尚書》章句，考《禮記》失得，庶裁定聖典，刊正碑文」，〔註200〕按盧植此云「而家乏，無力供繕寫上」，蓋因盧植不欲用紙書寫其《尚書》、《禮記》著作，否則因其「家乏」，盧植正當用紙書寫，一如崔瑗〈與葛元甫書〉所云「貧不及素，但以紙耳」、〔註201〕以及「貧者無之（引按：「之」謂素帛），路舒溫截蒲寫書也」，〔註202〕不致「無力供繕寫上」。

然而陳直云：「在東漢明帝以後，經傳已經用紙來寫」，〔註203〕陳氏所據似即《後漢書‧賈逵傳》：「教以《左氏》，與簡、紙經傳各一通」，〔註204〕大庭脩亦據此云：「這就是在書寫上紙簡併用的證據」，似未是；〔註205〕因島田翰云：「成帝時『赫蹏書』，賈逵『簡紙』，皆云縑帛，非謂今紙也」，〔註206〕勞榦云：「亦即賈逵同時的紙，和漢成帝時的紙，同樣的是黏的絮，而不是織

〔註199〕以上均見〔晉〕張輔著，舒焚校注：《楚國先賢傳校注》（武漢：湖北人民出版社，1999年9月），頁62～63，標點有修改。

〔註200〕《後漢書》，卷六十四，頁566。

〔註201〕《北堂書鈔》，卷一○四〈紙〉，頁397。按《北堂書鈔》同卷又引作崔琰，陳直引作崔瑗，《兩漢經濟史料論叢》，頁201，均不確，因王利器云：「今宜從《北堂書鈔》、《藝文類聚》所引作崔瑗為是……葛元甫者葛龔也，《後漢書‧文苑傳上》有傳……若崔琰則鄭玄弟子也，《三國志‧魏志》有傳，其人已入魏晉，與葛元甫非同時人」，〈試論嚴可均校輯《全上古三代秦漢三國六朝文》的失誤〉，《王利器學述》（杭州：浙江人民出版社，1999年4月），頁193～194。

〔註202〕語出〔唐〕段公路《北戶錄》卷下崔龜圖《注》引王隱《晉書》引王隱〈答華恒〉語，陶敏：《全唐五代筆記》，第3冊，頁2156。

〔註203〕陳直：《兩漢經濟史料論叢》（北京：中華書局，2008年6月），頁200。

〔註204〕《後漢書》，卷三十六，頁332，李賢《注》：「竹簡及紙也」。

〔註205〕〔日〕大庭脩：《漢簡研究》，頁234。

〔註206〕〔日〕島田翰：《古文舊書考》（上海：上海古籍出版社，2014年10月），頁9。

的帛」，〔註207〕陳直亦指出賈逵「在蔡倫以前，所謂紙者，並非蔡侯紙也」，〔註208〕縱使此處之「簡紙經傳」，雖可證明「經傳已經用紙來寫」，但其實也說明紙仍未取代簡，若此時紙大量流行，則只需給予「紙經傳」即可，無須簡、紙並賜，可見東漢書寫經傳，仍以簡為主，偶然用紙輔助。

（2）東漢時人撰作文章，也書於簡

曲守約云：「按自東漢以還，凡著文章，皆書於紙……故率以用紙之多少，以宣示文章之長短」，〔註209〕曲說用「凡」字，實失考，因文獻中多見東漢人著文章時不書於紙，如馬衡所云：「但〈陽球傳〉載靈帝時（一八〇年頃），球奏罷鴻都文學，曾言樂松江覽等徵進明時，有『鳥篆盈簡』、『筆不點牘』之語。〔註210〕〈荀悅傳〉記悅作《漢紀》時（獻帝建安初，當二〇〇年）獻帝詔尚書給筆札。〔註211〕當時所用猶皆竹木。意應制之作，以及官府文書，各有定制，不能隨意變更，故仍用竹木。其餘或已趨於便易，多用縑帛矣」，〔註212〕馬說是，且可再補充二例：

《後漢書・賈逵傳》云：「帝勑蘭臺給筆札，使作〈神雀頌〉，拜為郎」，〔註213〕既云「札」，則亦書於簡，又劉昭〈後漢書注補志序〉亦云：「至乎永平，執簡東觀」，〔註214〕時尚用簡，並可補充馬說。

總結前述諸例，東漢時人所見、所作之經傳及其注解，及其所作之文章，皆有書於簡者，並且實以書於簡為常見。

2. 鄭玄所讀其它經本的形態

首先，鄭玄所讀之其它經書，也多是竹簡本，如《尚書・蔡侯之命》，《正義》云：「鄭玄謂此『伐淮夷』與『踐奄』是攝政三年伐管蔡時事，其編篇於

〔註207〕 勞榦：〈論中國造紙術之原始〉，《國立中央研究院歷史語言研究所集刊》，第19本（1948年），頁493。

〔註208〕 馬衡：《凡將齋金石叢稿》（北京：中華書局，1996年12月），頁263。

〔註209〕 曲守約：〈北史辭語考釋（二）〉，《大陸雜誌語文叢書：語法聲韻文字》（臺北：大陸雜誌社，1970年9月），頁25。

〔註210〕 引按：《後漢書・酷吏列傳・陽球傳》：「或獻賦一篇，或鳥篆盈簡，而位升郎中，形圖丹青。亦有筆不點牘，辭不辯心，假手請字，妖偽百品，莫不被蒙殊恩，蟬蛻汙濁」，卷七十七，頁670。

〔註211〕 引按：《後漢書・荀悅傳》：「帝好典籍，常以班固《漢書》文繁難省，乃令悅依《左氏傳》體以為《漢紀》三十篇，詔尚書給筆札」，卷六十二，頁551。

〔註212〕 馬衡：〈中國書籍制度變遷之研究〉，《凡將齋金石叢稿》，頁262。

〔註213〕 《後漢書》，卷三十六，頁331。

〔註214〕 《後漢書》，頁996。

此，即云『未聞』」，〔註215〕既云「編篇」，則鄭玄所讀《尚書》亦竹簡本，而三禮，如前揭虞萬里所論，鄭玄所讀亦均為竹簡本，且賈公彥〈序《周禮》興廢〉引鄭玄〈序〉云：「玄竊觀二三君子之文章，顧省竹帛之浮辭」，所謂「二三君子」即指鄭興、鄭眾、馬融之《周禮》注解，〔註216〕據此知鄭玄所讀《周禮》與其注解是竹簡本。

其次，如前文所揭李耀南、王博玄之說，鄭《箋》書名之取義，其實也暗示鄭《箋》仍書於簡，則其所讀毛《詩》、《詩序》、毛《傳》，亦當仍書於簡；而鄭玄首次將一己之作與毛《詩》、《詩序》、毛《傳》合編為《毛詩箋》，〔註217〕其形態亦當是竹簡本。

則上文從東漢時人著作載體、鄭《箋》書名、鄭玄所讀其它經本等方面綜合推論，鄭玄所讀之毛《詩》、《詩序》、毛《傳》，並其所作之《毛詩箋》，皆當為竹簡本。既然如此，鄭玄通學之形成，與清水茂所說受「紙的發明」影響，並無關係。

二、鄭玄所見毛《詩》、《詩序》、毛《傳》的內容及其來源

1. 從鄭《箋》及鄭玄相關《詩》學著作推測鄭玄所見毛《詩》、《詩序》、毛《傳》的內容

鄭《箋》及鄭玄相關《詩》學著作中，有不少直接引用毛《詩》、《詩序》、毛《傳》的例證，惟大多數基本與傳世《毛詩注疏》相合；僅少數相異之處，可據以推測鄭玄所見毛《詩》、《詩序》、毛《傳》之內容是否與今本不同。以下就毛《詩》、《詩序》、毛《傳》各分類舉例：

（1）經文之例，如：

a.〈崧高〉：「于邑于謝，南國是『式』」，《箋》：「于，往。于，於。『法』，式也。……往作邑於謝，南方之國皆統理，施其法度」，〔註218〕鄭《箋》此例

〔註215〕《尚書注疏》，卷十七，頁254。不過，另一種可能性是：鄭玄只是說《尚書》編輯成書時篇次安排的狀態，與其所讀之本無關，然而《儀禮・聘禮》鄭玄《注》：「此句似非其次……絕爛在此」，《儀禮注疏》，卷二十四，頁289，也用與「編篇」類似的「絕爛」來描寫其所見《儀禮》文本的形態與問題，則鄭玄所謂「編篇」，大概兼指《尚書》的編輯與其所見文本形態。

〔註216〕《周禮注疏》，卷首，頁8。

〔註217〕說已詳本書第二章第一節〈毛《詩》、毛《傳》之著錄及其早期文本形態〉。

〔註218〕《毛詩注疏》，卷十八之三，頁671。

頗為奇特，因為出注之順序，應該合於文本之順序，否則讀者將無法理解，尤其此處之「于邑于謝」，鄭玄認為兩「于」字字面雖同而意義不同，故依序分注，這一點，把單字為訓的「于，『往』。于，『於』」與串釋文義的「『往』作邑『於』謝」互相對照，即可明瞭；但是如果前文「于，往。于，於」是按照文本順序為注，則下一個注解為何不是「式，法也」，反而未依文本順序而作「法，式也」？是否鄭玄所見毛《詩》，乃作「南國是法」，故鄭玄才云「法，式也」？而今本《詩經》又非鄭玄所據之本，故造成經文與《箋》不合的情況？

　　但鄭玄所見毛《詩》作「南國是法」的可能性應該不高，理由是：〈崧高〉下文又說：「王命申伯，式是南邦」，此文明顯承接上文之「南國是式」，而「式是南邦」之《箋》云：「王乃親命之，使為『法度』於南邦」，〔註219〕雖然此處《箋》中沒有明確的「式，法也」之語，但鄭玄訓「式」為「法」仍一望可知，而之所以沒有明確的「式，法也」之語，是因為上文之「南國是式」，鄭《箋》原來應作「式，法也」，而因上文已有「式，法也」之文，故於「式是南邦」不再覆注，則據此可知「南國是式」之《箋》應該是「式，法也」而不是「法，式也」。因為如果鄭玄所見正如今本《毛詩注疏》作「式，法也」，則「式是南國」與「南國是法」文句不同，鄭玄理宜出注；但鄭玄於「式是南國」未云「式，法也」，則知鄭《箋》原本當作「式，法也」，而後世乃錯亂為「法，式也」，並非是鄭玄所見毛《詩》有作「南國是法」者。

　　且檢《毛詩正義》云：「故（鄭《箋》）以『式』為『法』」，〔註220〕知《毛詩正義》所見鄭《箋》尚作「式，法也」，則「法，式也」之誤在《毛詩正義》之後才產生。

　　b.〈執競〉：「上帝是皇」，今本《毛詩注疏》之《箋》僅有「天以是故美之，予之福祿」之文，〔註221〕然《毛詩正義》於標起止為「《箋》『執強』至『福祿』」的疏文中竟有「時，是，〈釋詁〉文」，〔註222〕按照《正義》慣例，必然是《箋》有「時，是」之語，《正義》才會疏釋其訓詁義項之來源；但是今本《箋》明無此文，則可以推測：此一矛盾由經、注、疏合刻而產生，原來

〔註219〕《毛詩注疏》，卷十八之三，頁671。
〔註220〕《毛詩注疏》，卷十八之三，頁671。
〔註221〕《毛詩注疏》，卷十九之二，頁720。
〔註222〕《南宋刊單疏本毛詩正義》亦有，頁426。

《正義》所見之經本與《箋》應該是：「『上帝時皇』，《箋》：『時，是』」，可是經、注、疏所據的經本是「上帝是皇」，而其所據《箋》無「時是」之語，於是兩相拼合後，留下一此矛盾。而根據此一矛盾，可以發現《正義》所見之經本與《箋》有作「上帝時皇」者，這也很可能是鄭玄所見經本的樣貌。

　　（2）《詩序》之例，如〈絲衣〉之《序》：「〈絲衣〉，繹賓尸也。高子曰：『靈星之尸也』」，《毛詩正義》引《鄭志》云：「高子之言，非毛公後人著之」，〔註223〕《玉海藝文校證》與《皮錫瑞全集》的點校者均如此斷句，〔註224〕其讀法雖然正確，然均不符合王應麟、皮錫瑞原義，〔註225〕因為根據王、皮二氏的引伸發揮，知王、皮二氏其實都讀作「高子之言非毛公，後人著之」（說詳下）。故下文擬揭出此語的所有讀法，綜合檢討其優劣：

　　a. 王應麟、陳澧、魏源、皮錫瑞讀作：「高子之言非毛公，後人著之」，按王應麟引此云：「不云《詩序》本有此文」，〔註226〕知王氏應理解為「高子之言非毛公」，所以才說「不云《詩序》本有此文」，陳澧云：「此鄭以『高子曰靈星之尸也』八字，非毛公所著，乃後人著之，故《箋》絕不言『靈星之尸』，而亦不駁之也；孔疏誤讀『非毛公後人著之』七字為一句，遂謂子夏之後、毛公之前，有人著之矣」，〔註227〕魏源在「高子之言非毛公」一句下原注：「句」，故知其如此讀，〔註228〕而皮錫瑞引此語後說：「故（鄭玄）謂高子之言非毛《傳》所本有，乃後人著之耳」，故知其亦理解為：「高子之言非毛公，後人著之」。然此一讀法的問題是：「非毛公」三字，語意不完，且此文明云「高子曰」，本非毛公之語，鄭玄應不必再贅言「非毛公」。

　　b. 張舜徽、谷麗偉均讀作：「高子之言非，毛公後人著之」，〔註229〕然鄭《箋》未駁高子之言，故不能理解為「高子之言非」。

　　且其實《鄭志》此語，乃《毛詩正義》引以為證，原文語境已不可知，因

〔註223〕〔清〕皮錫瑞：《鄭志疏證》，卷三，頁37下。

〔註224〕〔清〕皮錫瑞：《鄭志疏證》，《皮錫瑞全集》，第3冊，頁252。

〔註225〕〔清〕皮錫瑞：《鄭志疏證》，頁38上，皮氏又云：「鄭《箋》不解『靈星之尸』，鄭意蓋不以高子之言為然」，亦非，因鄭《箋》不解〈序〉處甚多，豈皆不以之為然？

〔註226〕《玉海藝文校證》，卷四，頁177。

〔註227〕〔清〕陳澧：《東塾讀書記》，卷六，《陳澧集》，第2冊，頁102。

〔註228〕〔清〕魏源：《詩古微》（道光中刻二十卷本），《魏源全集》，第1冊，頁157。

〔註229〕張舜徽：《鄭學叢著》，頁42～43、谷麗偉：〈《毛傳詁訓傳》作者辨正〉，頁16。

此應以《毛詩正義》之理解為準；而《毛詩正義》云：「鄭知『非毛公後人著之』者」，知理解為「高子之言，非毛公後人著之」為確，此句謂高子之言非毛公後人所附著，則其意係指高子之言毛公時已有。而據此語，可知鄭玄所見〈絲衣〉之《序》，同於今本。

（3）毛《傳》之例，本書第二章第五節中〈釋鄭《箋》所謂毛《傳》「推改什首」〉，曾指出鄭《箋》於〈南陔〉、〈白華〉、〈華黍〉之《序》與〈十月之交〉之《序》，均不認同毛《傳》之說，指稱毛《傳》改易《詩經》面貌；然今本《毛詩箋》中，上述二處仍如毛《傳》之舊，鄭玄僅於《序》下《箋》申明其說，未改毛《傳》。

而〈揚之水〉：「素衣朱襮，從子于沃」，《傳》：「襮，領也。諸侯繡黼、丹朱、中衣。沃，曲沃也」，《箋》：「『繡』當為『綃』，『綃黼、丹朱、中衣』，中衣以綃黼為領，丹朱為純也。國人欲進此服，去從桓叔」，〔註230〕按經文無「繡」字，鄭玄用「當為」之術語校勘毛《傳》「繡」字，則鄭玄不僅校勘毛《詩》、《詩序》，也校勘毛《傳》；而於〈昊天有成命〉：「於緝熙，單厥心，肆其靖之」，《傳》解云「熙，廣」、「肆，固」，而《箋》則認為：「『廣』當為『光』，『固』當為『故』，字之誤也」，〔註231〕經文無「廣」、「固」二字，則《箋》乃明指毛《傳》有「字之誤」之處。

2. 鄭玄所見毛《詩》、毛《傳》的來源

〈瓠葉〉：「有兔斯首」，《箋》：「斯，白也。今俗語『斯白』之字作『鮮』，齊、魯之間聲近『斯』」，〔註232〕也就是說，《箋》認為此文本當作「有兔鮮首」，聲近誤作「斯」，可能原因有二：一則因口語流傳而付諸抄寫時，抄者因誤聽誦《詩》者所說的「鮮」字為其自身齊魯方言的「斯」字，〔註233〕遂致

〔註230〕《毛詩注疏》，卷六之一，頁218。

〔註231〕《毛詩注疏》，卷十九之二，頁716。

〔註232〕《毛詩注疏》，卷十五之三，頁523。按：「鮮」上古心母元部，「斯」上古心母支部，《漢字古音手冊》，頁207、60，而周祖謨〈漢代的方言〉據此及其他資料指出「陽聲元部真部（文部）有些字齊魯青徐之間沒有韻尾輔音～n。例如…『鮮』聲近『斯』…」，《文字音韻訓詁論集》，頁50～51，根據王力《漢語史稿》的擬音，元部是〔an〕，支部是〔e〕，鮮、斯聲近除了聲母相同外，正是韻母無輔音～n的關係。

〔註233〕按劉向《別錄》云：「一人讀書，校其上下」，又：「一人持本，一人讀書」，李獨清：〈劉向別錄考釋〉，《貴大學報》第1期（1946年），頁100，可見彼時有讀誦書本者，自然可能音訛。

誤書為「有兔斯首」，二則或此抄者默誦而付抄《詩》文時，誤記為自身的齊、魯的方言，故誤書「有兔鮮首」為「有兔斯首」，也不無可能。但無論如何，據《箋》可以判斷抄寫者必然是齊、魯之間人，否則無由誤書為齊魯方言，故可知《箋》所讀之毛《詩》本可能部分是由齊、魯間人所抄寫。

又如前文所述，既然鄭玄注三禮時已見毛《詩》未見毛《傳》，則須追問鄭玄從何處得毛《詩》、何時何處得見毛《傳》？此一問題，學者多以為得自馬融，李雲光云：「以師馬融，而得見毛《傳》也」，于維杰云：「鄭氏當從（馬）融得毛《傳》」，〔註234〕但曹元弼則以為：「毛《詩》鄭明謂自得」，〔註235〕劉毓慶、郭萬金說同。〔註236〕考馬融校書東觀時間甚早，〔註237〕得見秘書，但馬融僅僅使「弟子以次相傳，鮮有入其室者」，〔註238〕故鄭玄或得見毛《詩》、毛《傳》於馬融門下，亦未可知。

第四節　鄭《箋》體例之問題

關於鄭《箋》體例，清人黃家岱已有〈鄭《箋》釋例〉，〔註239〕曹元弼亦曾撰《詩箋釋例》，似已佚。〔註240〕而今人如賴炎元、〔註241〕江乾益、〔註242〕周國瑞、〔註243〕劉有朋、藍嵐等，〔註244〕也續有討論；但多限於歸納例證，較少從鄭玄的解《詩》理念等角度論述，故下文主要從四個方面

〔註234〕　于維杰：〈鄭玄詩譜考正〉，頁 14。
〔註235〕　曹元弼：〈子鄭子非馬融弟子考〉，《復禮堂文集》，卷七，頁 721。參葉純芳：〈鄭玄《周禮注》從違馬融《周官傳》考——兼論漢人師法、家法之議與曹元弼〈子鄭子非馬融弟子考〉〉，《中國文哲研究通訊》第 19 卷第 1 期（2009 年 3 月），頁 157～192。
〔註236〕　劉毓慶、郭萬金：《從文學到經學——先秦兩漢詩經學史論》，頁 462。
〔註237〕　《後漢書‧馬融傳》：「（永初）四年，拜為校書、郎中，詣東觀典校秘書」，卷六十上，頁 523，永初四年約當 110A.D.，時鄭玄尚未生。
〔註238〕　《後漢書‧馬融傳》，卷六十上，頁 528。
〔註239〕　〔清〕黃家岱：〈鄭《箋》釋例〉，《嬹藝軒襍著》，收入《微季所著書五種并微孫書兩種》（國立臺灣大學圖書館藏清光緒乙未〔光緒十九年，1893 年〕江蘇南菁講舍刊本），第 10 冊，頁 26 上～29 上。
〔註240〕　王欣夫云：「吾師早歲所著《詩箋釋例》，稿佚不傳」，王欣夫：《蛾術軒篋存善本書錄》，頁 19。
〔註241〕　賴炎元：《毛詩鄭氏箋釋例》，《師大國文研究所集刊》第 3 期（1959 年 6 月）。
〔註242〕　江乾益：〈鄭氏箋詩之方法〉，《三家詩遺說研究》，頁 334。
〔註243〕　周國瑞：〈鄭玄《詩‧箋》例釋〉，《殷都學刊》第 1 期（1989 年）。
〔註244〕　劉友朋、藍嵐：〈毛詩箋訓釋體例〉，《天中學刊》第 1 期（1999 年）。

加以拾遺補闕：一、鄭玄的詮《詩》理念及其對毛《傳》的態度，二、鄭《箋》中未記三家《詩》異文，少見今文、古文等語考，三、鄭《箋》兼解經、《傳》的意義，四、鄭《箋》的訓詁術語與特色述略。

一、鄭玄的詮《詩》理念及其對毛《傳》的態度

（一）鄭玄的詮《詩》理念

要討論鄭玄的詮《詩》理念，主要的材料來自《毛詩箋》、〈六藝論〉、《鄭志》、《詩譜》，而《論語》中涉及《詩》之鄭玄《注》也偶有可採，但以上各書，若非隨文施注或隨問隨答，則多半僅存前後不相連貫的佚文，頗難了解鄭玄對《詩經》的整體看法為何；故可行的方法應是節取上述諸書中的論述，重新按以下這四個脈絡：《詩》是一部什麼樣的書／《詩經》如何形成／如何解釋《詩經》／《詩經》有何意義，以此建構鄭玄對《詩經》的整體看法及其詮《詩》理念：

1. 《詩》是一部什麼樣的書？

《鄭志》云：「《詩》本無文字」，〔註245〕其始本如〈六藝論〉所云「《詩》者，絃歌諷喻之聲也」，〔註246〕用以「言人之志意也」。〔註247〕然則「本無文字」的「絃歌諷喻之聲」又如何成為鄭玄所箋的《詩經》呢？這就必須追問：《詩經》如何形成？

2. 《詩經》如何形成？

首先，諸侯所陳之詩經太師編次，形成《詩經》的初始文本，《詩譜》：「武王伐紂，定天下，巡守述職，陳誦諸國之詩，以觀民風俗。六州者，得二公之德教尤純，故獨錄之，屬之太師，分而國之」，〔註248〕太師初步編定之後，由孔子對《詩》樂及《詩經》的初始文本分別加以刪訂：

刪訂《詩》樂部分，《論語・子罕》：「子曰：『吾自衛反魯，然後樂正，〈雅〉、〈頌〉各得其所』」，鄭玄《注》：「是時道衰樂廢，孔子來還，乃正之，故〈雅〉、〈頌〉之聲，各應其節，不相奪倫」；〔註249〕

〔註245〕〔清〕皮錫瑞：《鄭志疏證》，卷三，頁21下。

〔註246〕〔清〕皮錫瑞：《六藝論疏證》，《皮錫瑞全集》，第3冊，頁548。

〔註247〕見《尚書・堯典》鄭玄《注》，〔清〕王鳴盛：《尚書後案》，卷一，頁50。

〔註248〕《毛詩注疏》，卷首〈周南召南譜〉，頁8。

〔註249〕此據唐寫本，見王素：《唐寫本論語鄭氏注及其研究》，頁107，〔日〕金谷治：《唐抄本鄭氏注論語集成》（東京：平凡社，1978年5月），頁262～263、

刪訂《詩經》初始文本部分，〈六藝論〉：「孔子錄周衰之歌，及眾國聖賢之遺風，……凡取三百五篇，合為〈國風〉、〈雅〉、〈頌〉」，〔註250〕又《鄭志》：「孔子錄《詩》，已合〈風〉、〈雅〉、〈頌〉中」，〔註251〕又《詩譜》：「故孔子錄懿王、夷王時詩」、「今無〈貍首〉，周衰，諸侯並僭而去之，孔子錄《詩》不得也」、「孔子錄《詩》之時，則得五篇而已，乃列之以備三〈頌〉」，〔註252〕又〈六藝論〉：「孔子刪《詩》時，錄此五章，豈無意哉」。〔註253〕

不過《詩經》雖經孔子刪訂，但是鄭玄認為漢代流傳之《詩經》已非孔子刪訂之原貌，鄭《箋》：「至毛公為《詁訓傳》，乃分眾篇之義各置於其篇端云。……而下非孔子之舊」，〔註254〕又：「作《詁訓傳》時移其篇第」，〔註255〕又《鄭志》：「《詩》本無文字，後人不能盡得其第，錄者直錄其義而已」，〔註256〕又《詩譜》：「漢興之初，師移其第耳」，〔註257〕這就是鄭玄所讀所箋之《詩經》的形成歷程。

3. 如何解釋《詩經》？

則此一聖門授受，於當代政治亦有莫大作用的《詩經》，如何選擇家派、底本，加以闡發？

鄭玄在通曉漢代有家法、師說的四家《詩》之利弊得失後，「後乃得毛公《傳》，既古書，義又宜」，〔註258〕故就毛《詩》、《詩序》、毛《傳》之系統，為之作《箋》。且《詩序》更如《鄭志》所云：「又此《序》子夏所為，親受聖人，自足明矣」；〔註259〕但鄭玄對於《詩序》，亦有守有駁，如《鄭志》云：

333，何晏《論語集解》所錄鄭玄《注》無末三句。
〔註250〕 〔清〕皮錫瑞：《六藝論疏證》，《皮錫瑞全集》，第3冊，頁551。
〔註251〕 〔清〕皮錫瑞：《鄭志疏證》，卷三，頁1下。
〔註252〕 馮浩菲：《鄭氏詩譜訂考》，頁13、26、205。
〔註253〕 〔清〕皮錫瑞：《六藝論疏證》，《皮錫瑞全集》，第3冊，頁556。
〔註254〕 《毛詩注疏》，卷九之四，頁343。
〔註255〕 《毛詩注疏》，卷十二之二，頁405。
〔註256〕 〔清〕皮錫瑞：《鄭志疏證》，卷三，頁21下。
〔註257〕 馮浩菲：《鄭氏詩譜訂考》，頁154。
〔註258〕 〔清〕皮錫瑞：《鄭志疏證》，卷三，頁11下。
〔註259〕 〔清〕皮錫瑞：《鄭志疏證》，卷三，頁28下。按蒙文通云：「《義》中蓋有子夏之說，故鄭於〈常棣〉云……鄭蓋見《篇義》舊本，故能知之」，《經學抉原》，頁73，按蒙氏云「鄭於〈常棣〉云」，實出自《鄭志》答張逸問〈常棣〉語，原文欠審。

「《序》達經意」，〔註260〕又如《鄭志》：「《篇義》云……當似是而非者，故易之」，〔註261〕按篇義即謂《詩序》，說已詳前，故知鄭玄亦有駁《詩序》之處。但綜合考量之後，鄭玄仍選擇了毛《詩》、《詩序》、毛《傳》，作為其解釋的依據。

4.《詩經》有何意義？

在鄭玄的理解中，其所讀之《詩經》雖不盡孔子刪訂之原貌，但仍是出於「孔子錄《詩》」之本，其《序》為子夏所闡發，雖然間有流傳失真之處，仍宜涵詠體會聖義所在，闡發其義，使之作為輔佐漢家至於成功之典籍，《詩譜》云：「孔子錄《詩》之時，則得五篇而已，乃列之以備三〈頌〉，著為後王之義，監三代之成功，法莫大於是矣。」〔註262〕

而《詩經》對當代政治的影響，主要在於其觀美察過之作用，〈六藝論〉云：「故作《詩》者以誦其美而譏其過」，〔註263〕《詩譜》云：「論功頌德，所以將順其美；刺過譏失，所以匡救其惡」，〔註264〕又：「詩者，承也。政善則下民承而讚詠之；政惡則諷刺之」，〔註265〕而如何觀美察過？鄭玄繼承《詩序》的正、變之說，《詩譜》云二〈南〉為「風之正經」，〔註266〕「〈大雅〉十八篇，〈小雅〉十六篇為正經」，「〈大雅·民勞〉、〈小雅·六月〉之後，皆謂之變〈雅〉」，「故孔子錄懿王、夷王時詩，訖於陳靈公淫亂之事，謂之變風、變雅」，〔註267〕惟此時〈頌〉無正、變之分，蓋因其全為「美盛德」而「告成」之作；直至宋、元，方有所謂「變頌」說產生。〔註268〕

〔註260〕〔清〕皮錫瑞：《鄭志疏證》，卷三，頁22下。

〔註261〕〔清〕皮錫瑞：《鄭志疏證》，卷三，頁24上。

〔註262〕馮浩菲：《鄭氏詩譜訂考》，頁205～206。

〔註263〕〔清〕皮錫瑞：《六藝論疏證》，《皮錫瑞全集》，第3冊，頁548。

〔註264〕馮浩菲：《鄭氏詩譜訂考》，頁12。關於此語，姚奠中指出：「到了鄭玄，把『美刺』的意義，更提高了一步……不只是總結已然，而且要影響未然」，《姚奠中論文選集》（太原：山西人民出版社，1988年7月），頁146～147。

〔註265〕〔唐〕成伯璵：《毛詩指說》，《詩經要籍集成》，第4冊，頁150引。

〔註266〕馮浩菲：《鄭氏詩譜訂考》，頁25。

〔註267〕以上均見馮浩菲：《鄭氏詩譜訂考》，頁153～154、13。

〔註268〕〔宋〕王柏《詩疑》卷二：「夫魯之有頌，亦變頌也」，《續呂氏家塾讀詩記及其他五種》（臺北：新文豐出版股份有限公司，1984年6月），頁25（每種頁碼另起），又〔元〕佚名著：《詩法源流》：「而〈魯頌〉則不當作而作，比之〈風〉、〈雅〉，蓋亦變之類也」，張健：《元代詩法校考》（北京：北京大學出版社，2001年9月），頁231。

且就《詩經》中各詩的次序及〈風〉、〈雅〉、〈頌〉之格局而言,在鄭玄的理解中,亦有其意義,《詩譜》云:「此二〈雅〉逆順之次,要於極賢聖之情,著天助之道,如此而已矣」,〔註269〕而關於風、雅、頌,《詩譜》云:「〈風〉之始,所以風化天下而正夫婦焉」(用《詩序》說),〔註270〕又云:「『頌』之言『容』,天子之德,光被四表,格於上下,無不覆燾,無不持載,此之謂『容』。」〔註271〕是以小至觀美察惡,有益時政,或大至先聖垂法漢家,乃臻王道化成,均即鄭玄所體認的《詩經》之意義。至於鄭玄藉訓詁所建構的經學思想,另詳下文討論。

(二)從鄭玄其它經注論其「宗毛為主」的體例與表現

〈六藝論〉云:「注《詩》宗毛為主,其義若隱略,則更表明;如有不同,即下己意,使可識別也」,〔註272〕此語的具體涵義,可比較鄭玄其它經書注解中,對待舊注的態度,如《周禮・春官・御史》:「掌贊書,凡數從政者」,鄭玄《注》:「鄭司農讀言『掌贊書數』,書數者,經禮三百,曲禮三千,法度皆在;玄以為不辭,故改之云。」〔註273〕按鄭司農所見本或無「凡」字,或者如《經典釋文・周禮音義》所載異本作「數凡從政者」,〔註274〕故其連上文理解為「掌贊書數」;而鄭玄於《周禮注》逕云鄭眾「不辭」,然遍考《毛詩箋》中並無此等語,可見鄭玄對毛《傳》的尊重。

這一「宗毛為主」的態度,落實到具體的箋《詩》時,尚有若干細則可以注意:

1. 《鄭志》云:「文義自解,故不言之;凡說不解者耳。眾篇皆然」,〔註275〕即凡有不解之處,鄭玄乃說之,故今考毛《傳》、鄭《箋》,有全章無說者,如〈丰〉之第四章:「裳錦褧裳,衣錦褧衣。叔兮伯兮,駕予與歸」,〔註276〕即其例。

〔註269〕 馮浩菲:《鄭氏詩譜訂考》,頁153。
〔註270〕 馮浩菲:《鄭氏詩譜訂考》,頁26。
〔註271〕 馮浩菲:《鄭氏詩譜訂考》,頁187。
〔註272〕 〔清〕皮錫瑞:《六藝論疏證》,《皮錫瑞全集》,第3冊,頁555。
〔註273〕 《周禮注疏》,卷二十七,頁413。
〔註274〕 《周禮注疏校勘記》:「『釋文』『凡數』作『數凡』,從司農讀也」,誠為有見,但僅是可能性之一,《周禮注疏》,卷二十七,頁425。
〔註275〕 〔清〕皮錫瑞:《鄭志疏證》,卷三,頁5下。
〔註276〕 《毛詩注疏》,卷四之四,頁178,分章從毛。

2. 前人指出鄭玄注三禮時，多用「云」、「與（歟）」、「蓋」、「或」等「疑辭」，如：「故謂之吉拜『云』」、「公之孤飾摯以豹皮『與』」、「『蓋』以四鎮之山為璪飾」、「『或曰』：中能，上能也」；〔註277〕然而對照《毛詩箋》，可發現三禮注中這類疑辭，在《毛詩箋》中卻不多見。

3. 鄭玄對於毛《傳》，也偶有存其兩讀之處，《鄭志》云：「張逸問：『《傳》曰：山川能說，何謂也？』答曰：『兩讀。或言：說，說者說其形勢也；或曰：述，述者述其故事也，述讀如遂事不諫之遂。』」〔註278〕按：此見〈定之方中〉「卜云其吉」之《傳》，此處無《箋》，〔註279〕蓋鄭玄當日認為此處並無疑義，故未有引申發揮，至張逸問時，始覺有「兩讀」之可能性；然說其「形勢」，也就必然涉及「故事」，論及「故事」，又往往因其「形勢」而來，故其實不必讀為「述」，推究鄭玄所以分別而言，或許鄭氏所據經典或當日官制中，此二職事分屬不同職掌，考《周禮·地官·土訓》：「掌道地圖，以詔地事。道地慝，以辨地物，而原其生，以詔地求」，〔註280〕又《周禮·地官·誦訓》：「掌道方志，以詔觀事。掌道方慝，以詔辟忌，以知地俗」，〔註281〕一云「地事」、「地物」；一云「觀事」、「地俗」，知鄭玄分別二事誠或有所據。

（三）「述毛」的意義

綜觀整個《詩經》學史，有三次對毛《傳》最重要的理論補充，分別是鄭《箋》、孔穎達《毛詩正義》、陳奐《詩毛氏傳疏》。

鄭玄的工作，主要是在補充毛《傳》訓義未備之處、通釋文句、發揮一己經學思想的基礎上，初步建構了毛《詩》的經學義理系統。

《毛詩正義》則參用鄭玄以降各家之說補充毛《傳》、鄭《箋》，並將毛《傳》、鄭《箋》中單字為訓以及串講句義之處，疏其所據，辨其異說，加以圓熟融貫為毛《詩》學史中最詳備經學義理系統；〔註282〕此後朱熹《詩集傳》新典範的

〔註277〕分見《周禮注疏》，頁387、281、280、270，賈《疏》均以「疑辭」解之。
〔註278〕〔清〕皮錫瑞：《鄭志疏證》，卷三，頁15上。
〔註279〕《毛詩注疏》，卷三之一，頁116。
〔註280〕《周禮注疏》，卷十六，頁247，鄭《注》：「道，說也。」
〔註281〕《周禮注疏》，卷十六，頁247。
〔註282〕董婧宸認為：「從毛《傳》《鄭箋》到孔穎達的《毛詩正義》的研究歷程中，『援《爾雅》以釋《詩》《書》』的考據方法，佔據了主要的地位。面對毛、鄭異同，《毛詩正義》所作的梳理，除了五經文獻互證外，最主要的工作，還是點到為止地說明毛《詩》《爾雅》的同訓之例」，〈論段玉裁《詩經小學》的考據方法及其影響〉，《民俗典籍文字研究》第17輯（北京：商務印書館，

出現，才改弦易轍，重新建構了另一套《詩經》經學義理的格局。然而其實宋代以降至今，論者亦大多僅能詬病《毛詩正義》之繁瑣，或論其字句疏解之缺失，〔註283〕或分就毛《傳》、分就鄭《箋》另起新疏，都沒有能完全挑戰《毛詩正義》的經學義理系統。此外，《毛詩正義》其值得注意之處尚有：大量「補興」，〔註284〕且指出並加以彌縫《詩序》的「經無所當」之處，更有駁斥毛《傳》「非也」之處，〔註285〕凡此種種，都是《詩經》學史承先啟後的關鍵。〔註286〕

　　陳奐的《詩毛氏傳疏》相較於鄭《箋》、《毛詩正義》的影響，可以說收效未多，且又好改毛《詩》、毛《傳》文字，不少已為出土文獻所證誤；〔註287〕而其書後世亦褒貶不一：

　　稱揚其書者，皮錫瑞云「至於近人之書，則以陳奐《詩毛氏傳疏》能專為毛氏一家之言，在陳啟源、馬瑞辰、胡承珙之上」，〔註288〕謝章鋌云：「求其深於《傳》者，此（《詩毛氏傳疏》）殆巨擘矣」，〔註289〕甘鵬雲云「長洲陳碩甫於毛最深，所著《詩毛氏傳疏》，必應討究。近代說《詩》諸家，無有出其右者」，〔註290〕唐文治云：「近世作者，以陳碩甫《毛詩傳疏》為最精博」，〔註291〕梁啟超云：「注釋書，陳奐《詩毛氏傳疏》最善」，〔註292〕汪辟疆云：「訓詁名物，以清陳奐《毛詩傳疏》為最詳」，〔註293〕黃永武云：「今人要讀

　　　　2016年6月），頁258，此說僅注意到若干面向，尚忽視上述《毛詩正義》
　　　　最重要的解經理念。
〔註283〕這部分的成果大致集中在黃焯：《詩疏平議》（武漢：武漢大學出版社，2013
　　　　年11月）。
〔註284〕以上參見本書第三章第五節〈毛《傳》體例概說〉。
〔註285〕〈東山〉：「熠燿宵行」，《傳》：「熠燿，燐也。燐，螢火也」，《正義》：「然則
　　　　毛以螢火為燐，非也」，《毛詩注疏》，卷八之二，頁296。
〔註286〕不過這也導致種村和史指出的這一現象：「疏家以疏通方式勉力期於解決的
　　　　問題，被歐陽修當作打破注疏學的框架、探究《詩經》本意的考察線索，重
　　　　新討論」，《宋代《詩經》學的繼承與演變》，頁71。
〔註287〕韓自強、胡平生：《阜陽漢簡詩經研究》，頁51、滕志賢：〈試論陳奐對毛《詩》
　　　　的校勘〉，《《詩經》與訓詁散論》，頁40～53。
〔註288〕皮錫瑞：《經學通論》，卷二，頁66。
〔註289〕〔清〕謝章鋌：〈書陳碩甫《詩毛氏傳疏》〉，《賭棋山莊文》，卷一，陳慶元
　　　　主編：《謝章鋌集》，頁61。
〔註290〕〔清〕甘鵬雲：《國學筆談》（臺北：華世出版社，1977年4月），卷一，頁7下。
〔註291〕唐文治：《十三經提綱》（上海：華東師範大學出版社，2015年1月），頁55。
〔註292〕梁啟超：〈國學入門書目及其讀法〉，附錄於胡適：《胡適文集》，第3冊《胡
　　　　適文存二集》，頁110。
〔註293〕汪辟疆：〈讀書舉要〉，《汪辟疆文集》，頁20。

毛《傳》，當然先選陳奐的《詩毛氏傳疏》為入門寶筏」，〔註294〕姜亮夫云：
「陳奐《毛詩傳疏》，集眾說之大成」，〔註295〕黃六平云：「陳奐的《詩毛氏傳
疏》，在清代《詩經》的注釋中，算得是一流的著述」，〔註296〕徐復云：「至……
長州陳奐撰《詩毛氏傳疏》……皆專家之業，可以傳世者」，〔註297〕張民權
云：「陳奐《詩毛氏傳疏》……等皆垂世永代」。〔註298〕

對其書之價值有異議者，如：王筠云：「吾友陳碩甫著《詩毛氏傳疏》，
用其師段氏說……是知其（引按：段玉裁）性執拗，務欲苟異於人，無足怪
矣；碩甫，儒者也，不為師藏拙，何也」，〔註299〕王氏批評段玉裁，其實亦暗
指陳奐墨守師說，不知從善。孫詒讓云：「至沈夢蘭《周禮學》，而新奇繆盭甚
矣。又陳奐《毛詩傳疏》……諸書，說禮亦多此失，學者詳之」，〔註300〕曹元
弼云：「而（陳奐）言禮多與鄭（玄）異，疑其說之不合於經，非毛公本意也」，
〔註301〕江瀚云：「陳氏（奐）述毛而輕信不根之詞，顯與毛戾，不其慎與」，
〔註302〕張舜徽云：「讀陳氏《毛詩傳疏》，病其膠固。」〔註303〕

不過以上這些論述，尚未真正體認《詩毛氏傳疏》的意義。參照乾、嘉
之間「毛、鄭分疏」風氣的興起與《毛詩箋》新疏的撰作，〔註304〕將可更清

〔註294〕黃永武：〈怎樣研讀詩經〉，《詩經論文集》，頁31，補書名號。
〔註295〕姜亮夫：〈《詩切》序〉，〔清〕牟庭：《詩切》，第1冊，頁4。
〔註296〕夏平（黃六平）：〈從「窈窕淑女」四字看前人的傳注〉，《急就集》（香港：中華書局，1977年2月），頁119。
〔註297〕徐復：〈《戴震語文學研究》序〉，李開：《戴震語文學研究》（南京：江蘇古籍出版社，1998年3月），頁3。
〔註298〕張民權：《萬光泰音韻學稿本整理與研究》（北京：社會科學文獻出版社，2017年3月），頁626。
〔註299〕〔清〕王筠：《菉友蛾術編》，徐德明等主編：《清代學術筆記叢刊》，第43冊，頁403～404。
〔註300〕〔清〕孫詒讓：《周禮正義》（北京：中華書局，2008年11月），卷首〈略例十二凡〉，頁2。
〔註301〕〔清〕曹元弼：〈禮經纂疏序〉，《復禮堂文集》，頁457。
〔註302〕〔清〕江瀚：《慎所立齋文集》，卷二，《近代中國史料叢刊》，第709冊，頁102。
〔註303〕張舜徽：《鄭學叢著》，頁125。
〔註304〕劉師培云：「近儒治鄭《箋》者有江都梅植之，擬作《鄭箋疏》，未成」，劉師培著，陳居淵注：《經學教科書》（上海：上海古籍出版社，2006年7月），頁127，然檢〔清〕梅植之《嵇庵詩集》、《嵇庵文集》（二書已掃描公布在：https://books.google.com.tw/books?id=1BgtAAAAYAAJ&printsec=frontcover&hl=zhTW&source=gbs_ge_summary_r&cad=0#v=onepage&q&f=true），皆未見其有關《鄭箋疏》的論述，劉文淇〈清故貢士梅君墓誌銘〉亦未載其作《毛

楚陳奐「述毛」的意義：

　　明代馮應京撰《六家詩名物疏》，所謂六家者：齊、魯、韓、毛、鄭《箋》、朱《傳》，其中毛、鄭分數，各為一家，故葉德輝云：「然毛、鄭一家之學，何為歧而二之，是亦不考經學師傳而強為之分析矣」，〔註305〕然葉氏的批評未必恰當，「毛、鄭一家之學」成立的前提，本是後代經學家的建構，當毛之時，何鄭之有；反而從馮應京的分析《傳》、《箋》之舉，倒可視為乾嘉之間「毛、鄭分疏」風氣的遠源，馮書的意義應從此理解。

　　段玉裁云：「夫人而曰『治毛《詩》』；而所治者乃朱子《詩傳》，則非毛《詩》也。……《傳》之與經雜廁，放於何時？蓋鄭君箋《詩》時所為也。其稱『故訓傳』，何也？……毛公兼其意，〔註306〕而於故訓特詳，故不專曰『傳』；而曰『故訓傳』，是小學之大宗也。《序》亦毛公作與？……傳說皆子夏所傳，而毛公述之，則《序》亦子夏所傳，而毛公述之。……夫人而曰『治毛《詩》』，而有其名無其實，然則《毛詩故訓傳》三十卷，是編烏可以已也！〔註307〕讀毛而後可以讀鄭，攷其同異、詳略、疏密，審其是非。今本合一，人多忽之；不若分而為二，次第推擇也。」〔註308〕

　　江藩云：「至高密鄭君，始疑師說，如《詩箋》之疑《毛傳》。」〔註309〕

　　顧千里云：「辱問《毛詩注疏》讀法，久未奉答，歉甚。竊謂讀此書之法，與諸凡注疏，微有不同，何則？他經注疏，皆一家之學；《毛詩注疏》，則《傳》、《箋》實兩家之學，孔仲達作《正義》，〔註310〕於此處最為斟酌得宜，考其〈序〉文，蓋即本於二劉等者，〔註311〕非仲達所能創造也。今觀『毛以為』

　　　　詩箋疏》事，《青溪舊屋文集》，卷十，《續修四庫全書》，第1517冊，頁71
　　　　～72，其究竟何以欲專疏鄭《箋》，有待鉤沈。而郭全芝：《清代《詩經》新
　　　　疏研究》（安徽：安徽大學出版社，2010年3月），僅論及戴震、胡承珙、陳
　　　　奐、馬瑞辰，殊為簡略。

〔註305〕〔清〕葉德輝：《郋園讀書志》，卷一，頁43下。

〔註306〕引按：指兼用《爾雅》中〈釋詁〉、〈釋訓〉之意。

〔註307〕引按：已，止也。

〔註308〕〔清〕段玉裁：《毛詩故訓傳定本小箋》，卷首〈題辭〉，《段玉裁遺書》，上
　　　　冊，頁315。

〔註309〕〔清〕江藩：〈《周禮注疏獻疑》序〉，王欣夫輯：《炳燭室雜文補遺》，漆永
　　　　祥整理：《江藩集》，頁256。

〔註310〕引按：據此語，可見：清人也能分別何謂《正義》、何謂《注疏》，絕非漫無
　　　　分別。

〔註311〕引按：〈《毛詩正義》序〉：「其近代為義疏者，有全緩、何胤、舒瑗、劉軌思、

『鄭以為』之所云云，用意粗可概見矣。」〔註312〕

　　嚴杰云：「後之人有專為《毛詩》作疏者，宜以此（《毛詩故訓傳定本小箋》）為定本。」〔註313〕

　　以上所揭，雖不全不備，但讀者當可發現，乾嘉間分析毛、鄭的風氣卻實存在，而此風氣由《毛詩故訓傳定本小箋》正式告成；此後則轉向新疏的撰作。可以說，《毛詩故訓傳定本小箋》等於輯佚、復原出了一部毛《傳》（詳下章論黃丕烈之說處），因此，《詩毛氏傳疏》還是「從古義到新疏」脈絡下的產物。而分疏毛《傳》、鄭《箋》，其意義不僅僅只是重視家法的體現，乃在於抽離既有的毛《詩》經學義理建構，使後世讀者能體會鄭《箋》、《毛詩正義》如何補充、建構毛《詩》的義理系統，藉此分別觀之，才能更深刻地理解毛《傳》、鄭《箋》、《毛詩正義》的經學意義。

二、鄭《箋》中未記三家《詩》異文，少見今文、古文等語考

　　如上文所論，鄭玄注三禮時已及見毛《詩》，如此一來，產生的問題是：三禮注中間載三家《詩》與毛《詩》之異同，且相較於鄭玄現存之三禮注與《論語注》，均記它家異文、故書與今文古文；何以惟獨《毛詩箋》中無關於三家《詩》的紀錄，並且前所揭，僅有〈玄鳥〉《箋》一處「古文」之例？

　　這兩個問題，其實牟庭已經舉出其一：「獨於《詩箋》采三家而不記所出，何哉？……《詩》則毛氏尚未大顯，而三家皆在學官，天下所習誦，苟讀從之，即見者知為三家《詩》，不須記也。此所由與二禮、《論語》不同也」，〔註314〕其提問誠深具洞見，然其說似有三點可商榷：

　　1. 牟氏所謂「二禮」，指「鄭注《周禮》，存故書，注《儀禮》，存古文」，〔註315〕未舉《禮記》，故僅稱「二禮」；則《禮記注》是否亦不記今古文等，適

　　　　劉醜、劉焯、劉炫等，然焯、炫並聰穎特達，文而又儒，擢秀幹於一時，騁絕響於千里，固諸儒之所揖讓，日下之無雙，於其所作疏內，特為殊絕，今奉勅刪定，故據以為本。」

〔註312〕〔清〕顧千里：〈答張子絜問讀毛詩注疏書〉，《思適齋集》，卷三，《顧千里集》。

〔註313〕〔清〕嚴杰《《毛詩故訓傳定本小箋》跋》，見學海堂本《毛詩故訓傳定本小箋》。此本待檢，今據《續修四庫全書總目提要》轉引。

〔註314〕〔清〕牟庭：《雪泥書屋雜志》，卷四〈雪泥老人遺筆〉，徐德明等主編：《清代學術筆記叢刊》，第34冊，頁340。

〔註315〕〔清〕牟庭：《雪泥書屋雜志》，卷四〈雪泥老人遺筆〉，《清代學術筆記叢刊》，第34冊，頁340。

為牟說之反證？然據王利器所考，三禮其實皆有「故書」：「鄭氏校書，不僅是《周禮》引故書，就是《禮記》也引有故書，如《周禮・夏采》《注》：『〈士冠禮〉及〈玉藻〉，冠緌之字，故書亦多作綏者。』〔註316〕及注《禮記・玉藻》又說：『緌或作蕤。』〔註317〕這可見故書之非一本了。這條所引的《禮記》故書，因為是出在《周禮注》中，素不為人所注視，所以從前沒有人提到《禮記》有故書的」，〔註318〕故參用王利器之說，可以彌縫牟氏未舉《禮記注》的問題。

2. 牟氏認為「而三家皆在學官，天下所習誦，苟讀從之，即見者知為三家《詩》」，若然，則鄭玄所有著作引《詩》都不必標示為何家《詩》，更不必引用三家《詩》之注解，因本文既已習誦，遑論注解；然考《周禮・夏官・大馭》《注》云：「《詩》云：『載謀載惟，取蕭祭脂，取羝以軷』，《詩》家說曰：『將出祖道，犯軷之祭也』」，〔註319〕此例中如牟氏所謂「天下所習誦」之三家《詩》，〔註320〕猶且贅贅然引及「詩家說」，未嘗不因「即見者之為三家《詩》，不須記也」而不引「詩家說」；則顯然此一問題並非單純的「天下所習誦」與否可解釋。

3. 牟氏之說最大的問題其實在於其前提：「獨於《詩箋》采三家而不記所出」，也就是說，鄭玄是「采三家」，而且「不記所出」，儼然攘善陰襲；可是一但不承認鄭玄「采三家」，則「不記所出」即不成問題。而前人對鄭玄《毛詩箋》採三家《詩》這一問題，持論多較極端：

如陳奐指稱鄭《箋》全本三家《詩》：「《箋》中有用三家申毛者，有用三家改毛者，例不外此二端」，〔註321〕「例不外此二端」一語，即表明陳奐認為鄭《箋》所有意見都來自三家《詩》，又如江瀚甚至不相信鄭玄〈六藝論〉之語：「竊謂康成之箋《詩》，實兼取齊、魯、韓三家，不盡申明毛義。」〔註322〕

〔註316〕引按：見《周禮注疏》，卷八，頁132。
〔註317〕引按：見《禮記注疏》，卷二十九，頁551。
〔註318〕王利器：〈跋釋書本〉，此文未收入王利器各文集中，僅附錄於王重民：〈釋書本〉後，二文均見王重民：《冷廬文藪》（上海：上海古籍出版社，1992年12月），頁16～17，標點有增補。
〔註319〕《周禮注疏》，卷三十二，頁489，毛《傳》僅云：「軷，道祭也。」
〔註320〕鄭玄此處所引《詩》與毛《詩》全同，《毛詩注疏》，卷十之一，頁594，但所引「詩家說」未見於毛《傳》；據此反推，其所引《詩》疑為三家《詩》，而三家《詩》自然可能有部分與毛《詩》全同之例。
〔註321〕陳奐《鄭氏箋攷徵》，附錄於《詩毛氏傳疏》，第四冊，頁1上。
〔註322〕〔清〕江瀚：〈朱子《詩集傳》書後〉，《慎所立齋文集》，卷二，《近代中國史料叢刊》，第709冊，頁67～68，又〈與廖季平論《今古學攷》書〉：「箋毛《詩》，則參稽齊、魯、韓」，頁149。

　　按照上述二說的思路，鄭玄注《詩》竟完全不能有己見，只是機械式地牽引三家《詩》異字來改讀毛《詩》，此說完全否定了鄭玄有自出己意的可能性，也使得鄭玄在《六藝論》中所謂「即下己意」的「己意」形同虛設；雖然三家《詩》全貌，尤其是其所據之經本原貌幾乎全不可考，但今日仍然可以推定《毛詩箋》中，一定有絕對不用三家《詩》任何一家之說的例證，此即鄭《箋》注解了屬於毛《詩》獨有而三家《詩》所無的文本部分：

　　（1）〈都人士〉之首章，《禮記‧緇衣》：「《詩》云：『彼都人士，狐裘黃黃，其容不改，出言有章，行歸于周，萬民所望』」，鄭玄《注》：「此詩毛《詩》有之，三家則亡」，〔註323〕據鄭玄此語，可知三家《詩》並無此章，則三家《詩》於此絕無注解可知，〔註324〕故〈都人士〉首章之《箋》：「城郭之域曰『都』。古明王時，都人之有士行者，冬則衣狐裘黃黃然，取溫裕而已。其動作容貌既有常，吐口言語又有法度文章；疾今奢淫，不自責以過差」，又：「『于』，『於』也。都人之士所行，要歸於忠信，其餘萬民寡識者，咸瞻望而法傚之；又疾今不然」，皆係鄭玄參用毛《傳》而自下己意之說，絕無三家《詩》之說。

　　（2）如本書前文所據程元敏之說，三家《詩》無《序》，而《序》下注解皆是鄭《箋》，故《序》下之《箋》，亦多是鄭玄自下己意之說。

　　則《毛詩箋》少見今古文，不記三家《詩》，可以說這應是鄭玄尊重毛《詩》一家之學所致，即其認為此家之學眾善皆備，無須再旁徵遠引；然而既尊重毛《詩》，又多處直指毛《傳》「推改什首」，《箋》中亦有直稱「字之誤」之例，其實也與其尊重毛《詩》的精神並無矛盾，反而更可見其尊重毛《詩》而不盲從毛《詩》的解經態度。

三、鄭《箋》兼解經、《傳》的意義：「義疏」觀念形成的先聲

　　義疏學的形成歷程，迭經學者的討論，雖多重外來起源論，但已逐漸明晰；〔註325〕然尚有若干細節可以討論，如：《漢書‧夏侯勝傳》：「（夏侯勝）受詔撰

〔註323〕《禮記注疏》，卷五十五，頁929。

〔註324〕按馮登府根據賈誼、蔡邕引《詩》用《詩》之語，判斷「不得謂三家所亡也」，房瑞麗校注：《三家詩遺說》，頁97～98，於此亦可見用家法師法推定三家《詩》歸屬的問題，即馮氏不信鄭玄所云「三家則亡」的明顯證據，寧取賈誼、蔡邕模稜兩可的引《詩》用《詩》之語，實未妥。

〔註325〕張恒壽：〈六朝儒經注疏中之佛學影響〉，《中國社會思想與文化》（北京：人民出版社，1989年8月），頁389～410。牟潤孫：〈論儒釋兩家之講經與義疏〉，

《尚書》、《論語》說」，顏師古《注》:「解說其意，若今義疏也」，〔註326〕顏師古蓋以其當時盛行的解經體裁為譬喻，使人易於理解；然而引發的問題是：夏侯勝的「說」是否可視為義疏體的先聲？或者，前人是否曾指證除章句之外，其它漢人注解書籍為義疏體之先聲？

作為討論此一問題的樣本，在形式上最少須符合兩個標準：該書須擇取一家之注為宗主，並兼解經、注。符合這兩個標準的漢代注解大概有：

1. 何休《公羊傳解詁》，《公羊傳》雖本是傳，然在漢人觀念中，三《傳》地位實等於經，〔註327〕故注三《傳》之意義不等於注注；故雖段熙仲曾指出何休所據《公羊傳》已是經、傳合一之本，何氏並已兼解經、傳，〔註328〕且何氏於舊注亦有所宗主，仍非義疏形成之先聲。

2. 鄭玄《毛詩箋》，清人已降，即屢稱《毛詩箋》為義疏形成之先聲，如：焦循云:「《毛詩傳》全在矣，訓釋簡嚴，言不盡意，鄭氏箋之，則後世疏義之濫觴矣」，〔註329〕方東樹云:「然康成箋《詩》多異毛《傳》；則守疏不破注者，沿經師之陋也。或謂『鄭非疏毛，故不與後來疏體同例』；余按『如〈六藝論〉及呂忱所說云云，〔註330〕豈非疏體乎』」，〔註331〕王榮商云:「注之外又有疏，則仿于鄭康成之箋毛《傳》」，〔註332〕周大璞等云:「漢代的注家，一般只注經而不釋注，只有鄭玄的《毛詩箋》以毛傳為主，既注經文，又申明毛

《注史齋叢稿（增訂本）》，上冊，頁88～155。戴君仁:〈經疏的行成〉，《梅園論學續集》，頁 93～117。饒宗頤:〈華梵經疏體例同異析疑〉，《梵學集》（上海：上海古籍出版社，1993 年 7 月），頁 261～276。喬秀岩:《義疏學衰亡史論》（原北京大學 1999 年博士論文，此據臺北：萬卷樓，2013 年 9 月）。王博玄:〈論義疏與章句之關係〉，《中國文學研究》第 30 期（2012 年 1 月），頁 47～92、〔日〕古勝隆一《中国中古の学術》（東京：研文出版，2006 年 11 月）。

〔註326〕《漢書補注》，卷七十五，頁 1397。
〔註327〕漢石經既有《春秋》，又有《公羊傳》，即其證，見馬衡:《凡將齋金石叢稿》，頁 204。
〔註328〕段熙仲:《春秋公羊學講疏》，頁 12。
〔註329〕〔清〕焦循:《孟子正義》，卷首〈孟子題辭〉，頁 16。
〔註330〕引按:〈六藝論〉云云，見前。「呂忱所說云云」者，蓋指《字林》所解「箋」字之義。
〔註331〕〔清〕方東樹:《書林揚觶》，卷下，《四庫未收書輯刊》，第玖輯，第 15 冊，頁 40。
〔註332〕〔清〕王榮商:〈序〉，載〔清〕竺靜甫:《五經旁訓增訂精義》，卷首，林慶彰等主編:《晚清四部叢刊》，第四編，第 3 冊，頁 1～2，「仿」讀為「昉」，訓「始」。

意，所以焦循跟方東樹都認為它是後世義疏的濫觴。他們的意見是比較可信
的」，〔註333〕馮浩菲云：「(《毛詩箋》)申明舊注，上開疏體之源；補足舊注，
導夫廣補體之先路；辨正舊注，為考辨體之先聲。可知一個箋體，兼萌疏、補
注、考辨三體之特徵」〔註334〕，郝桂敏云：「漢代的《毛詩箋》也是一種簡單
的義疏體，只是注釋時沒有旁徵博引，略顯簡單」，〔註335〕孫永選、闞景忠等
云：「(《毛詩箋》)經注兼釋這種體例，也開了後世『義疏』之先河」，〔註336〕
王博玄云：「鄭玄以一家為主而又注之，其法頗似後來疏體。故焦循認為鄭
《箋》為『後世疏義之濫觴』」、〔註337〕喬秀岩云：「傳統義疏學的基本方法，
與近幾年我開始認識到的鄭玄的學術方法高度匹配……這樣一來，傳統義疏
學可以視為鄭玄學術的延續發展，是用鄭玄的學術方法研究鄭玄的學問。義
疏學與鄭玄一脈相承，只是形式稍有變化而已。」〔註338〕

然《毛詩注疏校勘記》曾有「鄭《箋》皆箋《傳》而非箋經」之說：「山
井鼎云：『《箋》申毛《傳》，作『循』似是』，〔註339〕考凡鄭《箋》皆箋《傳》
而非箋經，『循』字是矣」，〔註340〕細審此語，應有二義：一指鄭《箋》體
例，一指鄭《箋》用字，觀《校勘記》下文仍云「『循』字是矣」，可知此處
所指，以鄭《箋》用字的根據為主。而梁錫鋒引此例以為是「傳統的看法是
箋《傳》而非箋經」的證據，並指出「鄭玄是箋《傳》而非箋經的看法雖然
不盡準確」，因為「其所箋注的對象是詩，其次是《序》，又其次才是《傳》。
同時，《箋》中還有自注的情況」，〔註341〕李世萍則專就體例方面檢討《毛
詩注疏校勘記》之說：「但經過考察，我們發現鄭玄箋注的對象不僅僅局限
於《毛傳》，還包括《毛詩》《小序》的說明和對經文所作的大量的解釋」，
〔註342〕因「還有大量的《毛詩》經文字詞，《毛傳》沒有訓釋，而鄭玄詳細

〔註333〕周大璞主編：《訓詁學初稿》，頁315。
〔註334〕馮浩菲：《中國古籍整理體式研究》，頁208。
〔註335〕郝桂敏：《中古《詩經》文獻研究》，頁83。
〔註336〕孫永選、闞景忠主編：《新編訓詁學綱要》，頁268。
〔註337〕王博玄：《唐代以前經籍注解體裁研究》，頁46。
〔註338〕〔日〕喬秀岩：〈編後記〉，《義疏學衰亡史論》，頁266。
〔註339〕引按：見〔日〕山井鼎著，物觀補遺：《七經孟子考文並補遺》（臺北：新文
　　　　豐，1984年6月），毛《詩》卷二，頁238。
〔註340〕《毛詩注疏校勘記》，卷一，〈日月〉，《十三經注疏校勘記》，第2冊，頁636。
〔註341〕梁錫鋒：《鄭玄以禮箋詩研究》，頁37、81。
〔註342〕李世萍：《鄭玄《毛詩箋》研究》，頁64，補書名號。

加以解釋的」，〔註343〕梁、李所說雖是，然對《校勘記》之解讀有斷章取義的嫌疑。

但《箋》終究不是義疏，《箋》既有注《傳》之處，也有對《傳》全無說之處，鄭玄〈六藝論〉更云「如有不同，即下己意」，〔註344〕「己意」顯與「義疏」體裁旨趣不盡合。因此將《箋》視為義疏形成的先聲的意義，應該不是指示後來者比較《箋》與義疏在體例上有何相似之處；反之，將《箋》視為義疏形成的先聲的意義，乃是指出鄭玄這種特殊的解經態度與體裁，其實深深影響了整個魏晉南北朝的解經觀念與方法。〔註345〕故過往在佛教之影響（可稱「外來起源論」）與單一體式（可稱「單一體式起源論」）上的類比，其實皆未能解釋義疏為何出現；義疏之出現必然是對「注」觀念產生新變的結果。

四、鄭《箋》的訓詁術語與特色述略

唐文云：「訓詁實踐，並不源于鄭玄，而作為系統的訓詁學，至鄭玄而大備。反過來說，鄭玄注群經，實為訓詁學的起源」，〔註346〕唐氏此說，與一般所謂「訓詁學」的意義不同，其所重視的是「系統」且「注群經」，也就是說其訓詁實踐需有「學」的特徵，在遍注群經中得見其系統與思想性；但唐氏之說似乎難以成立，雖然其指出了鄭玄訓詁實踐的某些特色：因為「訓詁學」本身雖屬後設的概念，可是前人何種訓詁實踐才是「訓詁」成為「學」的標準？鄭玄應該自認其注解工作的主要目的是經學，而非訓詁學；且就「注群經」而言，馬融所注解經書的範圍，〔註347〕未必少於鄭玄。亦即：今日所見鄭玄《注》雖具系統性，不能反據此以為前人皆不具系統性。前人既非皆不系統性，據此不足以論訓詁學起於鄭玄。

則本節討論鄭玄訓詁特色，僅就「鄭《箋》術語」與「鄭《箋》改字」、

〔註343〕李世萍：《鄭玄《毛詩箋》研究》，頁73。

〔註344〕〔清〕皮錫瑞：《六藝論疏證》，《皮錫瑞全集》，第3冊，頁555。以〈六藝論〉此語檢驗清人鄭《箋》為疏之說，得自張素卿先生啟發，謹誌於此，以申謝忱。

〔註345〕用王肅的話來說，就是「鄭氏學行五十載矣，自肅成童，始志于學，而學鄭氏學矣」，《孔子家語》（臺北：臺灣商務印書館，1967年9月，《四部叢刊》初編縮印本影印江南圖書館藏明覆宋刊本），卷首〈序〉，頁1。

〔註346〕唐文：〈鄭注群經體例發微〉，《吉林大學社會科學學報》第1期（1991年），頁85。

〔註347〕《後漢書・馬融傳》：「嘗欲訓《左氏春秋》……但著《三傳異同說》。注《孝經》、《論語》、《詩》、《易》、三禮、《尚書》、《列女傳》、《老子》、《淮南子》、〈離騷〉」，卷六十上，頁528。參李威熊：《馬融之經學》，頁60～64。

「鄭玄既解文本義又解字義舉證」三方面略作說明；至於鄭玄訓詁中之思想及文本意識等問題，本書下章將系統論證，此不討論。

（一）鄭《箋》術語

鄭玄《毛詩箋》習用的術語主要有六：「讀（當）為」、「讀曰」、「讀如」，「當為」、「當作」，「之（為）言」，根據劉文清先生的研究：「《毛詩箋》則『讀為（曰）』大抵用於通假，擬音則由『讀如』所專；『當作』專指聲誤」，「《毛詩箋》『之言』則轉以通假釋義為主，次數甚至高於『讀為（曰）』、『讀如』，僅偶用於探源。」〔註348〕而鄭玄對「之言」術語的使用也別具意義，在兩漢時期「之言」用以探究語源與聲訓發揮思想的傳統中，鄭氏將「之言」用以釋義，不僅可窺其訓詁思想轉以文本釋義為重心，也使得此一術語日後便以鄭玄的定義與用法為主，趨於固定。〔註349〕

（二）鄭《箋》改字、改讀問題

鄭《箋》「改字」，牽涉鄭玄是否改動《詩經》文本，以及鄭玄根據什麼觀念與證據而改，而從文義而言，更改後的文本是否較原來的文本更佳？

前人大抵已經承認所謂鄭《箋》改字，並未改動文本：

惠棟云：「漢時惟鄭康成不輕改經文，後儒無及之者……後儒謂鄭氏好改字，吾未之敢信也」，〔註350〕臧琳云：「鄭箋《毛詩傳》……有云『當為某』、『讀為某』而易其字者，然皆具於《箋》中，於正文未敢輕改」，〔註351〕張雲璈云：「漢儒注經，惟鄭康成多改字，然仍遵守本文，而別注其下」，〔註352〕桂文燦云：「鄭箋毛《詩》，雖多改字……鄭君衹載其說於注中，如近人攷證異本，附注於經文之下，而非竟易經文也」，〔註353〕朱大韶云：「俗儒譏鄭好改字；不知鄭之改字，無一不有所本，無一不以形聲求之，俗儒不通古音古

〔註348〕劉文清先生：〈《毛詩箋》訓詁術語探究〉，《國科會中文學門小學類92～97研究成果發表會」論文集》（臺北：新文豐，2011年4月），頁391。

〔註349〕以上見劉文清先生：〈鄭玄《三禮注》「之言」訓詁術語析論——兼論其術語意義之演變〉，《臺大中文學報》第41期，頁78～79。

〔註350〕〔清〕惠棟：《九經古義》，《皇清經解諸經總義類彙編（一）》，頁283。

〔註351〕〔清〕臧琳：《經義雜記》，《皇清經解諸經總義類彙編（一）》，頁412，又頁460。

〔註352〕〔清〕張雲璈：《四寸學》，卷二〈經注改字〉，徐德明等主編：《清代學術筆記叢刊》，第33冊，頁163。

〔註353〕〔清〕桂文燦：《群經補證》，《廣州大典》，第24輯，第4冊，頁425。

字，病之，作《鄭讀考》，所以翼鄭也」，〔註354〕張舜徽云：「所謂改字者，即注中每云『某當為某』，而未曾直改舊文也。」〔註355〕而顧濤也曾論證鄭玄三禮注中，鄭玄未嘗改字。〔註356〕

　　則鄭玄既未改動文本，如前所述，應稱「改讀」，而且問題其實在於鄭玄所據為何？改讀後的文義是否較佳？今舉一例為證：

　　《詩·商頌·殷武》：「罙入其阻」，《傳》：「罙，深」，《箋》：「罙，冒也。殷道衰而楚人叛，高宗撻然奮揚威武，出兵伐之，冒入其險阻——謂踰方城之隘——克其軍率，而俘虜其士眾」，〔註357〕鄭《箋》「謂踰方城之隘」係「冒入其險阻」一句的補充說明，故應用破折號表示，而「率」通「帥」。

　　而林宏明根據古文字學的相關研究成果判斷此處鄭《箋》的得失是：「罙字的本義當為深、探之類的意思，而將之放在『罙入其阻，裒荊之旅』中文意切合，又合古書之例。若如鄭箋訓為冒險之冒，無法很妥貼，只好補充解釋說『冒入其險阻，謂踰方城之隘。』但這是詩中並未提及的，增字解經之迹甚明」，〔註358〕惟《正義》認為鄭玄改讀，因為「以其遠入險阻，宜為『冒突』之義，故易《傳》為『冒』也」；〔註359〕段玉裁則以為「鄭《箋》易『罙』為『𡹩』，訓為『冒』也，蓋以字形相似易之，〔註360〕『罙』在侵

〔註354〕此語出自〔清〕朱大韶：《經典衍文脫文到誤考》之〈跋〉，然該書係稿本，〈跋〉語轉引自王欣夫：《蛾術軒篋存善本書錄》，上冊，頁795，按：原書標點作「俗儒不通古音古字病之」，似非，「之」字當是指朱大韶病俗儒不通古音古義，故「病之」二字應讀斷，非謂俗儒以不通古音古義而病鄭玄改讀。

〔註355〕張舜徽：《鄭學叢著》，頁78。

〔註356〕顧濤：〈鄭康成注〈禮〉未嘗更改經字證〉，《漢學研究》第25卷第2期（2007年12月），頁391～412。

〔註357〕《毛詩注疏》，卷二十之四，頁804。

〔註358〕林宏明：〈從古文字學的研究成果重新檢視鄭玄注經的得失〉，《第五屆中國經學國際學術研討會論文集》（臺北：國立政治大學中國文學系，2009年5月），頁228。

〔註359〕《毛詩注疏》，卷二十之四，頁804。

〔註360〕引按：「罙」，段《注》認為是「突」字之隸變：『突』、『濬』古今字。篆作『突』、『濬』，隸變作『罙』、『深』，《說文解字注》，頁344。「突」字早期作「𡉈」、「𢎛」（蔡哲茂〈釋「𡉈」「𢎛」〉，《故宮學術季刊》第5卷第3期〔1988年春季號〕，頁73～78）、「𡨥」（《金文編》）、「𡨥」（《新金文編》1614）、「𡨥」（《沁陽載書》）、𡨥（《馬王堆帛書·天下至道談》53，以上二形見《甲金篆隸大字典》頁509），篆文作「𡨥」；「𡹩」字古文字似未見，小篆作「𡹩」，二字字形確實略有相似之處，但仍有分別。

韵，『罙』在脂韵。〔註361〕鄭注經有易字之例，他經云某讀為某，箋《詩》不介」，〔註362〕又云：「故鄭氏箋《詩·殷武》，改毛之『突〔註363〕入其阻』為『罙入』，云：『冒也』，就字本義引申之；此鄭《箋》之易舊，非經本有作『罙』者也」，然以上數說，尚有可補充之處：

　　《經典釋文》：「《說文》作『罙』，從网米，云『冒也』」，〔註364〕若其說可信，則鄭玄改讀，亦有所據；然《說文解字·七下·网部》「罙」字段玉裁《注》：「《詩·釋文》引作『冒也』，乃涉鄭《箋》而誤，今尋上下文皆网名，《篇》、《韻》皆云『罙，罯也』，〔註365〕更正。蓋罙亦网名，其用主自上冒下」，〔註366〕是《釋文》之說，未必可據。而段氏認為「罙」之「冒」義從「网」引申而來。

　　但是推究鄭玄之意，訓「罙」為「冒」，「冒」者「犯」也，乃為了配合該章中上下文的「撻」、「奮伐」之廣大震動貌，故改讀為「冒」，見其犯難深入之不易，與上下文相配合。而其實問題的關鍵在於〈殷武〉每章六句，兩句一讀，「罙入其阻，裒荊之旅」，不必定須與上二句之「撻」、「奮伐」文勢相連，而因此「罙」字必須改讀以相配合，故鄭玄之改讀，於文義亦未切合。

（三）鄭玄既解文本義又解字義舉證

　　兩漢學者訓釋文本，其訓詁有時並非只是單純地解釋文本義；後人如以合乎文本義與否來判斷漢人訓詁的得失，有時未能真正理解兩漢學者的訓詁思想。以鄭玄為例，鄭玄注釋文本時，常常可見其將文本的某一個字作出兩種解釋，但這兩種解釋，不是存異說，也並非傳鈔錯誤，如：

〔註361〕引按：「脂」韻屬段氏十七部之第十五部，「侵」韻屬段氏十七部之第七部，《說文解字注》附《六書音均表》，頁808～809，相隔甚遠，故知段氏舉此二字韻部是為了說明二字聲韻不近，不可視作通假。

〔註362〕《說文解字·七下·穴部》「突」字段《注》，頁344，引按：此句亦有語病，鄭玄箋《詩》改字，仍用「當為」，詳劉文清《〈毛詩箋〉訓詁術語探究》，《「國科會中文學門小學類92～97研究成果發表會」論文集》，頁381～387。

〔註363〕引按：前揭段《注》引作「罙」，此引作「突」，乃因段《注》認為「罙」為「突」之隸變，二處引文並無矛盾。

〔註364〕《法偉堂經典釋文校記遺稿》附宋本《經典釋文》，卷七，頁208。

〔註365〕引按：《篇》，《玉篇·网部》：「罙，亡支切。罯也，置也」，《〈宋本玉篇〉標點整理本》（上海：上海書店出版社，2017年7月），頁254，《韻》，《廣韻·上平·五支》：「罙，罯也」，蔡夢麒：《廣韻校釋》，上冊，頁61。

〔註366〕《說文解字注》，頁355。

　　〈臣工〉:「嗟嗟保介,維莫之春,亦又何求?如何新、畬」,《傳》:「田二歲曰『新』,三歲曰『畬』」,《箋》:「<u>『保介』,車右也,〈月令〉:『孟春,天子親載耒耜,措之於參、保介、御之間』</u>。〔註367〕『莫』,晚也,周之季春,於夏為孟春,諸侯朝周之春,故晚春遣之。敕其車右以時事:女歸,當何求於民?將如新田、畬田何?急其教農趨時也。<u>『介』,甲也。『車右』,勇力之士,被甲執兵也</u>。」〔註368〕

　　讀者立刻可以發現:鄭玄解釋了兩次「保介」,《正義》認為鄭玄是「更解謂『車右』為『保介』之義」,〔註369〕實未能體會《箋》意,其實這兩次解釋的用意各有不同,第一次解釋「保介」時,鄭玄重視的是文本義;也就是回答了何謂保介,並引用〈月令〉解釋何以此時會有保介出現的問題。〔註370〕解釋完文本義後,鄭玄又解釋字義,探求「保介」何以名為「介」,並解釋自己所提到的「車右」。而如果注意此《箋》的行文脈絡,也可以發現其精密之處:首先依序解釋文本字詞:「保介」、「莫」,其次疏通禮制,再則串釋句義,最後補充字義,整體行文有其次序與脈絡。

　　而此一既解文本義又解字義的訓詁方法,在鄭玄之前與之後的訓詁著作中,也均不少見,如:

　　《楚辭·七諫·怨世》:「心悼怵而耄思」,王逸《章句》:「『耄』,亂也,九十曰『耄』」,〔註371〕即先解文本義,後解字義。

　　《史記·高祖本紀》:「恐能薄不能完父兄子弟」,張守節《正義》:「『能』,才能也。……不能完全其眾。『能』者,獸形,色似熊,足似鹿,為物堅中而強力,人之有賢才者,皆謂之『能』也」,〔註372〕亦先解文本義,後解字義,並探源「能」之所以為「才能」的原因。

　　《文選·思舊賦》:「將命適於遠京兮」,李善《注》:「《論語》曰:『將命

─────────────

〔註367〕引按:《毛詩注疏》、《禮記注疏》原皆作「之御間」,今據《禮記注疏校勘記》引段玉裁說改,引文見《禮記注疏》,卷十四,頁287,「孟春」二字原作「乃擇元辰」,此作「孟春」者,鄭玄順文義而改。

〔註368〕《毛詩注疏》,卷十九之二,頁723。

〔註369〕《毛詩注疏》,卷十九之二,頁723,據《校勘記》改。

〔註370〕「保介」這一問題後來引起爭議,參趙蔭棠:〈《周頌·臣工》篇發微〉,《隴上學人文存·趙蔭棠卷》(蘭州:甘肅人民出版社,2014年5月),頁244～249。

〔註371〕《楚辭補注》,卷十三,頁404。

〔註372〕〔日〕瀧川龜太郎:《史記會注考證》,卷八,頁164。

者出」，鄭玄曰：『將命，傳辭者』，〔註373〕鄭玄《毛詩箋》曰：『將，奉也』〔註374〕」，〔註375〕按善《注》於「將命」、「將」字先後異說，有兩種可能，一是此處為李善四注《文選》異說，而拼湊為今本所致；〔註376〕二是此是李善既疏解「將命」二字的出典，又進一步指明向秀賦中的「將命」雖典出《論語》，然意義不同，此「將」為動詞，〔註377〕義為「奉」，是李善藉引書來彰顯字面出處與文本義有別的細微用心。〔註378〕

《荀子·大略》：「天子外屏，諸侯內屏，禮也。外屏，不欲見外也。內屏，不欲見內也」，楊倞《注》：「『屏』猶蔽也，『屏』謂之樹，鄭康成云：『若今浮思也。』」〔註379〕此先解字義，〔註380〕後解文本義，「樹」者，《爾雅·釋宮》：「屏謂之樹」，邢《疏》：「云『屏謂之樹』者，屏，蔽也，樹，立也，立牆當門以自蔽也，李巡曰：『垣當門自蔽名曰樹』」，〔註381〕「浮思」者，《周禮·考工記·匠人》：「王宮門阿之制五雉，宮隅之制七雉，城隅之制九雉」，鄭玄《注》：「阿，棟也。宮隅、城隅，謂角、浮思也。」〔註382〕

李善、楊倞的注解既解字義又解文本義，而均引鄭玄，頗有耐人尋味之處，或可視為鄭玄訓詁學如何為後代所接受的一個側面。

〔註373〕引按：語見〈陽貨〉：「將命者出戶」，《論語注疏》，卷十七，頁157，又：《集解》未錄鄭《注》，而善《注》當補「戶」字。

〔註374〕引按：〈我將〉：「我將我享」，《箋》：「『將』猶『奉』也」，《毛詩注疏》，卷十九之二，頁717，善《注》無「猶」字，未是。

〔註375〕《文選》，卷十六，頁234。

〔註376〕〔唐〕李匡乂：《資暇集》，陶敏主編：《全唐五代筆記》。

〔註377〕朱曉海：〈論向秀〈思舊賦〉〉，江建俊主編：《竹林名士的智慧與詩情》（臺北：里仁書局，2008年7月），頁17。

〔註378〕朱曉海：「而崇賢每假徵引載籍，以示解讀文本之門徑，縱老於《選》學者，於此等處每忽之，善注實不易讀」，〈《文選·弔魏武帝文并序》今本善注補正〉，《中國文選學：第六屆文選學國際學術研討會論文集》（北京：學苑出版社，2007年9月），頁355。

〔註379〕《荀子集解》，卷十九，頁771。

〔註380〕《說文解字·八上·尸部》：「屏，蔽也」，《說文解字注》，頁401，據段說改。

〔註381〕《爾雅注疏》，卷七，頁73～74。

〔註382〕《周禮注疏》，卷四十一，頁645。

第四章　毛《傳》、鄭《箋》訓詁中的經學建構

第一節　毛《傳》、鄭《箋》訓詁中之經學思想的判別

　　本章主要論證《傳》、《箋》如何藉訓詁建構經學思想，而其建構的經學思想又為何。然而因為並非《傳》、《箋》所有的訓詁義項中都具有思想，故並非將《傳》、《箋》所有訓詁義項分類即可見其思想；前人雖亦論及《箋》具有「大義」、「體系性」：

　　潘任云：「約其（引按：指《箋》）改毛之例，不外三端：其一，改其大義而訓詁不變。其一，改其訓詁而大義無關。其一，大義既改，而訓詁亦不得不隨之而異。以此三例求之，鄭《箋》隨在可觸發也。」〔註1〕

　　喬秀岩云：「鄭玄訓詁體系性強，一字之訓，往往關涉諸經。」〔註2〕

　　但未窮盡地歸納全書，也很少完整地描述《箋》的總體思想面貌；且上述二說引發的問題是：《傳》是否也如此？若《傳》、《箋》皆如此，則判別《傳》、《箋》訓詁中的思想之標準為何？而《傳》、《箋》藉其訓詁所建構的經學思想為何？

　　判斷《傳》、《箋》訓詁中的經學的思想，大致可以提出三個標準：

〔註1〕〔清〕潘任：《七經講義・詩經講義》，林慶彰等主編：《晚清四部叢刊》，第四編，第1冊，頁196～197。

〔註2〕喬秀岩：〈論鄭何注《論語》異趣〉，《北京讀經說記》，頁189。

　　第一，《傳》、《箋》訓詁中明確的經學論述，此類只須綜合全書，略加歸納，如段玉裁就指出〈陟岵〉《傳》之「父尚義」云云，「則屬辭之意可見矣」。〔註3〕

　　第二，從某一些字詞之前後文同訓、異訓，也可以幫助推尋何處是解釋文本義，何處是揮發經義，如段玉裁排比毛《傳》「誘，道也」、「牖，道也」等例後，就指出：「惡無禮之詩，必非『誂誘』之『誘』也」，〔註4〕即指證毛《傳》訓「誘」為「道」，其實正是接受其為「惡無禮之詩」的思想。

　　第三，《傳》、《箋》的訓詁中，被釋詞與解釋詞的關係，無法從本義、引申義理解，也不合乎文本脈絡；而必須結合《詩序》、兩漢《詩》學、其它經書及彼時的思想脈絡，才能加以解釋者，即可判別為《傳》、《箋》據經義而改訓。根據上述標準，並著重以《傳》、《箋》訓詁合乎文本義與否，可以歸納出《傳》、《箋》訓詁中的經學思想的諸多面向是：

　　1. 發揮文本已有、未有的經學思想與禮學知識；但《詩經》文本原已具備的部分無須考釋，故不討論，也儘量不在描述《傳》、《箋》經學思想時引用，以免混淆《詩經》原有的思想與《傳》、《箋》建構的經學思想；是以下文僅題為：「發揮文本中未見的經學思想與禮學知識」。

　　2. 既解文本義，又發揮思想。

　　3. 解散句構：《傳》、《箋》將《詩》「一句分為兩、三句讀」或「兩句合為一句讀」的傾向。

　　4. 違背或擱置文本義，逕據經義改訓。

　　5. 其它。

　　故下文即以五者為綱領，逐一疏證；而為使眉目較為清晰，謹訂若干行文凡例如下：

　　1. 個別較無疑義的例證，或僅說明拙見，不廣徵前人異說；或僅將此類例證類聚比觀，讀者通觀此類例證，即可發現其意義，因為材料本身的排比就是一種見解。而若干值得深入研究的例證，則擬先詳盡地回顧前人說法，再加以分析考證。

　　2. 若干例證將留待下節說明《傳》、《箋》的經學思想時，才會加以融會貫串，故亦暫時不加討論。

〔註3〕　《說文解字注》，頁439，「岵」字下段《注》。
〔註4〕　《說文解字注》，頁436〜437，「羑」字下段《注》。

3. 不同篇章中的相關字詞，若毛《傳》、鄭《箋》有類似的訓解或思想模式，則依篇次先後一併討論；少數不從篇章次序者，係因某些在後之篇章《傳》、《箋》的解說反而較詳，故略有改易。

4. 若干例證在下節的四個小類中重見，這並不代表本章分類之鬆散浮泛；反而說明了《傳》、《箋》解經方法與觀念的多元與豐富。

5. 引用原文一律以標楷體標示，其它雖加引號，而加入「／」等符號以表是解散句構或調整字序者，為了表示這是筆者的說法，不是原文，不另用其它字體標示。

6. 《傳》、《箋》之說解與原文對應之處，茲不憚煩一一用雙引號特別標明，如此雖標點較繁瑣，然易使讀者更明瞭。

7. 下章論「文本意識」處，凡例同此。

第二節　毛《傳》、鄭《箋》訓詁中的經學建構例證疏釋

一、發揮文本中未見的經學思想與禮學知識

1. 〈蒹葭〉：「遡洄從之，道阻且長；遡游從之，宛在水中央」，《傳》：「逆禮則莫能以至也……順禮求濟，道來迎之」，[註5]又〈匪風〉：「誰能亨魚」，《傳》：「亨魚煩則碎，治民煩則散，知亨魚則知治民矣」，[註6]又〈破斧〉：「既破我斧，又缺我戕」，《傳》：「斧、戕，民之用也；禮義，國家之用也」，[註7]又〈伐柯〉：「伐柯如何，匪斧不克」，《傳》：「柯，斧柄也；禮義者，亦治國之柄」，[註8]又〈有駜〉：「有駜有駜，駜彼乘黃」，《傳》：「駜，馬肥彊貌。馬肥彊則能升高進遠；臣彊力則能安國。」[註9]從此數例，可見《傳》的特定解經模式是：就《詩》文中出現的特定之事（〈蒹葭〉）、物（〈匪風〉、〈破斧〉、〈伐柯〉、〈有駜〉），視為大義之所寄託，進一步發揮文本所無之義，並且尤其重視「禮」這一面向。

〔註5〕《毛詩注疏》，卷六之四，頁241。
〔註6〕《毛詩注疏》，卷七之二，頁265，按：以魚喻治民，如《老子》第六十章：「治大國若烹小鮮」，馬敘倫：《老子校詁》，卷四，頁164。
〔註7〕《毛詩注疏》，卷八之三，頁300。
〔註8〕《毛詩注疏》，卷八之三，頁301。
〔註9〕《毛詩注疏》，卷二十之一，頁766。

　　同類例證，兩漢注解中也不少見，如：《楚辭·九辯》：「背繩墨而改錯」，王逸《章句》云：「夫繩墨者，工之法度也；仁義者，民之正路也。繩墨用則曲木截，仁義進則讒佞滅，二者殊義，不可不察也」，〔註10〕以「繩墨」為「仁義」而發揮大義，與〈破斧〉之《傳》的解經方式也如出一轍。

　　2.〈有狐〉：「有狐綏綏」，《傳》：「綏綏，匹行貌」，按：姑且不論「匹行」是否真的能使狐「綏綏」；但此「綏」應訓「安」，〔註11〕從「綏」字不能得知此狐是「匹行」，因為「匹行」畢竟只是「綏綏」的可能原因之一，無法確定此狐之「綏綏」必因「匹行」而來──也就是說：「匹行」只是「綏綏」的充要條件，不是必要條件。且據〈有狐〉全詩，也沒有其它有關「匹行」的內容。則《傳》之用意，其實如《正義》所云：「《序》云『喪其妃耦』而言，故知『綏綏』是匹行之貌」，〔註12〕注意《正義》的「言」字是動詞，義指「發言為詩」，其義是說：《序》認為此詩乃詩人因「喪其妃耦」而發言為詩，〔註13〕而《傳》同意《序》說，故認為「綏綏」是「匹行」；然而此《傳》尚須對照〈南山〉：「雄狐綏綏」，《傳》：「雄狐相隨，綏綏然無別，失陰陽之匹」，此亦據該詩之《序》云「鳥獸之行，淫乎其妹」而言。〔註14〕故知此二處之《傳》為了落實《序》義，均發揮文本所無的思想。

　　類似的例證，又如：〈出車〉：「出車彭彭」，《傳》：「彭彭，四馬貌」，〔註15〕按：「彭彭」僅只是「馬貌」，《傳》必云「四」者，藉此點明出車者之身分等級，

〔註10〕　《楚辭補注》，頁310，按：「仁『義』者，民之正『路』也」，暗用《孟子·告子上》：「義，人路也」，《孟子注疏》，卷十一下，頁202。

〔註11〕　《說文解字·十三上·糸部》「綏」字云：「車中靶也」，段玉裁《注》：「《論語》曰：『升車必正立執綏』，周生烈曰：『正立執綏，所以為安。』按：引申為凡『安』之偁。」《說文解字注》，頁662。按：段氏引《論語》文見〈鄉黨〉，阮刻《論語注疏》僅作「周曰」，且其周曰「正立執綏」作「必正立執綏」，《論語注疏》，卷十，頁91，然《集解》實有兩周氏（嚴格來說，周生為複姓，另一周氏，何晏《論語》序）即未載其名，《論語注疏》，卷首，頁3），段氏焉知此周氏為周生烈？段氏蓋據皇侃《論語集解義疏》，皇《疏》正作周生烈，且皇《疏》所載《注》文亦作「正立執綏」，不作「必正立執綏」，《論語義疏》，卷五，頁260，此亦可見清中葉皇《疏》回傳中國後，其影響之大與流行之速。

〔註12〕　以上均《毛詩注疏》，卷三之三，頁140～141，按：《正義》引《序》當作「喪其妃耦焉」，省略「焉」字而已，非《正義》所見有異文。

〔註13〕　《正義》這句話如果補足其省略的部分，其義就是：「《序》云詩人『喪其妃耦』而言」。

〔註14〕　《毛詩注疏》，卷五之二，頁195。

〔註15〕　《毛詩注疏》，卷九之四，頁339。

《箋》解「我出我車」云「上『我』，我殷王也，下『我』，將率自謂也。西伯以天子之命出我戎車於所牧之地」，而《傳》解「王命南仲」云：「王，殷王也」，〔註16〕都認為是殷王遣將，則《傳》對出車者的身分也許與《箋》所說的相同，都指「將率」，故「出車彭彭」，得為四馬。可知《傳》於此亦連帶提示諸侯四馬、天子六駕之禮學知識。

　　3.〈葛生〉：「角枕粲兮，錦衾爛兮」，《傳》：「齊則角枕、錦衾，禮：夫不在，斂枕、篋、衾、席，韣而藏之」，按：「齊」即「齋」，指祭祀之時，而《傳》所云「禮」，未明揭出處，與之相似的內容，見諸《禮記·內則》：「夫不在，斂枕篋簟席，襡器而藏之」，鄭玄《注》：「不敢褻也」，而〈內則〉又云：「斂簟而襡之」，鄭玄《注》：「襡，韜也」，〔註17〕「韜」即「藏」，據此可知《傳》謂詩文既云「角枕」、「錦衾」，乃有特定時、地與用途，故據禮制發揮詩文所未明言之禮學背景。但《傳》此一說法，也不是全無破綻，尋《傳》、〈內則〉，均謂「藏之」，則此婦人若真遵循此一禮節，則當云：「角枕」、「錦衾」皆「藏之」，而不應是描寫此二者之「粲兮」、「爛兮」；當然，若為《傳》說開脫，亦可說是類似於〈卷耳〉之「嗟我懷人」，而「寘」「頃筐」於「周行」，〔註18〕此亦是藏「角枕」與「錦衾」時，見其「粲兮」、「爛兮」而怦忡思及「予美亡此」之感——然而畢竟見「角枕」與「錦衾」而思及「予美亡此」，〔註19〕不一定必須是在「藏之」之時，故《傳》似乎仍難以自圓其說。

　　4.〈匪風〉：「誰能亨魚」，《箋》：「『誰能』者，言『人偶』，能割、亨者」，又：「誰將西歸」，《箋》：「『誰將』者，亦言『人偶』，能輔周道治民者也」，按〈白華〉《箋》又云：「王無『答耦』己之善意」，〔註20〕以上這些「人偶」都必須視為專有名詞讀斷，不能視為副詞而與下文連讀，因為據《正義》云：「『人偶』者，人意尊偶之也」，則「偶」是動詞，又除此處「尊偶」外，《毛詩正義》、《禮記正義》又曾分別解為「親偶」、「愛偶」、「存偶」、「答偶」，〔註21〕這其實是鄭玄思想中很重要的一個命題，義指「帶有『人意』、『人情』、親愛（仁恩）

〔註16〕以上均見《毛詩注疏》，卷九之四，頁338～339。
〔註17〕分見《禮記注疏》，頁533、519。
〔註18〕《毛詩注疏》，卷一之二，頁33。
〔註19〕以上均《毛詩注疏》，卷六之二，頁227。
〔註20〕《毛詩注疏》，卷十五之二，頁518。
〔註21〕參〔日〕戶川芳郎著，喬秀岩譯：〈人偶——偶談之餘終篇〉，《中國經學》
　　　　第1輯，頁56。

等感情的輩耦」;〔註22〕且「割、亨」,《箋》認為「亨魚類於治民」,與「輔周道治民」都事關安邦定國,〔註23〕不是可以「偶能」的,也可證明「人偶」的確不能連下文讀。但是僅因詩中有「誰將」、「誰能」之問,《箋》便舉出自己思想中的典型以當之,於文本無徵。

5.〈伐木〉:「釃酒有藇」,《傳》:「以筐曰『釃』,以藪曰『湑』」,按:此句無涉於「湑」,然本詩下文「有酒湑我」,《傳》:「湑,茜之也」,則「藪」、「茜」均以草縮酒之義,其義相近,故《正義》認為此是「逆解下文」;〔註24〕然而《正義》之說,還可以進一步闡發:假設本詩下文也無「湑」字,從這一小節所舉「發揮文本中未見的經學思想與禮學知識」之例,仍然可以推測《傳》、《箋》也仍然會連帶提及「以藪曰『湑』」等內容,因為這是在其解經思想與方法中,頗為重要的一個面向。

6.〈采薇〉:「一月三捷」,《箋》:「一月之中三有勝功,謂侵也、伐也、戰也」,按「三捷」本可浮泛地理解為三次勝利,《箋》之所以必須言之鑿鑿地認為「三捷」是「侵也、伐也、戰也」,《正義》已指出其原因是「鄭參用三《傳》之文也」,〔註25〕如果用《春秋》筆法來詮釋,就是:「『捷』云『三』,何也?」故《箋》引三《傳》為說,探究「捷」云「三」的微言大義。然而進一步的問題是:《箋》為什麼要用《春秋》之說解《詩》呢?因其認為此詩乃「文王為西伯服事殷之時」,為討「昆夷之患」與「玁狁之難」而作,〔註26〕正合《春秋》尊王攘夷之旨,故引以發揮經義。

7.〈杕杜〉:「日月陽止,女心傷止,征夫遑止」,《箋》:「陽月而思望之者,以初時云『歲亦莫止』」,〔註27〕按:本詩無「歲亦莫止」之文,「歲亦莫

〔註22〕〔日〕戶川芳郎:〈人偶──偶談之餘終篇〉,頁56、60,另詳下文。
〔註23〕以上均《毛詩注疏》,卷七之二,頁265。
〔註24〕以上均《毛詩注疏》,卷九之三,頁328~329。
〔註25〕《毛詩注疏》,卷九之三,頁333。按:《正義》未舉三《傳》之文論何謂「參用」,然《箋》與《左傳·莊公二十九年》:「凡師有鐘鼓曰『伐』,無曰『侵』,輕曰『襲』」,《左傳注疏》,卷十,頁178,或《公羊傳·莊公十年》:「曷為或言『侵』,或言『伐』?觕者曰『侵』;精者曰『伐』。戰不言『伐』,圍不言『戰』,入不言『圍』,滅不言『入』,書其重者也」,《公羊傳注疏》,卷七,頁88,或《穀梁傳·隱公五年》:「伐不逾時,戰不逐奔,誅不填服。苞人民,毆牛馬,曰『侵』;斬樹木,壞宮室,曰『伐』」,《穀梁傳注疏》,卷二,頁22,均有異同,此《正義》所謂「參用」。
〔註26〕分見該詩之《序》、及《序》下《箋》,《毛詩注疏》,卷九之三,頁331。
〔註27〕《毛詩注疏》,卷五之三,頁209。

止」其實見於〈采薇〉；但〈采薇〉一詩何以被《箋》認為是〈杕杜〉的「初時」？這是因為〈采薇〉之《序》明言：「故歌〈采薇〉以遣之，〈出車〉以勞還，〈杕杜〉以勤歸也」，〔註28〕而《箋》接受其說，故認為三首詩其實是描寫同一事件的先後經過，故引〈采薇〉以證〈杕杜〉，此雖於〈杕杜〉之文本無徵，而可求解於《箋》的經學義理系統。

8. 〈角弓〉：「民之無良，相怨一方」，《箋》：「『民』『之』意不獲，當反責之於身，思彼所以然者而怨之；『無』『善』心之人，則徒〔徒〕〔註29〕居『一處』『怨』憝之」，〔註30〕按：《箋》解「無良」為「無善心」，則「無良」當屬下讀，故此句應理解為：「民之／無良相怨一方」，〔註31〕「民之」兼指其「意」與「無良相怨一方」者，所以更具體的說就是：「（民之）意／（民之）無良相怨一方」，《箋》採用了這一讀法，所以才會說：「當反責之於身」，此係引證《孟子》「反求諸己」之說以填補「民之」的語義空隙，〔註32〕使詩義開展出「恕」的新面向，形成恕／怨的對比結構，扭轉了原詩僅侷限於「怨」的內容。

9. 《傳》、《箋》多發揮經文中所無的陰陽、災異、祥瑞、讖緯、感生思想：

（1）陰陽思想者如：

〈南山〉：「雄狐綏綏」，《傳》：「雄狐相隨，綏綏然無別，失陰陽之匹」，〔註33〕〈采薇〉：「歲亦陽止」，《箋》：「十月為陽。時坤用事，嫌于無陽，故

〔註28〕《毛詩注疏》，卷九之三，頁331。

〔註29〕「徒」字，《毛詩注疏校勘記》無說，《十三經注疏校勘記》，第2冊，頁922～923，按：據《正義》云「則徒居一方」，且云：「徒，空也」，知《正義》所據之《箋》作「徒」；作「徒」較是。今本作「徒」，或阮刻本之新誤字，故《校勘記》無說，「徒」、「徒」古書多有誤例，如張元濟：〈景印元刻本《金華黃先生文集》札記〉：「『徒武義』，『徒』當作『徒』」，《張元濟文集》第9卷（北京：商務印書館，2010年9月），頁48。

〔註30〕《毛詩注疏》，卷十五之一，頁504。

〔註31〕此類「一句分為兩、三句讀」，或「兩句合為一句讀」的例證，在《詩經》舊注中屢見不鮮，見本章下節〈解散句構：《傳》、《箋》將《詩》「一句分為兩、三句讀」或「兩句合為一句讀」的傾向〉部分，凡前後互見的例證，只在一處解說，另一處從略。

〔註32〕語見《孟子·離婁上》，又〈離婁下〉亦云：「則君子必自反也」云云，分見《孟子注疏》，頁126、153。

〔註33〕《毛詩注疏》，卷五之二，頁195。

以名此月為陽」，〔註34〕按《睡虎地秦墓竹簡·日書甲種》於十月即云「陽盡為坤」，〔註35〕又：〈無羊〉：「眾維魚矣，實維豐年」，《傳》：「陰陽和，則魚眾多矣」，〔註36〕〈楚茨〉：「我黍與與，我稷翼翼」，《箋》：「陰陽和，風雨時，則萬物成矣」，〔註37〕〈信南山〉：「益之以霢霂，既優既渥」，《箋》：「成王之時，陰陽和，風雨時……」，〔註38〕〈大田〉：「有渰萋萋，與雨祈祈」，《箋》「古者陰陽和，風雨時……」，〔註39〕〈魚藻〉之《序》，《箋》：「王政教衰，陰陽不和，群生不得其所也。」〔註40〕〈桓〉：「妻豐年」，《箋》：「陰陽和也」，〔註41〕〈有駜〉：「歲其有」，《箋》：「君臣安樂，則陰陽和，而有豐年。」〔註42〕按：以上各例，《詩》中並無陰陽之說，《傳》、《箋》均據兩漢共同的思想背景加以發揮。而建立在陰陽說的基礎上，《箋》又進一步建構了災異與祥瑞思想。

（2）災異思想者如：

毛《傳》有少數例證似略可說明其也許有災異思想，比如〈蝃蝀〉之《傳》云：「夫婦過禮則虹氣盛，君子見，戒而懼諱之」，又如：〈十月之交〉：「彼月而微；此日而微」，詩文僅言日月之微的異象，而《傳》則認為：「月，臣道。日，君道」，〔註43〕其義則顯然謂此異象乃因君臣無道而發；然毛《傳》亦僅見此數例；相較於《箋》屢屢發揮此義，頗有差別，如：〈大田〉：「去其螟、螣，及其蟊、賊，無害我田稚」，《箋》：「此四蟲者，恒害我田中之稺禾，故明君以正己而去之」，〔註44〕按：「明君以正己而去之」，原文中並無此義，乃《箋》發揮兩漢通行的災異思想，即一有災異，則君王須下詔罪己，如：《漢書·元后傳》：「朕承先帝聖緒，涉道未深，不明事情，是以陰陽錯繆，日

〔註34〕《毛詩注疏》，卷九之三，頁333。

〔註35〕王子今：《睡虎地秦簡《日書》甲種疏證》（武漢：湖北教育出版社，2003年2月），頁5。

〔註36〕《毛詩注疏》，卷十一之二，頁389。

〔註37〕《毛詩注疏》，卷十三之二，頁454。

〔註38〕《毛詩注疏》，卷十三之二，頁461。

〔註39〕《毛詩注疏》，卷十四之一，頁473。

〔註40〕《毛詩注疏》，卷十五之一，頁499。

〔註41〕《毛詩注疏》，卷十九之四，頁753。

〔註42〕《毛詩注疏》，卷二十之一，頁766。

〔註43〕《毛詩注疏》，卷十二之二，頁405。

〔註44〕《毛詩注疏》，卷十四之一，頁473。

月無光，赤黃之氣充塞天下，咎在朕躬。」〔註45〕而《箋》發揮災異思想的類例證甚多，如：〈瞻卬〉：「天何以刺」，《箋》：「王之為政既無過惡，天何以責王見變異乎」。〔註46〕

（3）祥瑞思想者如：

毛《傳》中的祥瑞思想比較少見，僅有數例：〈信南山〉：「上天同雲，雨雪雰雰」，《傳》：「豐年之冬，必有積雪」，〔註47〕《箋》中則較多，且著重在君王德政方面，如：〈臣工〉：「將受厥明」，《箋》：「故我周家大受光明，謂為珍瑞」，〔註48〕又：〈雝〉：「燕及皇天」，《箋》：「文王之德安及皇天，謂降瑞應，無變異也。」〔註49〕

（4）讖緯、感生思想者如：

〈十月之交〉：「朔月辛卯」，《箋》：「辛，金也。卯，木也。又以卯侵金，故甚惡也」，〔註50〕則發揮五行、讖緯之說，又：〈長發〉：「帝立子生商」，《箋》：「帝，黑帝也」，又：「玄王桓撥」，《箋》：「承黑帝而立子，故謂契為『玄王』」，〔註51〕發揮讖緯、感生之說。

10.〈魚藻〉：「魚在在藻，有頒其首」，《箋》：「此時人、物皆得其所；正言『魚』者，以潛逃之類，信其著見」，〔註52〕此處「信」字，由形容詞轉動詞，謂「人、物皆得其所」這種「著見」的德化竟連魚亦如此而顯得更可「信」，此一「信」字，蓋亦暗用《周易‧中孚‧象傳》：「『豚、魚吉』，信吉豚、魚也」，王弼《注》：「魚者，蟲之隱者也。豚者，獸之微賤者也。爭競之道不興，中信之德淳著，則雖微隱之物，信皆及之」，〔註53〕《詩》中亦屢以魚出為喻：如〈大雅‧旱麓〉：「魚躍于淵」。〔註54〕然《箋》所謂「此時人物皆得其所」，從此「魚在在藻」二句，甚乃全詩，都未見此內容，實為《箋》據《序》之「故

〔註45〕《漢書補注》，卷九十八，頁 1704。
〔註46〕《毛詩注疏》，卷十八三之五，頁 696。
〔註47〕《毛詩注疏》，卷十三之二，頁 461。
〔註48〕《毛詩注疏》，卷十九之二，頁 723。
〔註49〕《毛詩注疏》，卷十九之三，頁 735。
〔註50〕《毛詩注疏》，卷十二之二，頁 405。
〔註51〕《毛詩注疏》，卷二十之四，頁 800～801。
〔註52〕《毛詩注疏》，卷十五之一，頁 499。
〔註53〕《周易注疏》，卷六，頁 133，按：《注》先「魚」後「豚」，卦辭下之《正義》同，與正文次序不合，但《正義》引經文亦作「豚、魚吉」，似非所見經文有異，俟考。
〔註54〕《毛詩注疏》，卷十六之三，頁 560。

君子思古之武王焉」與詩文之「有那其居」，特別在全篇第一句開宗明義而發揮的經義。〔註55〕

11.〈白華〉：「天步艱難」，《箋》：「天行此艱難之妖久矣」，按：《箋》既云「行此」，知其讀「步」為動詞，其又將「艱難」發揮為「艱難之妖久矣」，為什麼要在此句中增添文本所無的內容呢？這是因為「艱難之妖」乃為了預先疏通下文的「念彼碩人」，《箋》將之解為：「碩，大也。妖大之人，謂褒姒也」，〔註56〕而這又是為了落實《序》所謂：「周人刺幽后也」的緣故；〔註57〕然《箋》說實不合文本義，因為「天步」亦即「天行」、「天運」、「天道」，〔註58〕「步」、「行」、「運」、「道」本皆指天體運行的軌跡，後被抽象化為人間諸事的法則，而此句，其義則是歎天道之艱難而已。

12.《傳》、《箋》有時往往詳載文本所未涉及的禮制，其例甚多，歸納而言，大概有三種模式：

（1）為某一朝代之禮制所觸發，而通解夏、商、周之禮制，如：

〈六月〉：「元戎十乘」，《傳》：「夏后氏曰『鉤車』，先正也；殷曰『寅車』，先疾也；周曰『元戎』，先良也。」〔註59〕按：《傳》因「元戎」之觸發，而通解文本所無夏、商車制。又：〈文王〉：「常服黼冔」，《傳》：「冔，殷冠也。夏后氏曰『收』，周曰『冕』」，〔註60〕又〈絲衣〉之《序》：「〈絲衣〉，繹賓尸也。高子曰：『靈星之尸也』」，《箋》：「周曰『繹』，商謂之『肜』」，〔註61〕又：

〔註55〕《毛詩注疏》，卷十五之一，頁499，《箋》：「那，安貌」。

〔註56〕以上均《毛詩注疏》，卷十五之二，頁516～517，《校勘記》於「念彼碩人」已經指出「此《箋》文承上《箋》」，馬瑞辰：《毛詩傳箋通釋》，卷二十三，頁783。

〔註57〕《毛詩注疏》，卷十五之二，頁515。

〔註58〕「天步」之於「天道」，亦猶「王路」之於「王道」，《史記·儒林傳》：「孔子閔王路廢」，吳國泰云：「『王路』即『王道』，不言『道』者，與下文『邪道』變文為義也」，《史記解詁》第四冊下，頁1133（頁碼每種另起），收入《居易簃叢書（六種）》。故《漢書·董仲舒傳》亦云「道者所繇適於治之『路』也」，《漢書補注》，卷五十六，頁1164。參考劉文清：〈《周易》經傳「行」字字義分析〉，鄭吉雄主編：《周易經傳文獻新詮》（臺北：臺大出版中心，2010年1月），頁125～148。

〔註59〕《毛詩注疏》，卷十之二，頁359，按：「先正」、「先疾」、「先良」云者，義即以正為先、以疾為先、以良為先，故《正義》云：「『先疾』、『先良』，《傳》因名以解之」；然《正義》不應漏數「先正」，此處似有脫文，《校勘記》失校。

〔註60〕《毛詩注疏》，卷十六之一，頁536。

〔註61〕《毛詩注疏》，卷十九之四，頁750。

〈那〉：「置我鞉鼓」，《傳》：「夏后氏足鼓，殷人置鼓，周人縣鼓」，〔註62〕
又：「依我磬聲」，《傳》：「周尚臭，殷尚聲」，〔註63〕皆為其例。

（2）為某一身分之禮制所觸發，而通解天子至於庶人的禮制差異，如：

〈瞻彼洛矣〉：「君子至止，鞸琫有珌」，《傳》：「天子玉琫而珧珌，諸侯
璗琫而璆珌，大夫璙琫而鏐珌，士珕琫而珧珌。」〔註64〕按：《傳》因「琫」、
「珌」二字，而通解天子至於庶人用琫用珌之禮學知識。

又：〈泮水〉：「思樂泮水」，《傳》：「天子辟廱，諸侯泮宮」，〔註65〕蕭璋
已經注意到這個例子，其云本詩「沒有涉及天子所設立的，而毛《傳》卻連
〈王制〉所說的『天子曰辟雍』這句話一并引出來以証經文」，並將之稱為「連
類而及」。〔註66〕

（3）《詩》文只言及該禮制的一部份，或僅字面相關，《傳》、《箋》則因
此詳載該禮制之內容，如：

〈候人〉：「三百赤芾」，《傳》：「一命：縕、芾、黝珩；再命：赤芾、黝
珩；三命：赤芾、蔥珩。大夫以上，赤芾乘軒。」按：《傳》不僅因「赤芾」
二字而詳載其「一命」至「三命」的禮儀，更如《正義》所云「《傳》因『赤
芾』，遂言『乘軒』者。」〔註67〕

又：〈伐木〉：「既有肥羜，以速諸父」，《傳》：「天子謂同姓諸侯、諸侯謂
同姓大夫，皆曰『父』；異姓則稱『舅』。」〔註68〕按：經文無「舅」字，《傳》
因解「父」字連類及之。

又：〈采芑〉：「于彼新田，于此菑畝」，《傳》：「田一歲曰『菑』，二歲
曰『新田』，三歲曰『畬』。」〔註69〕按：此文雖有「菑」與「新田」，但無「畬」
字；《傳》因解「菑」、「新田」，遂亦連帶提示「三歲曰『畬』」。

又：〈車攻〉：「田車既好」，《傳》：「田者，大芟草以為防，或舍其中⋯⋯
故戰不出頃，田不出防，不逐奔走，古之道也」，按：「田車」義為「田獵之

〔註62〕《毛詩注疏》，卷二十之三，頁789。
〔註63〕《毛詩注疏》，卷二十之三，頁789。
〔註64〕《毛詩注疏》，卷十四之二，頁479。
〔註65〕《毛詩注疏》，卷二十之一，頁767。
〔註66〕蕭璋：〈毛傳條例探原〉，《文字訓詁論集》，頁33，補書名號。
〔註67〕以上均《毛詩注疏》，卷七之三，頁269～270。
〔註68〕《毛詩注疏》，卷九之三，頁328。
〔註69〕《毛詩注疏》，卷十之二，頁360。

車」，《傳》不解其車之制，反而因有「田」字而詳載上古田制的禮學知識。
又：「大庖不盈」，《傳》：「一曰乾豆，二曰賓客，三曰充君之庖……」，《正
義》已云：「《傳》又因經『大庖不盈』，廣言殺獸充庖之事。」〔註70〕

又：〈鼓鍾〉：「以雅以南」，《傳》：「為雅為南也，舞四夷之樂，大德、廣
所及也。東夷之樂曰『昧』，南夷之樂曰『南』，西夷之樂曰『朱離』，北夷之
樂曰『禁』。」〔註71〕按：《傳》以「南」為「南夷之樂」，故因此遍揭東西南
北夷之樂名。

又：〈瓠葉〉之《序》：「雖有牲、牢、饔、餼」，《箋》：「牛羊豕為牲，
繫養者曰牢，熟曰饔，腥曰餼，生曰牽」，〔註72〕按《序》文並無「牽」字，
《箋》何以解「牽」字？《正義》指出《箋》意蓋為「使肉之別名，皆盡於
此」；〔註73〕《正義》說未盡，此並非《箋》所見之《序》有「牽」字而今
本脫去，故《序》、《箋》不相應，實乃《箋》因疏解禮制之便，隨文使讀者
能較全面地了解相關禮制的內容。

又：〈駉〉：「在坰之野」，《傳》：「坰，遠野也。邑外曰郊，郊外曰野，野
外曰林，林外曰坰」，此因「坰」字之觸發，遍解「邑」、「郊」、「野」、「林」
之制。〈駉〉又云：「有驈有皇，有驪有黃」，《傳》：「驪馬白跨曰驈，黃白曰
皇，純黑曰驪，黃騂曰黃。諸侯六閑，馬四種，有良馬，有戎馬，有田馬，有
駑馬」，此因解「驈」、「皇」、「驪」、「黃」四馬，而連帶提及諸侯六閑四馬之
制。

總而言之，觀《傳》、《箋》此等連類觸發而系統解釋禮制的例證，可恍
然如見兩漢經師口授《詩》文時旁徵博引的發揮。

13.〈載見〉：「烈文辟公，綏以多福，俾緝熙于純嘏」，《箋》：「祭有十倫
之義」，按此文出自《禮記・祭統》，〔註74〕〈既醉〉《序》之《箋》亦云：「乃
見『十倫』之義」，〔註75〕皆係引用《禮記》發揮文本所無的經義。

14.〈那〉：「依我磬聲」，《傳》：「磬，聲之清者也，以象萬物之成」，〔註76〕

〔註70〕《毛詩注疏》，卷十之三，頁366、368。
〔註71〕《毛詩注疏》，卷十三之二，頁452，按：「大德」之「大」，動詞。
〔註72〕《毛詩注疏》，卷十五之三，頁522。
〔註73〕《毛詩注疏》，卷十五之三，頁522。
〔註74〕〈祭統〉：「夫祭有十倫焉」，《禮記注疏》，卷四十九，頁834。
〔註75〕以上分見《毛詩注疏》，卷十九之三、卷十七之二，頁736、603。
〔註76〕《毛詩注疏》，卷二十之三，頁789。

按《傳》此說係就磬在演奏中往往是終聲：「玉振之者，終條理也」，〔註77〕而發揮「象萬物之成」的經義。

二、既解文本義，又發揮思想

1. 〈葛覃〉之《序》云：「〈葛覃〉，后妃之本也。后妃在父母家，則志在於女功之事，躬儉節用，服澣濯之衣，尊敬師傅，則可以歸安父母，化天下以婦道也。」《箋》：「『躬儉節用』，由於師傅之教；而後言『尊敬師傅』者，欲見其性亦自然，可以『歸安父母』，言嫁而得意，猶不忘孝。」

《序》的解釋所確立的解釋範圍及其所留下的空隙為何？第一，是根據此詩在〈周南〉，推定主角為「后妃」，其後《傳》、《箋》一系列的禮制問題，俱從此而來。第二，《序》提出「化天下以婦道」之說，那麼這首詩中，主角的哪些作為足以為天下表率？又本詩時序不明，但《序》已提出「后妃在父母家」、「歸安父母」兩個不同時間、空間背景，分別對應於本詩何章何句？這些都成為《傳》、《箋》要彌縫、建構的空隙。

而《箋》於《序》下注又云：「而後言『尊敬師傅』者」，所謂「後言」，指《序》的行文次序上，「躬儉節用」較「尊敬師傅」在前，既在前，則表示已先能「躬儉節用」，後才從師傅之教而「尊敬師傅」；但推之常理，應先從教師傅後才能「躬儉節用」，所以《箋》解釋這一問題，認為后妃「性亦自然」，既解釋《序》行文的問題，又從「性」的本質上建立所以能「化天下以婦道」的理論依據。而《序》之所要說「化天下以婦道」的用心，《正義》自然已經察覺，所以《正義》指出：「『化天下以婦道』者，因事生義，於經無所當也」；只是《正義》未留意鄭玄此處的經學建構而已。

2. 〈大車〉：「毳衣如璊」，《傳》：「璊，赬〔玉〕〔註78〕也」，凌麗君云：「毛《傳》為什麼不直接用『赤』來訓釋『璊』呢？這是因為小序的經義思想在起主要作用……從小序中可以看出〈大車〉詩旨主要是諷諫周天子的大夫，

〔註77〕見《孟子·萬章下》，「玉」，焦循指出即「特磬」，《孟子正義》，卷十，下冊，頁397。磬本為「石」，而可稱「玉」者，因為《說文解字·一上·玉部》「玉」字指出玉是：「『石』之美有五德者」，《說文解字注》，頁10，又〔清〕戴震：〈樂器考〉：「鳴球、玉磬，同謂石磬，古人於石之美者，多以玉名，〈商頌〉特言『依我磬聲』，猶夔之專言『予擊石拊石』；說者謂別有玉磬而在堂上，非也」，《戴震集》，卷二，頁34。

〔註78〕「玉」字原脫，據段玉裁說補，詳下引文。

因此全詩處處都要點明大夫身份。……更主要的是它想通過『赬』作訓,從而代替『璊』,使讀者還原到『赬裳』這一語境中,並通過這一語境來明白所指之人是『大夫』。……所以,毛《傳》是在一般語言事實的基礎上,出於先行照顧經義闡釋目的而來選擇注釋點與訓釋詞的」,〔註79〕按:凌說可從,但其說還有兩點可以補充:一則因前章「毳衣如菼」,《傳》即明揭「天子大夫四命,其出封五命」云云,〔註80〕故於下章「毳衣如璊」,其說較為簡略,不再詳載禮制。二則,《說文解字・一上・玉部》「璊」字:「玉桱色也」,「桱」即「赬」,段玉裁《注》云:「毛《傳》曰:『璊,赬玉也』,今本脫『玉』字」,〔註81〕「璊」字從「玉」,故《傳》以赤色玉解之,與上文用「雛」解「菼」,其例亦同。且補一「玉」字,更能使讀者了解璊作為玉的色澤、質地,無礙凌說。

3. 〈鴟鴞〉:「鬻子之閔斯」,《傳》:「鬻,稚」,此一訓詁存在兩個問題:「鬻」何以能訓「稚」?「鬻」為何需訓為「稚」?

首先,《正義》指出訓「稚」的根據是:「〈釋言〉:『鞠,稚也』,郭璞曰:『鞠一作毓』,是『鬻』為『稚』也」,〔註82〕據此,《正義》的意思是:「鞠」與「毓」通,「毓」又與「鬻」通,則「鞠=毓=鬻」,所以「鬻」能訓「稚」,而馬瑞辰則更直捷地指出:「『鬻』通作『鞠』」;〔註83〕但不論是輾轉或是直捷的推論,單就聲音而言,「鞠」,上古見母覺部,「毓」、「鬻」上古余母覺部,〔註84〕聲母不同,且「鬻」、「毓」並無通假例證,〔註85〕故藉「毓」字以讀「鬻」為「鞠」,似不能成立。但是這並不意謂「鬻」不能訓「稚」,實則「鬻」與「育」,聲音全同,亦有通假例證,〔註86〕最重要的是「育」可訓「稚」,〔註87〕於《詩》中有例可尋,〈谷風〉:「昔育恐育鞠」,

〔註79〕凌麗君:〈從「單字為訓」看《毛詩故訓傳》與詩小序的關係〉,頁336~337。
〔註80〕以上均《毛詩注疏》,卷四之一,頁153~154。
〔註81〕《說文解字注》,頁15。
〔註82〕《爾雅注疏》,卷三,頁37,按今本郭《注》無「鞠一作毓」之語,或係脫文,或係《正義》誤記。
〔註83〕《毛詩傳箋通釋》,卷十六,頁472。
〔註84〕《漢字古音手冊》,頁113~114,按余母,即餘母分成的余、云兩母,《漢字古音手冊》,頁6。
〔註85〕《古字通假會典》,頁354、732。
〔註86〕《漢字古音手冊》,頁113、《古字通假會典》,頁354。
〔註87〕,然《毛詩正義》以為「育」訓「稚」又見《爾雅・釋言》:「以『育』得雨說,故〈釋言〉為『稚』」,《毛詩注疏》,卷二之二,頁92,誤,〈釋言〉無「育」字;或其乃據郭璞《注》「鞠一作毓」之語讀「毓」為「育」,故云。

《箋》：「『昔育』、『育』，稚也」，〔註88〕則《傳》訓「鬻」為「稚」，大概是因為其認為「鬻」是假借字，故改讀為「育」；《正義》之所以寧取「鞠」字輾轉為說，而不直接讀為「育」，乃因《爾雅》是「經典正文」、「正文」、「正訓」，〔註89〕因此，就算《正義》知道「鬻」、「育」可通，恐怕《正義》也會說：「毛不破字」，〔註90〕或者說：改讀為「育」，「於義雖通，未是正訓」。〔註91〕或者且如〈谷風〉：「不我能慉」之例，《正義》的第一步工作，就是檢驗《傳》、《箋》之訓詁是否合於《爾雅》，然：「《爾雅》不訓『慉』為『驕』；由養之以至于驕，故《箋》訓為驕」，〔註92〕仍退而求其次為《箋》說開脫。

其次，為何一定要破讀「鬻」為「育」而訓「稚」呢？《釋文》載「鬻……一云：『賣也』」，〔註93〕是已不改讀「鬻」字而如字讀，然則訓「賣」文義不通，當訓「取」義較通，因觀察上文「既取我子，無毀我室」，可知其下文「恩斯勤斯，鬻子之閔斯」正與之一一對應：〔註94〕「既取我子」，故我「鬻子之閔斯」，並請「無毀我室」，因此「室」是我曾「恩斯勤斯」者，則「鬻」也可以是「取」義；但「鬻子」也可以改讀為「稚子」，以便落實《序》所謂「成王未知周公之志」以及先秦文獻中屢被稱為「稚子」、「孺子」、「小子」的「成王」。

在訓「取」訓「稚」二說都有根據的情況下，不應簡單地判斷兩說皆通，而是應該進一步思考：《傳》讀為「稚」，其解經觀念應是：如何根據文本本身的歧異，藉由合理的訓詁手段，最大程度地發揮文本中所可能具有的經學義理。

3. 〈鴟鴞〉：「無毀我室」，《傳》：「無能毀我室者，攻堅之故也。寧亡二

〔註88〕《毛詩注疏》，卷二之二，頁91～92。

〔註89〕《毛詩正義》云：「《箋》以《爾雅》正訓，故以為『復』」，《毛詩注疏》，卷四之二，頁164。參張寶三：《五經正義研究》，頁605～607。按：「正」指的是經籍，相對於一般「俗」書而言──理解這一點，才能說明何以五經正義竟稱今人最看重的《說文解字》為「俗說」。「正文」就是經籍所具有的文字，甚至也包括《國語》（大概因其是「春秋外傳」，《毛詩正義》：「然則此外傳（《國語》）正文」，《毛詩注疏》，卷十六之三，頁559）。而如韋昭《國語解》敘也說要「以《爾雅》齊其訓」，徐元誥：《國語集解》，頁595。

〔註90〕說已詳本書第二章第七節第一部分〈毛《傳》改讀假借字〉。

〔註91〕《毛詩注疏》，卷十七之四，頁631。

〔註92〕《毛詩注疏》，卷二之二，頁91～92。

〔註93〕《法偉堂經典釋文校記遺稿》附宋本《經典釋文》，卷六，頁140。

〔註94〕以上均《毛詩注疏》，卷八之二，頁292～293，據《校勘記》改。

子，不可以毀我周室」，〔註95〕很明顯，《傳》先解文本義，後發揮「室」為「周室」之經義。且據此可知：《傳》能分別何者為文本義，何者為其所欲發揮的經義，並且能在疏通文本義的基礎上，合理地發揮經義。《箋》也察覺傳的用意，故申《傳》云：「室猶巢也」，此為文本層面之鴟鴞作補證；後乃發揮「時周公竟武王之喪，欲攝政」云云之經義。〔註96〕

4.〈東山〉：「我心西悲」，《傳》：「公族有辟，公親素服，不舉樂，為之變，如其倫之喪」，〔註97〕按：《傳》此一說解乍看與文本義完全無關，實則《傳》乃既解文本義，又發揮思想，只是並未字字疏釋文本而已。「辟」，罪也，〔註98〕公，在此指周公，言周公之心所以悲西者，因周公之親族有罪，即指管、蔡之亂；而《傳》又以為周公之悲，原情飾禮，可為法式，故特據禮以發揮此義。而觀《箋》：「我心則念西而悲」之說，〔註99〕知其亦知《傳》之用意，故於禮制方面，不再著一辭，可是卻彌縫了《傳》表面上未解文本的缺陷。

5.〈破斧〉：「四國是皇」、「四國是吪」、「四國是遒」，《傳》：「皇，匡也」、「吪，化也」、「遒，固也」，〔註100〕這三個訓釋中，較難理解的「遒」之訓「固」，洪業認為「但是就『四國是遒』而論，我們只好接受毛公『遒，固也』之訓。實亦不覺得古籍有據可證毛《傳》此訓有誤。」〔註101〕

然而從毛《傳》對「皇」、「吪」、「遒」的訓釋，可以知道《傳》欲在此三字的訓釋中，發揮「周公東征」後對「四國」的教化影響。首先，第一章「是皇」，則周公初來，始匡正四國，至第二章「是吪」，則更不僅止於消極地匡正惡行，而且乃使四國之民積極地順服化悅周道，於是至於第三章「是遒」，則

〔註95〕《毛詩注疏》，卷八之二，頁292。
〔註96〕《毛詩注疏》，卷八之二，頁292。
〔註97〕《毛詩正義》已經指出類似的文句亦見於〈文王世子〉，按：《禮記》卷二十〈文王世子〉：「公族其有死罪，則磬于甸人……其刑罪，則曰：『某之罪，在小辟』，公曰：『宥之，有司又曰：『在辟』……及三宥；不對，走，出，致刑於于甸人。公又使人追之曰：『雖然；必赦之』，有司對曰：「無及也」，反命於公，公素服，不舉，為之變，如其倫之喪，無服，親哭之」，鄭玄《注》：「倫謂親疏之比也」，《禮記注疏》，卷二十，頁401，據此可知《傳》、〈文王世子〉所說的禮義其實有不小的差距。
〔註98〕《毛詩正義》云：「辟，法也」，非是。
〔註99〕以上均《毛詩注疏》，卷八之二，頁295。
〔註100〕以上均《毛詩注疏》，卷八之三，頁300。
〔註101〕洪業：〈破斧〉，《洪業論學集》，頁370。

四國之民擇善固執，能固守周道不離，又不僅僅淺嚐即止的順服化悅而已；故毛《傳》的「匡」、「化」、「固」訓解，實際上具體而微地展示了周公教化四國的過程。

而鄭《箋》本《傳》「匡」之訓又解為「正」（從「誅其君罪，正其民人而已」之「正」可知），「吡」字無說，當從毛《傳》訓「化」，解「遒」為「斂」，則似消解《傳》所建構的教化歷程；因為《傳》、《箋》的最大差異，應即對三處「四國」的主語有不同的體認，洪業將「皇」、「吡」、「遒」三字的古今注解分成三類後，指出關鍵差異在「以『四國』為皇、吡、道之主辭」或「以周公，為皇、吡、道之主辭」，〔註102〕洪氏的觀察相當深刻，惟洪氏將《傳》、《箋》都歸入主辭是周公一類，似可修正為：毛《傳》以「四國」三句的主辭為四國之民，「皇」、「吡」、「道」三字代表周公的教化歷程；而鄭《箋》則以「四國」三句的主辭為周公，故僅能展現周公之功業，而消解了《傳》訓解中所展示的周公除了功業之外，循序漸進的教化體系。

6. 〈四牡〉：「是用作歌，將母來諗」，《傳》：「諗，念也」，《箋》：「諗，告也。……故作此詩之歌，以養父母之志，來告於君也」，〔註103〕《傳》、《箋》之異，表面上只是對詩歌中所描寫對象有不同的理解：《傳》就詩言詩，認為作詩者抒發其思念父母之情，《箋》則認為詩歌的接受對象是君王，人誰無父母，故以養父母之道告於君王，動之以情；但更深層的問題其實是：解釋《詩經》時，應該用什麼方式來理解詩旨？或者說，如何最大程度地發揮詩旨？則《傳》之說，雖亦可以啟發讀者風木之思，然亦僅此而已，《箋》則不然，以養父母之道告於君王，則君王知人亦有父母須養，則不應屢啟戰端而使士卒遠其父母，以致不得其養，故從經義之深刻與否而言，《箋》說無疑深於《傳》說，這恐怕也是《箋》認為「諗」須訓為「告」的理由。

7. 〈天保〉之《序》：「君能下下以成其政」，《箋》：「『下下』謂〈鹿鳴〉至〈伐木〉，皆君所以下臣也」，〔註104〕據《箋》所謂「皆君所以下臣也」，知《箋》當然也把「下下」理解為動賓結構，第一個下是「下禮」之義，第二個「下」字指在君王地位之下者；然而這個「下」字的意思尚不僅如此而已，還須要按照《詩序》的解經觀念來理解：〈魚麗〉之《序》、〈六月〉之《序》中，

〔註102〕洪業：〈破斧〉，《洪業論學集》，頁369。
〔註103〕《毛詩注疏》，卷九之二，頁318。
〔註104〕《毛詩注疏》，卷九之三，頁330。

《序》都繫聯該詩所在之處的前後篇章以為解說，〔註105〕故《箋》指出在〈天保〉以前的〈鹿鳴〉等五詩，均能「下下」，故以次序而言「下」至於〈天保〉，是其極致，《箋》此處是從《詩序》的思想來發揮經義。此亦既解文本義，又發揮思想之例。

8. 〈節南山〉:「民言無嘉，憯莫懲嗟」，《傳》:「憯，曾也」，《箋》:「懲，止也。天下之民皆以災害相弔唁，無一嘉慶之言，『曾』『無』以恩德『止』之者，『嗟』乎奈何」，又:〈十月之交〉:「哀今之人，胡憯莫懲」，《箋》:「憯，曾。懲，止也。變異如此，禍亂方至，哀哉今在位之人，『何』『曾』『無』以道德『止』之」，〔註106〕按:此二例中，《傳》、《箋》均改讀「憯」為「朁」，《說文解字·五上·曰部》:「朁，曾也」。〔註107〕而〈十月之交〉一例，《箋》雖字字疏解文本，卻仍發揮了「以道德止之」的政治思想，亦即如此「變異」、「禍亂」，其「止之」之道，在於人君修德;然而文本並無此義，此句蓋當解為「胡莫懲憯」，憯者，痛也，〔註108〕亦即何以不能止其痛，是詩人「哀今之人」所發的感歎，一如前章結尾所說的:「今此下民，亦孔之哀」。〔註109〕至於〈節南山〉一例，《箋》除了發揮與上述相近的思想外，更解散句構為:「憯莫懲／嗟」。

9. 〈正月〉:「赫赫宗周，褒姒烕之」，《傳》:「宗周，鎬京也。褒，國也。姒，姓也。烕，滅也。有褒國之女，幽王惑焉，而以為后;詩人知其必滅周也」，又〈采芑〉之《序》，《箋》亦云:「君子見其（引按:指周幽王）如此，知其後必見攻伐，將無救也」，〔註110〕按:從詩文本身來看，似缺乏其它證據可證明此是西周已滅或西周未滅時所寫，故此二種情況皆有其可能性。但是《傳》云「詩人知其必滅周也」，知《傳》認為此詩是西周未滅時所寫，乃因〈正月〉從次序上屬於「變〈小雅〉」之首，且《序》明指為「大夫刺幽王也」，〔註111〕故然。則本例中，《傳》雖然只是發揮了文本歧異中的一個可能性;但

〔註105〕詳本書第一章第二節〈從「同文現象」論《詩序》的解經觀念與方法〉。
〔註106〕分見《毛詩注疏》，頁394、407。
〔註107〕《說文解字注》，頁203，然段玉裁《詩經小學》謂憯「當作『朁』」，《清人詩說四種》，頁173，似非是，視為破假借即可，不必改字。
〔註108〕《說文解字·五上·曰部》「朁」字段《注》:「憯之本義痛也」，《說文解字注》，頁203。
〔註109〕《毛詩注疏》，卷十二之二，頁405。
〔註110〕《毛詩注疏》，卷十五之一，頁499。
〔註111〕以上均《毛詩注疏》，卷十二之一，頁397、400。

仍可視為《傳》在疏解文本義的同時，又發揮其經學思想，這種先知先覺地能指認為善將興為惡必亡的解經理念，也是《春秋》學的一個基本認知，如：《左傳》開篇，〈隱公元年〉即書「段不弟」、鄭伯「失教」，而潁考叔「純孝」，故能「孝子不匱，永錫爾類」，〔註112〕又《國語》開篇，〈周語上〉載富辰諫周穆王勿征犬戎，穆王不聽而征之，「自是荒服者不至」，〔註113〕莫不如此。

10. 〈谷風〉：「維風及頹」，《傳》：「頹，風之焚輪者也。風薄扶搖而成，喻朋友相須而成」，按：「焚輪」為疊韻聯緜詞，亦即「紛緬」，亂貌。〔註114〕此處《傳》先解文本義，次則發揮「頹」作為風的一種類型所具有的經義，言風以所以至於「焚輪」者，因無朋友之故；故「朋友相須而成」，一如風須「薄扶搖而成」，而「薄扶搖者」，「薄」，迫也，「扶搖」即「猋（飇）」，〔註115〕謂此風乃為飇相迫而成，近於《莊子·逍遙遊》所謂「摶扶搖而上者九萬里」；〔註116〕風若不摶、薄扶搖，則將致於「及頹」了，藉此以比附《序》所謂「朋友道絕」。〔註117〕只不過《傳》是正面陳述朋友之重要性，《序》則反面說不重視朋友的結果，論述的主題相同，表現的手法則一正一反，互相襯托。

11. 〈蓼莪〉：「鮮民之生，不如死之久矣」，《傳》：「鮮，寡也。」《箋》：「此言供養日寡矣，而我尚不得終養，恨之言也。」〔註118〕凌麗君指出《詩經》中其它表「少」義的「鮮」，《傳》均未出注，而〈蓼莪〉此例「作訓目的是要根據文意點出『鮮』之隱含義：無父無母之人。」〔註119〕按：凌氏認為《傳》文此處的「寡」應視為「鰥寡」之「寡」義，竊疑未通，最直接的問題

〔註112〕《左傳注疏》，卷二，頁36～37。

〔註113〕徐元誥：《國語集解》，頁1～9。

〔註114〕參符定一：《聯緜字典》（臺北：臺灣中華書局，1968年8月），中冊，頁2617，然符定一不認為此二字疊韻，其云：「焚元部，輪文部，非疊韻，……『焚輪』轉『紛緬』」，按此二字仍當視作疊韻：「焚」，上古並母文部、「輪」，上古來母文部，分見郭錫良：《漢字古音手冊》，233、245。

〔註115〕《爾雅·釋天》：「扶搖謂之猋」，郭璞《注》：「暴風從下上」，《爾雅注疏》，卷六，頁96。《莊子釋文》引《爾雅》作「飇」，引郭《注》句末有「也」字，《法偉堂經典釋文校記遺稿》附宋本《經典釋文》，卷二十六，頁703，此本「飇」又誤「處」。

〔註116〕王叔岷：《莊子校詮》，頁6，惟原文「扶」字誤排作「抉」，今改。

〔註117〕以上均《毛詩注疏》，卷十三之一，頁435。

〔註118〕《毛詩注疏》，卷十三之一，頁436。

〔註119〕凌麗君：〈言內語境下的《毛傳》不等值訓釋分析〉，《訓詁學與詞匯語義學論集》，頁49～50。

就是：將「鰥寡」義放回原文中理解，「鰥寡民之生」此種句法是否可通？凌氏引《左傳》昭公五年「葬鮮者自西門」為證，〔註120〕但《左傳》的「鮮」之所以可以解釋為「寡」，是因為其文句是「鮮者」，而不是《詩經》的「鮮民」。而且鄭《箋》的理解是把「日寡」與原文的「死之久」對應來說，也不理解為「鰥寡」之「寡」——意思是：理解為「鰥寡民」，會使得「死之久」更難解釋，畢竟：「久」又與「鮮」是什麼關係？「死」有何「久」可言？當然，鄭《箋》預設的「鮮（少）」與「久」對文結構並非不可打破，因為關於「少民」如何解釋，鄭《箋》似也難自圓其說。此處似可懷疑「鮮」訓「少」，活用作動詞，「民之生」是「少」的受詞，「久」改訓為「疚」，此句乃言：天下之民就算盡皆短少壽命而死，能彌補我父母死之去疚痛嗎？這樣解釋，似乎更能體會詩人喪父母的悲痛之意。

12.〈巷伯〉：「哆兮侈兮，成是南箕」，《傳》：「哆，大貌。南箕，箕星也。『侈』之言是必有因也，斯人自謂辟嫌之不審也。昔者，顏叔子獨處于室……孔子曰：『欲學柳下惠者，未有似於是也』」，《箋》：「箕星哆然，踵狹而舌廣。今讒人之因寺人之近嫌，而成言其罪，猶因箕星之哆而侈大之」，〔註121〕據注解順序，知《傳》所謂「侈之言」云云，乃屬發揮文義，《正義》認為「侈者因物而大之名」，〔註122〕其說未盡，據《說文解字·八上·人部》「侈」字：「掩脅也」，段《注》：「掩者，掩蓋其上，脅者，脅制其旁」，〔註123〕掩、脅均須有憑藉，故《傳》蓋據「侈」字字義而發揮「必有因」之思想，更因此引申顏叔子故事，並推闡孔子所贊柳下惠之義。然《傳》雖解文本，又發揮思想，卻仍留下若干縫隙：「南箕」與其所發揮的經義有何關聯？此一問題，《傳》竟全未涉及；故《箋》申《傳》的精密之處，正是把握了此一縫隙而加以彌縫，並回應《序》所謂「寺人傷於讒」之說，〔註124〕使《序》、《傳》所發揮的經義能落實於文本脈絡中。

13.〈四月〉：「四月維夏，六月徂暑」，《傳》：「徂，往也。六月火星中，暑盛而往矣」，《箋》：「『徂』猶『始』也。四月立夏矣，至六月乃始盛暑，與

〔註120〕杜預《集解》：「不以壽終為『鮮』」，《左傳注疏》，卷四十三，頁742
〔註121〕《毛詩注疏》，卷十二之三，頁 428，然據《正義》云：「『侈之言必有因』者」，或《正義》所見本無「是」字，頁429。
〔註122〕《毛詩注疏》，卷十二之三，頁429。
〔註123〕《說文解字注》，頁379。
〔註124〕《毛詩注疏》，卷十二之三，頁428。

人為惡亦有漸，非一朝一夕」，按：《傳》、《箋》異義，《傳》如字讀，故訓「往」，但其將全句理解為：「六月暑徂」，則原文倒裝為「六月徂暑」是為了與上文「四月維夏」配合，使二句的敘事重點都在「夏」之始終；《箋》訓「始」，然「徂」無「始」義，故《正義》云：「『徂』訓為『往』，今言『徂，始』者，義出於『往』也……往到即是其始」，實未得其解，蓋《箋》改讀「徂」為「祖」，〔註125〕《爾雅‧釋詁》：「祖，始也」，〔註126〕故訓「徂」為「始」。然而這只是表面因素，還有更深層的考量：《傳》可能認為下二章分別是「秋日淒淒」、「冬日烈烈」，其時序均為遞進，且此二章所言無非是：「百卉具腓」、「民莫不穀」的衰敗之景，〔註127〕則本章亦應由有描寫衰敗情況的內容，則非「六月徂暑」莫屬，且「維夏」、「徂暑」果如《箋》說，究嫌合掌，故《傳》訓「徂」，有其文義、章法方面的考量；《箋》說很明顯是為了發揮「人為惡亦有漸」的思想，故藉補「興」、破讀假借字等疏解文本的手段以發揮思想。

14.〈小明〉：「無恒安處」，《箋》：「人之居，『無』『常』『安』之『處』；謂當『安安而能遷』，孔子曰：『鳥則擇木』」，其實「無恒安處」只是本章中此君子因憂愁而有「興言出宿」、「畏此反覆」等動作的系列描寫之一，故《箋》雖看似字字疏解文本，其實也改造了字義，作為其發揮思想的準備：「處」，動詞，《箋》則解為名詞處所，故引《論語》、《禮記‧曲禮》發揮思想，藉此呼應《序》所謂「大夫悔仕於亂世也」。〔註128〕

15.〈瓠葉〉：「幡幡瓠葉，采之亨之。君子有酒，酌言嘗之」，《傳》：「幡幡，瓠葉貌。庶人之菜也」，《箋》：「亨，熟也，熟瓠葉者，以為飲酒之菹也。此『君子』謂庶人之有賢行者也，其農功畢，乃為酒漿，以合朋友，習禮、講道藝也。酒既成，先與父、兄、室人亨瓠葉而飲之，所以急和親親也。飲酒而曰『嘗』者，以其為之，主於賓客，賓客則加之以羞。《易‧兌‧象》曰：『君子以朋友講、習』」，按詩文中並無明確涉及庶人、賢行、朋友、禮的內容，而《傳》、《箋》在疏解文本的同時，則旨在建構一個庶人不僅自身有賢行且習禮講道義，且九族親親、朋友安和的圖像，以作為《序》所謂「上棄禮而不能

〔註125〕馮其庸、鄧安生：《通假字匯釋》，頁248，如此讀。按：「徂」，上古魚部，「祖」，上古精母魚部，《漢字古音手冊》，頁101，二字韻部相同，聲母發音部位相同，僅清濁之別。

〔註126〕《爾雅注疏》，卷一，頁6。

〔註127〕以上均《毛詩注疏》，卷十三之一，頁442。

〔註128〕以上均《毛詩注疏》，卷十三之一，頁445、447。

行」，「故思古之人，不以微薄廢禮焉」的印證。〔註129〕

16.〈靈臺〉一章：「經始靈臺」，《傳》：「神之精明者稱『靈』，四方而高曰『臺』，經度之也」，二章：「王在靈囿」、三章：「王在靈沼」，《傳》分別解為：「『靈囿』，言靈道行於囿也」、「『靈沼』，言靈道行於沼也」，〔註130〕按：《傳》解第一章與二三章不同，此非前後矛盾，除了是順應文義不同所作的調整外，最主要的用意應是於第一章解釋「靈」的文本義，於第二、三章發揮經義。故通觀三章之義，《傳》以為「靈」者不僅為「神之精明者」的讚美之辭，也是靈道行於民之表徵。

17.〈卷阿〉：「伴奐爾游矣」，《傳》：「伴奐，廣大有文章也」，《箋》：「伴奐，自縱弛之意也。賢者既來，王以才官秩之，各任其職。女則得伴奐而優游，自休息也。孔子曰：『無為而治者，其舜也與！恭己正南面而已』，言任賢，故逸也」，〔註131〕按：「伴奐」為疊韻連綿詞，與下文「優游」同，〔註132〕《箋》所謂「縱弛」，無負面義，指王者能放縱鬆弛。而《傳》、《箋》異義，在於二者對此句的主語有不同的認知，進而表現為兩種不同的政治理想：《傳》雖未明言此句主語為賢者，然據其訓詁及《正義》補毛之說，可大致推斷《傳》認為伴奐乃讚賢者來從王游的廣大而有文章之貌，是《傳》重視王得賢者之義；《箋》則認為伴奐是描述王因得賢者所以能縱弛、休息、逸之貌，較《傳》僅重得賢之義外，又發揮「無為而治」的政治思想。然而推究「伴奐」本身的詞義，〔註133〕《箋》說較是；因為如《正義》所云，《傳》可能將「伴奐」分讀為「伴」與「奐」，〔註134〕「伴」本身即有大義，〔註135〕而「奐」須改訓

〔註129〕以上均《毛詩注疏》，卷十五之三，頁522，據《校勘記》改。

〔註130〕《毛詩注疏》，卷十六之五，頁 579～580，按：「經度之也」不是解釋「經始」，因按訓詁次序而言，此四字須理解為通釋全句，否則即次序錯亂。

〔註131〕《毛詩注疏》，卷十七之四，頁626，據《校勘記》改。

〔註132〕「伴」，上古並母元部，「奐」，上古曉母元部，「優」，上古影母幽部，「游」，上古余母幽部，分見郭錫良：《漢字古音手冊》，頁195、217、179。

〔註133〕符定一云：「《箋》云『伴奐，自縱弛之意』，蓋即跋扈之義，而引伸之」，《聯緜字典》，上冊，頁193～194。

〔註134〕《正義》：「《傳》之此言，以二字分而為義，蓋『伴』為廣大，『奐』為文章」，《毛詩注疏》，卷十七之四，頁626。

〔註135〕《說文解字·八上·人部》：「伴，大兒」，段玉裁《注》認為「伴」、「奐」均可訓「大」，《說文解字注》，頁369，其說亦未妥，首先，「伴奐」為連綿詞，未可分訓，其次，《傳》尚云「有文章」，不僅云「廣大」而已，故讀「奐」為「大」，無法兼顧《傳》義。

為「煥」才有「文章」之義，然而連綿詞不可分訓，故《傳》說誤。但是，《箋》在疏解「伴奐」時對主語的體認及其所附會的思想，卻未必合乎文本義。

18.〈桑柔〉：「大風有隧，有空大谷」，《箋》：「大風之行有所從而來，必從大空谷之中；喻賢愚之所行，各由其性」，又：「維此良人，作為式穀；維彼不順，征以中垢」，《箋》：「作，起。式，用。征，行也。賢者在朝，則用其善道；不順之人，則行闇冥——受性於天，不可變也」，〔註136〕按：《箋》先疏解此四句句義後，發了一句喟歎：「受性於天，不可變也」，似是《箋》詩至此處，對於詩中所述善人惡人之所作為，不能自己的感受；但另一方面而言，這也是《箋》之思想背景影響下的題中應有之意，「受性於天」者，〈烝民〉：「天生烝民，有物有則」，《箋》：「天之生眾民，其性有物象，謂『五行』：仁、義、禮、智、信也」，此義又見《禮記・中庸》：「天命之謂性」，鄭玄《注》：「天命，謂天所命生人者也，是謂性命。木神則仁，金神則義，火神則禮，水神則信，土神則知，《孝經說》〔註137〕曰：『性者，生之質命，人所稟受度也』」。〔註138〕而「不可變也」者，即《論語・陽貨》所謂：「唯上知與下愚不移」，〔註139〕又《後漢書・桓譚傳》李賢《注》引《論語》鄭玄《注》：「性謂人受血氣以生，有賢愚、吉凶」，〔註140〕至於《箋》中性的問題如何疏解，有何脈絡，另詳下文。

又：〈角弓〉：「毋教猱升木，如塗塗附」，《傳》：「猱，猨屬。塗，泥。附，

〔註136〕《毛詩注疏》，卷十八之二，頁657。

〔註137〕按：《孝經說》即《孝經緯》，《周禮・春官・大司樂》鄭玄《注》引《孝經說》，賈公彥《疏》云：「云《孝經說》者，說即緯也，時禁緯，故云說」，《周禮注疏》，卷二十二，頁339～340，然賈說蓋本《鄭志・尚書志》：「張逸問：『《注》曰《書說》，《書說》何書也？』答曰：『《尚書緯》也。當為注時，在文綱中，嫌引秘書；故諸所牽圖讖皆謂之說云』」，〔清〕皮錫瑞：《鄭志疏證》，卷二，頁7上。

〔註138〕《禮記注疏》，卷五十二，頁879，按：葉德輝〈與舒貽上論星命書〉云：「按：當云『水神則知，土神則信』，此疑傳寫之訛」，《葉德輝文集》，頁144。

〔註139〕《論語注疏》，卷十七，頁154。

〔註140〕按：此語何晏《論語集解》未錄，《論語注疏》，卷五，頁43，故據《後漢書》引，見《後漢書》，卷二十八上，頁259。又見王素：《唐寫本論語鄭氏注及其研究》（北京：文物出版社，19911年1月），頁43，但唐寫本脫「有」字，今從《後漢書》。朱曉海指出：「性乃指生之謂性的食、色等欲求，天道乃指吉凶，均為孔子當時通義，漢人尚明梗概……是孔子不言正是孔子卓絕處」，《讀易小識》（臺北：文史哲出版社，2016年1月），頁132。

著也」,《箋》:「毋,禁辭。猱之性善登木,若教使其為之,必也。附,木橀也。塗之性善者,若以塗附,其著亦必也。以喻人之心皆有仁義,教之則進」,〔註141〕據《箋》之釋義,可知其多用《傳》說,且《箋》認為此二句實乃同一主題的兩個小複調,亦即「猱升木」、「塗塗附」都只是用來比喻人性之善,「教之則進」而已;但是引申而來的問題是:「塗」也能有性嗎?或者說:為何《箋》寧可產生「塗」是否有性的問題也要如此讀?顯然還是與《箋》要發揮的「性善」思想有關。

19.〈蕩〉:「內奰于中國,覃及鬼方」,《傳》:「奰,怒也。不醉而怒曰『奰』。」凌麗君曾將此例視為「同一詞義在同一處的不同訓釋」。按:對照凌氏下引〈大車〉《傳》「菼」、〈大叔于田〉《傳》「藪」字之例,〔註142〕「奰」字與之均不相同,蓋「奰,怒也」就算視為用上位詞訓釋,「不醉而怒曰奰」就算視為是加上了義差值,兩個主訓詞「怒」字仍然重複,絕不如「雛也」之與「蘆之初生者也」、或「澤」之與「禽之府」二例,字詞不相重複;但此處《傳》文經過重新校勘後,似乎也能納入此類型中解釋;不過目前尚缺乏異文佐證,茲發此疑,以待驗證:

今疑《傳》此文應作:「奰,壯也。不醉而怒曰『奰』。」有若干旁證可以嘗試證明:

第一,鄭《箋》云:「此言時人壯於惡,雖有不醉,猶好怒也」,《箋》文中的「不醉」、「怒」顯然承接《傳》文「不醉而怒曰『奰』」而來,前文曾提及《箋》多將《傳》說逐字融入其文義說解中,若此一前提成立,則今本《傳》中兩「怒」字是否被《箋》合而為一?或者,可以據此條例反推《箋》只落實後一「怒」字,而不落實前一「怒」字,是否其所見的《傳》文其實不作「奰,怒也」?那麼,如《箋》所見不是「奰,怒也」之本,則《箋》所見的《傳》文應為何?這時,《說文解字》關於「奰」字的訓解便提供了重要的線索。

第二,《說文解字・十下・大部》:「奰,壯大也。……《詩》曰:『不醉而怒謂之奰』。」〔註143〕《說文解字》所引的「《詩》曰:『不醉而怒謂之奰』」,

〔註141〕《毛詩注疏》,卷十五之一,頁504。
〔註142〕均見凌麗君:〈言內語境下的《毛傳》不等值訓釋分析〉,王寧主編:《訓詁學與詞匯語義學論集》(北京:語文出版社,2011年3月),頁45~46。
〔註143〕按:《說文解字・十下》有兩〈大部〉,此字在後一〈大部〉中,《說文解字注》,頁499。

顯指毛《傳》，但引作「《詩》曰」者，古書往往引注稱經，〔註144〕此即其例。
尤可注意者：《說文解字》既明引毛《傳》，如其所見為「奰，怒也。不醉而怒曰『奰』」，為什麼只引「不醉而怒曰『奰』」而不引「奰，怒也」？顯然很有可能是因為《說文解字》所見的毛《傳》是作「奰，壯也。不醉而怒曰『奰』」，而《說文解字》認為「奰」字的本義是「壯大」，恰與《傳》所謂「奰，壯也」合，故不須引，只須要引用「不醉而怒曰『奰』」即可。

　　第三，若《說文解字》所見毛《傳》本不誤，藉此推測出《傳》本當作「奰，壯也。不醉而怒曰『奰』」；以此來觀察《箋》說，也就知道《箋》為什麼要說：「此言時人『壯』於惡」，這個「壯」字正是對應毛《傳》的「奰，壯也」。並且也可以由此例，再度觀察出鄭玄刻意援引《傳》的「壯」與「不醉而怒」，努力在其文義解釋中，既調合《傳》說為一，又能敷暢文義的用心。

　　第四，若《說文解字》與鄭《箋》所見毛《傳》都不誤，今本又為何誤作：「奰，怒也。不醉而怒曰『奰』」？「壯」、「怒」形不近，初步的推測，原來的「奰，壯也」可能是涉下文「怒」字而誤為「奰，怒也」。

　　如上說可從，那麼《傳》這個例子就應理解為：「奰，壯也」是解釋字義，而「不醉而怒曰『奰』」則是解釋文義，且呼應〈蕩〉同一章上文的「天不湎爾以酒」。〔註145〕畢竟「奰」至今仍是生難字，故《傳》先釋字義，但字義未必是文義，故《傳》又釋文義，而這個文義又能呼應此詩前文，這在解釋的順序的邏輯上來說，既合理，又精密，似較今本「奰，怒也。不醉而怒曰『奰』」為長。

　　20. 〈敬之〉：「佛時仔肩」，《箋》：「佛，輔也。時，是也。仔肩，任也。……『輔佛』『是』『任』，示道我以顯明之德行。是時自知未能成文、武之功，周公始有居攝之志」，〔註146〕尋文義，成王此語，僅在勉大臣輔助其重任；但《箋》在疏解文本的同時，卻附會「輔佛是任」的相關性，發揮「周公居攝」的經學思想。

　　21. 〈酌〉：「遵養時晦，時純熙矣，是用大介」，《傳》：「遵，率。養，取。晦，昧也」，《箋》：「純，大。熙，興。介，助也。……『率』殷之叛國以事紂，『養』『是』『闇昧之君』，以老其惡，『是』周道『大』『興』，而天

〔註144〕前揭王利器：〈古書引經傳經說稱為本經考〉、朱天助：〈兩漢十翼稱經考〉。
〔註145〕以上均《毛詩注疏》，卷十八之一，頁643。
〔註146〕《毛詩注疏》，卷十九之三，頁740。

下歸往矣，故有致死之士『助』之」，〔註147〕《傳》、《箋》最重要的差異，在於訓解「養」字時所體現的不同思想，而這種思想差異，則隱藏於僅只是逐字疏解文本而不發揮議論、思想的表層之下。《箋》把「遵養時晦」理解為「遵、養：時晦」，也就是「遵」與「養」是對待時晦、闇昧之君、紂的兩種方式，這裡要指出的是，「以老其惡」云云，〈武〉：「耆定爾功」，《箋》：「言不汲汲於誅紂，須暇五年」，〔註148〕此係據《尚書‧多方》：「天惟五年須暇之子孫」發揮思想，〔註149〕鄭玄注《尚書》解此為：「天覬紂能改，故待暇」，〔註150〕而《禮說》（亦即《禮緯》）亦云：「天意若曰：『須暇紂五年，乃可誅之』」，〔註151〕則鄭玄或據讖緯為說。並且這也是古人一貫的思想：如《左傳‧隱公元年》：「多行不義必自斃，子姑待之」、〈哀公二十六年〉：「使盈其罪」。〔註152〕

同樣的思想，也見於〈桑柔〉：「民之貪亂，寧為荼毒」，《箋》：「貪猶欲也。天下之『民』苦王『之』政，『欲』其『亂』亡，故『安』『為』『苦毒』之行相侵暴，慍惠使之然」，〔註153〕據《箋》說，知其訓「寧」為「安」，解「荼」為「苦」，又將此二句理解為：「民之／貪亂，寧為荼毒」，「民之」的受詞是王之政，「貪亂」的主語則是王。然此句之義應指民已既貪且亂，為政者豈忍心又荼毒之；而《箋》為了發揮「欲其亂亡」的思想，其實將「貪」的詞性改變，又將「寧為」的反詰語氣改為「安為」的肯定句，並認為是民自安為荼毒之行。

22. 〈長發〉：「帝命不違，至於湯齊」，《傳》：「至湯與天心齊」，〔註154〕上一句的主語應是商代先王，受詞是「帝命」，也就是「天命」，完整的句意就是商代先王不違帝命，而「至於湯齊」一句，省略其所「齊」的受詞，據上

〔註147〕《毛詩注疏》，卷十九之四，頁752，用雙引號標記之處，即《箋》之說解原文之處，可以見其極力貼近文本立說。

〔註148〕《毛詩注疏》，卷十九之三，頁738。

〔註149〕《尚書注疏》，卷十七，頁257。

〔註150〕《毛詩注疏》，卷十六之四，頁568引，〔清〕王鳴盛：《尚書後案》，卷二十三，頁507，認為此是鄭玄《注》；而偽《孔傳》云：「天以湯故，五年須暇湯之子孫」，其說不同。

〔註151〕《毛詩注疏》，卷十九之二，頁721引。

〔註152〕《左傳注疏》，卷二，頁36、卷六十，頁1052。

〔註153〕以上均《毛詩注疏》，卷十八之二，頁657。

〔註154〕《毛詩注疏》，卷二十之四，頁801。

文，應該也就是天命之類，但天命不可「齊」，故《傳》云「天心」，亦即是「天意」，既發揮聖王典型之經義，亦見其推敲文義之用心，一如《論語・堯曰》：「帝、臣不蔽，簡在帝心。」〔註155〕

三、解散句構：《傳》、《箋》將《詩》「一句分為兩、三句讀」或「兩句合為一句讀」的傾向

《詩》因為句式、格律、押韻等因素，本身就存在少數「一句分為兩、三句讀」或「兩句合為一句讀」的現象，如以下數例：

1. 〈蕩〉：「文王曰咨，咨女殷商」，這裡原來的文句應該「合兩句為一句讀」，即：「文王曰：咨！女殷商」，以配合四言、樂章之故，分成兩句：「文王曰咨，咨女殷商。」故此一解散句構是《詩經》的寫作手法所致。

2. 〈楚茨〉：「勿替引之」，對照金文「其日引，勿替」、「勿替乃工（功）、日引」、「毋替乒（厥）邦」，〔註156〕可知原文當讀作：「勿替（之）／引之」，是「一句分為兩、三句讀」，此處因為「勿替」與「引」的賓語相同，故作者將「勿替」的賓語省略，合併為「勿替之」、「引之」二句為「勿替引之」一句。故《箋》解為：「願子孫勿廢而長行之」，〔註157〕雖其並未具體提示讀法，然甚得文義。

3. 〈賓之初筵〉：「舍其坐遷」，馬瑞辰提供了兩種讀法：「『舍其坐遷』蓋謂舍其所當坐、當遷之禮耳；若如《正義》云：『舍其本坐，遷嚮他處』，〔註158〕則是讀『舍其坐』為句，『遷』字另為句，否則易經文為『舍坐而遷』，其義始明，非《詩》義也」，〔註159〕將馬瑞辰的說法用標點表示，即馬氏考慮的是這一句要理解為：「舍其：坐、遷」，或是：「舍其坐／遷」？而馬氏所謂「則是讀『舍其坐』為句，『遷』字另為句」，其實已經碰觸到「一句分

〔註155〕《論語注疏》，卷二十，頁178，邢昺《疏》引鄭玄《注》解為「簡閱在天心，言天簡閱其善惡也」，按鄭玄改讀「簡」為「柬」，《說文解字・六下・柬部》柬字：「分別簡之也」，段玉裁《注》：「凡言『簡練』、『簡擇』、『簡少』者、皆借『簡』為『柬』也」，《說文解字注》，頁276，又「簡」、「柬」古書通假例見《古字通假會典》，頁190。

〔註156〕均詳張光裕：〈《詩・小雅・楚茨》「勿替引之」與金文「日引勿替」互證申說〉，《澹煙疏雨：張光裕問學論稿》，頁154～157。

〔註157〕以上均《毛詩注疏》，卷十三之二，頁459。

〔註158〕引按：《正義》原文實作「又舍其本坐，遷嚮他處」，《毛詩注疏》，卷十四之三，頁495。

〔註159〕《毛詩傳箋通釋》，卷二十二，中冊，頁753。

為兩、三句讀」的問題,只是馬氏並沒有這種自覺,所以還是選擇了表面上不解散句構的讀法:「舍其:坐、遷」,但這種讀法仍然是「舍其坐」與「舍其遷」的合併,也是「兩、三句合為一句讀」。

不過這樣的例證畢竟不多,更多的是《詩經》本身不可或不必「一句分為兩、三句讀」、「兩句合為一句讀」,而《傳》、《箋》將之「一句分為兩、三句讀」或「兩句合為一句讀」者,此一現象黃侃、陸宗達、洪誠、徐仁甫、楊伯峻、蕭璋、何金松、何丹、孫良朋、朱孟庭都曾論及,〔註160〕尤以孫良朋採用郭紹虞說後提出的「音句」、「義句」說最值得借鑒,但其所舉例仍限於「兩句合為一句讀」的部分,未能開展《傳》、《箋》對《詩經》文句的複雜理解與改造;故本節在此基礎上,將此傾向稱為「解散句構」,補輯並疏解《傳》、《箋》此類例證,加以分析。

而本章中另有以下嘗試:

一是使用「／」符號,來表示一句分為兩、三句,或兩、三句合為一句的讀斷之處,以「ABCD,EFGH」為例:「AB／CD」就代表將原來的「ABCD」句分為「AB」與「CD」兩句讀;「ABCDE／FGH」就代表將原來屬於下句的「E」合讀於上文「ABCD」中成為「ABCDE」,餘類推。

二是將《傳》、《箋》看似是浮泛的文義說解,而其實是精密地與原文一一對應之例,逐一用雙引號(『』)加以標識,使讀者更能注意其說解與原文的對應關係,明白其解讀文本的特殊之處;也許有讀者會質疑這種方法是否合理,不妨舉一例為證,說明此方法的合理性,如:〈良耜〉:「實函斯活」,《箋》:「種此百穀,其『種』皆成好,『含』『生』氣,言得其時」,如果單獨觀察此一《箋》文之說解與文本的關係,不須其它證據,已可知《箋》以「種」解「實」,以「含」解「函」,以「生」解「活」;果不其然,在〈載芟〉:「實

〔註160〕黃侃:《文心雕龍札記》,頁160,黃說又參陸宗達:〈季剛先生與《手批白文十三經》〉,《黃侃紀念文集》(武漢:湖南人民出版社,1989年3月),頁44〜45、陸宗達:《訓詁簡論》(香港:中華書局,2002年5月),頁32〜33,洪誠說已見前章考釋〈玄鳥〉處引、徐仁甫:《古詩別解》,頁11、14、楊伯峻:〈《詩經》句法偶談〉,《楊伯峻學術論文集》(長沙:岳麓書社,1984年3月),頁68〜73、蕭璋:〈談毛傳解說詩句〉,《文字訓詁論集》,頁85〜89、何金松:《漢字形義考源》(武漢:武漢出版社,1996年1月),頁290、何丹:《《詩經》四言體起源探論》(北京:中國社會科學出版社,2001年1月),頁21〜22、孫良朋:《中國古代語法學探究(增訂本)》(北京:商務印書館,2005年11月),頁39〜41。

函斯活」,《箋》正云:「實,種子也。函,含也。活,生也。而後種其『種』,皆成好,『含』『生』氣」,〔註161〕故據此例,一方面可知《傳》、《箋》之文本說解,大抵均嚴格對應文本,前後映照,自成體系,一方面也可知這種方法頗合理可行,據此可補出《傳》、《箋》很多未明言而隱藏於文本說解中的訓詁義項。

以下逐條疏證:

1. 〈騶虞〉:「壹發五豝」,《箋》:「君射『一』『發』,而翼『五豝』者,戰禽獸之命。必戰之者,仁心之至」,據下文所考,《箋》解散句構為:「壹發／五豝」。

2. 〈簡兮〉:「云誰之思?西方美人」,《箋》:「我『誰』思乎?思周室之賢者,以其宜薦『碩人』,與在王位」,又據下文「彼美人兮,西方之人兮」,《箋》:「『彼美人』為碩人也」,〔註162〕則《箋》所謂「以其宜薦碩人」究竟是預先提示下文的「彼美人兮」,或是解散句構為「云誰之思?西方／美人」?然考下文「彼美人兮,西方之人兮」二句,雖有「美人」(亦即「碩人」)二字,但並無「薦」義,故應非提示下文;則應理解為《箋》解散句構,亦即其認為「西方／美人」當分為兩句讀,且各有用意:「西方」乃回答「云誰之思」,而「美人」則更進一步回答思此西方賢者的功用,在其可薦碩人,《箋》所以如此讀,用意大概也正如〈靜女〉:「美人之貽」,《傳》所謂:「非為其徒說美色而已」。〔註163〕

同樣因為「美人」二字而解散句構的例證,也見於〈靜女〉:「美人之貽」,《傳》:「非為其徒說美色而已;『美』其『人』,能『遺』我『法則』」,《箋》:「『遺我』者,遺我以賢妃也」,按:《傳》、《箋》異義,除因所欲發揮的思想不同,根本的差異在於如何判斷「之」在字句結構中的作用所致。據《傳》說,則其顯然認為「之」指「法則」,故本句被《傳》解散句構為:「美人／貽之」,「美人」二字為動賓結構,故解為「美其人」,言當「美其人」,其人有何可美呢?因其「能遺我法則」,藉此以發揮其所謂「非為其徒說美色而已」之經義。而《箋》所謂「遺我」,字面雖出自《傳》文,但《傳》文的「遺我」本為「之貽」而發,故也意味著《箋》其實認為「之」指的是「我」,並如字

〔註161〕《毛詩注疏》,卷十九之一,頁 748～749。
〔註162〕《毛詩注疏》,卷二之三,頁 101。
〔註163〕《毛詩注疏》,卷二之三,頁 105。

讀「美人」之「美」為形容詞，但特別將之改造為具經學意義的「賢妃」典型，則其顯然理解為本句為：「貽之美人」。而《傳》、《箋》之所以不得不改造「美人之貽」的結構，乃因《傳》、《箋》都接受〈靜女〉一詩如《序》所說，是針對於「夫人無德」而發；〔註164〕故詩中所呈現的必須是令此「夫人無德」者讀之感愧的賢妃典型，因此須改造文本以符合此賢妃典型。

3. 〈靜女〉：「彤管有煒，說懌女美」，《箋》：「『說懌』當作『說釋』。赤管煒煒然，『女史』以之『說釋』妃妾之德，『美』之」，據下文所考，《箋》解散句構為：「女說釋／美」。

4. 〈雞鳴〉：「無庶予子憎」，《箋》：「庶，眾也。……『無』使『眾』臣以『我』故，『憎』惡於『子』，戒之也」，據《箋》說，其讀「予」為「我」，且將此五字為解散為兩個小句，並調整順序為：「無庶予／憎子」，而《箋》之所以如此讀，問題就在於其因上句「會朝清明」的緣故，〔註165〕把「庶」、「予」、「子」均視為實有其人；然而此句之「庶予」可以理解為多貽、厚貺、眾賜等義，「予」是動詞，句義即不多給予子憎惡，也就是不為子多招惡之義，《箋》說未是。

5. 〈匪風〉：「匪風發兮」，《傳》：「『發發』飄『風』，『非』有道之風」，如前文所考，《傳》似將本句解散句構為：「發風／匪兮」。

6. 〈狼跋〉：「公孫碩膚，赤舄几几」，《箋》：「公，周公也。『孫』讀當如『公孫于齊』之『孫』，〔註166〕『孫』之言『孫遁』也。周公攝政七年，致大平，復成王之位，『孫遁』，辟此成功之『大』『美』，欲老；成王又留之以為大師，履赤舄几几然」，據下文所考，《箋》乃解散句構為「公孫／碩膚」。

7. 〈常棣〉：「常棣之華，鄂不韡韡」《箋》：「承華者曰『鄂』。『不』當作『柎』，『柎』，鄂足也。鄂足得華之光明，則韡韡然盛。興者，喻弟以敬事兄，兄以榮覆弟，恩義之顯，亦韡韡然。古聲『不』、『柎』同。」〔註167〕如下文所考，《箋》似如何金松所說，解散句構為：「常棣之華鄂／不韡韡」。

8. 〈彤弓〉：「受言藏之」，《傳》：「言，我也」，《箋》：「言者，謂王策

〔註164〕以上均《毛詩注疏》，卷二之三，頁104～105。

〔註165〕以上均《毛詩注疏》，卷五之一，頁188。

〔註166〕見《左傳·昭公二十五年》，杜預《注》：「諱奔，故曰孫，若自孫讓而去位者」，《釋文》：「『孫』音遜，本亦作『遜』，《注》及《傳》同」，《左傳注疏》，卷五十一，頁887。

〔註167〕《毛詩注疏》，卷九之二，頁321。

命也」，按：據《傳》之說，則可以理解為「受我藏之」，也可以理解為「我受藏之」。「受我藏之」，則「受」訓為「授」，主語為王；「我受藏之」，據《正義》云：「既受之，我當於家藏之」，則顯然其也是取「我受藏之」的讀法。但「我受藏之」一句，應該理解為兩個小句的組合：「我受／藏之」，完整地復原出來就是：「我：受（之）／藏之」，即我受之，我藏之，因主語、受語相同，故這兩個小句被省略為：「我受藏之」。而《箋》之所以改《傳》，一則是因文下文即有「我有嘉賓」的「我」字，「言」、「我」錯見，不免繁縟，二則是訓「言」為「策命」，可以更合理地在文本結構落實《序》所謂「天子錫有功之臣」的經義。〔註168〕然而《傳》、《箋》說皆未是，因為從語法結構來判斷，此「言」當訓「而」，〔註169〕句義是「受而藏之」。

9.〈節南山〉：「民言無嘉，憯莫懲嗟」，《箋》：「『曾』『無』以恩德『止』之者，『嗟』乎奈何」，如前文所考，《箋》除發揮思想外，更解散句構為：「憯莫懲／嗟」。

10.〈正月〉：「洽比其鄰，昏姻孔云」，《傳》：「洽，合。鄰，近。云，旋也。是言王者不能親親以及遠」，《箋》：「『云』猶『友』也。言尹氏富，獨與兄弟相親友為朋黨也」，按《傳》訓「云」為「旋」，則其改讀「云」為「囩」，〔註170〕「囩」，《說文解字・六下・囗部》：「回也」，〔註171〕回即旋，回旋則「遠」，故《傳》訓「旋」是為了發揮「遠」義，若然，則據《傳》之說解，恐怕其更將此二句理解為：「洽比其鄰、昏姻／孔云」，言此王只能「親親」（「洽比其鄰、昏姻」），竟不能在此親親的基礎上「以及遠」（「孔云」）。而有趣的是《正義》在申釋「鄭以為」之義，而逐字對應原文時，也有同樣的理解：「會比其鄰近兄弟及昏姻，甚相與」，〔註172〕「甚相與」即「甚相友」；然而《正義》所謂「鄭以為」云云，倒毋寧說是更近於《傳》解散句構後的理解，因為其說實違背《箋》所理解的文本結構：《箋》不解散句構，其訓「云」為「友」，「友」亦即是「有」，「友」、「有」古通，例已詳前文，故「云」可讀

〔註168〕以上均《毛詩注疏》，卷十之一，頁351～352。
〔註169〕詳見前引胡適〈詩三百篇言字解〉、梅廣〈詩三百篇「言」字新議〉等文。
〔註170〕朱駿聲認為「雲」（即「云」）假借為「囩」，《說文通訓定聲》，屯部第十五，頁790、馮其庸、鄧安生《通假字匯釋》，頁147，但其解為「相合、相友好」，則未是，「囩」字無此義。
〔註171〕《說文解字注》，頁277。
〔註172〕以上均《毛詩注疏》，卷十二之一，頁401，據《校勘記》改。

「有」,如《左傳·襄公二十九年》:「其誰云之」,王念孫即訓為「誰與相親有」,〔註173〕則此「昏姻孔云」亦謂昏姻者相親有,故此二句若以比較整齊的句式寫出,則是:「其鄰洽比,其昏姻孔云」。這也是《箋》改《傳》後文義較順當的例證。

11. 〈正月〉:「天夭是椓」,《傳》:「君夭之,在位椓之」,《箋》:「民於今而無祿者,『天』以薦瘥『夭』殺之,『是』王者之政又復『椓』破之。言遇害甚也」,按《傳》、《箋》都將本句理解為:「天夭/是椓」;但對「是」字作為主語的實際指涉,二者體認不同。按本詩前文「視天夢夢」,《傳》亦解「天」為「王」,則其理當認為本詩中的「天」多是指王;而《箋》於本詩上文「天之抗我」,解為「天以風雨動搖我」,〔註174〕所以大概也因此而認為下文「天夭是椓」的「天夭」是天懲王惡,但王不悟,仍施惡於民,民以是受王惡又受天懲王惡之惡,顯得「遇害甚」。

12. 〈十月之交〉:「下民之孽,匪降自天;噂沓背憎,職競由人」,《箋》:「孽,妖孽,為相為災害也。下民有此害,非從天墮也,噂噂沓沓相對談語,背則相憎,『逐』為此者,『主』『由』『人』也」,〔註175〕按:「孽」又訓「害」,故《箋》云「有此害」,而其又言「相為災害」者,「下民之孽」一句無此義,乃《箋》據下文「噂沓背憎,職競由人」之「由人」而知。而據《箋》說,知其以「逐」解「競」,故〈桑柔〉:「職競用力」,《箋》即云:「競,逐也」,〔註176〕並倒裝解構句構為:「競/職由人」;然「職競」、「執競」與「無競」、「不競」是《詩經》中的一組成詞,亦見於金文,不應分讀為「競/職」,而「競」於此當讀為「趨」,此句當如陳致解為:「皆由其所司所趨使然」。〔註177〕

13. 〈何人斯〉:「諒不我知」,《箋》:「諒,信也。……今女心誠『信』,

〔註173〕〔清〕王念孫:《廣雅疏證》,卷一上,頁3。
〔註174〕以上均《毛詩注疏》,卷十二之一,頁398~401。
〔註175〕《毛詩注疏》,卷十二之三,頁409,據《校勘記》改。
〔註176〕《毛詩注疏》,卷十八之二,頁658。
〔註177〕徐中舒:〈金文嘏辭釋例〉,《徐中舒歷史論文選輯》(北京:中華書局,1998年9月),上冊,頁551~556;屈萬里:〈詩三百篇成語零釋〉,《書傭論學集》,頁178~181,均有說,晚近較詳盡的論述參考陳致:《《詩經》與金文中成語零釋(五)〉,陳致主編:《簡帛·經典·古史》(上海:上海古籍出版社,2013年8月),頁450~456。又按張振林:〈《毛公鼎》考釋〉,《容庚先生百年誕辰紀念文集(古文字研究專號)》(廣東:廣東人民出版社,1998年4月),頁301,讀「競」為「順」,可備一說。

而『我』『不』『知』」，據《箋》說，知其讀「諒不我知」為：「諒／我不知」，把「諒」字的主詞視為「及爾如貫」、「以訊爾斯」的「爾」，而不是把「諒」解為關係副詞「信」（類似現代漢語的「誠然」）。〔註178〕其用意是說：假如連我們這樣具有「如貫」之情的人，也不知道你的「諒」；那真是「為其情之難知」了，是以《箋》採取此讀法凸顯其「設之以此言」、「作是詩而絕之」（《序》）時內心糾結來回的掙扎。〔註179〕

　　類似的例證，也見於「涼」字、「信」字、「慎」字：

　　（1）「涼」字者如：〈桑柔〉：「職涼善背」，《傳》：「涼，薄也」，《箋》：「涼，信也。……『主』由為政者『信』用小人，『工』相『欺謾』」，又下文「涼曰不可」，《箋》：「以『信』『言』女之所行者『不可』」，〔註180〕衡之上文，知「涼曰不可」《箋》雖未出注，亦讀為「諒」，故解為「信」。然而「職涼」與「善背」實為同義複詞，故「職涼」即「善背」，「涼」字應據《傳》說如字讀；而《箋》把原本描述「民之周極」的形容，藉改讀「涼」為「諒」，並將形容詞解為副詞後，轉變語義成為責備今王「信用小人」之罪過，再度凸顯王惡。

　　（2）「信」字者如：〈九罭〉：「公歸無所，於女信處」，《傳》：「再宿曰『信』」，《箋》：「信，誠也。……則可就女誠處是東都也」，〔註181〕《傳》、《箋》也是分別理解為名詞與副詞，然《箋》為何改《傳》，《正義》認為：「以卒章言『無以公西歸』，是東人留之辭，故知此是告曉之辭；既以告曉東人，公既西歸不得，遙信，〔註182〕故易《傳》」，「遙信」者，「遙」，遠，引申為動詞，應有「過於」之義，「信」，指《傳》所謂「再宿曰『信』」，則

〔註178〕張寶林：〈關聯副詞的範圍及其與連詞的區分〉、〈連詞的再分類〉，均收入胡明揚主編：《詞類問題考察》（北京：北京語言學院出版社，1996年5月），頁392、440。
〔註179〕以上均《毛詩注疏》，卷十二之三，頁425、427。
〔註180〕《毛詩注疏》，卷十八之二，頁658，據《校勘記》改。
〔註181〕據《正義》云：「則誠處是東都也」，知道《正義》前文雖云「則可於汝之所誠處耳」，行文取簡便而已，「則可就女誠處是東都也」仍然當一句讀。
〔註182〕按：一般點讀為「公既西歸，不得遙信」，如龔抗雲等標點：《毛詩正義》，頁534，然「不得遙信」四字欠通，今改。因為就算把「既」理解為「終」，且如下文所說，把「遙信」理解為「超過於再宿的時間」，而將此語解釋為「公將終西歸，因此不能在此居住超過再宿」，也是前後文不相干，因為「公將終西歸」是理想，「因此不能在此居住超過再宿」是現實考量，不會因為「在此居住超過再宿」就導致公不再「將終西歸」。

《正義》認為《箋》之所以易《傳》，乃因周公不得西歸而留此，必不可能只停留「再宿曰『信』」這樣短的時間，一定會「遙信」，也就是超過「再宿曰『信』」的期限，所以「信」不能理解為「再宿」；而《傳》其實是根據下章「於女信宿」而解為「再宿」，但有意思的是《箋》明明也根據本章「信處」而解「信宿」為「『宿』猶『處』也」，〔註183〕卻因為「故曉之」及時限問題，打破章法而改訓為「誠」，言周公雖權且居於此，也仍然一出於「誠」，藉此改讀的手段再度宣揚周公品德。

（3）「慎」字者如：〈巷伯〉：「慎爾言也，謂爾不信」，《箋》：「慎，誠也。女『誠』心『而』後『言』；王將『謂』『女』『不』『信』而不受？欲其誠者，惡其不誠也」，〔註184〕按據下文「謂爾不信」，可知：譖人正尋章摘句於汝之言，以使汝坐「不信」之罪，故汝出言當審慎；《箋》反而將其義解為要求出言者「先誠其意」、「誠於中，形於外」，〔註185〕則王自能受之。

14.〈北山〉：「大夫不均，我從事獨賢」，《傳》：「賢，勞也」，《箋》：「王『不均』『大夫』之使；而專以『我』有『賢』才之故，『獨』使『我』『從事』於役，自苦之辭」，〔註186〕可知：《箋》不同意《傳》訓「勞」之說，認為「賢」應如字讀，且據其訓解，也可見其對文本的理解是既倒裝又解散句構為：「我：獨從事／賢」，亦即：《箋》認為「我」字分別是「獨從事」、「賢」的主語，故完整的寫法是：「我賢，我獨從事」，但詩人則簡鍊其句式為「我從事獨賢」而已。而《傳》訓「賢」為「勞」，陳奐曾盛稱此一古義之可貴，可據之以通群書；〔註187〕然其實「賢」之訓「勞」，不過是解釋語境，也就是《箋》所謂「自苦之辭」而已，「賢」並「無」勞義。「賢」應訓為「多」，《小爾雅·廣詁》：「賢，多也」，〔註188〕故馬瑞辰云：「『賢』之本義為『多』」，〔註189〕則可知「我從事獨賢」即我從事獨多，獨多則勞，《傳》解釋語境之用意顯然可見。

〔註183〕以上均《毛詩注疏》，卷八之三，頁303。
〔註184〕《毛詩注疏》，卷十二之三，頁429，訓「慎」為「誠」又見〈桑柔〉：「考慎其相」之《箋》，《毛詩注疏》，卷十八之二，頁656。
〔註185〕語均見〈大學〉，《禮記注疏》，卷六十，頁983。
〔註186〕《毛詩注疏》，卷十三之一，頁444。
〔註187〕〔清〕陳奐：《詩毛傳義類》，《詩毛氏傳疏》，第4冊，頁1上。
〔註188〕楊琳：《小爾雅今注》（上海：漢語大辭典出版社，2002年9月），頁30。
〔註189〕〔清〕馬瑞辰：《毛詩傳箋通釋》，頁689。

15.〈鼓鍾〉：「以雅以南，以籥不僭」，《箋》：「雅，萬舞也。萬也、南也、籥也，三舞不僭，言進退之旅也」，據《箋》說，則其解散句構為：「以雅以南以籥／不僭」，關鍵就在於《箋》把「雅」、「南」都視作「舞」，與「籥」一律，故其必然解散句構；而《傳》則認為：「為雅為南也」，「雅」、「南」只是樂，是用來「以為籥舞」，〔註190〕故其不解散句構。

16.〈甫田〉：「田畯至喜」，《箋》：「田畯，司嗇，今之嗇夫也。『喜』讀為『饎』，饎，酒食也……『司嗇』『至』，則又加之以『酒食』」，〔註191〕據《箋》說，則其不僅改讀「喜」為「饎」，並將此句理解為：「田畯至／饎」；而不讀「至」為副詞、「喜」為形容詞的理由，一方面是因為上下文之「饁彼南畝」、「嘗其旨否」的語境制約，一方面是因為此時農功未成，不必至然歡喜，故分讀為「至，饎」，展現了《箋》對文義脈絡的理解。

17.〈甫田〉：「禾易長畝」，《傳》：「『易』，治也。『長畝』，竟畝也」，據《傳》說，則其顯然將此句理解為：「禾／易長畝」，也就是說：「易」跟「長畝」都是「禾」的狀語，完整地標點出來就是：「禾：易、長畝」。然而「易」為什麼會有「治」義呢？〔註192〕《正義》理解為：「故使禾生易而治理」，〔註193〕則《正義》顯然不認為「易」訓「治」，而認為其乃解釋語境；惟《正義》之理解尚有未盡之處：「易」有「平」義，禾之平，顯然是農者整治之功，故《荀子·富國》稱：「民富則田肥以易」，〔註194〕亦以「易」稱其田，則《傳》「易，治也」之訓顯然是從「易」的「平」義引申而來的語境解釋。

18.〈賓之初筵〉：「式勿從謂」，《箋》：「『式』讀曰『慝』。『勿』猶『無』也。……罪者有『過惡』，女『无』『就』而『謂』之也」，可知：《箋》解「慝」為「過惡」，訓「從」為「就」。然而首先當說明「式」何以讀為「慝」？「式」，上古書母職部，「慝」，上古透母職部，〔註195〕韻部雖同，聲母雖有距離，一般仍可視為雙聲，但是從假例證來看，「式」可假作「貣」，「貣」

〔註190〕以上均《毛詩注疏》，卷十三之二，頁452。

〔註191〕《毛詩注疏》，卷十四之一，頁470。

〔註192〕或訓為「脩」，同，參《故訓匯纂》，頁1017。

〔註193〕以上均《毛詩注疏》，卷十四之一，頁470。

〔註194〕楊倞《注》：「易謂耕墾平易」，〔清〕王先謙：《荀子集解》，卷六，頁344。又：《孟子·盡心上》：「易其田疇」，趙岐《注》：「易，治也」，《孟子注疏》，卷十三下，頁238。

〔註195〕《漢字古音手冊》，頁57、22。

又可假作「慝」，〔註196〕因此如果根據聲音關係而以通假例證輾轉繫聯，未始不可建立「式－貣－慝」的聯繫，這也許就是《箋》讀「式」為「慝」的根據。而馮其庸、鄧安生《通假字彙釋》又將〈皇矣〉：「憎其式廓」收入「式通慝」的例證中，〔註197〕儼然是說如〈賓之初筵〉例，《箋》亦讀「式」為「慝」，故說「為惡者浸大」；然其說實誤，因〈皇矣〉該句之《箋》云：「『憎』『其』所『用』為惡者浸『大』也」，《正義》云：「以『憎』已是『惡』」，〔註198〕知《箋》乃訓「式」為「用」，非如〈賓之初筵〉讀為「慝」。又據《箋》說，知其理解為「式／勿從謂」；然而此應是倒裝句，似乎應該理解為「勿從式謂」，「勿」、「式」對文，「式」應據丁聲樹、裘錫圭說解為「應、當」「會、將要」，〔註199〕句義為勿從之，應告謂之，如此則與下文「無俾大怠」文義相合。〔註200〕《箋》因「式」在句首，故改讀又解散句構，其說未是。

19.〈賓之初筵〉：「匪言勿言，匪由勿語」，《箋》：「由，從也。……其所陳說，『非』所當『說』，『無』為人『說』之也，亦『無』『從』而行之也，亦『無』以『語』人也，皆為其聞之將恚怒也」，〔註201〕按：據《箋》說，則其解「匪」為「非」，解「言」為「說」，解「勿」為「無」，然若逐字對照，《箋》所謂「亦『無』從而行之也」之「無」不合於「匪由勿語」之「匪」，若是今本有誤，則當云「亦『非』從而行之也」方合於「匪由勿語」；不過另外一種可能性是：《箋》所見的《詩經》文本可能作：「匪言勿言，勿由勿語」，〔註202〕所以《箋》才特別兩言「亦」字，正可以作為其所見本「勿由」、

〔註196〕均見《古字通假會典》，頁413。

〔註197〕馮其庸、鄧安生：《通假字彙釋》，頁198。

〔註198〕《毛詩注疏》，卷十六之四，頁567～568。

〔註199〕丁聲樹：〈詩經「式」字說〉，原刊《中央研究院歷史語言研究所集刊》第6本第4分（1936年），收入《丁聲樹文集》（北京：商務印書館，2020年4月），上卷，頁66～77、裘錫圭：〈卜辭「異」字和詩、書裏的「式」字〉，《古文字論集》（北京：中華書局，1992年8月），頁127～135。然方有國認為「式」訓「因」，本句義為「因此不要跟他說話」，《《詩經》虛詞「式」辨釋》，《上古漢語語法研究》（成都：巴蜀書社，2007年1月），頁203。

〔註200〕以上均《毛詩注疏》，卷十四之三，頁496。

〔註201〕《毛詩注疏》，卷十四之三，頁496。

〔註202〕〔清〕段玉裁：「玩鄭《箋》，則『匪』字本作『勿』，後人妄改『勿由』為『匪由』，與上『匪言勿言』成偶句耳」，《詩經小學》，卷二十一，《段玉裁遺書》，段氏誠極敏銳，但論證方式頗為可疑，今重論。

「勿語」兩「勿」字疊上文「勿言」之「勿」的證據？實則漢石經《詩經》正作「勿由」，〔註203〕此雖未必能直接視為《箋》之所本，但至少說明確有作「勿由」之本，故上文推測《箋》所據可能也是作「勿由」之本，似不為無據。

但更重要的其實是：不論《箋》所見的《詩經》是作：「匪言勿言，匪由勿語」，或是作：「匪言勿言，勿由勿語」，《箋》其實都將其解散句構為：「匪言／勿言匪由勿語」，也就是理解為：「匪言：勿言、匪由、勿語」，這是說：「勿言」、「匪由」（或者「勿由」）、「勿語」分別是因應「匪言」的三種反應，《箋》所以作出這種理解，可能是在微言大義的解經傳統下，自覺地分析「匪」、「勿」義近而「匪」字一見、「勿」字三見的結果──這正與〈緜〉的「四有」（「四行」）：「予曰有疏附，予曰有先后，予曰有奔奏，予曰有御侮」作為「雖有賢聖，不過此矣」的典型，〔註204〕是同一種思考方式。

20.〈菀柳〉第一章：「上帝甚蹈」，《箋》：「『蹈』讀曰『悼』。上帝乎者，愬之也。今幽王暴虐，不可以朝事，甚使我心中悼病」，據下文所考，《箋》其實解散句構為：「上帝／甚蹈」。

21.〈白華〉：「有扁斯石，履之卑兮」，《箋》：「王后出入之禮與王同，其行登車亦『履』『石』，申后始時亦然；今見黜而『卑賤』」，〔註205〕按：「卑之」本來應該是描寫此扁石之語，〔註206〕何楷、馬瑞辰更指出應該倒讀為「卑兮履之」。〔註207〕而《箋》將其理解為描寫申后處境之「卑賤」，於是就不得不解散句構為：「有扁斯石，履之／卑兮」，如果進一步引申《箋》說，其理解的文義大概就是：「履之（斯石），斯石有扁／卑兮」。

22.〈漸漸之石〉：「不皇朝矣」，《箋》：「武人，謂將率也。皇，正也。將率受王命東行而征伐；役人罷病，必『不』能『正』荊、舒，使之『朝』於王」，如下文所考，《箋》解散句構為：「不皇／朝矣」。

〔註203〕程燕：《詩經異文輯考》，頁296，而袁梅：《詩經異文彙考辨證》，頁584～590，失載。

〔註204〕以上見《毛詩注疏》，卷十六之二，頁551～552，「雖有賢聖，不過此矣」，《正義》語。

〔註205〕《毛詩注疏》，卷十五之二，頁518，據《校勘記》改。

〔註206〕胡承珙：「『卑』字當屬石言」，《毛詩後箋》，卷二十二，下冊，頁1200。

〔註207〕何楷云：「『履之卑兮』是倒文，言乘石卑下，猶得蒙王踐履」，馬瑞辰引何楷說云：「其說是也」，《毛詩傳箋通釋》，頁784，按：何氏不用《箋》說，而用《傳》說，故云「蒙王」，據其說，則其倒讀為「卑兮履之」。

23.〈生民〉:「居然生子」,《箋》:「居默然自生子」,如前文所考,《箋》解散句構為「居／然生子」。

24.〈蕩〉:「文王曰:『咨,咨女殷商,而秉義類;彊禦多懟,流言以對,寇攘式內,侯作侯祝,靡屆靡究。』」此一章中「文王曰咨,咨女殷商」、「而秉義類」、「流言以對」皆是解散句構。「文王曰咨,咨女殷商」之解散句構是《詩經》的寫作手法所致,說已詳前。至於「而秉義類」、「流言以對」之解散句構則由《傳》、《箋》引起,茲逐一檢討如下:

首先,可先從章法上確定解釋的基準,此章從「而秉義類」開始,以兩句為一組,意義皆相反(「而秉義類,彊禦多懟」)或相關(「流言以對,寇攘式內」、「侯作侯祝,靡屆靡究」),所以要解釋「流言以對」,須先把握其意義與「寇攘式內」相關。

其次,句式方面,〈桑柔〉又有「聽言則對,誦言如醉」,「以」可訓「則」,〔註208〕是「流言以對」與「聽言則對」句式相同,二者可以參互解釋。

再者,從字義上來說,不妨先檢討舊說:

《傳》:「對,遂也。」《正義》:「毛以為『文王曰咨』,『咨』嗟『汝』『殷商』,『汝』『秉』執政事之臣,宜用『善人』,何為不用善人,反更信任『彊』『禦』『眾』『懟』,為惡之人,為『流言』『以』『遂』成其惡事者,又『寇』盜『攘』竊為姦究之人,王信任之,使『用』事於『內』。」是按照《正義》的解釋,《傳》讀「而秉義類」為「而秉／義類」,又《傳》訓為「遂」,乃省略受語「為惡事者」,主語仍承上文,是指女、而,均指殷商,此句係指殷商人的作為。

《箋》:「『女』『執』事之臣,宜用『善』『人』,反任『彊』『禦』『眾』『懟』為惡者,皆『流言』謗毀賢者;王若問之,則又『以』『對』。『寇』盜『攘』竊為姦究者,而王信之,使『用』事於『內』。」《正義》:「鄭唯『流言以對』為異,言此『彊』『禦』『眾』『懟』,為惡之人,作此『流言』,謗毀賢者;若王問賢人,則以此謗毀『而』『對』,使王不得用之。」〔註209〕可見:《箋》與《傳》最大的不同,在於句子的理解,《箋》乃讀「流言以對」為「流言／以對」,「流言」的主語是「為惡之人」,「以對」的受語是「王」。

以上從章、句、字逐一討論後,可知現代學者對此句的解釋,多本之鄭

〔註208〕《正義》訓「而」,見下文。
〔註209〕以上均《毛詩注疏》,卷十八之一,頁642。

玄；但卻忽略鄭玄的解釋，其實是「解散句構」，而誤解鄭玄之說乃按照文本逐字解釋，故難通。

　　但除此之外，《傳》、《箋》都認為此句省略受語，可是按照上文的分析，「流言以對」章法上既與「寇攘式內」相關，則「對」不應視為省略受語；而從語法功能上考量，「以」之後的「對」似不能視為受語，再加上〈桑柔〉中尚有「聽言則對」，對者應也，即聽言則應，此句完整的說法應該是：「（人有）聽言，則對（聽言）」，因為上文即有「聽言」，故蒙上文省受語「聽言」，故此文也應視為受語省略為宜，故《傳》與《正義》的理解有其通順之處，相較下文的「內」，《傳》提供的受語「為惡之人」恰與「內」同是為惡之人，而所處位置適相反，故《詩經》此處的寫作手法事實上是義對而句不對，故一方面會造成若干解釋上的困難，一方面也可以見出在四言與樂歌的侷限下，《詩經》寫作手法的若干樸素特徵。

　　25.〈桑柔〉：「捋采其劉，瘼此下民」，《箋》：「劉，爆爍而希也。瘼，病也。及己『捋』『采』之，則葉『爆爍』而疏，『人』息其『下』則『病』於爆爍」，〔註210〕然將《箋》說與文本逐一對應，則可發現《箋》將「其」理解為葉，「此」理解為葉之爆爍，將此二句的結構是：「捋采／其劉，民下，瘼此」，將上一句分為兩句合入下句讀；然《爾雅》、《箋》訓「劉」為「爆爍」，〔註211〕都只是隨文釋義，「劉」應訓殺，〔註212〕「捋采其劉」者，「其」乃祈使用法，「捋」、「采」、「劉」三動詞連用，主語桑之柔葉承上省略，完整地寫出來就是：「（葉）：捋（之）、采（之），其劉！」句義乃言捋之、采之，且將至於劉之矣，既劉之，則枝幹稀疏，而日光爆爍矣，可知「劉」之訓「爆爍」，只是說明殺伐樹木後的結果，故《箋》將「捋采其劉」一句既分讀又合讀，恐未是。

　　26.〈桑柔〉：「具贅卒荒」，《傳》：「贅，屬」，《箋》：「『皆』見係『屬』於『兵役』，家家『空虛』」，〔註213〕按：《箋》用《傳》說，解「贅」為「屬」，進一步釋「具」為「皆」、釋「卒」為「兵役」、釋「荒」為「空虛」，可知《箋》

〔註210〕《毛詩注疏》，卷十八之二，頁653。
〔註211〕《爾雅·釋詁下》：「劉，暴樂也」，《爾雅注疏》，卷二，頁25。
〔註212〕《說文解字·十四上·金部》「鎦」字：「殺也」，段玉裁《說文解字注》：「此篆二徐皆作『鎦』，別無『劉』篆……其義訓『殺』，則其文當定作『劉』，楚金疑脫『劉』篆」，頁714。
〔註213〕《毛詩注疏》，卷十八之二，頁655。

乃將本句解散句構為：「具贅卒／荒」，用以強調「兵役」之酷害。

27.〈桑柔〉：「民之貪亂，寧為荼毒」，《箋》：「貪猶欲也。天下之『民』苦王『之』政，『欲』其『亂』亡，故『安』『為』『苦毒』之行相侵暴，慍恚使之然」，〔註214〕據前文所考，《箋》解散句構為：「民之／貪亂，寧為荼毒」。

28.〈雲漢〉：「蘊隆蟲蟲」，《傳》：「蘊蘊而暑，隆隆而雷，蟲蟲而熱」，〔註214〕據《傳》說，其乃一句分為三句讀：「蘊／隆／蟲蟲」，旨在具體而微如何從暑至熱的「旱既大甚」之過程；惟《傳》說未是，「蘊隆」為一詞。

29.〈崧高〉：「其風肆好」，《傳》：「肆，長也」，《箋》：「『風』切申伯，又使之『長』行『善』道」，〔註215〕據《箋》說，知其改讀「風」為「諷」，但「諷」只能說貼不貼切，並無好或不好可言，故《箋》也必須連帶地解「好」為「善」，並解散句構為：「其風／肆好」，上句言此詩人作詩諷申伯，下句言此諷能使申伯長行善道，主語其實也不相同。然則此一「風」字，當解為音調，戴君仁云：本詩「風與詩相對，可見詩是文詞，風是樂曲」，〔註216〕《箋》蓋以為上已言「其詩」，則下「其風」不必與其同義，故改讀，在詩篇之末發揮「長行善道」的經義。

30.〈烝民〉：「式是百辟，纘戎祖考」，《箋》：「戎猶女也。……女施行『法』度於『是』，百君『繼』『女』『先祖先父』始見命者之功德」，〔註217〕據《箋》說，知其訓「式」為「法」，讀「是」為「此」，解散句構為：「式是／百辟纘戎祖考」，因為就文義來看，王不必命仲山甫效法百辟，故《箋》乃解散句構為說。

31.〈召旻〉：「昏、椓靡共」，《箋》：「『昏』、『椓』皆奄人也。『昏』，其官名也。『椓』，椓毀陰者也。王遠賢者而近任『刑奄』之人，『無』肯『共』其職事者」，〔註218〕據《箋》說，其並非倒讀為「靡共昏、椓」，因為這樣的倒讀結構只能體現群臣之厭惡「昏、椓」，而無法表現王之親近「昏、椓」；所以《箋》乃解散句構為：「昏、椓／靡共」，一方面凸顯王之遠賢親惡，一方面又展示了群臣嫉惡如仇的態度，較單純倒讀為「靡共昏、椓」更能充分展現經義的豐富性。

〔註214〕《毛詩注疏》，卷十八之二，頁660。
〔註215〕《毛詩注疏》，卷十八之三，頁673。
〔註216〕戴君仁：〈朱子釋「風」〉，《梅園論學續集》，頁170。
〔註217〕《毛詩注疏》，卷十八之三，頁675。
〔註218〕《毛詩注疏》，卷十八之五，頁698。

32. 〈雝〉:「綏我眉壽,介以繁祉」,《箋》:「繁,多也。……,『安』『助』之以『考壽』與『多』『福』祿」,按:《箋》雖僅出「繁」字之訓,然其實訓「綏」為「安」,訓「介」為「助」,訓「祉」為「福」,解「眉壽」為「考壽」,並且須特別注意《箋》用「與」字連結原文分隔的兩個句子,又把「綏」、「介」兩個動詞並置;則《箋》顯然把二句為一句讀,且調整為:「綏、介我眉壽、繁祉」,這可能是因為《箋》認為二句的主詞相同,故將其從《詩》文寫作時、或紀錄時比較複雜的歌唱句式,改以較簡潔的行文脈絡表述。

33. 〈閔予小子〉:「陟降庭止」,《傳》:「庭,直」,《箋》:「陟降,上下也。……念此君祖文王,上以直道事天,下以直道治民,言無私枉」,按:「庭」之「直」義,段玉裁認為乃從「中宮」之義引申而來,〔註219〕「止」讀「之」,句義不過是說文王陟降於庭;然《傳》發揮經學思想,改讀「庭」為「直」,但此義如何落實於文句中呢?《正義》已經指出《箋》「以『庭止』與『陟降』共文」,則二者皆用直道,故分而屬之」,〔註220〕也就是說,《箋》其實進一步改變句構為:「陟/降:庭止」,完整地寫出後即是:「陟,庭止/降,庭止」,言文王陟之時「庭之」,降之時亦「庭之」,而既然拆散「陟降」二字,則進一步當分別賦予其不同的意義,故《箋》又以「陟」為事天,「降」為治民,以此落實《傳》所發揮的經義。

34. 〈載芟〉:「載芟載柞,其耕澤澤」,《箋》:「將耕,先『始』『芟』『柞』其草木,土氣烝達而和『耕』之,則『澤澤』然解散,於是耘除其根株」,〔註221〕按「澤澤」無「解散」義,則《箋》乃訓「澤」為「釋」,〔註222〕且據《箋》說,知其亦解散句構為「載芟載柞,其耕/澤澤」,「其耕」解散句構後合上文讀,「載芟載柞」與「其耕」的主語都是耕者,「澤澤」的主語則是「土氣」。

〔註219〕《說文解字‧九下‧广部》「庭」字原訓「宮中」,段《注》云當作「中宮」,《說文解字注》,頁443。

〔註220〕以上均《毛詩注疏》,卷十九之三,頁739,據《校勘記》改。

〔註221〕《毛詩注疏》,卷十九之四,頁746。

〔註222〕《釋文》:「『澤澤』音『釋釋』」,《注》同。《爾雅》作『郝郝』,音同,云『耕也』,郭云『言土解』也」,《法偉堂經典釋文校記遺稿》附宋本《經典釋文》,卷七,頁200,雖注音而已兼解其義,又《爾雅‧釋訓》:「郝郝,耕也」,邢《疏》:「『郝郝』、『澤澤』並音『釋』,其義亦同」,《爾雅注疏》,卷四,頁57。又按「澤」讀為「釋」,亦見阮元〈釋釋訓〉,《揅經室集》,一集卷一,頁33〜34。

35.〈般〉：「敷天之下，裒時之對，時周之命」，《箋》：「裒，眾。對，配也。『徧』『天』『之』『下』『眾』山川之神，皆如『是』『配』而祭『之』，『是』『周』『之』所以受天『命』而王也」，按：將《箋》說與原文一一對照後，可知其乃將「裒」字屬上句讀，理解為：「敷天之下裒／時之對，時周之命」，並將時之對倒讀為：「時對之」，如此解散句構後，後二句變成皆由「時」字領起的整齊格式，這也反映了《箋》的文本觀念。

36.〈烈祖〉：「賚我思成」，《箋》：「『賚』讀如『往來』之『來』。……而神靈『來』至，『我』致齊〔註223〕之所『思』，則用『成』」，據《箋》說，其解散本句為三句：「賚／我思／成」，而《正義》云：「鄭以『賚我思成』謂神靈來至，我孝子所思得成也」，〔註224〕其將《箋》一句分為三句讀的結構省併為二句，未是；然而這是否反映了《正義》基於其文本認知，而修改《箋》對文法的特殊理解？有待進一步考察。《箋》所以分為三句讀，旨在凸顯「神靈來至」及「用成」的重要性，否則如果據《傳》訓「賚」為「賜」，就淡化其「以其成功告於神明者也」的色彩了。〔註225〕

37.〈玄鳥〉：「天命玄鳥，降而生商」，如下文所考，《傳》應該是將此二句理解為：「天命／玄鳥降而生商」。

38.〈玄鳥〉：「四海來假，來假祁祁，景員維河」，《傳》：「景，大」，《箋》：「假，至也。祁祁，眾多也。『員』，古文『云』。『河』之言『何』也。天下既蒙王之政令，皆得其所，而『來』朝觀貢獻，其『至』也『祁祁』然眾多、其所貢於殷『大』至。所『云』『維』言『何』乎」，〔註226〕據《箋》說，其乃理解為：「景／員維河」，並且「景」字還應合讀於上文的「四海來假，來假祁祁」中，也就是這三句應該理解為：「四海來假，來假：祁祁、景」，「祁祁」與「景」是「來假」的具體內容；而「員維河」三字，則是用來領起下文的「殷受命咸宜，百祿是何」。這種承先啟後的文本考量，其實才是《箋》解散句構與改讀《傳》訓「員」為「均」的理由。

〔註223〕「齊」應讀為「齋」，訓「敬」，即《箋》下文所說的「此由其心平性合，神靈用之故」（「故」字當屬本句，不屬下文，據《校勘記》說）。
〔註224〕《毛詩注疏》，卷二十之三，頁791～792。
〔註225〕《毛詩序》語，《毛詩注疏》，卷一之一，頁18。
〔註226〕《毛詩注疏》，卷二十之三，頁794，據《校勘記》改，「大至」當絕句，據《正義》：「則大員是諸侯大至」，可知。

39.〈長發〉：「禹敷下土，方外大國是疆，幅隕既長」，〔註227〕《傳》：「諸夏為外。幅，廣也。隕，均也」，《箋》：「『隕』當作『圓』，『圓』謂『周』也。……『禹敷下土』，正四『方』，定『諸夏』，『廣』『大』其『竟界』之時，始有王天下之萌兆，歷虞、夏之世，故為『久』也」，〔註228〕如將《箋》之說解仔細對照文本，可知其理解頗為奇特：「方、外／大國是疆幅隕（幅、隕、大國是疆）／既長」，《箋》云「正四方」，知其單獨將「方」字理解為一句，而《傳》云「諸夏為外」，故知「外」即「定諸夏」。「廣大其竟界之時」即解「大國是疆幅隕」，《箋》蓋又倒讀為「幅、隕、大國是疆」，「幅隕」、「大」被理解為動詞「廣」、「大」，故《箋》乃改讀「隕」為「周」，以配合上文訓為「廣」的「幅」，而「歷虞、夏之世，故為久也」，顯然是單解「既長」二字，使得禹之功業不僅是空間上的廣大無垠，並且也是時間上的垂諸久遠。

40.〈長發〉：「受大共小共」，《箋》：「共，執也。小共、大共，猶所執搢小球、大球也」，據下文所考，《箋》解散句構為：「受／共小共大」。

41.〈長發〉：「有震且業」，《傳》：「業，危也」，《箋》：「『震』猶『威』也。……相土始『有』征伐之『威』，以為子孫討惡之『業』」，〔註229〕據《箋》說，知其理解為「有震／且業」，亦即：「有震，且（『有震』能為之）業」，「且」字被《箋》視為上文「有震」小句因主語相同而省略後的連接詞，故不出注，《箋》採取此一讀法，目的是彰顯相土的功業；然而《傳》訓「業」為「危」，乃讀「業」為「陧」，〔註230〕《說文解字‧十四下‧阜部》：「陧，危也」，〔註231〕從文義來說，「有 A 且 B」句中，「且」字連接的 A、B 詞性應該相同，則「震」與「業」意義應相近，故訓「業」為「危」，指商家中道有所震、危，端賴此「允也天子」中興之，是特彰商湯中興之功，不數相土。可知《傳》、《箋》對文句結構的理解之所以有此差異，即在如何看待相土、商湯的功業上。

〔註227〕馬瑞辰指出當讀「禹敷下土方」為句，《毛詩傳箋通釋》，下冊，頁1172，然考《箋》云：「禹敷下土」，知其讀此四字為句，而今論鄭《箋》，故從《箋》說斷句。

〔註228〕《毛詩注疏》，卷二十之四，頁800。

〔註229〕《毛詩注疏》，卷二十之四，頁803。

〔註230〕馮其庸、鄧安生：《通假字匯釋》，頁362。

〔註231〕《說文解字注》，頁733。

四、違背或擱置文本義，逕據經義改訓

1. 〈騶虞〉：「壹發五犯」，《傳》：「豕牝曰『犯』。虞人翼『五犯』以待公之『發』」，《箋》：「君射一發，而翼五犯者，戰禽獸之命。必戰之者，仁心之至」，按：「翼」者，《正義》：「〈多士〉：『敢翼殷命』，《注》：『翼，驅也』，則此『翼』亦為『驅』也」，〔註232〕「戰」者，慄也、懼也，亦即「慎」，猶《孟子・梁惠王上》中齊宣王所謂「吾不忍其觳觫」。〔註233〕而據《箋》說，知其分讀為：「壹發／五犯」，因為一旦此四字連讀，其義即為壹發之箭，能中五犯，乃讚公善射；在《箋》看來這實在違背《序》所謂「仁如騶虞」之義，〔註234〕故必須分讀，言君不過虛射一發，而虞人即驅五犯而去，實乃主聖臣賢、「仁心之至」的表現，也符合〈王制〉所謂「天子不合圍」。〔註235〕然而體會《傳》義，這些「犯」實為「待公之發」者，雖然可能如〈車攻〉「田車既好」之《傳》所云：「田者，大芟草以為防，或舍其中……左者之左，右者之右，然後焚而射焉。天子發然後諸侯發；諸侯發然後大夫、士發。天子發，抗大綏；諸侯發，抗小綏，獻禽於其下。故戰不出頃，田不出防，不逐奔走，古之道也」，〔註236〕會對田獵的範圍等有所限制，但公應仍射犯；則《箋》說適與之相反，於此亦可見《箋》如何進一步在《傳》提供的文義理解進一步改造文句以發揮經義。

2. 〈靜女〉：「彤管有煒，說懌女美」，《傳》：「煒，赤貌。彤管，以赤心正人也」，《箋》：「『說懌』當作『說釋』。赤管煒煒然，『女史』以之『說釋』妃妾之德，『美』之」，〔註237〕按《傳》所謂「彤管，以赤心正人也」者，乃因彤管之赤，聯想及人心之赤，則此女既以彤管貽我，即是以赤心示我，故

〔註232〕按今本「翼」作「弋」，偽孔《傳》解為「弋取」，《尚書注疏》，卷十六，頁236，知此處所引非偽孔《傳》。《釋文》：「馬本作『翼』，義同」，則馬融注本《尚書》作「翼」；然《正義》此處所引當是鄭注《尚書》，理由是：疏鄭《箋》當用鄭注，鄭玄所有注解都算是《毛詩正義》所要疏通之舊注的範圍，詳呂友仁：〈孔穎達《五經正義》中的注指的是什麼？〉，《讀經釋小錄》，上冊，頁1〜11。

〔註233〕《孟子注疏》，卷二下，頁22。

〔註234〕以上均《毛詩注疏》，卷一之五，頁68。

〔註235〕《禮記注疏》，卷十二，頁237。

〔註236〕《毛詩注疏》，卷十之三，頁366，據《校勘記》改。

〔註237〕《毛詩注疏》，卷二之三，頁105，按：「美之」之「之」，指「妃妾之德」。又《正義》云「成此妃妾之德美」，此所謂「德美」，不是「美之」之「美」，故不可據以將《箋》讀為「女史以之說釋妃妾之德美之」。

可以「正人也」；然而彤管既以「正人」，何以下文又「說懌女美」呢？據本詩前章「靜女其姝，俟我於城隅」，《傳》云：「女德貞靜而有美色，乃可說也」，《傳》顯然是讀「說懌」為悅懌，則意味：此女之所以可悅懌，乃因其「貞靜」之故；而《箋》特別要將《傳》所謂「女德貞靜而有美色，乃可說也」的「說」（即「悅」）刪去，並改為「女德貞靜，然後可畜；美色，然後可安」，〔註238〕其用意即在否定下文《傳》讀「說懌」為「悅懌」，所以《箋》乃必須改讀「說（悅）懌」為說釋，並不惜徹底拆散句法，讀「說懌女美」為「女說釋／美」，進一步消解「悅」字所可能帶來的任何不道德義涵。

3.〈匪風〉：「匪風發兮」，《傳》：「『發發』飄『風』，『非』有道之風」，按：此句原文無「飄」字，《傳》乃據下章「匪風飄兮」之「飄」而言，並且《傳》為了落實《序》所謂「思周道也」、「而思周道焉」，除了訓「匪」為「非」，增其義為「非有道」之外，似也將本句解散句構為：「發風／匪兮」；但是本章四句文義連貫，「匪」字所領起的兩個句子不能單獨抽離其脈絡而另尋解釋：「匪風發兮，匪車偈兮；顧瞻周道，中心怛兮」，〔註239〕這四句是指「顧瞻周道」的原因，非是「風發」、也非是「車偈」，乃因為「中心怛」之故。

4.〈候人〉：「不遂其媾」，《傳》：「媾，厚也」，《箋》：「『遂』猶『久』也。『不』『久』『其』『厚』，言終將薄於君也」，歐陽脩云：「徧考前世訓詁，無『厚』、『久』之訓」，〔註240〕劉青松云：「但『彼其之子，不遂其媾』不符合『思無邪』的風格，毛《傳》訓『媾』為『厚』，一個義理聲訓便解決了這一問題。〈晉語六〉令尹子玉請殺晉公子，楚成王不可，引『曹詩曰：『彼己之子，不遂其媾。』郵之也。夫郵而效之，郵又甚焉。效郵，非禮也。』可知在春秋時代『遂』為『順遂』之義，沒有『久』義，《鄭箋》是為了毛《傳》才訓『遂』為『久』的」，〔註241〕按：觀劉說可知《箋》如何進一步落實《傳》義；但劉說有許多問題，首先，「遂」有「長」義，〔註242〕「長」即「久」，〈殷武〉：「長發其祥」，《箋》：「『長』猶『久』也」，〔註243〕則鄭說未必

〔註238〕以上見《毛詩注疏》，卷二之三，頁104，「美色」之「美」，在此句中，形容詞活用為動詞。
〔註239〕以上均《毛詩注疏》，卷七之二，頁265。
〔註240〕〔宋〕歐陽脩：《詩本義》，卷五，頁4上。
〔註241〕劉青松：〈《詩經》毛傳、鄭箋的義理聲訓〉，頁341。
〔註242〕《故訓匯纂》，頁2302。
〔註243〕《毛詩注疏》，卷二十之四，頁800。

無據，以上二說失考。且劉氏僅據〈晉語六〉就認為「春秋時代『遂』為『順遂』之義」，不免引據單薄，且劉氏此說的問題是：《國語》所錄是春秋時代之文？《國語》一書必然能體現春秋時代的全部詞義？引《詩》斷章即《詩》文本義？凡此也多未深論。其次，劉說於《傳》義似亦未通，《傳》於「彼其之子」云「彼，彼曹朝也」，《正義》：「彼曹朝上之子三百人皆服赤芾，是其近小人也」，則「彼其之子，不遂其媾」，[註244]正是責此小人不能長久履行其厚於君之義，豈是「不符合『思無邪』的風格，毛《傳》訓『媾』為『厚』，一個義理聲訓便解決了這一問題」？劉氏似誤解《傳》義。

5. 〈吉日〉：「既伯既禱」，《傳》：「伯，馬祖也。重物慎微，將用馬力，必先為之禱其祖。禱，禱獲也」，[註245]按此為《詩經》「既…既…」句型，[註246]故「伯」、「禱」詞性必須相同，則「伯」當如大徐本《說文解字‧一上‧示部》「禡」字所《詩》引作「禡」，[註247]作「伯」者，假借字，[註248]則《傳》解為「馬祖」，顯然違背文本義；且「馬祖」為「伯」，疑無所出，故《正義》亦僅云「伯者，長也，馬祖始是長也」而已，[註249]然本句「禱」字，《說文解字》「禂」字引《詩》作「禂」，而「禂」者：「禱牲馬祭也」，[註250]則《傳》似據下文「禱」字定上文「伯」字字義。

6. 〈正月〉：「有皇上帝」，《傳》：「皇，君也」，《箋》：「『有』『君』『上帝』者，以情告天也」，[註251]按「有皇」即「皇然」，「皇」字亦當如〈信南山〉：

〔註244〕 以上均《毛詩注疏》，卷七之三，頁269～270。

〔註245〕《毛詩注疏》，卷十之三，頁369。

〔註246〕 楊合鳴：《詩經句法研究》，頁194，列入「重疊式」的「副詞間隔重疊」，但未舉此例。

〔註247〕 按：段玉裁云：「鍇引《詩》曰：『既禡既禂』，《詩》無此語，鉉又誤入正文」，《說文解字注》，頁8，然大徐本不誤，段說失考，詳馬宗霍：《說文解字引經考‧引詩考》，卷一，頁292～293。

〔註248〕「伯」，上古幫母鐸部，「禡」，上古明母魚部，分見郭錫良：《漢字古音手冊》，頁6、24，二字聲母音近，韻母若取陰、入不分之說，則相同，故相通假。而馬宗霍：《說文解字引經考》，認為「伯」、「禡」皆非本字，本字應是「禂」，但「『既禂既禂』，於文為複，變上文為『既伯』以協句」，頁294，可備一說。

〔註249〕《毛詩注疏》，卷十之三，頁369。

〔註250〕《說文解字注》，頁7。

〔註251〕 按：〈武〉：「於皇武王」，《箋》亦云：「皇，君也。於乎君哉武王也」，《毛詩注疏》，卷十九之三，頁737，其它雖未明揭「皇，君」之訓，而亦解「皇」為「君」者，如：〈閔予小子〉：「於乎皇考」，《箋》：「於乎我君考武王」、又

「先祖是皇」,《箋》:「『皇』之言『暀』也」、〈泮水〉:「烝烝皇皇」,《箋》:「皇皇,當作『暀暀』,暀暀猶往往也」之「皇」,〔註252〕解為光明茂盛,句義即呼告光明茂盛的上帝;《傳》、《箋》解「皇」為「君」,固然亦可以訓為「君然上帝」,即相較於「視天夢夢」、「天之抗我」、「天天是椓」的周幽王,〔註253〕上帝顯得何其有君王之相,故云「君然上帝」,然而這只能理解為《傳》、《箋》藉此發揮君之不君的思想,於文本之義並未切合。

7.〈巧言〉:「秩秩大猷」,《傳》:「秩秩,進知也」,《正義》:「秩秩然者,進智之大道」,〔註254〕是《正義》蓋訓「進」為「進入」義,讀「知」為「智」;然「進知」之進亦可讀「增加」義,可是不論訓為「進入」、「增加」,都依然只是根據《傳》發揮思想而作的彌縫。其實,「秩秩」訓「大」,〔註255〕與「大猷」之「大」同義,都是「猷」(即「道」)的狀語,〔註256〕鄭玄指出本章「此四事者,言各有所能也」,〔註257〕也就是本章二句為「一事」,則可見本章八句的敘事模式是:上句是下句之動作的原因或結果,亦即:「秩秩大猷」是「聖人」之所以「莫(《傳》:『莫,謀也』)之」的目標,〔註258〕《傳》可能是見到這一點,又思及「秩」字的「積」、「序」之義,〔註259〕故讀「秩秩」為「進知」。此顯然是不合文本義而屬於發揮思想之例;然其雖不合文本義,卻仍有若干文義脈絡可尋。

8.〈巷伯〉:「豈不爾受,既其女遷」,《傳》:「遷,去也」,《箋》:「『遷』之言『訕』也。王倉促『豈』將『不』『受』『女』言乎;『已』則亦將復『訕』

<hr>

同詩下文云:「於乎皇王」,《箋》:「於乎君王」,這種要求「君」之為「君」的信念隨處可見。

〔註252〕分見《毛詩注疏》,頁 455、769。

〔註253〕以上見《毛詩注疏》,卷十二之一,頁 398～401。

〔註254〕《毛詩注疏》,卷十二之三,頁 424。

〔註255〕〔清〕王引之:「秩,大貌」,《經義述聞》〈有秩斯祜〉條,《皇清經解諸經總義類彙編(一)》,頁 753。

〔註256〕《箋》:「猷,道也。大道,治國之禮法」,《毛詩注疏》,卷十二之三,頁 424。

〔註257〕《毛詩注疏》,卷十二之三,頁 424。

〔註258〕這是改讀「莫」為「謨」,故「莫」能訓「謀」,《說文解字・三上・言部》「謨」字段玉裁《注》:「〈釋詁〉:『謨,謀也』……《詩・巧言》假『莫』為『謨』」,《說文解字注》,頁 91。

〔註259〕《說文解字・七上・禾部》:「秩,積皃」,《說文解字注》,頁 325,參《故訓匯纂》,頁 1623～1624。

誹『女』」，〔註260〕據此知《箋》讀「爾受」為「受爾」，讀「女遷」為「遷女」。然「遷」應無「訕」義，「遷」上古清母元部，「訕」上古山母元部，〔註261〕《箋》或以韻部相同而讀「遷」為「訕」；惟此二句「受」與「遷」對文，知「遷」當如《傳》訓為「去」，「既」訓「終」，「其」有期望義，二句義為：爾豈不受此譖言，而期望終能避去不受此譖言乎？是責「適與謀」者之辭。而《箋》必讀為「訕」，因其將此二句的主語理解為王，言王只是倉促受譖言，終能知正道而幡然悔悟以訕謗汝，故此一改讀其實正寄託《箋》的政治理想。

9.〈四月〉：「廢為殘賊」，《傳》：「廢，忕也」，《箋》：「言忕於惡」；然《釋文》載「一本」、正義引《定本》云有作「廢，大也」者，《釋文》已指出此實是「王肅義」，〔註262〕馬瑞辰認為「廢」訓為「大」者乃改讀為「奔」。〔註263〕然而不論「廢」訓為「忕」或訓為「大」，都是指在位者為惡之程度及其習染之漸，並無不同；問題其實在於此句的主語為何是在位者，而非「君子作歌」之「君子」的自道？實則此詩八章，每章四句，基本固定的寫作模式是：首二句先言外在事物，次二句描寫己事，除了「匪鶉匪鳶」一章全部描寫外物以擬況於人之外，竟惟獨《傳》、《箋》將「廢為殘賊」指為在位者而為例外，顯然是《傳》、《箋》罔顧章法而改讀，以求落實《序》所謂「在位貪殘」。其實，「廢」當如字讀，言此君子本「盡瘁以仕」，竟「莫知其尤」而無端「日構禍」，〔註264〕廢為殘賊之人，《傳》、《箋》改讀並不可取。

10.〈小明〉：「正直是與」，《傳》：「正直曰正，能正人之曲曰直」，則依《傳》意，當理解為「正、直是與」；而據《箋》云「其志在於與正直之人為治」，知其理解為「與是正直」。〔註265〕《正義》已經指出《傳》之說與《左傳·襄公七年》：「正直為正，正曲為直」同，〔註266〕進一步要闡明的是，《傳》

〔註260〕《毛詩注疏》，卷十二之三，頁429。

〔註261〕郭錫良：《漢字古音手冊》，頁205、190。

〔註262〕以上分見《法偉堂經典釋文校記遺稿》附宋本《經典釋文》，卷六，頁161，《毛詩注疏》，卷十三之一，頁443，據《校勘記》改。

〔註263〕〔清〕馬瑞辰：《毛詩傳箋通釋》，卷，頁685。聞一多〈爾雅新義〉云：廢之所以訓大，乃讀為伐，又「從發之字或與發聲近之字多訓大」《古典新義》，頁212。

〔註264〕以上均見《毛詩注疏》，卷十三之一，頁441～444。

〔註265〕《毛詩注疏》，卷十三之一，頁447。

〔註266〕《左傳注疏》，卷三十，頁518。

說顯然不合文義，只是發揮思想。因為據下文「式穀以女」，〔註267〕則此章顯係勸論之詞，言最終必用正直之人，也就是必用汝；而不是必用「正直」（正之使直）、「能正人之曲」等人。況且，「正直」在《傳》中，既是被釋詞，也釋解釋詞，古人雖於此不慊，在今天看來其實不夠嚴密。

11.〈緜〉：「綿綿瓜瓞」，《傳》：「瓜，紹也」，按：「瓜」無「紹」義，且解為「紹」，於文本亦不通，可知《傳》藉「瓜」字，發揮《序》所謂「文王之興，本由大王」的紹繼先人基業之功。《正義》對「瓜，紹也」的態度也深可究詰：若非脫文、或《正義》所見《傳》有別於今本，〔註268〕則按照義疏家體例，必須追究每一訓詁義項的出處，若真無可考，也有一套相應的術語：「無文也」、「此無正文」；〔註269〕可是遍檢《正義》標起止「《傳》『緜緜』至『漆水』」處，竟對《傳》之「瓜，紹也」不置一辭，或許是《正義》也是察覺了《傳》乃鑿空發揮經義，所以如此。

12.〈緜〉：「迺宣迺畝」，《箋》：「時耕曰『宣』。……乃時耕其田畝」，按：《詩經》中的「迺 A 迺 B」句，A、B 的詞性必須相同，〔註270〕則《箋》訓「宣」為「時耕」，解為「乃時耕其田畝」，則「宣」、「畝」詞性不同，未合文法；實則「宣」當是「垣」之假借，〈崧高〉：「四國于蕃，四方于宣」，馬瑞辰即因「蕃」、「宣」對文，讀「宣」為「垣」，〔註271〕則此「迺宣迺畝」之「宣」亦當讀「垣」，義即承上文「迺疆迺理」而來，〔註272〕進一步描寫其經界疆理後築垣定畝的安居之況。然而《箋》何以訓「宣」為「時耕」？楊寬認為「宣」乃「通作『畖』」，〔註273〕「畖」如活用為動詞，容與「時耕」義近，但是問題是〈緜〉詩全文其時環繞三個主題而發：遷居、定居、征伐，實未有它文敘及耕種之事，《箋》所以認為當解為「乃時耕其田畝」，或者是強調周家以農

〔註267〕《箋》：「式，用。穀，善也」，《毛詩注疏》，卷十三之一，頁447。

〔註268〕《正義》云「是瓜『紹』之瓞」，明據《傳》「瓜，紹也」而來，故顯然不可能是《正義》所據之《傳》無「瓜，紹也」一句，《毛詩注疏》，卷十六之二，頁545。

〔註269〕分見《毛詩注疏》，卷一之二，頁43、頁164，按「正文」指的是「經典正文」，說已詳前「鬻子之閔斯」條。

〔註270〕楊合鳴：《詩經句法研究》，頁197。

〔註271〕《毛詩傳箋通釋》，卷二十七，頁989，然馬氏於〈緜〉又云「宣者，以耜發田之謂」，卷二十四，頁819，亦未當，問題與《箋》同，今不取。

〔註272〕以上均《毛詩注疏》，卷十六之二，頁548。

〔註273〕楊寬：《西周史》，頁44，按：「宣」上古心母元部，「畖」上古見母元部，分見《漢字古音手冊》，頁224、225，聲母並不相近，且二字無通假例證。

立國的精神所致，然僅為發揮思想，不合文本義。

13.〈縣〉：「行道兌矣」，《傳》：「兌，成蹊也」，《箋》：「其行道士眾脫然不有征伐之意」，〔註274〕按：《箋》所謂「不有征伐之意」，甚得《傳》意，並進一步將「兌」字字義落實於文本中。因《傳》云「成蹊」，蓋隱然有「桃李不言，下自成蹊」之意，〔註275〕而且《老子》第三十章云：「師之所處，荊棘生焉。大軍之後，必有凶年」；〔註276〕反觀文王乃「以至仁伐至不仁」，〔註277〕故大軍所過，尚且「柞棫拔矣」，〔註278〕下能成蹊，此是《傳》所體認的聖王典型，故以「成蹊」二字解釋「行道兌矣」，純屬發揮思想，於字義無徵。

14.〈生民〉：「居然生子」，《箋》：「居默然自生子」，〔註279〕按「居然」是一詞組，據前文「先生如達」，知「居然」當如陸善經注《文選》引《詩》解為「安然」；〔註280〕鄭玄之所以完全無視文義，將此句拆解為：「居／然生子」，而把「然」解釋為「默然」，就是為了比附「感生」經義所致。

15.〈文王有聲〉：「遹觀厥成」，《箋》：「遹，述。……觀，多也。又『述』行『多』『其』『成』民之德，言周德之世益盛」，〔註281〕又：〈有聲〉：「我客戾止，永觀厥成」，《箋》：「我客，二王之後也。『長』『多』『其』『成功』，謂深感於和樂，遂入善道，終無怨過」，〔註282〕二處對照，知「永觀」之「觀」正如「遹觀」之「觀」，當訓為「多」，亦見《爾雅·釋詁下》，〔註283〕，則可

〔註274〕《毛詩注疏》，卷十六之二，頁550，據《校勘記》改。

〔註275〕《史記·李將軍列傳》，《史記會注考證》，卷一○九，頁1183。

〔註276〕馬敘倫：《老子校詁》，卷二，頁98～99，又馬氏認為「大軍之後，必有凶年」，乃古注混入正文。

〔註277〕《孟子注疏》，卷十四上〈盡心下〉，頁249。

〔註278〕《毛詩注疏》，卷十六之二，頁550。

〔註279〕《毛詩注疏》，卷十七之一，頁590。按《文選集注》卷八〈三都賦序〉：「故能居然而辨八方」，李善《注》：「毛《詩》曰：『居然生子』，鄭玄曰：『幽居默然也』」，《唐鈔文選集注彙存》，第1冊，頁3～4，今本無「幽」字，考《正義》云：「居處默然而生此子」，則《正義》所見本亦不作「幽居」。

〔註280〕陸善經云：「『居然』猶『安然』也」，《唐鈔文選集注彙存》，第1冊，頁4。又《史記·秦始皇本紀》：「其勢居然也」，陸善經曰：「居然者，安然之意也」，《陸善經史記注佚文拾遺》，〔日〕水澤利忠：《史記會注考證校補》（東京：史記會注考證校補刊行會，1970年10月），卷九，頁166。

〔註281〕《毛詩注疏》，卷十六之五，頁583。

〔註282〕《毛詩注疏》，卷十九之三，頁733。

〔註283〕《爾雅注疏》，卷二，頁21。

知〈有聲〉之《箋》訓「永」為「長」，訓「觀」為「多」，解「成」為「成功」；然「觀」本當解作「視」，《箋》必解為「多」，且改變「多」字詞性為動詞，其意乃為渲染二王之後浸漬周道之深、心悅誠服之甌，不只是簡單置身事外的觀看而已。

　　16.〈雲漢〉：「先祖于摧」，《傳》：「摧，至也」，《箋》：「『摧』當作『嗺』，嗺，嗟也。……先祖之神于嗟乎，告困之辭」，按：《傳》、《箋》說皆未是，且均各有用義。實則「摧」不訓「至」，本詩之「摧」字裴學海已解為「敗壞」，〔註284〕即「摧」字當如字讀為摧毀，而「于」即「是」，〔註285〕言先祖子嗣所居之處所與其生命於是摧毀，將無處歸家受饗，亦即《左傳》莊公六年：「抑社稷實不血食」、又文公五年：「臧文公聞六與蓼滅，曰『皋陶、庭堅不祀，忽諸』」，〔註286〕則可知《傳》云「摧，至」，實非訓「摧」為「至」，乃是解釋全句句義，故孫毓進一步疏解《傳》義為「先祖之神，於何所歸而至乎」，甚是。〔註287〕《箋》改讀為「嗺」，訓為「嗟」，又解句義為「先祖之神于嗟乎，告困之辭」，則《箋》倒裝改讀為「吁嗟先祖」，並認為其與下文「父母先祖，胡寧忍予」同例，〔註288〕故視為「告困之辭」。

　　17.〈雲漢〉：「散無友紀」，《箋》：「人君以羣臣為友。散無其紀者，凶年祿饎不足，又無賞賜也」，《正義》即用此《箋》義補毛義：「毛以為……汝羣臣宜且離散，無復羣臣朋友之綱紀；王者班爵賜祿，所以綱紀羣臣，今祿饎不足，是無綱紀也」。〔註289〕按：《箋》將「友」字如字讀，訓為「朋友」，而「紀」字《箋》無明說，然《正義》云：「而云散無『綱紀』者」，〔註290〕《正義》「綱紀」連言，亦即以「綱」解「紀」，〔註291〕義即統類、準則，此或得

〔註284〕裴學海：《古書虛字集釋》，頁46。
〔註285〕裴學海：《古書虛字集釋》，頁45〜46。
〔註286〕《左傳注疏》，頁142、311，「忽諸」，杜預解為「忽然而亡」。
〔註287〕陳啟源云：孫毓「轉『至』為『歸』，義太迂」，《毛詩稽古編》，卷二十一，頁714，按孫毓其實仍說「於何所歸而『至』乎」，並非又訓為「歸」，陳說失考，胡承珙云：「若如孫毓之解，則『于摧』二字中間須增『何所』二字，經文為不辭矣」，《毛詩後箋》，卷二十五，頁1428，都是未解「摧」不能訓為「至」，所以一方面執著落實「至」字之義，一方面又苛求孫毓之說，未是。
〔註288〕以上均《毛詩注疏》，卷十八之二，頁661。
〔註289〕以上均《毛詩注疏》，卷十八之二，頁662，據《校勘記》改。
〔註290〕《毛詩注疏》，卷十八之二，頁662。
〔註291〕紀，《說文解字・十三上・糸部》：「紀，別絲也」，段玉裁《注》：「別絲者，一絲必有其首，別之是為紀。眾絲皆得其首，是為統。統與紀義互相足也。」

《箋》之義。則「友紀」二字，《箋》理解為朋友之道的準則。然而這只是鄭玄見〈雲漢〉本文有「友」字，即先發揮經義的結果：其認為君王與臣下，當相友愛，但是如今所以「散無友紀」者，乃因人君不以羣臣為友，以至於「凶年饑饉不足，又無賞賜」；實則「友」字不當如字讀，〈雲漢〉此章云：「旱既太甚，散無友紀：鞫哉庶正，疚哉冢宰，趣馬、師氏，膳夫、左右，靡人不周，無不能止。瞻卬昊天，云如何里」，顯然可以分為三個部分：第一部分：「旱既太甚，散無友紀」，為下文之綱領性說明，其所指的是第二部分：「鞫哉庶正，疚哉冢宰，趣馬、師氏，膳夫、左右，靡人不周，無不能止」的情況，描述此情況後，進入第三部分的感慨繫之：「瞻卬昊天，云如何里！」故「友」字當從馬瑞辰說讀為「有」：「此詩『友』即『有』之假借，〔註292〕『散無友紀』謂羣臣散無有紀也，《箋》說失之。」〔註293〕惟《箋》說所以失之之故，除了忽視文義關係以外，實則鄭玄必以君臣相友為說的更深層原因，乃是漢代天人感應的觀念所致。

18.〈常武〉：「王猶允塞」，《傳》：「猶，謀也」，《箋》：「猶，尚。允，信也。王重兵，兵雖臨之，尚守信、自實滿；兵未陳，而徐國已來告服，所謂『善戰者不陳』」，「陳」為「陣」之假借字。〔註294〕而《傳》、《箋》異義，其實背後涉及《傳》、《箋》各自對聖王形象的體認，正如《正義》所指出《箋》改讀「猶」字的部分原因在於：「《箋》以徐方畏威，望軍而服，不由計謀所致，故易《傳》以『猶』為『尚』」，〔註295〕實則更可進一步指出：此處除《穀梁傳》所謂「善戰者不陳」外，恐有《老子》或《孫子》的思想的影響，《老子》第六十八章：「善戰者不怒，善勝敵者不爭」、《孫子·謀攻》：「不戰而屈人之兵，善之善者也」，〔註296〕而宣王中興，亦為聖王典型，故《箋》於此改讀以發揮思想，以落實〈常武〉之《序》所云：「有常德以立武事，因以為戒然」，此處之《箋》特別注解「戒」字：「『戒』者，『王舒保作，匪紹匪遊，徐

綱，《說文解字·十三上·糸部》：「綱，网紘也」，段玉裁《注》：「紘，冠維也，引申之為凡維系之偁」，分見《說文解字注》，頁645、655。

〔註292〕 引按：「友」、「有」，均上古匣母之部，郭錫良：《漢字古音手冊》，頁179。二字通假例證見高亨、董治安：《古字通假會典》，頁370。

〔註293〕〔清〕馬瑞辰：《毛詩傳箋通釋》，頁984。

〔註294〕《古字通假會典》，頁85。

〔註295〕《毛詩注疏》，卷十八之五，頁694。

〔註296〕馬敍倫：《老子校詁》，頁181～182，通行各本「不爭」作「不與」，今從馬說。楊炳安：《孫子集校》，頁12。

方繹騷』」，何以《箋》寧願不取〈常武〉「『戒』我師旅」原有「戒」字者為說，而取此三句？因為此三句之《箋》云：「王『舒』『安』，謂軍『行』三十里，亦非解『緩』也，亦非教『遊』也，『徐國』傳遽之『驛』見之，知王兵必克，馳走以相恐『動』」，即謂王有常德，故雖不陣亦不懈緩、遨遊，徐方即知王必克，實其有德之故；然《箋》說不合文義，因為此詩自首自尾均描述王如何謀、如何陣，如：「王命卿士」「王謂尹氏」、「王奮威武」、「濯征徐國」云云，〔註297〕絕非不謀不陣，《箋》當亦知此一事實，而其又於篇末改讀「王猶允塞」，蓋曲終奏雅，再度強調其所體認的聖王典型而已。

19.〈敬之〉：「陟降厥士」，《傳》：「士，事也」，《箋》：「天上下其事，謂轉運日月，施其所行」，《正義》：「士，察也。獄官謂之士者，言其能察理眾事，是『士』為『事』之義也」，〔註298〕按：「士」字所以訓為「事」，不是因為《傳》、《箋》認為「陟降」非一般的「士」所能致，〔註299〕因為馬瑞辰已經指出〈訪落〉之「陟降厥家」，《箋》云：「『厥家』謂羣臣也」，〔註300〕顯然在《傳》、《箋》的觀念中，人臣也可以使之「陟降」；故只能將此處《傳》所謂「士，事也」視為違背文本義，而發揮思想之例。

或許讀者會懷疑，是否《傳》中這類「士，事也」，皆當如《說文解字‧三下‧史部》「事」字段玉裁《注》所說：「（事）古假借為『士』字，〈鄭風〉曰：『子不我思，豈無他事』，毛曰：『事，士也』，今本依《傳》改經，又依經改《傳》，而此《傳》不可通矣」，〔註301〕皆當改為「事，士也」？

按：段說誤，理由有二：

首先，其引文見〈褰裳〉，阮刻本作「子不我思，豈無他士」，《傳》：「士，事也」，據《正義》云：「以其堪任於事，謂之為『士』」，〔註302〕這句話中的「事」、「士」次序顯然不能互換，可知《正義》所據之《傳》是作「士，事也」，則至遲唐代〈褰裳〉已作「子不我思，豈無他士」，《傳》：「士，事也」了；那麼段氏所謂的「依《傳》改經」、「依經改《傳》」又是何時何人所為呢？

〔註297〕以上均《毛詩注疏》，卷十八之五，頁691～693。
〔註298〕《毛詩注疏》，卷十九之三，頁740，按「獄官」之說，於上下文義皆無著落，未喻其是否以獄官為之士代表？或有脫文、錯簡？
〔註299〕「陟降」是有特定意義的詞語，見姜昆武，《詩書成詞考釋》，頁120～124。
〔註300〕《毛詩注疏》，卷十九之三，頁740，《毛詩傳箋通釋》，卷三十，頁1097。
〔註301〕《說文解字注》，頁117。
〔註302〕以上均《毛詩注疏》，卷四之三，頁174。

段氏顯然也無法給出根據，不過此處似可為段氏進一解，即：甲、金文多作
「卿史」、「卿事」，而應讀為「卿士」，〔註303〕是否《傳》正提示這一早期的
文字書寫現象呢？然則《詩經》原已作「士」，《傳》、《箋》似沒有必要指出
「士」原來的書寫形式是「事」的必要。

　　其次，《傳》所謂「士，事也」真的「不可通」嗎？這顯然是因為段氏沒
有通盤考察《傳》、《箋》的經學思想而產生的疑問，因為此類例證，《傳》、
《箋》中屢屢可見，尤其是「士子」、「卿士」、「公，事也」等例尤為段氏之說
有力的反證，逐一說解如下：

　　（1）〈北山〉：「偕偕士子」，《傳》：「偕偕，強壯貌。『士』子，有王『事』
者也」，〔註304〕按：「士子」本指其身分，然《傳》云「有王事者」，乃據下文
「王事靡盬，憂我父母」，知此士子有王事，故先於上文提點，實非「士子」
之文本義，又〈假樂〉：「百辟卿士」一例亦然，《箋》：「卿『士』，卿之有『事』
也」，而這兩例中的「士子」、「卿士」都不可以寫成「事子」、「卿事」，這便是
對段說最有力的反駁。

　　（2）〈祈父〉：「予王之爪士」，《傳》：「士，事也」，按：「爪士」亦如該詩
上文之「爪牙」，如《正義》所說，均因「鳥用爪，獸用牙」故「以鳥獸為喻」，
〔註305〕且此詩上下文應該合觀，〔註306〕亦即「爪牙」、「爪士」都是「爪牙之
士」的省稱；《傳》解為「事」，實不合文義，乃係發揮思想。

　　（3）〈桓〉：「保有厥士」，《傳》：「士，事也」，〔註307〕尋文義，乃指武王
能善保善用其士，以致能綏安天下四方，克定其功；《傳》既訓為「事」，《箋》
因而本其說，解為「則能安有天下之事」，〔註308〕實非文本義，只能視為發揮
思想。

　　（4）訓為「事」，而發揮思想的例證例證尚有「公」字：〈靈臺〉：「矇瞍
奏公」，《傳》：「公，事也」，〔註309〕按：「公」所以不能如字讀者，因此詩乃

〔註303〕郭沫若：〈周官質疑〉，《金文叢考》，收入《郭沫若全集・考古編》第5卷，
　　　　頁129～131。
〔註304〕《毛詩注疏》，卷十三之一，頁444。
〔註305〕以上均《毛詩注疏》，卷十一之一，頁377～378。
〔註306〕參黃焯：〈詩義重章互足說〉，《詩說》，頁33～36，然黃氏未舉此例。
〔註307〕《毛詩注疏》，卷十九之四，頁753。
〔註308〕《毛詩注疏》，卷十九之四，頁754，且據此可知《箋》訓「保」為「安」。
〔註309〕《毛詩注疏》，卷十六之五，頁581。

詠文王，文王非公，故據《爾雅》讀為「事」，以發揮思想；如果段氏必改「士，事也」為「事，士也」，則「公，事也」為何不一併修改為「事，公也」？然而「公，事也」之不能改為「事，公也」，不也就同理可證「士，事也」之「可通」嗎？

故段氏欲改「士，事也」為「事，士也」，不僅於文無據，也不解《傳》之用意，此乃《傳》對「士」有深刻的要求，以至於對《詩》中的「士」，即使違背文本義，也必須發揮其心中「士」之典型所承載的經學意義；並且從聲韻而論，「士」、「事」上古聲、韻皆同，〔註310〕也可以說是聲訓，則於焉亦可見其如何藉由合理的解經手段，違背文本義而發揮思想。

20.〈那〉:「於赫湯孫」，《傳》:「『於赫湯孫』，盛矣湯為人子孫也」，〔註311〕按本詩「湯孫」三見，其餘二處，《箋》均解為太甲；〔註312〕何以只有「於赫湯孫」一句異解？這個問題，《正義》曾初步解釋為:「此篇三云『湯孫』，於此為《傳》者，舉中以明上下也」，〔註313〕雖已體察《傳》可能別有用意，其說卻未能理解《傳》意:首先，《傳》所以單獨在「於赫湯孫」一句施注，是因為其餘二處均有文義限制，不能解為成湯，如「衎我烈祖，湯孫奏假」、「顧予烝嘗，湯孫之將」，此二句中的湯孫，詩中均描寫其動作，顯然不能是已逝的成湯。其次，只有「於赫湯孫」一句的文義，與上二例不類，且《傳》蓋以為「於赫」一詞，亦非成湯莫屬，況此詩又是〈商頌〉之首，開宗明義，正宜於此處發揮經義，彰顯聖王典型流美於後世，子孫又能善守善繼，故改讀「湯孫」為「湯為人子孫」；但「湯為人子孫」等於把「湯孫」這個名詞詞組理解為一個小句，顯然不合文法，故〈那〉全詩三見的「湯孫」均應指湯之子孫，《傳》據經義改讀，非是。

21.〈殷武〉:「方斲是虔」，《傳》:「虔，徒。虔，敬也」，《箋》:「『椹』謂之『虔』。升景山，掄材木，取松柏易直者，斷而遷之，正斲於椹上，以為桷與眾楶」，〔註314〕按《傳》解「虔」為「敬」，〔註315〕顯然不合文本義，只能

〔註310〕均崇母之部，郭錫良:《漢字古音手冊》，頁56。
〔註311〕《毛詩注疏》，卷二十之三，頁789。
〔註312〕「衎我烈祖，湯孫奏假」，《箋》:「湯孫，太甲也」、「顧予烝嘗，湯孫之將」，《箋》:「乃太甲之扶助也」，《毛詩注疏》，卷二十之三，頁789。
〔註313〕《毛詩注疏》，卷二十之三，頁790。
〔註314〕《毛詩注疏》，卷二十之四，頁806。
〔註315〕按《正義》云「虔，敬……〈釋詁〉文」，誤，《爾雅·釋詁下》僅有「虔，固也」之文，《爾雅注疏》，卷二，頁20。訓「虔」為「殺」，就現存文獻而

視為發揮思想，謂造此寢時，民皆甚敬。《箋》讀「方」為「正」，副詞，且可以推測其讀「是」為「此」，故解為「正皆此楼」，單就此四字而言，已較《傳》更符合文義；但其實「是斷是遷，方皆是虔」八字應連讀，「是…是…」與「方…是…」應該是同一種重疊式的變化，〔註316〕分指「斷／遷」、「皆／虔」這兩組動作，而「虔」即「劇」，有割斷義，〔註317〕與「皆」正同。

五、其它

1. 〈卷耳〉：「不盈頃筐」，《箋》：「器之易盈不盈者，志在輔佐君子，憂思深也」，〔註318〕按：「頃」本義為「頭不正」，〔註319〕引申而有「傾」義，則「頃筐」即「傾筐」，而不盈此傾筐的理由，據下文可知：乃因此婦人「懷人」而無心採摘，故「寘彼周行」之中；但《傳》、《箋》既曲解「周行」為「周之列位」，因此該婦人（按照《序》、《傳》、《箋》的理解，應稱「后妃」）之所以不滿傾筐，便也須要冠冕堂皇的理由：「器之易盈不盈者，志在輔佐君子」，其濟歟偉大，竟也使人想起孔子觀欹器的浩歎：「吁！惡有滿而不覆者哉！」〔註320〕

2. 〈采蘋〉：「誰其尸之，有齊季女」，《傳》：「尸，主。齊，敬。季，少也」，按：〈車舝〉：「思孌季女逝兮」，《傳》：「『季女』謂『有齊季女』也」，《箋》：「思得孌然美好之少女，有齊莊之德者，往迎之」，〔註321〕說同。「有齊」即「齊然」，「齊」訓「敬」者，乃改訓為「齋」，故有「敬」義；〔註322〕「齊」所以不如字訓之者，顯然即因《傳》、《箋》認同《序》所謂：「〈周南〉、〈召南〉，正始之道，王化之基」，〔註323〕則在其觀念中，本詩時當文王，無與於齊國之

言蓋始著錄於《方言》：「虔，殺也」，華學誠：《揚雄方言校釋匯證》，上冊，頁 52。《說文解字・五上・虍部》「虔」字段玉裁《注》解釋「虔」之「殺」義亦由其「堅固」義而來：「堅固者乃能殺也」，頁 209。

〔註316〕楊合鳴：《詩經句法研究》，頁 72～74，舉證不少「是・述・是・述」的例句，但未及此「方…是…」之例。

〔註317〕故虔也有「殺」義，《左傳・成公十三年》：「虔劉我邊陲」，杜預《注》：「虔劉皆殺也」，《左傳注疏》，卷二十七，頁 462。

〔註318〕《毛詩注疏》，卷一之二，頁 33。

〔註319〕《說文解字・八上・匕部》：「傾，頭不正也」，段《注》：「引伸為凡傾仄不正之偁」，《說文解字注》，頁 385。

〔註320〕《荀子・宥坐》，〔清〕王先謙：《荀子集解》，卷二十，頁 815。

〔註321〕《毛詩注疏》，卷十四之二，頁 484。

〔註322〕同樣的例證見於〈思齊〉：「思齊大任」，《傳》：「齊，莊」，《毛詩注疏》，卷十六之三，頁 561。

〔註323〕《毛詩注疏》，卷一之一，頁 19。

事，故須訓「敬」，此可見《詩序》之說對《傳》、《箋》訓詁的影響。

而童書業云：「據後世記載，齊國有一種特異的風俗：民家的長女不得出嫁，稱為『巫兒』，主持家中的祭祀。凡把長女出嫁的，其家不利（案《詩經》中說『有齊季女』，『齊』就是齋字，是敬的意思；是古人普通以季女主祭事，只有齊國事用長女主祭的）」，〔註324〕按：「巫兒」之說，見於《漢書・地理志下》：「始，桓公兄襄公淫亂，姑姊妹不嫁，於是令國中民家長女不得嫁，名曰『巫兒』，為家主祠；嫁者不利其家。民至今以為俗」，〔註325〕童氏之意是：此二句實倒裝，故季女乃主祭者（「尸之」），而又是伯仲叔季之「季」，故可以將之與《漢書》所載首女不嫁而主祭比較；然而「主」之（「尸之」）云云，《傳》指父禮季女，《箋》指季女於教成之祭時主設羞菜，〔註326〕與童說不符，且此詩作於何時何地，是否可與《漢書》所載「巫兒」一事比較，也是疑問。故童說仍暫時存疑。

3. 〈小星〉：「寔命不同」，《傳》：「命不得同於列位」，《箋》：「是其禮命之數不同」，按：《傳》未詳解文本字義，《箋》則以「是」解「寔」，在說解文義時一併疏釋文本字義；但《箋》表面上中規中矩的文本疏解，其實是扭轉經文文義，且破《序》、《傳》的新說。細按《序》所謂「知其命有貴賤，能盡其心」一語，〔註327〕此一「命」字並不是《箋》所說的「禮命貴賤」之義，因為：禮命畢竟不是此生已弗可改易者，因而知道自己的禮命有貴賤，怎麼能「盡其心」？反倒應只是助長其求貴之命、妒忌之心罷了；相反，如果知道自己天生命定如此，則其當自安於賤命，盡心佐夫人「進御其君」，所以一旦當夫人「無妒忌之行」，反而「惠及賤妾」時，可以想見此「賤妾」如何地感激涕零了。從詩文本身來看，沒有描寫后妃的具體證據，所以《箋》只能努力地將「在公」轉化為「在於君所」、將「宵征」轉化為「諸妾夜行」，以落實其新說。

4. 〈何彼襛矣〉：「平王之孫」，《傳》：「平，正也」，〔註328〕茲先彙總舊說如下表：〔註329〕

〔註324〕童書業：《春秋史》，頁91。

〔註325〕〔清〕王先謙：《漢書補注》，卷二十八下，頁859。

〔註326〕以上均《毛詩注疏》，卷一之四，頁52～54。

〔註327〕以上均《毛詩注疏》，卷一之五，頁63。

〔註328〕《毛詩注疏》，卷一之五，頁67～68。

〔註329〕各家說先分類後，略依時代排列，無可確考者謹附於年代相近者前後。各家

類　別	姓　名
1. 周文王	王安石〔註 330〕、劉克〔註 331〕、曹粹中〔註 332〕、李樗〔註 333〕、范處義〔註 334〕、楊簡〔註 335〕、戴溪〔註 336〕、嚴粲〔註 337〕、劉瑾〔註 338〕、劉玉汝〔註 339〕、李公凱〔註 340〕、朱謀㙔〔註 341〕、郝敬〔註 342〕、唐汝諤〔註 343〕、楊慎〔註 344〕、徐光啟〔註 345〕、

說重要者擇要引於注解中，下文重複引用時不復注；若所引用出於擇要引錄之外者，始重注出處。

〔註 330〕〔宋〕王安石：《詩義》，程元敏：《三經新義輯考彙評》（上海：華東師範大學出版社，2011 年 5 月）。

〔註 331〕〔宋〕劉克：《詩說》，《續修四庫全書》，第 57 冊，頁 21。

〔註 332〕〔宋〕曹粹中著，張壽墉輯：《放齋詩說》，《續修四庫全書》，第 57 冊，頁 201。

〔註 333〕李樗：「毛氏以為『文王，正也』，文王諡曰『正』，各論其德，所稱不一，如稱文王皆曰『寧王』是也。說者又以平王為周東遷之平王（君）〔引者按：此字似衍〕，以為東遷之平王，則不當列之於二南矣。古之王者其說不一，如《詩》稱『成湯』曰『武王靡不勝』，所謂武王，安可以為周武王乎；《書》曰自成湯至於帝乙成王畏相，所謂成王，安可以為周之成王乎」，〔宋〕李樗、黃櫄：《毛詩李黃集解》，《文淵閣四庫全書》，第 71 冊，頁 92。

〔註 334〕〔宋〕范處義：《詩補傳》，《文淵閣四庫全書》，第 72 冊，頁 51。

〔註 335〕楊簡：「平王猶寧王也」，〔宋〕楊簡：《慈湖詩傳》，《文淵閣四庫全書》，第 73 冊，頁 28。

〔註 336〕〔宋〕戴溪：《續呂氏家塾讀詩記》，《文淵閣四庫全書》，第 73 冊，頁 804。

〔註 337〕〔宋〕嚴粲：《詩緝》，《文淵閣四庫全書》，第 75 冊，頁 41。

〔註 338〕劉瑾：「其稱文王為平王，猶〈棫樸〉之稱為『辟王』、〈文王有聲〉之稱為『王后』、〈江漢〉之稱為『文人』，初不拘於諡也。又如〈商頌〉稱湯為『武王』，稱契為『玄王』，〈文王有聲〉稱武王為『皇王』、〈韓奕〉稱屬王為『汾王』，詩人之詞類如此……然則此說（引者：按周平王說）只當如《集傳》作『或曰』以附之，俾讀者知其說可也」，今考其語，似偏於周文王說，故入此類。〔元〕劉瑾：《詩傳通釋》，《文淵閣四庫全書》，第 76 冊，頁 319。

〔註 339〕〔元〕劉玉汝：《詩纘緒》，《文淵閣四庫全書》，第 77 冊，頁 592。

〔註 340〕〔元〕李公凱：《直音旁訓毛詩句解》，《續修四庫全書》，第 57 冊，頁 495。

〔註 341〕朱謀㙔：「始周公未定諡法之時，於文考或稱平王、或稱寧王，毛《傳》是平王為文王，是矣」，〔明〕朱謀㙔：《詩故》，《文淵閣四庫全書》，第 79 冊，頁 554。

〔註 342〕〔明〕郝敬：《毛詩原解》，《四庫全書存目叢書》，《四庫全書存目叢書》（臺南：莊嚴文化，1996 年，以下簡稱《四庫存目叢書》），第 62 冊，頁 177。

〔註 343〕〔明〕唐汝諤：《毛詩微言》，《四庫存目叢書》，第 63 冊，頁 472。

〔註 344〕〔明〕楊慎：《升庵經說》，《詩義稽考》，頁 299～300。

〔註 345〕〔明〕徐光啟：《新刻徐玄扈先生纂輯毛詩六帖講意》，《四庫存目叢書》，第 64 冊，頁 164。

陸化熙〔註346〕、鍾惺、韋調鼎〔註347〕、錢天錫〔註348〕、顧懋樊〔註349〕、陳祖綬〔註350〕、屠本畯〔註351〕、胡紹曾〔註352〕、羅典〔註353〕、孫燾〔註354〕、王鴻緒〔註355〕、傅恒〔註356〕、柯汝鍔〔註357〕、孫承澤〔註358〕、孔廣森〔註359〕、申濩元〔註360〕、李灝〔註361〕、韓怡〔註362〕、陳孚〔註363〕、吳懋清〔註364〕、張沐〔註365〕、陳啟源〔註366〕、胡承珙〔註367〕、成僎〔註368〕、顧廣譽〔註369〕、郝懿行〔註370〕、馬其昶〔註371〕、吳闓生〔註372〕、

〔註346〕〔明〕陸化熙：《詩通》，《四庫存目叢書》，第 65 冊，頁 340。

〔註347〕〔明〕鍾惺、韋調鼎：《詩經備考》，《四庫存目叢書》，第 67 冊，頁 191。

〔註348〕錢天錫：「夫平王者，周之先王，豈文王歟。譬如商人謂湯武王，蓋亦當時一號也」，〔明〕錢天錫：《詩牗》，《四庫存目叢書》，第 67 冊，頁 531。

〔註349〕〔明〕顧懋樊：《桂林詩正》，《四庫存目叢書》，第 68 冊，頁 373。

〔註350〕〔明〕陳祖綬：《詩經副墨》，《四庫存目叢書》，第 71 冊，頁 71。

〔註351〕〔明〕屠本畯：《毛傳鄭箋纂疏補協》，《四庫未收書輯刊》（北京：北京出版社，2000 年），第壹輯，第 4 冊，頁 31。

〔註352〕〔明〕胡紹曾：《詩經胡傳》，《四庫未收書輯刊》，第壹輯，第 4 冊，頁 361。

〔註353〕〔清〕羅典：《凝園讀詩管見》，《四庫未收書輯刊》，第參輯，第 6 冊，頁 63。

〔註354〕〔清〕孫燾：《毛詩說》，《四庫未收書輯刊》，第肆輯，第 4 冊，頁 15。

〔註355〕〔清〕王鴻緒：《欽定詩經傳說彙纂》，《文淵閣四庫全書》，第 83 冊，頁 125。

〔註356〕〔清〕傅恒：《御纂詩義折中》，《文淵閣四庫全書》，第 84 冊，頁 27。

〔註357〕〔清〕柯汝鍔：《甕天錄》，《詩義稽考》，頁 301。

〔註358〕〔清〕孫承澤：《詩經朱傳翼》，《四庫存目叢書》，第 72 冊，頁 468。

〔註359〕〔清〕孔廣森：《經學卮言》，《詩義稽考》，頁 301。

〔註360〕〔清〕申濩元：《讀毛詩日記》，《詩義稽考》，頁 301～302。

〔註361〕〔清〕李灝：《詩說活參》，《四庫未收書輯刊》，第貳輯，第 7 冊，頁 176。

〔註362〕〔清〕韓怡：《讀詩傳譌》，《四庫未收書輯刊》，第貳輯，第 7 冊，頁 351。

〔註363〕〔清〕陳孚：《詩傳考》，《四庫未收書輯刊》，第肆輯，第 4 冊，頁 201。

〔註364〕〔清〕吳懋清：《毛詩復古錄》，《四庫未收書輯刊》，第伍輯，第 2 冊，頁 324。

〔註365〕張沐：「平，等也，王孫，文王之孫」，訓詁殊不通，〔清〕張沐：《詩經疏略》，《四庫存目叢書》，第 73 冊，頁 405。

〔註366〕〔清〕陳啟源：《毛詩稽古編》，《文淵閣四庫全書》，第 85 冊，頁 357，又見頁 800。

〔註367〕〔清〕胡承珙：《毛詩後箋》，《續修四庫全書》，第 67 冊，頁 64。

〔註368〕〔清〕成僎：《詩說考略》，《續修四庫全書》，第 71 冊，頁 565。

〔註369〕〔清〕顧廣譽：《學詩詳說》，《續修四庫全書》，第 72 冊，頁 29。

〔註370〕〔清〕郝懿行：《詩問》，《郝懿行集》（濟南：齊魯書社，2010 年 4 月），第一冊，頁 560～561。

〔註371〕〔清〕馬其昶：《詩毛氏學》，《續修四庫全書》，第 74 冊，頁 357。

〔註372〕〔清〕吳闓生：《詩義會通》（臺北：臺灣中華書局，1970 年 2 月），卷一，頁 9 上。

	竹添光鴻〔註373〕、文幸福〔註374〕、黃淬伯〔註375〕
2. 周平王	鄭樵〔註376〕、王質〔註377〕、洪邁〔註378〕、章如愚〔註379〕、梁益〔註380〕、朱倬〔註381〕、梁寅〔註382〕、胡一桂〔註383〕、季本〔註384〕、何楷〔註385〕、張次仲〔註386〕、袁仁〔註387〕、豐坊〔註388〕、顧夢麟〔註389〕、賀貽孫〔註390〕、劉始興〔註391〕、毛奇齡〔註392〕、陸次云〔註394〕、鄭萬坤〔註394〕、江永〔註395〕、姜兆錫〔註396〕、

〔註373〕〔日〕竹添光鴻:《毛詩會箋》(南京:鳳凰出版社,2012年4月),頁237。

〔註374〕文幸福:《詩經周南召南發微》,頁156。

〔註375〕黃淬伯:《詩經覈詁》(北京:中華書局,2012年10月),頁53。

〔註376〕〔宋〕鄭樵:《通志》(北京:中華書局,1987年1月)。又見《六經奧論》,此雖未必是鄭樵著,但與鄭說合,附錄於此,〔宋〕鄭樵著,顧頡剛輯點:《詩辨妄》,附錄三,《續修四庫全書》,第五十六冊,頁251。

〔註377〕王質:「平王,周平王也。……凡《詩》稱某王某侯,或稱諡──亡者稱諡;或稱國──存者稱國,不必委曲援引『寧王』、『格王』之類,終為強辭。度詩顛倒參錯亦多,如豳風皆周公之詩,所不可曉」,〔宋〕王質:《詩總聞》,《文淵閣四庫全書》,第72冊,頁453。

〔註378〕〔宋〕洪邁:《容齋五筆》,《詩義稽考》,頁298~299。

〔註379〕〔宋〕章如愚:《群書考索》(北京:中華書局,1992年),〈別集〉卷七〈經籍門〉。

〔註380〕〔元〕梁益:《詩傳旁通》,《文淵閣四庫全書》,第76冊,頁804。

〔註381〕此書載或問云「〈何彼穠矣〉有『平王之孫』之語,則東遷以後詩矣」,朱倬答以「錯簡」,則亦認為平王為周平王,〔元〕朱倬:《詩經疑問》,《文淵閣四庫全書》,第77冊,頁539。

〔註382〕〔元〕梁寅:《詩演義》,《文淵閣四庫全書》,第78冊,頁17。

〔註383〕〔元〕胡一桂:《詩集傳附錄纂疏》,《續修四庫全書》,第57冊,頁322。

〔註384〕〔明〕季本:《詩說解頤》,《文淵閣四庫全書》,第79冊,頁47。

〔註385〕〔明〕何楷:《詩經世本古義》,《文淵閣四庫全書》,第81冊,頁759。

〔註386〕〔明〕張次仲:《待軒詩記》,《文淵閣四庫全書》,第82冊,頁62。

〔註387〕〔明〕袁仁:《毛詩或問》,《四庫存目叢書》,第60冊,頁599~600。

〔註388〕〔宋〕豐稷正音,〔明〕豐慶續音,〔明〕豐耘補音,〔明〕豐熙正說,〔明〕豐坊考補,〔明〕何昆續考:《魯詩世學》,《四庫存目叢書》,第60冊,頁757。

〔註389〕〔明〕顧夢麟:《詩經說約》,《續修四庫全書》,第60冊,頁263。

〔註390〕〔清〕賀貽孫:《詩觸》,《四庫存目叢書》,第72冊,頁199。

〔註391〕〔清〕劉始興:《詩益》,《續修四庫全書》,第63冊,頁18。

〔註392〕〔清〕毛奇齡:《國風省篇》,《四庫存目叢書》,第73冊,頁638。

〔註393〕〔清〕陸次云:《事文標異》,其說抄襲洪邁,見,《詩義稽考》,頁299。

〔註394〕〔清〕鄭萬坤:《經稗》,其說抄襲洪邁,見,《詩義稽考》,頁299。

〔註395〕〔清〕江永:《群經補義》,《詩義稽考》,頁300~301。

〔註396〕〔清〕姜兆錫:《詩傳述蘊》,《四庫存目叢書》,第73冊,頁653。

冉覲祖〔註397〕、孫嶸〔註398〕、黃夢白〔註399〕、姚際恆〔註400〕、
汪梧鳳〔註401〕、楊名時、夏宗瀾〔註402〕、盧文弨〔註403〕、陳奐
〔註404〕、沈青崖〔註405〕、胡文英〔註406〕、李詒經〔註407〕、徐鐸
〔註408〕、方玉潤〔註409〕、龔橙〔註410〕、崔述〔註411〕、牟應震
〔註412〕、王先謙〔註413〕、〔日〕野呂道庵〔註414〕、林義光〔註415〕、
張餘慶〔註416〕、孫作云〔註417〕、屈萬里〔註418〕、王靜芝〔註419〕、

〔註397〕〔清〕冉覲祖：《詩經詳說》，《四庫存目叢書》，第 74 冊，頁 731。

〔註398〕〔清〕孫嶸：《西園隨筆》，其說抄襲洪邁，見《詩義稽考》，頁 299。

〔註399〕〔清〕黃夢白：《詩經廣大全》，《四庫存目叢書》，第 77 冊，頁 378。

〔註400〕〔清〕姚際恆：《詩經通論》（臺北：廣文書局，1971 年 12 月），頁 46。

〔註401〕〔清〕汪梧鳳：《詩學女為》，《續修四庫全書》，第 63 冊，頁 627。

〔註402〕〔清〕楊名時、夏宗瀾：《詩義記講》，《四庫存目叢書》，第 78 冊，頁 296。

〔註403〕盧文弨有二說，〈答董生（原注：教增）問〉中一云：「〈何彼穠矣〉言『平
王之孫』，或以為平治之王，或以為即平王宜臼，先儒未有定說，今姑可置
之不論」，一云：「〈何彼穠矣〉之稱平王，似當屬平王宜臼，此東周之詩而
繫之〈召南〉，以見文王后妃之德化雖久遠，而蕭雝之風未衰也」，今從後者，
《抱經堂文集》，卷二十四，頁 335、336。

〔註404〕〔清〕陳奐：《詩毛氏傳疏》（臺北：廣文書局，1967 年 11 月），卷二，頁 15
下。

〔註405〕〔清〕沈清崖：《毛詩明辨錄》，《四庫未收書輯刊》，第貳輯，第 6 冊，頁
270。

〔註406〕〔清〕胡文英：《詩疑義釋》，《四庫未收書輯刊》，第參輯，第 6 冊，頁 10。

〔註407〕〔清〕李詒經：《詩經蠡簡》，《四庫未收書輯刊》，第參輯，第 6 冊，頁 594。

〔註408〕〔清〕徐鐸：《詩經提要錄》，《四庫存目叢書》，第 78 冊，頁 368。

〔註409〕〔清〕方玉潤：《詩經原始》，《續修四庫全書》，第 73 冊，頁 53。

〔註410〕〔清〕龔橙：《詩本誼》，《續修四庫全書》，第 73 冊，頁 281。按龔氏雖未明
說，但據其批駁文王說可知當入此類。

〔註411〕〔清〕崔述：《讀風偶識》，《續修四庫全書》，第 64 冊，頁 252。

〔註412〕〔清〕牟應震：《毛詩質疑》（濟南：齊魯書社，1991 年 7 月），頁 25。

〔註413〕〔清〕王先謙：《詩三家義集疏》（臺北：明文書局，1988 年 10 月，影印中
華書局標點本），頁 114～115。

〔註414〕〔日〕野呂道庵：《述經隨筆・毛詩辨誤》，轉引自張小敏：〈日本《詩經》
準漢籍要籍提要〉，《中國經學》第 15 輯，頁 104。

〔註415〕林義光：《詩經通解》（臺北：臺灣中華書局，1971 年 10 月），頁 18。

〔註416〕張餘慶著，王志民等校釋：《風詩決疑校釋》（內蒙古：內蒙古教育出版社，
1992 年 4 月），頁 89，按此書原題 1940 年重訂。

〔註417〕孫作雲：《詩經研究》，頁 76，按原文發表於 1957 年。

〔註418〕屈萬里：《詩經詮釋》（臺北：聯經，1990 年 10 月），頁 38，又見〈簡評高
本漢的詩經注釋和英譯詩經〉，《屈萬里先生文存》，第一冊，頁 227。

〔註419〕王靜芝：《詩經通釋》，頁 75。

	金啟華〔註 420〕、高亨〔註 421〕、裴普賢、糜文開〔註 422〕、朱守亮〔註 423〕、傅隸璞〔註 424〕、駱賓基〔註 425〕、魏炯若〔註 426〕、曾運乾〔註 427〕、裴普賢〔註 428〕、程俊英、蔣見元〔註 429〕、余培林〔註 430〕、羅文宗〔註 431〕、褚斌傑〔註 432〕、陳戍國〔註 433〕、劉精盛〔註 434〕、蔡宗陽〔註 435〕
3. 周武王	錢澄之〔註 436〕、徐璈〔註 437〕、王泉之〔註 438〕
4. 周成王	俞樾〔註 439〕

〔註 420〕金啟華：《國風今譯》（香港：建文書局，1966 年 5 月），頁 21、41。

〔註 421〕高亨：《詩經今注》（上海：上海古籍出版社，2009 年 5 月），頁 33，按此書 1980 年初版。

〔註 422〕裴普賢、糜文開：《詩經欣賞與研究三集》（臺北：三民書局，1979 年 6 月），頁 57。

〔註 423〕朱守亮：《詩經評釋》（臺北：臺灣學生書局，1988 年 8 月），頁 94。按此書 1984 年初版。

〔註 424〕傅隸璞：《詩經毛傳譯解》（臺北：臺灣商務印書館，1985 年 10 月），頁 131。

〔註 425〕駱賓基：《詩經新解與古史新論》（太原：山西人民出版社，1985 年 9 月），頁 57～59。

〔註 426〕魏炯若：《讀風知新記》（西安：陝西人民出版社，1987 年 1 月），頁 82～83。

〔註 427〕曾運乾：《毛詩說》（長沙：岳麓書社，1990 年 5 月），頁 30。

〔註 428〕裴普賢：〈召南何彼穠矣新解〉，《詩經研讀指導》，頁 341～349。

〔註 429〕程俊英、蔣建元：《詩經注析》（北京：中華書局，1999 年 10 月），頁 56～57，按此書 1991 年初版。

〔註 430〕余培林：《詩經正詁》（臺北：三民書局，1993 年 10 月），頁 68。

〔註 431〕羅文宗：《詩經釋證》（西安：陝西人民出版社，1995 年 2 月），頁 25。

〔註 432〕褚斌傑：《詩經全注》（北京：人民文學出版社，1999 年 7 月），頁 24。

〔註 433〕陳戍國：《詩經校注》（長沙：岳麓書社，2006 年 9 月），頁 1244。

〔註 434〕劉精盛：《詩經通釋》（長沙：湖南大學出版社，2007 年 7 月），頁 23。

〔註 435〕蔡宗陽：《詩經纂箋》（臺北：萬卷樓，2013 年 9 月），頁 68。

〔註 436〕錢澄之：「按武王以元女大姬配胡公，王姬無見，此詩稱平王，當為武王。豈武王之孫，成王之女耶」，〔清〕錢澄之：《田間詩學》，《文淵閣四庫全書》，第 84 冊，頁 427。

〔註 437〕徐璈：「平王者，平一天下之王，謂武也」，〔清〕徐璈：《詩經廣詁》，《續修四庫全書》，第 69 冊，頁 393。

〔註 438〕王泉之待考，〔清〕張澍《養素堂文集》卷二十九〈駁王泉之〈何彼穠矣〉詩說〉引其說，收在《明清未刊稿彙編初輯》之《張介侯所著書》，第 5 冊，頁 1261。

〔註 439〕〔清〕俞樾：《茶香室經說》，《詩義稽考》，頁 302～303。

5. 泛稱東周時、未明言、未知孰是	袁燮〔註440〕、林岊〔註441〕、朱熹〔註442〕、黃震〔註443〕、朱公遷〔註444〕、朱善〔註445〕、李先芳〔註446〕、魏沅初〔註447〕、朱鶴齡〔註448〕、惠周惕〔註449〕、王心敬〔註450〕、葉酉〔註451〕、馬瑞辰〔註452〕、陳子展〔註453〕、郝志達等〔註454〕、雒江生〔註455〕
6. 平，等也	許伯政〔註456〕
7. 平，伻也	汪中〔註457〕

一如陸奎勳所感慨：「此詩謬說尤多」，〔註458〕或如冉覿祖的困惑：「前說『平』字雖可疑，尚無大闕隙；若作平王以後詩，則〈召南〉之篇目大紊

〔註440〕袁燮僅云：「平王，以德而言」，〔宋〕袁燮：《絜齋毛詩經筵講義》，《文淵閣四庫全書》，第74冊，頁14。

〔註441〕〔宋〕林岊：《毛詩講義》，《文淵閣四庫全書》，第74冊，頁52。

〔註442〕朱熹：「此乃武王以後之詩，不可的知其何王之世，然文王太姒之教久而不衰，亦可見矣」，又：「舊說：平，正也。武王女，文王孫……或曰平王即平王宜臼……未知孰是」，〔宋〕朱熹：《詩集傳》（臺北：臺灣中華書局，1991年3月），頁13。

〔註443〕〔宋〕黃震：《黃氏日鈔》，《詩義稽考》，頁299。

〔註444〕〔元〕朱公遷：《詩經疏義會通》，《文淵閣四庫全書》，第77冊，頁101。

〔註445〕〔明〕朱善：《詩解頤》，《文淵閣四庫全書》，第78冊，頁199。

〔註446〕〔明〕李先芳：《讀詩私記》，《文淵閣四庫全書》，第79冊，頁516。

〔註447〕〔明〕魏沅初著，鄒之麟增補：《鼎鐫鄒臣虎增補魏仲雪先生詩經脈講意》，《四庫存目叢書》，第66冊，頁22。

〔註448〕朱鶴齡：「此乃東遷以後詩，不應入正風……此平王之孫當下嫁齊侯之子，蓋在春秋以前，其事無考矣」，〔清〕朱鶴齡：《詩經通義》，《文淵閣四庫全書》，第85冊，頁28。

〔註449〕〔清〕惠周惕：《詩說》，參黃忠慎：《惠周惕《詩說》析評》（臺北：文史哲出版社，1994年1月），頁118～122。

〔註450〕〔清〕王心敬：《豐川詩說》，《四庫存目叢書》，第79冊，頁84。

〔註451〕〔清〕葉酉：《詩經拾遺》，《四庫存目叢書》，第79冊，頁377。

〔註452〕馬氏未明云，且說：「竊謂『平王』《傳》既訓為平正之王，則『齊侯』亦當訓為齊一之侯」，似較偏向毛《傳》，《毛詩傳箋通釋》，頁101。

〔註453〕陳子展：《詩經直解》（上海：復旦大學出版社，1985年7月），頁66～68。

〔註454〕郝志達主編：《國風詩旨纂解》：「依《詩》例，『平王之孫，齊侯之子』，應指一人。平王為誰，齊侯為誰？眾說紛紜，各執一端。然文獻無徵，故難下定論」，頁90。

〔註455〕雒江生：「而王姬、平王、齊侯均非實指」，雒江生：《詩經通詁》（西安：三秦出版社，2000年5月），頁52。

〔註456〕許伯政：「平，等也，平乎王之孫」，其義蓋以為「等乎王之孫」，即身分等於王孫，〔清〕許伯政：《詩深》，《四庫存目叢書》，第79冊，頁561。

〔註457〕汪中：《詩經朱傳斠補》（臺北：學海出版社，1990年1月）。

〔註458〕〔清〕陸奎勳：《陸堂詩學》，《四庫存目叢書》，第77冊，頁215。

矣」，〔註459〕，而張小敏也指出：「而道庵卻將二字坐實，認為平王即指周平王，與文王無關。平王或文王的說法，不單涉及到詩歌歷史時期的劃定，實關係到『二南』的正風本色。道庵的一家之言直接破壞了漢學賦予『二南』的特殊形象，其本質是對傳統道德的巨大戕害」，〔註460〕按冉、張二氏深刻覺察訓詁義項與經義間如何抉擇的困難，並且道出訓詁義項之是非，往往深深牽涉其經學理念；但張氏以為道庵是「一家之言」、「傳統道德的巨大戕害」，則失考歷來此字的訓詁源流，故言過其實。

A. 首先，應先排除錯誤說法。

將「平王之孫」的「平」字理解為動詞，訓為「等」、訓為「伻」，義為「遣」，句法結構有問題，因為《詩》中「XX之X」的句法（如〈韓奕〉：「汾王之甥，蹶父之子」），「之」字之前必然是名詞。而解「平王」為「武王」、為「成王」者，文獻無此用例，不可信。其次，未知孰是者、兩存其說者亦多未細考，茲亦不取。又裴普賢以為「至清代，則此詩為東遷後詩，已成定論」，〔註461〕不確。

B. 解為周文王、周平王二說的檢討

各家討論重點不外二端，一則是否有其它文獻書證，二則因今本《詩》中，〈何彼穠矣〉處於〈召南〉所引起問題。

（a）諸家所舉出的文獻書證，大致有四：

一則通考載籍稱王的用法：

李樗云：「如稱文王皆曰『寧王』是也。……古之王者其說不一，如《詩》稱『成湯』曰『武王靡不勝』，〔註462〕所謂『武王』，安可以為周武王乎；《書》曰『自成湯至於帝乙成王畏相』，〔註463〕所謂『成王』，安可以為周之成王乎」，

按李樗所引二證皆不可信，〈玄鳥〉：「武、王靡不勝」，鄭《箋》解為「有武功、有王德於天下者，無所不勝服」，〔註464〕並非王號。又〈酒誥〉：「經德秉哲，自成湯咸至於帝乙，成王畏相」，偽孔《傳》：「能常德持智，從湯至於

〔註459〕〔清〕冉覲祖：《詩經詳說》，《四庫存目叢書》，第74冊，頁731。
〔註460〕張小敏：〈日本《詩經》準漢籍要籍提要〉，《中國經學》第15輯，頁104。
〔註461〕裴普賢：《詩經研讀指導》，頁343。
〔註462〕引者按：見《詩·商頌·玄鳥》，《毛詩注疏》，卷二十之三，頁794。
〔註463〕引者按：見《尚書·酒誥》，《尚書注疏》，卷十四，頁209。
〔註464〕《毛詩注疏》，卷二十之三，頁794。

帝乙中間之王，猶保成王道，敬畏輔相之臣，不敢為非」，〔註465〕則此一「成王」實乃動賓結構，亦非王號。則李樗不僅引據有誤，又牽引它書為說，故從宋人開始，就主張就《詩》論《詩》，王質云：「凡《詩》稱某王某侯，或稱謚——亡者稱謚——；或稱國——存者稱國——」、姚際恆：「《詩》則凡稱人名皆顯然明白，不可以《書》例《詩》」、〔註466〕魏源：「《詩》三百篇皆稱『文王』，何以獨異其稱曰『平王』」，但劉瑾云：「其稱『文王』為『平王』，猶〈棫樸〉之稱為『辟王』、〔註467〕〈文王有聲〉之稱為『王后』、〔註468〕〈江漢〉之稱為『文人』，〔註469〕初不拘於謚也。又如〈商頌〉稱湯為『武王』，〔註470〕稱契為『玄王』，〔註471〕〈文王有聲〉稱武王為『皇王』、〔註472〕〈韓奕〉稱屬王為『汾王』，〔註473〕詩人之詞類如此。」

惟劉瑾引據較可信，但亦偶有異說，又〈江漢〉：「告于文人」，《傳》：「文人，文德之人也」，〔註474〕亦不以為指文王。其實單憑此一論述，無法斷定「平王」究為「平正之王」或「周平王」，因《詩》亦已出現以「文王」一詞表示周文王的用法。

故盧文弨云：「『平』為『平正』一說，乃毛公創解，而或以『寧王』為例；夫武王定天下，『寧』之為義美而顯，『平』之為義泛而晦，故愚見以為似不若朱子之後一說可從也。」〔註475〕

〔註465〕《尚書注疏》，卷十四，頁209。

〔註466〕〔清〕姚際恆：《詩經通論》，頁46。

〔註467〕引者按：《詩·大雅·棫樸》：「濟濟辟王」，《毛詩注疏》，卷十六之三，頁556，按《毛詩正義》云：「濟濟然多容儀之君王」，即訓「辟」為「君」（見《爾雅·釋詁》），「辟王」也只是「君王」之義。

〔註468〕引者按：《詩·大雅·文王有聲》三章：「王后烝哉」，《箋》：「變謚言『王后』者，非其盛事，不以義謚」，《毛詩注疏》，卷十六之五，頁583。

〔註469〕引者按：《詩·大雅·江漢》：「告于文人」，《毛詩注疏》，卷十八之四，頁686。

〔註470〕引者按：見《詩·商頌·玄鳥》，《毛詩注疏》，卷二十之三，頁794。

〔註471〕引者按：《詩·商頌·長發》：「玄王桓撥」，《傳》：「玄王，契也」，《毛詩注疏》，卷二十之四，頁801。

〔註472〕引者按：《詩·大雅·文王有聲》五章：「皇王烝哉」，《毛詩正義》云：「知此『皇王』為武王也」，《毛詩注疏》，卷十六之五，頁584。

〔註473〕引者按：《詩·大雅·韓奕》：「汾王之甥」，《箋》：「汾王，屬王也」，《毛詩注疏》，卷十八之四，頁682。

〔註474〕《毛詩注疏》，卷十八之四，頁687。

〔註475〕盧文弨：《抱經堂文集》，卷二十四，頁336，原標點有誤，今正。

　　二則就諡法立論，朱謀㙔：「始周公未定諡法之時，於文考或稱『平王』、或稱『寧王』，毛《傳》是『平王』為『文王』，是矣」、張敘：「以『平王』目『文王』，亦惟在平王之前耳，詩人烏知後日之有平王宜白而預避之哉」，〔註476〕此二說的立論基礎即此詩必在周公、周平王以前所作，實無證據。

　　三則以為錯字，李灝：「非稱號有別，即係亥豕之訛」，〔註477〕但各本無異文，〔註478〕此說尚屬推測，可不詳論。

　　四則聯繫史事討論，說最直捷者為章潢，其云：「而太公尚未封齊，則齊將誰指乎」，〔註479〕是。則〈何彼襛矣〉之平王為周平王較是。

　　（b）〈何彼襛矣〉在〈召南〉的諸問題

　　但〈何彼襛矣〉之平王既以周平王為是，何以〈何彼襛矣〉又在〈召南〉之中？如李樗所云：「則不當列之於二南矣」，諸家對此，大抵有四說：

　　一則采詩者於邵地采得此詩，胡紹曾：「豈采風者得之邵地，遂繫之此耶……抑秦火之後，漢儒偶有摭襍耶」〔註480〕、賀貽孫云「雖東周之詩，而採此詩者則召南之地也」等。〔註481〕

　　二則懷疑是否錯簡、增入：劉瑾引黃氏曰：「周太師編後，經吾夫子手，不應若此，其失倫者，誠為可疑，豈秦火之餘，漢儒修補，不免簡編之雜耶」〔註482〕、朱倬云：「〈何彼襛矣〉或是錯簡而見於〈召南〉」〔註483〕、朱善云：「其為後人誤入無疑」〔註484〕、陳子龍云：「蓋〈王風〉也，召南時安得有平王孫嫁齊事乎」〔註485〕、顧炎武：「蓋東周以後之詩得附二南者，惟此一篇而已」〔註486〕、李詒經：「其為錯簡無疑，平王不必強為之解」〔註487〕、魏源

〔註476〕〔清〕張敘：《詩貫》，《四庫存目叢書》，第 78 冊，頁 58。
〔註477〕〔清〕李灝：《詩說活參》，《四庫未收書輯刊》，第貳輯，第 7 冊，頁 176。
〔註478〕袁梅：《詩經異文彙考辯證》（濟南：齊魯書社，2013 年 1 月），頁 32～34。
〔註479〕〔明〕章潢：《詩經原體》，原書待檢，此據《詩經注析》，頁 56～57，又按王靜芝說本此，見《詩經通釋》，頁 75。
〔註480〕〔明〕胡紹曾：《詩經胡傳》，《四庫未收書輯刊》，第壹輯，第 4 冊，頁 361。
〔註481〕〔清〕賀貽孫：《詩觸》，《四庫存目叢書》，第 72 冊，頁 199。
〔註482〕〔元〕劉瑾：《詩傳通釋》，《文淵閣四庫全書》，第 76 冊，頁 319。
〔註483〕〔元〕朱倬：《詩經疑問》，《文淵閣四庫全書》，第 77 冊，頁 539。
〔註484〕〔明〕朱善：《詩解頤》，《文淵閣四庫全書》，第 78 冊，頁 199。
〔註485〕〔明〕陳子龍：《詩問略》，《四庫存目叢書》，第 72 冊，頁 178。
〔註486〕〔清〕顧炎武著，黃汝成集釋：《日知錄集釋》（長沙：岳麓書社，1996 年 2 月），頁 83。
〔註487〕〔清〕李詒經：《詩經蠡簡》，《四庫未收書輯刊》，第參輯，第 6 冊，頁 594。

「明為東周增入之風」〔註488〕、牟應震：「以〈甘棠〉例之，其為後世續入無疑」〔註489〕。

三則直接將〈何彼襛矣〉改隸〈王風〉。〔註490〕

四則引它書為例，顧炎武：「〈何彼襛矣〉以莊王之事而附於〈召南〉，其與〈文侯之命〉以平王之事而附於《書》一也。」〔註491〕

但其實以上諸說，如陸奎勳云：「皆惑於東周無雅並無正風之說，強為之辭」，〔註492〕盧文弨亦云：「二南兼有平王以後之作」；〔註493〕而遠在宋朝，楊簡即直指《詩序》致誤的理由：「衛宏未明乎道，意二南之詩，必有德義可言」，〔註494〕而《詩序》詮釋權威的消長，直接影響了訓詁及整體解經方式的大變，〈何彼襛矣〉是一個很好的例證。

C.「平王之孫」訓詁中的經學理念

以上已說明「平王之孫」何以各家不能同意顧夢麟所謂「不如以『平王』二字渾然還之，更免穿鑿」，〔註495〕讀為周平王；而袁仁以為乃「毛鄭之意以聖王之化，不欲指衰周之平王也」、〔註496〕魏炯若云：「只由於他們（引按：指毛、鄭）認為最重要的事，是維護二南為文王詩。縱為曲說，也在所不惜」，〔註497〕則似於此體會尚淺。

理由顯然因此詩在〈召南〉，自有其從《詩序》以降所賦予的詮釋限制，與經學家不能一日或忘的猗歟盛大的文王之化；但此說忽略了詩人作〈何彼襛矣〉一詩時，何嘗能逆料此詩被編入〈召南〉、《詩序》如何詮釋。而陳奐解

〔註488〕〔清〕魏源：《詩古微》（長沙：岳麓書社，1989年9月），頁247，按魏氏此語本並論〈甘棠〉、〈何彼襛矣〉、〈野有死麕〉。

〔註489〕〔清〕牟應震：《毛詩質疑》，頁25。

〔註490〕此說倡議於王栢，此後如《魯詩世學》，頁632、《聖門傳詩嫡冢》，頁330、〔清〕張能麟：《詩經傳說取裁》，《四庫存目叢書》，第73冊，頁89，均逕移至〈王風〉。近人仍有此提議：如孫作雲：《詩經研究》，頁47。

〔註491〕〔清〕顧炎武著，黃汝成集釋：《日知錄集釋》，頁83，按〔清〕秦松齡：《毛詩日箋》，《四庫存目叢書》，第73冊，頁326，襲此而未注明。

〔註492〕〔清〕陸奎勳：《陸堂詩學》，《四庫存目叢書》，第77冊，頁215。

〔註493〕盧文弨：〈湖南科試諸生策問九首（原注：丁亥）〉，《抱經堂文集》，卷二十三，頁326。

〔註494〕〔宋〕楊簡：《慈湖詩傳》，《文淵閣四庫全書》，第73冊，頁93。

〔註495〕〔明〕顧夢麟：《詩經說約》，《續修四庫全書》，第60冊，頁263。

〔註496〕〔明〕袁仁：《毛詩或問》，《四庫存目叢書》，第60冊，頁599。

〔註497〕魏炯若：《讀風知新記》，頁82。

「平王之孫」時竟云：「《春秋》法文王與《詩》相表裏」，〔註498〕可見一字之訓詁，關係著多深刻的經學義理，不惟以經解經，且上以風化下，關係百姓日用而不知的人倫教化，故毛《傳》必須改讀「平」為「正」。

而將諸說編年觀察，亦可見諸家在詮釋的限制中如何舉證，如何自圓其說；最後突破此一限制。今日既可理解其用心，而已無此限制，故裴普賢云：「於是正風美詩，二南盛世的藩籬都摒除，全詩就貼切而通順，問題都圓滿地合理解決，無懈可擊了」，〔註499〕則「平王之孫」自當如字讀為周平王。

5. 〈谷風〉：「不我能慉」，《傳》：「慉，養也」，《箋》：「慉，驕也。君子不能以恩驕樂我，反憎惡我」，《正義》：「《爾雅》不訓『慉』為『驕』；由養之以至於驕，故《箋》訓為『驕』。『驕』者，至恩之辭；『讎』者，至怨之稱，君子遇己至薄，怨切至痛，故舉至愛以駁至惡」。按：《傳》、《箋》解「慉」義不同，《箋》、《正義》解「驕」義亦不同；則首先當辨明「驕」義，再探求《傳》、《箋》異解背後的思想歧異。《正義》似解「驕」為「壯貌」，故養子及壯，方是「至恩」；然《箋》既云「驕樂」，似訓「驕」為「逸」，或即改讀為「憍」，〔註500〕故「驕樂」即「逸樂」，《正義》說顯然不合《箋》義。而《傳》訓「慉」為「養」，顯然是讀「慉」為「畜」，故訓「養」，〔註501〕而《箋》之所以不訓為「養」，大概是因為夫婦之間不應相責以「養」；相反地，夫婦之間應該講求和樂，故本詩前文：「黽勉同心，不宜有怒」，《箋》：「所以黽勉者，以為見譴怒者，非夫婦之宜」，〔註502〕所以改訓為「驕」。可見「慉」字異訓背後牽涉的其實是思想差異。

6. 〈柏舟〉：「母也天（只）〔也〕〔註503〕」，《傳》：「母也天也，尚不信

〔註498〕〔清〕陳奐：《詩毛氏傳疏》，卷二，頁15下。

〔註499〕裴普賢：《詩經研讀指導》，頁348。

〔註500〕「憍」有「逸」義，見《大廣益會玉篇》（北京：中華書局，1987年7月），卷八，頁38。

〔註501〕《阜陽漢簡詩經》S036簡正作「畜」，《阜陽漢簡詩經研究》，頁5，饒宗頤云：「訓養之義，疑即從畜而來」，《饒宗頤二十世紀學術文集》，第四卷《經學昌言》，頁209。

〔註502〕以上均《毛詩注疏》，卷二之二，頁91～92。

〔註503〕「只」字當是「也」字之誤，趙平安云：「一方面是『只』、『也』形體大面積的混同，另一方面是古文字資料中『只』沒有發現作語氣詞的用例」，〈對上古漢語語氣詞「只」的新認識〉，《新出簡帛與古文字古文獻研究》（北京：商務印書館，2009年12月），頁272。

我。『天』謂父也」，按「天」字在本詩中如字可通，如《史記‧屈原賈生列傳》：「人窮則反本，故勞苦倦極，未嘗不呼天也；疾痛慘怛，未嘗不呼父母也」，〔註504〕正是「天」與「父母」並舉，可為本詩佐證；然而《傳》之所以必讀「天」為「父」，蓋因《序》云：「父母欲奪而嫁之」，〔註505〕然本詩只有「母」字而無「父」字，而《傳》欲落實《序》說，所以改讀「天」為「父」。然而這種說法也是先秦兩漢習見的思惟，如：《管子‧五行》：「以天為父，以地為母」，〔註506〕又《春秋繁露‧順命》：「父者，子之天也」；〔註507〕而除「父」之外，《傳》也常用「天」來說明某些人倫關係，如：〈蕩〉：「天降滔德」，《傳》直接訓「天」為「君」，〔註508〕〈桑柔〉：「倬彼昊天」，《傳》也明文指出：「『昊天』，斥王者也」，〔註509〕〈正月〉：「視天夢夢」，《傳》更是用「王」代替「天」：「王者為亂夢夢然」，〔註510〕又《左傳‧定公四年》：「君命，天也」，〔註511〕都是把切身的人倫規範中，某種程度上最尊敬的關係，視為是天。也就是說：父之於我、君王（或是「君命」，亦同）之於我，均如天之於人的關係，是以與「天」有關的這些訓詁義項，其實是在類比天人關係的基礎上而建立的。

又：〈四牡〉：「將母來諗」，《傳》：「諗，念也。父兼尊、親之道；母至親而尊不至」，按此《傳》當參〈泂酌〉：「民之父母」，《傳》：「民皆有父之尊、母之親」，〔註512〕亦云父「尊」母「親」；而〈陟岵〉第一章：「上慎旃哉，猶來無止」，《傳》：「旃，之。猶，可也。父尚義」，第二章：「上慎旃哉，猶來無棄」，《傳》：「母尚恩也」，第三章：「上慎旃哉，猶來無死」，《傳》：「兄尚親也」，〔註513〕說則稍有不同，蓋《傳》於〈陟岵〉一詩，不是從尊親角度來說明父母的關係，故其實亦不矛盾。

然〈四牡〉之《正義》云：「〈表記〉曰：『母親而不尊』，是母至親而尊不

〔註504〕《史記會注考證》，卷八十四，頁1009。

〔註505〕以上均《毛詩注疏》，卷三之一，頁109。

〔註506〕黎翔鳳：《管子校注》，中冊，頁859。

〔註507〕〔清〕蘇輿：《春秋繁露義證》，卷十五，頁410。

〔註508〕《毛詩注疏》，卷十八之一，頁641。

〔註509〕《毛詩注疏》，卷十八之二，頁653。

〔註510〕《毛詩注疏》，卷十二之一，頁398。

〔註511〕《左傳注疏》，卷五十四，頁952。

〔註512〕《毛詩注疏》，卷十七之三，頁622，據《校勘記》改。

〔註513〕《毛詩注疏》，卷五之三，頁209。

至也。稱此者，解再言『將母』意，以父雖至親，猶兼至尊，則恩不至，故〈表記〉曰：『父尊而不親』；〔註514〕母以尊少，則恩意偏多，故再言之」，〔註515〕按：《正義》引〈表記〉，與《傳》義實有出入，因傳明言「父兼尊、親之道」，而非「父尊而不親」。並且《傳》云母「尊不至」，故《傳》以為〈四牡〉此詩，前文明皆言「不遑將父」、「不遑將母」，然下文卻只有「將母來諗」，則明係以父為尊，故不敢再言之，僅言其母。是《傳》於此先考文義，復據禮為說。

又：〈蓼莪〉：「父兮生我」，《箋》：「『父兮生我』者，本其氣也」按：〈小弁〉之《箋》說得更為詳細：「今我獨不得父皮膚之『氣』乎，獨不處母之胞胎乎」；〔註516〕而《正義》：「毛以為……言父分本流氣以生我」，〔註517〕用鄭補毛，未當，因為《箋》中有一整套「氣本論」思想，而《傳》雖有「氣」的觀念，但不成體系，〔註518〕故不應用鄭補毛。然生子本其氣之觀念，鄭玄又以為不獨常人如此，舉凡聖人、惡人、禽獸亦皆秉氣而生：

在聖人者，〈大明〉之《箋》云：「天降氣于太姒，厚生聖子武王」、〔註519〕〈閟宮〉之《箋》言姜嫄生子時「天用是馮依而降精氣」、〔註520〕〈生民〉之《箋》亦云：「此乃天帝之氣也」。〔註521〕

在惡人者，〈白華〉之《箋》云：「猶天下妖氣生褒姒」。〔註522〕

在禽獸者，〈螽斯〉之《箋》云：「凡物有陰陽情慾者，無不妬忌；維蚣蝑不耳。各得受氣而生子，故能詵詵然眾多」。〔註523〕

而〈蓼莪〉之《箋》恐讀者拘泥文義，以為父亦能生子，故云「本其氣也」，然此亦發揮其思想，此說大約本諸《周易‧繫辭傳下》：「天地絪縕，〔註524〕萬物化醇，男女構精，萬物化生」，〔註525〕鄭玄《注》：「『覯』，合也，男女以陰

〔註514〕引按：所引〈表記〉文，見《禮記注疏》，卷五十四，頁915。

〔註515〕《毛詩注疏》，卷九之二，頁318。

〔註516〕《毛詩注疏》，卷十二之三，頁421。

〔註517〕《毛詩注疏》，卷十三之一，頁437。

〔註518〕說詳本章第三節〈毛《傳》訓詁中所建構的經學思想〉。

〔註519〕《毛詩注疏》，卷十六之二，頁543。

〔註520〕《毛詩注疏》，卷二十之二，頁776。

〔註521〕《毛詩注疏》，卷十七之一，頁590。

〔註522〕《毛詩注疏》，卷十五之二，頁516。

〔註523〕《毛詩注疏》，卷一之二，頁36。

〔註524〕此詞參張政烺：〈釋「因蘊」〉，《甲骨金文與商周史研究》（北京：中華書局，2012年4月），頁29～33。

〔註525〕以上均見《周易注疏》，卷八，頁171。

陽合其精氣」，〔註526〕又《潛夫論‧本訓》：「道者，氣之根也，氣者，道之使也」，故「正氣所加，非惟於人，百穀草木，禽獸魚鼇，皆口養其氣」。〔註527〕而「精氣」為何？《管子‧內業》云：「凡人之生也，天出其精，地出其形，合此以為人」，又云：「精也者，氣之精者也」，〔註528〕馮友蘭據此認為：「『精』是『氣之精者』，就是說，『精』是氣中更細微的部分。有精氣，有形氣……精氣與形氣底分別，只在於精粗底不同。……就『氣』的廣義說，精氣是氣，形氣也是氣。就『氣』的狹義說，精與氣相對」，〔註529〕「陰陽」早在先秦就被視為氣，〔註530〕故鄭玄乃云男女各出其陰陽氣合為精氣，是以生子。

　　又：〈正月〉：「父母生我」，《傳》：「『父母』，謂文、武也，『我』，我天下」，《箋》：「天使父母生我，何故不長遂我，而使我遭此暴虐之政而病」，〔註531〕按：《傳》、《箋》異說，可以很明顯地看出《傳》乃以經學思想改讀，而《箋》則是以文本脈絡來解釋。《傳》以「我」為我之天下，則作詩者乃周王，蓋因〈正月〉下文又有「哀我民人」之故；而《正義》指出：《箋》以〈正月〉一詩中之「『我』為大夫作詩者為異」，〔註532〕證以〈正月〉下文：「彼求我則，如不我得」，《箋》：「彼，彼王也。王之始徵求我，如恐不得我，言其禮命之繁多」，又：「念我獨兮，憂心慇慇」，《箋》：「此賢者孤特自傷也」，〔註533〕《正義》之說是。而〈蓼莪〉又云：「哀哀父母，生我劬勞」，〔註534〕是《詩》言父、母，亦有泛稱者，非必能皆指文王、武王，但在《傳》的解經觀念中，〈正月〉之「我」既為周王，則「父母」之為文武，理所當然，且本詩所云「父母生我，胡俾我瘉？不自我先，不自我後」，亦能與〈召旻〉：「昔先王受命，有如召公：日辟國百里；今也日蹙國百里」合觀，〔註535〕作為時政敗惡下對以

〔註526〕　胡自逢：《周易鄭氏學》，頁81、307，鄭玄所據《周易‧繫辭傳》或作「覯」，或是《毛詩正義》引用時所改。

〔註527〕　〔漢〕王符著，〔清〕汪繼培箋，彭鐸校正：《潛夫論箋校正》，卷三十二，頁367～369。

〔註528〕　黎翔鳳：《管子校注》，中冊，頁945、937。

〔註529〕　馮友蘭：〈先秦道家哲學主要名詞通釋〉，《中國哲學史論文二集》（上海：上海人民出版社，1962年6月），頁178～179。

〔註530〕　〔日〕小野澤精一等著：《氣的思想》，頁94。

〔註531〕　《毛詩注疏》，卷十二之一，頁397。

〔註532〕　《毛詩注疏》，卷十二之一，頁397。

〔註533〕　均見《毛詩注疏》，卷十九之三，頁399、401。

〔註534〕　《毛詩注疏》，卷十三之一，頁436。

〔註535〕　《毛詩注疏》，卷十八之五，頁699。

往光輝典型的追緬。

7.〈考槃〉之《序》：「使賢者退而窮處」，《箋》：「『窮』猶『終』也」，按：《箋》不訓為「困處」而訓為「終處」，似乎是消解責備君王的力度，然而「碩人之寬」、「碩人之薖」、「碩人之軸」，《箋》分別解為：「寬然有虛乏之色」、「薖，病意」、「軸，病也」，又不諱言碩人之狀態以責王，看似矛盾，《正義》於是加以調和：「不以『澗』、『阿』為『窮處』者，以經皆賢者怨君之辭，而言『成樂在澗』，成其樂之所在，是『終處』之義，故以『窮』為『終』也」；〔註536〕然而兩相對照，即可發現《正義》之說非是，《箋》訓為「終處」，其用意是更深一步地責王，因為困處只是一時之否，也許尚有進用之時；可是一旦認定是「終處」，即表態其永遠銘記君王之惡，之死靡它，故雖在考槃於澗、阿、陸之時，仍然寬、薖、軸。雖然不能說《箋》此一解釋完全符合《序》意，但畢竟於此可見《箋》貫串經文、《序》、《傳》而建構經說中的諸多考量。

8.〈東方之日〉：「履我即兮」，《傳》：「履，禮也」，《箋》：「以『禮』來，我則『就』之，與之去也」，二章：「履我發兮」，《箋》：「以『禮』來，則我『行』而與之去」，〔註537〕又：〈長發〉：「率履不越」，《傳》：「履，禮也」，《箋》：「使其民『循』『禮』『不』得踰『越』」，〔註538〕以上之「履」，於文義都不能解為「禮」，除非《箋》解散句構為：「履／我即兮」、「履／我發兮」，故只能視為發揮思想，其用意在呼籲讀者重視「禮」。

而〈小旻〉：「國雖靡止」，《傳》：「『靡止』言小也」，《箋》：「止，禮」，〔註539〕《傳》以「靡止」為「小」，雖小而能有「或聖或否」，蓋即《論語·公冶長》：「十室之邑，必有忠信如丘者焉」；〔註540〕《箋》訓為禮，蓋以「靡止」、「靡膴」對文，《傳》又訓「膴」為「法」，故解「止」為「禮」。

9.〈載驅〉《序》：「〈載驅〉，齊人刺襄公也。無禮義故，盛其車服，疾驅於通道大都，與文姜淫，播其惡於萬民焉」，《箋》：「『故』，猶『端』也」，據《箋》，《序》當於「故」字斷句，故《毛詩正義》云「此『故』乃與上為

〔註536〕以上均《毛詩注疏》，卷三之二，頁128，按本當云「不以『澗』、『阿』、『陸』為『窮處』者」，今少「陸」字，非必脫文，《正義》行文有所省略而已。

〔註537〕《毛詩注疏》，卷五之一，頁191。

〔註538〕《毛詩注疏》，卷二十之四，頁801。

〔註539〕《毛詩注疏》，卷十二三之二，頁413。

〔註540〕《論語注疏》，卷五，頁46。

句，非生下之辭」；〔註541〕然徐光啟、〔註542〕鍾惺、韋調鼎、〔註543〕錢天錫、〔註544〕張溥、〔註545〕劉始興、〔註546〕曾釗都讀作「無禮義，故盛其車服」；〔註547〕而范王孫、〔註548〕陳奐、〔註549〕馬其昶讀為「無禮義故，盛其車服」，〔註550〕是，因為不論「故」字為「生下之辭」，或屬下句讀為動詞，都存在文義矛盾，不可斷句為「無禮義，故盛其車服」（詳下文）。

　　而曾釗又以為：「釗按：《戰國策》『敢端其願』，《注》：『端猶專也』。鄭以『端』訓『故』，蓋讀若『刑故無小』之『故』。《說文》：『故，使為之也』，〔註551〕此《序》云『故盛其車服』，猶言故使為盛其車服矣，孔云『與上為句』，失之。」〔註552〕按：曾釗說存在兩個問題：一為引據方面，二則不解鄭玄用意。

　　a. 引據方面的問題：

　　曾氏連引《戰國策》、偽古文《尚書》、《說文解字》，其實釋義時僅取《說文解字》，然尚多可商：曾氏引「《戰國策》『敢端其願』，《注》：『端猶專也』」，此出《戰國策・燕策三》：「敢端其願，而君不肯聽，故使使者陳愚意，君試論之」，鮑彪《注》：「端，猶專也」，〔註553〕此後諸家多以為「端」字或通或不通，如下表：

〔註541〕　《毛詩注疏》，卷五之二，頁 200。
〔註542〕　〔明〕徐光啟：《新刻徐玄扈先生纂輯毛詩六帖講意》，《四庫存目叢書》，第 64 冊，頁 196。
〔註543〕　〔明〕鍾惺、韋調鼎：《詩經備考》，《四庫存目叢書》，第 67 冊，頁 246。
〔註544〕　〔明〕錢天錫：《詩牖》，《四庫存目叢書》，第 67 冊，頁 566。
〔註545〕　〔明〕張溥：《詩經註疏大全合纂》，《四庫存目叢書》，第 69 冊，頁 353。
〔註546〕　〔清〕劉始興：《詩益》，《續修四庫全書》，第 63 冊，頁 298。
〔註547〕　〔清〕曾釗：《詩毛鄭異同辨》，《續修四庫全書》，第 73 冊，頁 535。
〔註548〕　〔明〕范王孫：《詩志》，《四庫存目叢書》，第 71 冊，頁 491。
〔註549〕　陳奐於「無禮義故」下注云「句」，可證，〔清〕陳奐：《詩毛氏傳疏》，卷六，頁 9 上。
〔註550〕　馬氏亦於「無禮義故」下注云「句」，〔清〕馬其昶：《詩毛氏學》，《續修四庫全書》，第 74 冊，頁 412。又按以上所引句讀除曾釗、陳奐、馬其昶外，未必定為原作者所標，但也未必非原作者所標，姑仍題姓名。
〔註551〕　引按：見《說文解字・三下・攴部》「故」字，《說文解字注》，頁 122。
〔註552〕　〔清〕曾釗：《詩毛鄭異同辨》，《續修四庫全書》，第 73 冊，頁 535。
〔註553〕　諸祖耿：《戰國策集注匯考》（南京：鳳凰出版社，2008 年 12 月），頁 1641。

編　號	說　法	姓　名
1	「端」如字可通	鮑彪（見前引）、郭人民。〔註 554〕
2	「端」為「剬」之假借	安井衡。〔註 555〕
3	改「端」為「謁」	徐友蘭、〔註 556〕張國銓、橫田惟孝、〔註 557〕何建章、〔註 558〕張清常、王延棟。〔註 559〕
4	改「端」為「竭」	繆文遠。〔註 560〕
5	「端」為「諯」之假借	范祥雍。〔註 561〕
6	僅出異文，無說	梁榮茂。〔註 562〕

　　又因此事見於《新序・雜事三》，而《新序》作「敢謁其願」，石光瑛云：「徐友蘭云：「《策》當是『謁』譌『端』耳，下文『（敢）〔敬〕〔註 563〕以書謁之』，正應此句，則當作『謁』明矣」，案《說文・言部》：『謁，白也……』，〔註 564〕《廣韻》：『白，告也。』今人通言『謁』，謂通白其事。《韓非子・難一》篇：『管仲曰：微君言，臣固將謁之。』〔註 565〕《燕策》：『荊（軻）〔卿〕〔註 566〕言：微太子言，臣（固）〔願〕〔註 567〕得謁之。』諸『謁』字誼並同。」〔註 568〕

〔註 554〕郭人民：《戰國策校注繫年》（鄭州：中洲古籍出版社，1988 年 11 月），頁 624。

〔註 555〕引自范祥雍：《戰國策箋證》（上海：上海古籍出版社，2006 年 12 月），頁 1779。

〔註 556〕引自石光瑛：《新序校釋》（北京：中華書局，2001 年 1 月），頁 346。

〔註 557〕〔日〕橫田惟孝：《戰國策正解》（臺北：河洛圖書出版社，1976 年 3 月），卷九下，頁 7。

〔註 558〕何建章：《戰國策注釋》（北京：中華書局，1992 年 7 月），頁 1185。

〔註 559〕張清常、王延棟：《戰國策箋注》（天津：南開大學出版社，1993 年 3 月），頁 829。

〔註 560〕繆文遠：《戰國策新校注》（四川：巴蜀書社，1998 年 9 月），頁 965。

〔註 561〕范祥雍：《戰國策箋證》，頁 1779。

〔註 562〕梁榮茂：《新序校補》（臺北：水牛出版社，1971 年 5 月），頁 70。

〔註 563〕引按：《戰國策・燕策三》此處實作「敬」字。

〔註 564〕引按：見《說文解字・三上・言部》「謁」字，《說文解字注》，頁 90。

〔註 565〕引按：〔清〕吳闓生《古文範》（臺北：萬卷樓，2019 年 8 月）卷一選〈韓非子〉此文，夾注云：「謁之，白之也」，頁 53。

〔註 566〕引按：《戰國策・燕策三》此處實作「卿」字。

〔註 567〕引按：《戰國策・燕策三》此處實作「願」字。

〔註 568〕石光瑛：《新序校釋》，頁 346，引文略加刪節，標點有增補。

即令「端」字不誤，鮑彪訓作「專」，亦與曾釗讀為「無禮義，故盛其車服」者無關，有比附之嫌。

但據以上諸說，「端」字不通可知；故下文先將「端」字用「○」代替，以便讀者尋思此處之語境應用何字代替。

「敢○其願」下一句為「而君不肯聽」，則「敢○其願」句義必然是指陳述願望，故「端」、「剬」、「竭」、「歂」四說在語境上均不通；只有「謁」字一說既符合語境，徐友蘭又舉證同篇、它書文例為證，最為可信。

然而前人的說法仍待進一步補充的是：「端」與「謁」為何譌混？「端」與「謁」形音義都不接近，〔註569〕古書中亦罕見異文與訛混之例，但值得留意的是「耑」與「專」可互通，〔註570〕因此或可以合理地懷疑今本《戰國策》原來寫作「耑」，後人改為通行的「端」字；而「耑」字與「謁」字寫法有時極為相近，如謁寫作「**谒**」（智永），左旁「言」字與「立」形近，故「言」、「立」二字古書亦有誤例，〔註571〕右旁「曷」字的寫法與「專」字「**专**」（李世民）容易混淆。因此「敢○其願」，經歷了「謁→耑＝端」的過程，才形成今本《戰國策》的「端」字。

又曾氏引「蓋讀若『刑故無小』之『故』」，此出偽古文《尚書》之《大禹謨》，〔註572〕實本《論衡》，《論衡·答佞》：「刑故無小，宥過無大」，劉盼遂以為《論衡》此處亦引佚《尚書》，未必有據，〔註573〕今姑且不論。但「刑」、「宥」皆動詞，「故」、「過」互文，「故」即錯失之義，曾釗以為鄭玄讀同「刑故無小」，失考。

b. 不解鄭玄用意

曾氏之說最可議之處，乃不解鄭玄所謂「『故』，猶『端』也」的用意，然自《毛詩正義》始，僅訓「端」為「頭緒」，〔註574〕亦已不甚瞭解鄭玄改

〔註569〕「端」，上古端母元部，「謁」，上古影母月部，《漢字古音手冊》，頁220、36。

〔註570〕《古字通假會典》，頁199～201。又項楚云〈伍子胥變文〉之「端心相滅」，「『端』當作『顓』，同『專』」，《敦煌文學叢考》（上海：上海古籍出版社，1991年4月），頁218。

〔註571〕《毛詩正義》云：「宣王『立』旱勞既已太甚」，《校勘記》改「立」為「言」，《毛詩注疏》，卷十八之二，頁661。

〔註572〕《尚書注疏》，卷四，頁55，屈萬里：《尚書集釋》（臺北：聯經，1994年11月），頁308。

〔註573〕黃暉：《論衡校釋》（北京：中華書局，1996年11月），頁520。

〔註574〕《毛詩注疏》，卷五之二，頁199～200。

讀的用意。

按鄭玄此處以經義改讀，有以下用意：一則若讀為：「無禮義，故盛其車服」，「盛其車服」自是禮義（儀）之一，不得云「無禮義」而又云「故盛其車服」，否則文義自相矛盾，故「故」字須改讀；且證明應標點為「無禮義故，盛其車服」方確。二則所謂「禮義故」，「『故』，猶『端』也」，即據《孟子》所謂「四端」為說，《孟子・公孫丑上》「羞惡之心，義之端也。辭讓之心，禮之端也」，〔註575〕考鄭玄曾注《孟子》，〔註576〕則其亦習知《孟子》之說。三則「故」、「端」皆有始義，二者或可互訓。因此，鄭玄此處之意，乃以為雖襄公、文姜如《序》所云「播其惡於萬民焉」，似已全然「無禮義端」；但「無禮義端」四字，本即正言若反：因人性本善，亦不可能全無禮義端，在此鄭玄隱設教化之可能，《角弓》之《箋》云「故知喻人之心皆有仁義，教之則進」，〔註577〕可證。亦可參《論語・子路》：「樊遲問仁。子曰：『居處恭，執事敬，與人忠。雖之夷狄，不可棄也。』」何晏《集解》載包咸曰：「雖之夷狄無禮義之處，猶不可棄去而不行。」〔註578〕

10.〈羔裘〉：「洵直且侯」，《傳》：「洵，均」，凌麗君云：「統觀《詩經》『洵＋adj.＋且＋adj.』這一句式，可以發現『洵』主要用來修飾『adj.＋且＋adj.』這一短語成分，表示一種強調語氣，『的確，實在』。……此處的『洵』與他處未作傳的『洵』應當是相同的用法。……那麼毛《傳》為什麼還要把『洵』訓為『均』？我們認為還是小序的原因」，「毛《傳》主要從『品德』這一角度來闡釋小序中的『君子』之義。因此，毛《傳》根據三章『三英粲兮』便認為『三英，三德也』，並結合《荀子・富國篇》中『中信調和均辨』的經義，又推演到一章『洵直且侯』，認為『洵』『直』『侯』恰好是『調和均辨』『忠信』『修正在己』這三種品德的定稱。……綜合上述分析，我們可以看到毛《傳》出於發揮經義的目的，將『洵』訓為『均』是不符合具體語言環境中的詞義的，但『洵』『均』構成訓釋又是符合語言事實的」，〔註579〕按凌說之疏解可備一說；但姑且不論為何凌氏認為《荀子》之說即是「經義」，然凌氏

〔註575〕《孟子注疏》，卷三下，頁66。

〔註576〕〔日〕興膳宏、川合康三：《隋書經籍志詳考》（東京：汲古書院，1995年7月），頁474。

〔註577〕《毛詩注疏》，卷十五之一，頁505。

〔註578〕《論語注疏》，卷十三，頁118。

〔註579〕凌麗君：〈從「單字為訓」看《毛詩故訓傳》與詩小序的關係〉，頁338～340。

謂「中信、調和、均辨」此「三」德出自《荀子‧富國》，實誤，〈富國〉篇並無此語，凌氏所引乃楊倞說解「三德者，誠乎上則下應之如景嚮」之《注》文：「『三德』謂調和累解、忠信均辨、正己而後責人也。……或曰：『三德』即忠信、調和、均辨也」，〔註580〕則凌氏不僅誤楊倞《注》文為正文，誤「忠」為「中」，且僅取楊倞之「或說」，疑、誤甚多。且《箋》云：「三德，剛克、柔克、正直也」，《正義》已云出自〈洪範〉，又：「洵直且侯」，《箋》云：「言古朝廷之臣『皆』忠『直』『且』『君』也」，既不以之為「三德」，並將《傳》之「均」讀為「皆」。實則《傳》義只是說：此一眾《序》所謂的「古之君子」均能「直」、「侯」，之所以特別強調「均」，可能是因為「洵」只是一般性的「的確」、「誠然」之義，所指也僅限於一人，可是一但讀為「均」，言下之意，就是雙關滿朝君子皆然。

11. 〈杕杜〉：「其葉菁菁」，《傳》：「菁菁，葉盛也」，《箋》：「菁菁，希少之貌」，〔註581〕按《正義》已經指出問題在於《箋》「不取『葉』為興」，〔註582〕所以必須把「其葉菁菁」貫串於上下文義中理解，並且《正義》又指出：「『菁菁』實是茂盛，而得為『稀少』貌者」，也敏銳地察覺《箋》有違常理的改訓，不過義疏家式的彌縫只能是：「以葉密則同為一色，由稀少，故見其枝」，〔註583〕其意也就是說：因為稀少，故特別菁菁而耀眼，反倒顯得頗為茂盛了；然而此說仍然一間未達，《箋》所以必須把「菁菁」改讀為「希少」，完全是根據詩文中的「獨行」、「不比」、「不飲」，及《序》所謂的「骨肉離散」而來，因此《箋》認為此詩所寫事物，均須符合此一基調，況且本詩首章的「其葉湑湑」，《傳》已經說：「湑湑，枝葉不相比次也」，顯然是貫串「胡不比也」而發；〔註584〕然而《傳》所謂「菁菁，葉盛也」卻不能

〔註580〕《荀子集解》，卷六，頁363。
〔註581〕《毛詩注疏》，卷六之二，頁224。
〔註582〕《正義》所謂「不取『葉』為興」，究指〈杕杜〉或〈菁菁者莪〉，實難確定，偏偏此二篇首句：「有杕之杜，其葉湑湑」、「菁菁者莪，在彼中阿」，二處之《傳》都說「興也」，二處之《箋》都沒有關於「興」的內容，分見《毛詩注疏》，頁223、353；因此，姑且認定《正義》所謂「不取『葉』為興」，兼指〈杕杜〉、〈菁菁者莪〉。
〔註583〕以上均《毛詩注疏》，卷六之二，頁224，《箋》作「希」，《正義》作「稀」，未必是《正義》所見《箋》有異本，或只是如《毛詩注疏校勘記》所謂「自為文」、「易而說之」而已。
〔註584〕均《毛詩注疏》，卷六之二，頁223，據《校勘記》改。

與全詩基調、重章複沓的上下文相合，故此處顯然引發《箋》對於文本與經義的雙重思考，故改訓「菁菁」為「希少」。其實，不論「湑湑」或「菁菁」，都是茂盛之貌，〔註584〕詩人不過睹葉之茂盛，相形而益顯一身之悲涼而已，不必取《箋》說。

12. 〈蒹葭〉：「所謂伊人」，《箋》：「『伊』當作『繄』，『繄』猶『是』也。『所謂』『是』知周禮〔註586〕之賢『人』」，〔註587〕按：不論是「伊」、「繄」、「是」，都是指示代名詞，從詞性來說，二者的差別應該非常細微，況且把「伊人」如此習見的詞改讀為「繄人」，顯然只能從經學思想方面得其解釋，《箋》所以必須改讀為「繄」，訓為「是」，用意應在改變詞性，雙關「是」的「正確」義，謂此人乃「『是』知周禮之賢人」，而不是無意義可取的泛泛「伊」人。

13. 〈七月〉：「稱彼兕觥」，《傳》：「觥，所以誓眾也」，參照〈卷耳〉：「我姑酌彼兕觥」，《傳》：「兕觥，角爵也」，〔註588〕可知：《傳》於〈卷耳〉一詩，只是單純地解釋兕觥的器物類型，但在〈七月〉一詩中，卻因上下文之「躋彼公堂」、「萬壽無疆」，〔註589〕故藉「觥」連帶點出用觥所代表的禮學意義，於此二處「觥」字之異解，可見《傳》中隨順文義與發揮經學意義之訓詁的差異。

14. 〈狼跋〉：「公孫碩膚，赤舄几几」，《傳》：「公孫，成王也，豳公之孫也。碩，大。膚，美也。……」，《箋》：「公，周公也。『孫』讀當如『公孫于齊』之『孫』，〔註590〕『孫』之言『孫遁』也。周公攝政七年，致大平，復成王之位，『孫遁』，辟此成功之『大』『美』，欲老；成王又留之以為大師，履赤

〔註585〕〈裳裳者華〉：「其葉湑兮」，《傳》：「湑，盛貌」，《毛詩注疏》，卷十四之二，頁479。

〔註586〕按：此處之周禮也可以標點為《周禮》，固然因為《周禮》本身就是周禮的一部分，並且因為鄭玄及其同時的經學家多認為《周禮》乃周公所作，如：《周禮・天官・冢宰》：「惟王建國」，此為《周禮》全書第一句，鄭《注》開宗明義即云：「周公居攝而作六典之職，謂之《周禮》」，《周禮注疏》，卷一，頁10，故彼時之賢人自當有「是知」《周禮》者。

〔註587〕《毛詩注疏》，卷六之四，頁241。

〔註588〕《毛詩注疏》，卷八之一，頁286、卷一之二，頁34。

〔註589〕《毛詩注疏》，卷八之一，頁286。

〔註590〕見《左傳・昭公二十五年》，杜預《注》：「諱奔，故曰孫，若自孫讓而去位者」，《釋文》：「『孫』音遜，本亦作『遜』，《注》及《傳》同」，《左傳注疏》，卷五十一，頁887。

烏几几然」，按：「孫遁」即「遜遁」，故《正義》即云「乃『遜』遁『避』此成功之大美」，即解《箋》之「孫」為「遜」，「大美」即用《傳》之「碩，大。膚，美也」，「欲老」之「老」為動詞，即告老致仕，而故全句亦解散句構為「公孫／碩膚」。《箋》之所以改訓《詩經》中有固定用法的成詞「公孫」為「公遜」，除以此改《傳》之「公孫」指成王說，更是為落實《序》所謂：「周公攝政」、「其不失其聖也」，〔註591〕及其心目中的周公典型；但又何以必須在〈狼跋〉一詩中發揮「攝政七年，致大平」、「此成功之大美」、周公「欲老」？顯然是因為〈狼跋〉為〈豳風〉最後一首，宜於此總結周公功業之故。〔註592〕此外，《箋》中還有另外二處與此相關的訓詁：

（1）同樣解「孫」為「遜」的例證，如：〈文王有聲〉：「詒厥孫謀，以燕翼子」，《箋》：「詒猶傳也。孫，順也。……故『傳』『其』所以『順』天下之『謀』，『以』『安』其『敬』事之『子』孫」，〔註593〕《箋》訓「孫」為「遜」，故云「順也」，《箋》之所以如此解，大概有兩方面的考量：一是《箋》於此發揮思想，認為武王傳謀，此謀不能是泛泛之語，必須特指其順定天下之謀，二是避下文之「子」字，否則上「孫」下「子」，《箋》可能認為文義緟覆。實則上下文之「孫」、「子」乃為互文，其義均指子孫，不必解為「遜」。

（2）同樣據周公事蹟而作說解的例證，如：〈敬之〉：「佛時仔肩」，《傳》：「『佛』，輔也。『時』，是也。『仔肩』，任也」，《箋》：「輔佛是任，示道我以顯明之德行。是時自知未能成文武之功，周公始有居攝之志。」〔註594〕按：《箋》云「輔佛是任」，實全用《傳》說，僅其使用「輔」、「佛」二同義詞另外組成複音詞「輔佛」，與《傳》行文有別，而反映鄭玄時代複音詞流行的痕跡。〔註595〕

〔註591〕 以上均《毛詩注疏》，卷八之三，頁303～304，據《校勘記》改。
〔註592〕 說已詳本書第一章第一節〈〈伐柯〉《序》與〈九罭〉《序》「同文現象」所引發的問題〉。
〔註593〕 《毛詩注疏》，卷十六之五，頁584。
〔註594〕 《毛詩注疏》，卷十九之三，頁740。
〔註595〕 張能甫：「鄭玄註釋中的東漢時代新興複音詞，數量比較大，約在32%至40%之間」，《鄭玄註釋語言詞彙研究》，頁243。這種考察方式，張世祿指出：「所以應用訓詁學上的材料，來研究古漢語的詞匯成分，可以說是漢語詞匯學中的一個新途徑」，〈從訓詁學來看古漢語的基本詞〉，《語言文字學術論文集——慶祝王力先生學術活動五十周年》（上海：知識出版社，1989年1月），頁443，而宋子然〈上古漢語的三種構詞形式及其意義〉更宣稱：「漢代訓詁學者的成果（包括訓詁專著和經典注釋），是與古籍正文相對應的一個語言場面。……而且這些資料，比起經典正文來，具有更高的研究價值」，

惟《箋》說解的特殊之處，乃在於基於成王「自知未能成文武之功」，而引出《序》、《傳》所未言的「周公始有居攝之志」，藉此成王自道之語（即上文之「維予小子」；此語固然可理解為詩人代言，然前人也未必不可理解為成王自道之辭），為周公居攝之不得不已，尋求經典明文為證。

15.〈四牡〉：「豈不懷歸？王事靡盬，我心傷悲」，《傳》：「思歸者，私恩也。靡盬者，公義也。傷悲者，情思也」，按：《傳》以第一個「思」字訓經文之「懷」，大概因為此訓又見〈南山〉：「曷又懷止」，《傳》：「懷，思」，〔註596〕故《傳》文於此處則逕作「思歸」，沒有再出「懷，思」之文；但其義顯然是指「訓」為「思」。

而詩文本身已經描寫家、國兩難的衝突與苦痛，《傳》則更進一步明白地揭示「私恩／公義」的對比；但除此之外，《傳》又為何要再指出「情思」呢？《正義》的解答是：「『情思』即『私恩』，主謂念憶父母，下章云『不遑起處』、『將父、母』是也」，〔註597〕此說非是，因若如《正義》所說，則「情思」與「私恩」不免複贅，實則「懷思」、「私恩」者，《傳》認為完全不摻雜任何感情成分在內，故下文「不遑將父」、「不遑將母」、「將母來諗」，《傳》重視的都是如何報答父母養育之恩，此之謂「私恩」，而不僅僅臨陣畏戰思鄉而已。所以「私恩」與「情思」不同，「情思」是答父母之恩與戮力王室之義不能兼得時，內心傷悲之情思，故〈卷耳〉：「維以不永傷」，《傳》要特別指出：「傷，思也」，〔註598〕兩相對照，即可知〈四牡〉此《傳》正用「情思」之「思」解「傷悲」之「傷」，具體而微地展示了詩文中這三種不同情感的流露方式，與其交錯遞進的關係。但是《傳》這一說解，亦如車行健指出：「毛《傳》並沒有進一步地討論到私恩與公義、孝子與忠臣相衝突的情況，但《鄭箋》就很

因為漢代訓詁反映的一個面相是：「以雙音詞解釋單音詞，……我們從中可以考見漢語複音化的痕迹」，收入《古漢語詞義叢考》（成都：巴蜀書社，2000年8月），頁195。而這類文章尚有以下數種可參考：喻世長：〈《呂氏春秋》高誘注中所顯示的單素詞向多素詞演變的痕迹〉，《王力先生紀念論文集》，頁172～188，吳金華：〈「所到之處」句式源流考〉也指出可以從孔穎達《正義》修改鄭《箋》語法之處，考察《正義》時代的語法特色，《古文獻整理與古漢語研究》（南京：江蘇古籍出版社，2001年10月），頁51。

〔註596〕《毛詩注疏》，卷五之二，頁195。

〔註597〕《毛詩注疏》，卷九之二，頁317，「將父、母」即指下文之「不遑將父」、「不遑將母」。

〔註598〕《毛詩注疏》，卷一之二，頁34。

明確地提出了『君子不以私害公，不以家事辭王事』的倫理規範……因為在鄭玄的價值觀中，『詩人事君無二志』（《邶風‧北門》第一章「已焉哉！天實為之，謂之何哉」《箋》）」，〔註599〕則於此例中，亦可見《箋》所發揮的經義，較《傳》有所遞進且更加完密之處。

16.〈何人斯〉：「伊誰云從？維暴之云」，《箋》：「由己情而本之，以解『何人』意」，又：「爾之安行，亦不遑舍？爾之亟行，遑脂爾車？壹者之來，云何其盱？」，《箋》：「女可安行乎？則何不暇舍息乎？女當疾行乎？則又何暇脂女車乎？極其情，求其意，終不得壹者之來見我，於女亦何病乎？」〔註600〕按：此處《箋》以「安行」／「亟行」；「遑舍」／「遑脂爾車」的追問格式，儼如《公羊傳》、《穀梁傳》的解經方法，故《箋》也特別提到所謂：「極其情，求其意」，這與漢人論《春秋》若合符節：「《春秋》之聽獄也，必本其事而原其志」、〔註601〕「《春秋》之義，原心定罪」、〔註602〕「《春秋》之義，原情定過」，〔註603〕《箋》於此亦或受《公羊傳》影響，或者直接用《春秋》義法來解釋《詩經》。

17.〈無將大車〉：「不出于熲」，《傳》：「熲，光」，〔註604〕《箋》：「思眾小事以為憂，使人蔽闇，不得出於光明之道」，〔註605〕按：「熲」在此應讀為「耿」，《禮記‧少儀》之「熲」，鄭玄《注》解為「警枕」，段玉裁以為〈少儀〉「『熲』之言『耿耿』也」，〔註606〕馬瑞辰以為〈少儀〉、〈無將大車〉之「『耿』與『熲』音義正同」，而解「不出于熲」為「不出於儆戒之中，與『祇自疧兮』

〔註599〕車行健：〈漢人對《詩經》行役詩的詮釋所蘊含之公私意識與家國矛盾〉，《釋經以立論——漢代毛鄭《詩經》經解的思想探索》，頁176。

〔註600〕以上均《毛詩注疏》，卷十二之三，頁426～427。

〔註601〕《春秋繁露‧精華》，〔清〕蘇輿：《春秋繁錄義證》，卷三，頁92。

〔註602〕《漢書‧薛宣傳》，〔清〕王先謙：《漢書補注》，卷八十三，頁1475。

〔註603〕《後漢書‧霍諝傳》，《後漢書》，卷四十八，頁433，以上《漢書》、《後漢書》之例，已見日原利國著，徐世虹譯：〈心意的偏重——關於行為的評價〉，楊一凡、〔日〕寺田浩明主編：《日本學者中國法制史論著選‧先秦秦漢卷》（北京：中華書局，2016年4月），頁511，日原氏並探索了「這裡所說的《春秋》指《公羊春秋》。但《公羊傳》既無『原心定罪』之語，也無『原情定過』之語，它是通過什麼形式來表明自己的主張的呢」的問題。

〔註604〕按：《說文解字‧十上‧火部》：「熲，火光也」，段玉裁《注》：「按『火光』者，字之本義；《傳》不言『火』但言『光』者，其引申之義也」，頁481。

〔註605〕《毛詩注疏》，卷十三之一，頁445。

〔註606〕《禮記注疏》，卷二十五附《校勘記》，頁633、644引段玉裁說。

同義」；〔註607〕馬說近是，然而未點出《傳》、《箋》訓「光」的問題在於破壞全詩章法，因上章云：「無思百憂，祇自疧分」，下章云：「無思百憂，祇自重分」，〔註608〕讀「熲」為「光」，則與上下章皆無關，之所以訓「光」，大概與《箋》認為：「王者當光明」之思想有關，〈小明〉：「明明上天，照臨下土」，《箋》：「『明明上天』，喻王者當光明，如日之中也」、〈噫嘻〉之《箋》亦云：「噫嘻乎能成周王之功，其德已著至矣，謂『光被四表，格于上下』也」，〔註609〕此《箋》已明指此思想當溯及《尚書‧堯典》所謂「光被四表」，彼處鄭玄《注》即云：「言堯德『光耀』，及四海之外」。〔註610〕

而馬說的優點，在於其解使三章辭義相近，然此二句應該進一步疏解其義為：「不應再思慮此百憂，因為無論你如何思慮，終究只是益發使你不能出于儆戒慤觫的狀態之中罷了」，如此，則三章意義相同，較《傳》、《箋》如字讀而輾轉發揮所謂「光明之道」，實更為通順。

18.〈甫田〉：「倬彼甫田」，《傳》：「倬，明貌。甫田，謂天下田也。十千，言多也」，《箋》：「『甫』之言『丈夫』也。明乎彼大古之時，以丈夫稅田也，歲取十千，於井田之法，則一成之數也」，按：《傳》、《箋》關於全詩第一句之「甫」字的異訓，就代表了兩種不同的思想：《傳》云「天下田」，據〈齊風‧甫田〉：「無田甫田」，《傳》：「甫，大也」，〔註611〕知其蓋讀「甫」為溥、敷、普等「大」義的同源詞，〔註612〕其用意蓋如〈北山〉所云：「溥天之下，莫非王土」，〔註613〕藉此宣揚古昔聖王之德；《箋》則如《正義》所云：「以此意言自古有年，又云：『今適南畝』，一章之內，而有古、今相對。⋯⋯則『歲取十千』，宜為官之稅法，稅法而言『十千』，為有限之數，則不據天下，不可言大，不得與〈齊〉之〈甫田〉同訓」，〔註614〕認為此句是刺今，故讀「甫」為「夫」，故反而極言其少，用以刺王。然而尋文義，「甫」仍當讀為「大」，但非如《傳》所謂「天下田」之大而已。

〔註607〕《毛詩傳箋通釋》，卷二十一，頁693，按：「祇自疧分」亦見本詩。
〔註608〕《毛詩注疏》，卷十三之一，頁445，據《校勘記》改。
〔註609〕《毛詩注疏》，卷十三之一，頁445。
〔註610〕〔清〕王鳴盛：《尚書後案》，卷一，頁2。
〔註611〕《毛詩注疏》，卷五之二，頁197，又〈車攻〉：「東有甫草」，《傳》：「甫，大也」，《毛詩注疏》，卷十之三，頁366。
〔註612〕《同源字典》，頁172，惟此條中未收「甫」字。
〔註613〕《毛詩注疏》，卷十三之一，頁444，《傳》：「溥，大」。
〔註614〕以上均《毛詩注疏》，卷十四之一，頁466。

19.〈賓之初筵〉:「酌彼康爵」,《傳》:「酒所以安體也」,《箋》:「康,虛也……加爵之間,賓與兄弟交錯相醻,卒爵者,酌以之其所尊,亦交錯而已,又無次也」,按:《傳》認為此處之飲酒非謂享樂,故特別指出:「酒所以安體也」,一如〈七月〉:「為此春酒,以介眉壽」、〈泮水〉:「既飲旨酒,永錫難老」;〔註615〕《箋》則可能認為如此仍是飲酒,依然欲蓋彌彰,且從禮制考量,此時僅「交錯而已」,其實不飲,故改訓「康爵」為「虛爵」,不過《傳》、《箋》背後的思想其實都從《序》責「飲酒無度」而來。然而既是「虛爵」,何以要「酌」?顯然《箋》說也有疑難之處,則「酌彼康爵」其實恐應讀為:「酌彼爵康」,義即酌此爵甚樂,〔註616〕也就是上文所說的:「飲酒孔偕」。〔註617〕

20.〈角弓〉:「莫肯下遺,式居婁驕」,《箋》:「莫,無也。『遺』讀曰『隨』。式,用也。婁,斂也。今王不以善政啟小人之心,則『無』肯謙虛,以禮相卑『下』,先人而後己,『用』此自『居』處,『斂』其『驕』慢之過者」,按:《箋》所以改讀「遺」、改訓「婁」的原因,與《箋》欲落實《序》所謂「好讒佞」之用意有關。將《箋》與《正義》補毛之說比較,即可知《箋》改讀用意所在:《正義》補毛之說解此二句為:「莫肯自卑下而遺去其惡心,用是之故,其與人居處,數為驕慢之行,故須化之」,姑且僅論《正義》對文義的理解,不論其補毛是否有據等問題,則《正義》將「下遺」分解為形容詞「下」與動詞「遺」,故該句《正義》理解為:「莫肯:下、遺」,並不通順,實則「下遺」即「遺下」,遺者贈也、予也,亦即不惠下;而《正義》認為《箋》改讀乃因:「遺棄之義不與謙下相類」,似未是,《箋》蓋以此句實呼應上文「爾之遠矣,民胥然矣。爾之教矣,民胥效矣」而來,故改讀為「隨」,解為「先人而後己」,指責王不能以身作則。而「式居婁驕」,也是承上文的責王之詞,在這一點上,《箋》與《正義》補毛之說並無分別,其有別之處,只是《箋》認

〔註615〕分見《毛詩注疏》,頁285、768,關於《詩經》中酒的問題,參〔日〕安藤圓秀:〈關於詩經之一二考察〉,收入馬導源編譯:《日本漢學研究論文集》(臺北:中華叢書編審委員會,1960年7月),頁16~22。

〔註616〕「康」何以有「樂」義,最早可能是郭沫若指出「康」所從之「庚」為樂器鐃鉦之形,而古和樂字多借樂器表示,故「康」有「樂」義,且當以「樂」義為本義,另詳張光裕:〈從古文字「康」字釋讀談《莊子》之養生〉,《澹煙疏雨:張光裕問學論稿》(上海:上海古籍出版社,2018年9月),頁176~177。

〔註617〕以上均《毛詩注疏》,卷十四之三,頁489~493,「酌以之其所尊」據《校勘記》改。

為此句所描寫的小人之過實際上也是王之過，故以此責王，較《正義》補毛之說突出小人之讒佞而已，而《箋》之所以並須突出小人之讒佞，實因〈角弓〉此詩雖言及「君子有徽猷，小人與屬」，並未明言其讒佞，故《正義》也敏銳地指出「好讒佞」云云，乃「事勢所宜言，於文無所當也」；〔註618〕然《序》有「好讒佞」之語，是以《箋》不得不改讀「婁」為「斂」，且曲折指為小人之行徑。茲將〈角弓〉之《序》中所言及者與《箋》文逐一對照，即可明瞭其處處落實《序》義的用心：

〈角弓〉之《序》	〈角弓〉原文、〈角弓〉之《箋》
父兄刺幽王也	「老馬反為駒，不顧其後」，《箋》：「此喻幽王見老人反侮慢之，遇之如幼稚；不自顧念後至年老，人之遇己亦將然。」
不親九族	「騂騂角弓，翩其反矣」，《箋》：「喻王與九族，不以恩禮御待之，則使之多怨也。」
骨肉相怨	「兄弟昏姻，無胥遠矣」，《箋》：「骨肉之親，當相親信，無相疏遠；相疏遠，則以親親之望，易以成怨。」 「爾之遠矣，民胥然矣」，《箋》：「言王女不親骨肉，則天下之人皆如之。」 「君子有徽猷，小人與屬」，《箋》：「今無良之人相怨，王不教之。」〔註619〕

然則「婁」當讀為「屢」，《荀子・非相》引此句即作「屢」，〔註620〕故就此句而言，《正義》之說較是。

21.〈隰桑〉：「遐不謂矣」，《箋》：「謂，勤。……君子雖遠在野，豈能不勤思之乎，宜思之也」，〔註621〕按：《禮記・表記》引此作「瑕不謂矣」，鄭《注》云：「『瑕』之言『胡』也，『謂』猶『告』也」，〔註622〕單就「謂」字而論，引《詩》斷章處之《注》，竟反較隨文施注的《箋》更合乎文義。「謂」似無「勤」義，《箋》蓋僅只是解釋文義，非訓「謂」為「勤」，其大概認為經文：「心乎愛矣，遐不謂矣」與《序》所謂：「君子在野，思見君

〔註618〕「當」，平聲，對應。「文無所當」即「經無所當」，詳拙作：〈釋《毛詩正義》「（於）經無所當」〉。

〔註619〕以上均《毛詩注疏》，卷十五之一，頁503～505，據《校勘記》改。

〔註620〕〔清〕王先謙：《荀子集解》，卷三，頁208。

〔註621〕《毛詩注疏》，卷十五之二，頁515。

〔註622〕《禮記注疏》，卷五十四，頁918，而《禮記正義》解此詩之文本義為：「『瑕』，遠也。『謂』，勤也。言念此君子遠離此，不勤乎？言近於勤矣，終當念之」，頁918，亦較《箋》「勤思」之說通順。

子，盡心以事之」相對應，〔註623〕故以「勤」釋《序》之「盡心以事之」，盡心亦猶盡力，須時時刻刻勤勉以赴；「謂」之所以不當訓「告」，因君子既「退」，如何「謂（告）」之？而〈表記〉作「瑕」，則不存在「退」與否的問題，所以可以「謂（告）」之。是《箋》解「謂」為「勤」，係就文義與經義綜合考量的結果。

22.〈瓠葉〉：「酌言獻之」，《箋》：「每酌言『言』者，禮不下庶人；庶人依士禮，立賓、主為酌名」，按：《箋》所以云「每酌」，乃因本章之前已有「酌言嘗之」一句，故於此再見之時，即云「每」，提醒讀者留意其重複出現的涵義，其涵義正如《正義》所云：「『言』，我也，〔註624〕其意云酌酒我當用之；若是禮合當然，不應每事言『我』」；然而此是《箋》誤解「言」字而藉禮說加以解釋的結果，其實「ｖ言ｖ」中的「言」，其義為「而」，〔註625〕「酌言獻之」即「酌而獻之」而已。而《箋》所以必云「庶人」，大概還有一層用意是為符合《序》所謂「上棄禮而不能行」，〔註626〕故《箋》諷刺地展示此一對比：庶人無此禮制，卻仍遵禮而行；則可見上之棄禮，如何伊於胡底了。

23.〈漸漸之石〉：「不皇朝矣」，《箋》：「武人，謂將率也。皇，正也。將率受王命東行而征伐；役人罷病，必『不』能『正』荊、舒，使之『朝』於王」，下二章「不皇出矣」、「不皇他矣」，《箋》亦皆解為「正」，按：「不皇」之「皇」當讀為「遑」，即不暇，故古書多訓「皇」為「暇」。〔註627〕然《箋》之所以讀為「正」，就在於其解散句構為：「不皇／朝矣」，將「不皇」的主語理解為武人，將「朝矣」的主語理解為荊、舒，理由大概如《正義》已經指出的：「以《序》云『戎狄叛之』，經亦當有其事，不得全無所陳」，故《箋》為了落實《序》所謂「戎狄叛之，荊、舒不至」，除了將「漸漸之石」解為指「戎

〔註623〕《毛詩注疏》，卷十五之二，頁515。
〔註624〕按：《爾雅‧釋詁》：「言，我也」，《爾雅注疏》，卷一，頁20。
〔註625〕「言」字訓「而」，其說始於胡適：〈詩三百篇言字解〉，《古史辨》，第3冊，頁573～576，故裴學海云：「按『言』字訓『乃』訓『而』，說本《胡適文存》」，《古書虛字集釋》，頁437，吳國泰亦訓「言」為「而」，《〈經傳釋詞〉臆正》，頁25～26（頁碼每種另起），收入《居易簃叢書（六種）》，又參梅廣：〈詩三百篇「言」字新議〉，《漢語史研究：紀念李方桂先生百年冥誕論文集》（臺北：中央研究院語言學研究所，2005年6月），頁235～266。
〔註626〕《毛詩注疏》，卷十五之三，頁522。
〔註627〕如《漢書‧董仲舒傳》：「是以夙夜不皇康寧」，顏師古《注》：「皇，暇也」，《漢書補注》，卷五十六，頁1163。

狄」，將「山川悠遠」解為指「荊、舒」，〔註628〕還要改讀「不皇朝矣」，使《序》文能與詩文印合。

24.〈文王〉：「在帝左右」，《傳》：「言文王升接天，下接人也」，《箋》：「在，察也。文王能觀知天意，順其所為，從而行之」，按：首先須分辨的是：《傳》、《箋》異義的原因，是否在於對此章是描寫文王已死還是未死的態度有所不同？尤其《箋》於「文王在上」又云：「崩，諡曰『文』」，似乎認為文王此時已死，且古人均認為先祖逝後，能往來人神之間，可降福予子孫，可告上帝以降禍，〔註629〕如：《尚書・甘誓》：「用命，賞於祖；弗用命，戮於社」，〔註630〕於「祖」僅言「賞」，又：《左傳・成公十年》：「晉侯夢大厲，被髮及地，搏膺而踊曰：『殺余孫，不義，余得請於帝矣！』」，杜預《注》：「厲，鬼也，趙氏之先祖也」，〔註631〕按此大厲既稱「余孫」，則其自為趙家之先祖，但祖先本身無降禍的能力，故須「請於帝」；又：〈信南山〉：「先祖是皇，報以介福，萬壽無疆」，《箋》：「『皇』之言『暀』也。先祖之靈歸暀是孝孫，而報之以福」，〔註632〕則《箋》也認為指先祖可降福。而是否《箋》因文王在帝左右請禍降福，乃已死之時，故改讀「在」為「察」？

然而細考《箋》意，其云文王「從而行之」，則顯然指本章描寫文王未死之事；否則文王已死，有何「行之」可言？則《箋》所謂：「崩，諡曰『文』」，其用意則是指撰此詩時，已知其諡「文」，而當殷周之交，其不自稱文王，則《箋》於此乃點出後代追述時的若干未合史事之處而已，而觀《傳》亦解「文王在上」為「在上，在民上」，〔註633〕即恐讀者誤會為此時文王已死而在天上，在這一點上，《傳》、《箋》並無差異；可是文王既未死，又何以能「升接

〔註628〕以上均《毛詩注疏》，卷十五之三，頁523～524，「皇，正也」本作「皇，王也」，據《校勘記》改。

〔註629〕郭沫若：〈周彝中之傳統思想考〉，《金文叢考》，收入《郭沫若全集・考古編》第5卷，頁32，郭氏亦僅云先祖「能降子孫以福佑」，徐中舒：〈金文嘏辭釋例〉：「蓋古人以天與祖先，皆具有意志，能賞罰人」，但《詩》言降福，多以為祖先之事（亦有以為天者）……至於降喪降畏，則與祖先無關……以賞罰分屬社與祖，全是周人思想。殷以前無此觀念」，「故時代愈後，則事天之觀念益隆，而事祖之觀念轉薄」，詳《徐中舒歷史論文選輯》，頁502、510、514、516、562。

〔註630〕《尚書注疏》，卷七，頁98。

〔註631〕《左傳注疏》，卷二十六，頁450。

〔註632〕《毛詩注疏》，卷十三之二，頁462。

〔註633〕以上均《毛詩注疏》，卷十六之一，頁533。

天」？實則當時均認為某一部份特殊之人能「升接天」，《國語·楚語下》：「民之精爽不攜貳者，而又能齊肅衷正，其智能上下比義，其聖能光遠宣朗，其明能光照之，其聰能聽徹之，如是則明神降之，在男曰『覡』，在女曰『巫』」，〔註634〕而其實王也就「群巫之長」，〔註635〕故從神的角度而言，是「降之」，從人的角度而言，則是「升接」，又《白虎通·號》：「或稱『天子』，或稱『帝王』，何？以為接上稱『天子』者，明以爵事天也；接下稱『帝王』者，明位號天下至尊之稱，以號令臣下也」，〔註636〕尤可為《傳》「升接天，下接人」之印證，則在《傳》的認知中，文王生時，當然可以「升接天」。

但是文王既能「升接天」，《箋》又何必改讀為「察」？蓋《箋》認為以文王之聖，理當在於帝左右，無須贅言，顯然「在」字應別有大義可說，則訓為「察」，更彰顯文王善體帝心之意，如堯之「簡在帝心」，如湯之「與天心齊」；但也因此在訓解「左右」二字時，《箋》遂只好一併改讀為動詞，曲折地解為「順其所為」，實未合文本義。

25.〈文王〉：「殷士膚敏，祼將于京」，《傳》：「京，大也」，又：〈大明〉：「自彼殷商，來嫁于周，曰嬪于京」，《傳》：「京，大也」，又：〈沔水〉：「莫肯念亂，誰無父母」，《傳》：「京師者，諸侯之父母」，〈苕之華〉：「苕之華，其葉菁菁」，《箋》：「京師以諸夏為障蔽」。〔註637〕

前人或以「京」訓「大」為誤說，如：皮錫瑞云：「毛訓『京』為『高丘』、『大阜』，不誤；而或但訓為『大』，則誤以引申為本義，試如其說，易經文字曰：『祼將于天』、『曰嬪于大』，其可通乎」，〔註638〕或以為「京」訓「大」乃探原，亦即探求語原，如：章炳麟云：「今以『大』為訓者，推其得名之本」、〔註639〕劉師培云：「蓋《傳》以經義易曉，因推極『京』字得名之由，以『大』

〔註634〕徐元誥：《國語集解》，頁512～513。

〔註635〕陳夢家：〈商代的神話與巫術〉，《陳夢家學術論文集》（北京：中華書局，2017年2月），頁91～92，參余英時：《論天人之際：中國古代思想起源試探》（臺北：聯經，2017年3月），頁28。

〔註636〕〔清〕陳立：《白虎通疏證》，卷二，頁47。

〔註637〕以上分見《毛詩注疏》，頁536、540、375、526，《箋》於〈大明〉解為「嫁為婦於周之京」，較《傳》合文本義。

〔註638〕〔清〕皮錫瑞：〈釋京〉，《經訓書院自課文》，卷一，《皮錫瑞全集》，第8冊，頁618。

〔註639〕章炳麟著，龐俊、郭誠永疏證：《國故論衡疏證》，卷中之三〈明解故〉，頁343。

為訓」，〔註640〕陸宗達云：「毛亨不把『京』解釋作『京師』，而解釋作『大』。他的意思是說，『京師』的意思，是從『大』這個本義裏引申出來的」，〔註641〕然以上諸說似皆可商，理由是此乃《傳》發揮思想，尤其〈沔水〉一例，經文中並無「京師」、「諸侯」等語，《傳》見「父母」二字，即發揮「京師者，諸侯之父母」之思想，顯見「京師」在其思想中有何等重要性。而〈文王〉、〈大明〉之京，均應指「京師」，通考《傳》中「京」字訓詁，可證《傳》並非不知「京」字原義：〔註642〕

訓詁義項	經　文	《傳》
高丘、大阜	1. 〈定之方中〉：「景山與京」	京，高丘也
	2. 〈甫田〉：「如坁如京」	京，高丘也
	3. 〈皇矣〉：「依其在京」	京，大阜也
京師、大眾所宜居之地	1. 〈民勞〉一章：「惠此中國」	中國，京師也
	2. 〈公劉〉：「京師之野」	是京乃大眾所宜居之也〔註643〕

　　按：《說文解字‧五下‧京部》「京」字：「人所為絕高丘也」，〔註644〕知京本高丘之義，「京師」之「京」，亦得名於其「高」義。〔註645〕故《傳》明

〔註640〕劉師培：〈毛詩詞例舉要〉，《劉申叔遺書》，頁377。

〔註641〕陸宗達：《訓詁簡論》，頁4。

〔註642〕以下分見《毛詩注疏》，頁116、471、572、630、618。

〔註643〕蕭璋：「毛傳於『京』字後加一『乃』字，是惟恐讀者把『京師』連文，解為『大眾』……傳言『大眾』非『京』之訓，是『師』之訓，『京』仍解為『乃覯於京』之『京』」，〈談毛傳解說詩句〉，《文字訓詁論集》，頁86，按此說可商，蕭氏引《傳》文作「是京乃大眾所宜居之『野』也」，誤增一「野」字，故恐因此而誤認《傳》此語乃字字對應原文；實則《傳》此語就算是字字對應原文之訓解，其言「大眾」，亦不能排除訓「京」為「大」，訓「師」為「眾」之可能性，更何況《傳》此語應該視為發揮文義而非字字對應原文之訓解，這從其云「是」可知，「是」，此也，如〈正月〉：「洽比其鄰，昏姻孔云」，《傳》亦云：「是言王者不能親親以及遠」，《毛詩注疏》，卷十二之一，頁401。

〔註644〕《說文解字注》，頁229。

〔註645〕〔清〕皮錫瑞：〈釋京〉：「《爾雅‧釋地》：『絕高為之京』，此『京』字本義也。〈釋詁〉曰：『京，大也。』此京字之引申義也」，《皮錫瑞全集》，第8冊，頁617。又：叢文俊：〈說「京」〉：「以『京』建於丘岡之上，故使後代『京』字義訓每每與丘阜相連繫；又以『京』之建築高大特出，遂使其字義引申有『大』、『絕高』之類的釋訓」，《吉林大學古籍整理研究所建所十五周年紀念文集》（長春：吉林大學出版社，1998年12月），頁597。

知「京」字原義，而又必須發揮思想，故〈文王〉、〈大明〉二詩，一為殷士來助祭，一為殷商屬國摯國嫁賢后於周，均與殷周之際受命史事有關，《傳》為宏揚周德，美此典型，故均訓為「大」；至於〈沔水〉之《傳》所謂「京師者，諸侯之父母」，則頗可玩味，因漢初人論及京師，亦頗多發揮思想者：

《漢書·袁盎晁錯傳》：「鄧公曰：『夫晁錯患諸侯彊大不可制，故請削之，以尊京師，萬世之利也。』」〔註646〕

《漢書·儒林傳序》：「故教化之行也，建首善，自京師始，繇內及外。」〔註647〕

以上這些言論顯然也就是《傳》發揮「京」字思想的印證，這種思想或其來有自，或與漢初諸侯史事有關。

而類似的例證，也不獨「京」字為然，如：《周禮》「五路」之「路」，本即「輅」；然鄭玄《注》卻說「路，大也」，其用意誠如《周禮疏》所云：「王之所在，故以大為名」，亦以訓「大」來發揮思想。〔註648〕

26.〈思齊〉：「不聞亦式，不諫亦入」，《傳》：「言性與天合也。」〔註649〕按：〈思齊〉原文並無「性」與「天」等字，毛《傳》如此訓解，雖係脫離文本而直皆發揮思想，但衍生兩個問題，需加考辨：

一則《傳》雖然表面上脫離文本，但畢竟還是藉由文句來發揮經義；所以表面上脫離文本的經說，應還原其藉由文本而建構經學的深層思路，並將此一過程中已脫失的經說與文本重新連結——如何連結，一方面則視各家對《傳》思想面貌及其訓詁方法的把握，一方面也不能不受闡釋者自身的時代背景影響，這正是經學推陳出新的一個內在動力。亦即是說：這裡應該追究《傳》究竟如何理解文句？

推尋《傳》義及王肅、《正義》的疏解，此二句描寫文王的德行：文王不須聞習他人教導，而所作所為無不自合於「法」；〔註650〕也不待他人誠諫，而人所欲諫者皆已莫不知悉（「入」）。然而王肅、《正義》解「入」為「入於道」，

〔註646〕《漢書補注》，卷四十九，頁1093。
〔註647〕《漢書補注》，卷八十八，頁1544。
〔註648〕《周禮注疏》，卷二十七，頁413。
〔註649〕《毛詩注疏》，卷十六之三，頁563。引按：「言」字是解釋整句句義的術語。李霖：〈從《大雅·思齊》看鄭玄解《詩》的原則〉，《中國經學》第15輯，頁73、80，也曾討論此句，但並未加以重視。
〔註650〕「式」，「法」也，《正義》引王肅云：「不聞道而自合於法」，《毛詩注疏》，卷十六之三，頁563。

〔註651〕顯為與上文「式」字相配，故於下文增「道」字，故此二句在王肅、《正義》的理解中，上句相對完整，只是「式」字必須活用為動詞，乃有「合於法」之義，下句乃省略受詞「道」，則其所理解的文句即是：「不聞亦（合）式，不諫亦入（道）」；不過「入」字未必要解釋為「入於道」，可以如字理解為「入於一己的認知中」，則仍然可以維持「不聞亦式，不諫亦入」的對文語境，雖然「式」字仍需視為活用作動詞——而這一句法解釋上的兩難問題，正是陳奐從《詩》中「不…亦…」的文例重新理解毛《傳》的起點。

二則「聞」、「諫」二事皆反映文王聖德，故謂其「性與天合」，亦即〈長發〉：「至于湯齊」，《傳》所謂：「至湯與天心齊」，〔註652〕則聖王皆須合於天。然而既謂文王「性與天合」，是否即如《正義》所云：「唯聖德乃然……若賢智者則須學習，不能無過；聞人之諫，乃合道也」，〔註653〕亦即文王大聖，聖人不學而能？而一旦將「不聞」、「不諫」的「不」字視為虛詞無義，是不是導致聖人亦需學，整個聖人形象因此改變？

以上毛《傳》所留下的文句問題與義理空隙，及其所發揮經說，後人是否都已經意識並加以解決？甚或進一步把握《傳》的經說，予以更詳密的發揮？要檢視這一問題，自然以疏《傳》者為最合適，惟《正義》說已如上述，沒有更完整的發揮；而鄭玄與陳奐則各自代表兩種典型，值得深究，故下文要討論鄭玄與陳奐如何理解《傳》所謂的「性與天合」？

（1）《箋》說的文本與經義轉向

鄭玄在此句的解釋中，完全脫離《傳》的脈絡，沒有發揮《傳》的經說，也不處理《傳》留下的文句問題；而是提供了關於文本義的另一種說解，《箋》云：「『式』，用也。文王之祀於宗廟，有仁義之行，而『不』『聞』達者，『亦』『用』之助祭；有孝悌之行，而『不』能『諫』爭者，『亦』得『入』。〔註654〕言使人器之，不求備也。」〔註655〕可見：《箋》於此有基本思路的轉變，故將

〔註651〕《正義》引王肅云：「無諫者而自入於道也」，《毛詩注疏》，卷十六之三，頁563。

〔註652〕《毛詩注疏》，卷二十之四，頁801。

〔註653〕《毛詩注疏》，卷十六之三，頁563。

〔註654〕引按：「亦得『入』」者，入於何處？當即入於宗廟，乃承「文王之祀於宗廟」而省。

〔註655〕《正義》：「言使人當如器之各施於一，不求備具焉」，《毛詩注疏》，卷十六之三，頁563，但這句話不正違背《論語》所謂「君子不器」？似可以為鄭玄辯解為：「君子不器」，是「嚴以律己」；而「使人器之」，是「寬以待人」，

描述文王聖德的讚美，轉變為對文王行為的描述；而這一思路的轉變以什麼樣的文本條件為其基礎？將《箋》說句句對應於文本，可發現其乃「解散句構」，即將「不聞亦式」四字拆解兩個句子：「不聞／亦式」，也將「不諫亦入」也拆解為：「不諫／亦入」，因為「有仁義之行，而『不』『聞』達者，『亦』『用』之助祭」與「有孝悌之行，而『不』能『諫』爭者，『亦』得『入』」的主詞明顯不同，「『亦』『用』之助祭」的主語是文王，「『亦』得『入』」的主語是入於宗廟者，只能視為兩個句子。而「不聞」、「不諫」不再是文王的具體德性，轉變為入宗廟者自身的負面描述；文王德性被限縮在「亦式」、「亦入」中。這樣的說解，提供的是不同的文王形象：鄭玄不再從天賦聖德方面來討論文王，轉從其行為來論證文王聖德；但是這樣的說解，表面上是字字落實的文本的合理經義，事實上則打破文本原來的句式，也未宗毛義。

（2）陳奐疏《傳》的新經學建構

陳奐所面對的難題是：「置《箋》疏《傳》」固然擺脫了鄭玄、王肅、《正義》的說解；但自鄭玄以來，闡發毛《傳》時所彌縫的空隙，如文句如何理解等問題，不能置之不顧，而毛《傳》為人稱道的經義，〔註656〕如何進一步完善？

陳奐云：「『式』，用也。『不聞』，〔註657〕聞也，『亦式』，式也。『不諫』，諫也，『亦入』，入也。與『不顯亦臨』、『不顯亦世』，〔註658〕上『不』下『亦』皆為語詞者同其句式。『聞式』、『諫入』正是文王之聖德。《傳》云：『性與天合』者，即是《孟子》『性善』之義，《孟子·盡心》篇：『盡其心者，知其性也；知其性，則知天矣』，〔註659〕所謂『性與天合也』。下章即承此意而推廣

　　　　正如〈長發〉《箋》所謂：「急於己而緩於人」，如此便不矛盾。而「不求備也」，乃本《論語·微子》：「無求備於一人。」

〔註656〕比如：朱熹：《詩集傳》：「聞，前聞也。式，法也。……（文王）雖事之無所前聞者，而亦無不合於法度；雖無諫諍之者，而亦未嘗不入於善。《傳》所謂『性與天合』是也。」就承認《傳》所發揮的經義甚當，則有趣的是：宋學在此反而承認漢學的義理也有甚當之處。

〔註657〕引按：「不聞」云云，依照文本次序，本當在前；然古書字義訓詁必居首，通釋文義者居後，此「不聞」云云乃通釋文義者，故在『式』，用也之後。

〔註658〕引按：「不顯亦臨，無射亦保」見〈思齊〉，「凡周之士，不顯亦世」見〈文王〉。

〔註659〕引按：趙岐《注》：「性有仁、義、禮、智之端，心以制之。惟心為正人能盡極其心，以思行善，則可謂知其性矣；知其性則知天道之貴善者也」，《孟子注疏》，卷十三上，頁228。

文王『作人』之化，〔註660〕見聖德之章明。」〔註661〕陳奐此一疏解，雖然篇幅不長，但內涵十分豐富，不論在訓詁或義理上，都有其全新的企圖與貢獻：

陳奐解「式」為「用」，雖同《箋》說；然陳氏訓詁雖同鄭玄，文句結構與文義解釋卻大相逕庭，陳奐引入了文例的觀念，〔註662〕重新將被鄭玄捨棄的「不聞」、「不諫」納入文王德性的範圍，這毋寧是更可信而且十分重要的貢獻。

舊有的經說雖然大義詳明，可是不合文本，此處的「言性與天合也」，《傳》完全脫離文本；陳奐則必須合理地在文本的基礎上，一方面使經義落實於文本，一方面使引伸《傳》之經義，將之建構得更為完善。這裡陳奐意識到、並解決兩個由《傳》引起的經學問題：

第一，既云「性與天合」，則「性」是什麼？陳奐引入《孟子》學的性善觀念，來定義「性」的內容。為什麼必須引用《孟子》？一方面與陳奐要建構的經學體系密切相關，一方面《孟子》論聖人，與其藉由文例所重新理解的聖人形象亦能切合。

第二，《傳》的經說，《正義》視為是聖人不學而能；《箋》改變文句結構的結果，已漸轉向聖人學而能，陳奐是否意識到此一差異，其對此的態度為何？陳奐顯然意識到這一差異，所以他強調：「『聞式』、『諫入』正是文王之聖德」，也就是說，不必如《正義》一樣，認為不學而能「唯聖德乃然」；轉折為時時「聞式」、「諫入」的工夫，既然時時須聞須諫，則亦是學而能的聖人形象——雖然仍可進一步分辨：聖人也有集大成與否的分別，〔註663〕或者聖人也可以只是為俗世立法，其本身不學而能，但為了引導俗世之人，表現為學而能的形象，而這個為俗世立法的形象無關乎其本身是否學而能；不過問題

〔註660〕引按：「作人」，本〈棫樸〉：「遐不作人」。下章者，指「肆成人有德，小子有造。古之人無斁，譽髦斯士。」
〔註661〕《詩毛氏傳疏》，卷二十三，頁18上。
〔註662〕〔清〕陳奐〈與王伯申書〉：「乃本《釋詞》之例讀《毛詩故訓傳》例，尋其詞句，依類推訓，亦藉得其條貫焉」，王大隆輯：《三百堂文集》，卷下，趙詒琛、王大隆編：《乙亥叢編》（臺北：世界書局，1976年12月），頁489，而柳向春：〈高郵王氏父子與陳奐往來函件編次〉，《箋邊漫語》（北京：紫禁城出版社，2016年8月），頁17，標點為：「《毛詩故訓傳例》」，誤。
〔註663〕《孟子·萬章下》：「伯夷，聖之清者也；伊尹，聖之任者也；柳下惠，聖之和者也；孔子，聖之時者也。孔子之謂集大成」，《孟子注疏》，卷十上，頁176。

應該是：聖人為何且如何學而能？這就必須回到陳奐所建構的《孟子》性善論中了。《孟子》所謂聖人，應係學而能者，如：

〈公孫丑上〉：「聖人之於民，亦類也。出於其類，拔乎其萃，自生民以來，未有盛於孔子也。」

〈公孫丑下〉：「『然則聖人且有過與？』曰：『周公，弟也；管叔，兄也。周公之過，不亦宜乎？且古之君子，過則改之；今之君子，過則順之。古之君子，其過也，如日月之食，民皆見之；及其更也，民皆仰之。今之君子，豈徒順之，又從為之辭。』」

〈告子上〉：「聖人先得我心之所同然耳。」

〈盡心上〉：「形色，天性也；惟聖人，然後可以踐形。」〔註664〕

是《孟子》認為聖人類於民，亦有過，亦須踐形；只是其出乎其類，先得我心之所同然，可以踐形，過則改之等原因，得為聖人。故陳奐指明此「性」即《孟子》性善，遂也連帶解決自《傳》以來改訓所產生的「聖人／學」之辨，可見其關於「性」，應有其整體的思考。

27.〈皇矣〉：「上帝耆之」，《箋》：「耆，老也。天須假此二國，養之至老猶不變改」，〔註665〕又〈武〉：「耆定爾功」，《箋》：「耆，老也……年老乃定女之此功，言不汲汲於誅紂，須暇五年」，〔註666〕按此二處《箋》讀「耆」為「老」，〔註667〕均文義不通：〈皇矣〉縱如《箋》讀，其義亦當為「上帝老之」，也就是上帝使之老，或上帝以為其老，並無「養之至老猶不變改」之意。而〈武〉所謂「耆定爾功」，按《箋》所解，則「耆」是主語，「定」為動詞，「爾功」為賓語；可是〈武〉的文義脈絡是：「嗣武受之，勝殷遏劉，耆定爾功」，三句連讀，主語實是「嗣武」，「耆」為副詞。推究《箋》所以改讀「耆」為「老」，係依《尚書》與緯書「須暇」之說，〔註668〕與〈中庸〉「武王末受命」

<hr>

〔註664〕以上分見《孟子注疏》，頁 56、81〜82、196、241。

〔註665〕《毛詩注疏》，卷十六之四，頁 567。

〔註666〕《毛詩注疏》，卷十九之三，頁 738。

〔註667〕按《廣韻》「耆」字下引《禮記音義》云：「耆，至也，言至老境也」，周祖謨：《廣韻校本》，頁 56。

〔註668〕此點《毛詩正義》已指出，〈皇矣〉之《正義》引《尚書‧多方》作：「天維五年須夏之子孫」，《注》：「『夏』之言『暇』」，按此《注》為鄭玄《注》，以鄭《注》解鄭《箋》，是《毛詩正義》貫通鄭玄一家之學的用心；而〈武〉之《正義》引《尚書‧多方》作：「天惟五年須暇之子孫」（據《校勘記》改），《注》：「天待暇其終，至五年，欲使傳子孫」，與前文所引矛盾，然與今本

說的影響，〔註669〕故見有述敘文、武之詩，且有「耆」字者，則以經義改讀。

28. 〈靈臺〉之《序》：「民始附也」，《箋》：「民者，冥也。其見仁道遲，故於是乃附也」，〔註670〕按：「是」，時也，「故於時乃附」，言其晚。而何以文王大聖，民之知文王猶如此其晚？《箋》於是將「民」聲訓為「冥」，言其本冥然無知者，可能終其一生將不及體察也不及親受聖人澤化；可是文王大聖，究使此冥然無知者亦能「見仁道」，以示後來者化民之不易，及文王之聖猶然黽勉孜矻的典型，此蓋《箋》所欲發揮之經義。

而類似的說法，也見於〈角弓〉：「爾之教矣，民胥傚矣」，《箋》：「見女之教令無善無惡所尚者，天下之人皆學之。言上之化下，不可不慎」，〔註671〕按：《箋》言其所教之民不尚善亦不尚惡純為政教所化，此乃發揮經文所無的思想，兩例參證，可見《箋》於民之性及民如何教化所持的態度。

29. 〈靈臺〉：「庶民子來」，《箋》：「眾民各以子成父事而來攻之」，〔註672〕按：《箋》以「眾」解「庶」，以「子成父事」解「子」，知其將「子」字如字讀，並發揮經義：一方面展現文王有德，「視民如子」，故可為「民之父母」；〔註673〕一方面，如〈沔水〉之《箋》所謂「臣之道，資於事父以事君」，〔註674〕而此語實出《禮記‧喪服四制》與《孝經》所謂：「資於事父以事君」；〔註675〕然而「子」其實當讀「茲」，「茲」、「滋」、「子」三字古通，〔註676〕此「茲」義為「乃」、「則」，〔註677〕句義言：「經始勿亟，庶民乃來」，二句是有先後因果關係的，若讀為「子」，二句的關係就被隱沒了。

30. 〈下武〉：「永言配命」，《箋》：「永，長。言。我也。『命』猶『教令』

《尚書‧多方》作「天為五年須暇之子孫」者合，《尚書注疏》，卷十七，頁257。

〔註669〕《禮記注疏》，卷五十二，頁885。

〔註670〕《毛詩注疏》，卷十六之五，頁578。

〔註671〕《毛詩注疏》，卷十五之一，頁503。

〔註672〕《毛詩注疏》，卷十六之五，頁580。

〔註673〕語見〈泂酌〉，參《禮記‧孔子閒居》，《禮記注疏》，卷五十一，頁860，而〈孔子閒居〉的內容大抵也見於上博二〈民之父母〉。

〔註674〕《毛詩注疏》，卷十一之一，頁375。

〔註675〕《禮記注疏》，卷六十三，頁1032、《孝經注疏》，卷二，頁24。

〔註676〕高亨、董治安：《古字通假彙典》，頁427～48，按「子」、「滋」通假尚可補一證：《古文苑》卷三〈梁王菟園賦〉：「芶焉子有」，章樵《注》讀為「滋有」，頁24。

〔註677〕裴學海：《古書虛字集釋》，頁629～630。

也……此為武王言也」，〔註678〕按：《箋》所以必須訓「命」為「令」，而不解為「永言配天命」者，《正義》認為是：「此承『王配于京』，是配三后，不配天，故以『命』為『教令』」，〔註679〕其說未是；《箋》此說的理由應是：在《箋》的體認中，本句的「永言」當理解為「言永」，則全句結構是：「言永配命」，即「我長配行教令」，故此句乃「此為武王言也」，按照《正義》的解釋，就是「此則稱武王口自所言」。〔註680〕然而此一解釋引發的問題是：天命並非武王可自稱「永」配之者；且觀下文「永言孝思，孝思維則」，「永言」一句是原因，下句是其結果，則以此觀上章「永言配命」之「命」若是天命，也與其下文「成王之孚」沒有太大的關係，〔註681〕王之信固然可能致天命，但絕非配天命後才能成就王者之信，故訓「命」為「令」。

同樣的例子，〈烈祖〉：「我受命溥將」，《箋》：「將猶助也。……於『我』『受』『政教』，至祭祀又『溥』『助』我」，〔註682〕按：「受命」本係專有名詞，「乃改朝換代之特用成詞。國家制度形成後又引伸用以言國家君王之禍福吉凶」，〔註683〕但《箋》將「命」解為「政教」，顯然是解「命」為「令」。〔註684〕然而何以《箋》認為此處不能理解為受天命？此與《箋》如何理解文句有關，《箋》云「於我受政教，至祭祀又溥助我」，則《箋》把「我受命溥將」理解為「我：受命／溥將」，也就是：諸侯於我既受命，諸侯於我又溥將，主詞「諸侯」省略，「我」指湯孫太甲；而《詩》文簡約，將本來應該寫作「於我受命」、「於我溥將」的兩個句子，因為主語相同的緣故便壓縮成「我受命溥將」五字。嘗試復原《箋》如何理解文句之後，即可知：諸侯無論如何不能「受命」，只能改讀為「受令」。故於此例可見《箋》理解文本的方式，而其經學思想又如何在其所理解的文本結構中發揮影響力，把這些交

〔註678〕《毛詩注疏》，卷十六之五，頁 581，按「三后在天，王配于京」，《傳》：「三后，大王、王季、文王也。王，武王也」，《箋》：「此三后既沒，登遐，精氣在天矣。武王又能配行其道於京，謂鎬京也。」

〔註679〕《毛詩注疏》，卷十六之五，頁 581。

〔註680〕《毛詩注疏》，卷十六之五，頁 581。

〔註681〕以上均《毛詩注疏》，卷十六之五，頁 581，《箋》：「孚，信也。……欲成我周家王道之信也」。

〔註682〕《毛詩注疏》，卷二十之三，頁 791。

〔註683〕姜昆武：《詩書成詞考釋》，頁 56。

〔註684〕「命」，上古明母耕部，「令」，上古來母耕部，《漢字古音手冊》，頁 281、280，高亨、董治安：《古字通假會典》，頁 94。

相影響的隱微因素逐一展示，才能體會《傳》、《箋》簡易的訓詁中，其建構經學的用意為何。

31. 〈卷阿〉：「爾受命長矣，茀祿爾康矣」，《傳》：「茀，小也」，按：「茀」通「芾」，〈甘棠〉：「蔽芾甘棠」，《傳》：「蔽芾，小貌」，〔註685〕「茀」、「芾」聲近，且古書有通假例，〔註686〕可知《傳》如字讀「茀」，故訓為「小」，然而問題是賜人以「祿」，何嘗有言賜小祿者？《正義》是以曲為之說為：「福之大者，莫過末年。命長已是大福；則茀福宜為小福，故以『茀』為『小』，言小尚安之，則大者可知」，〔註687〕固然〈洪範〉「五福」中，「三曰康寧」，「五曰考終命」，〔註688〕似乎祿確實比長命為小；然而〈既醉〉不云：「君子萬年，介爾景福」，〔註689〕既言萬年又云景福，即為《正義》說之反證。然則《傳》所以訓「茀」為「小」，理由應是其理解此二句的主語其實不同，故文義之承接關係亦不同，「爾受命長矣」，是天賜王，而「茀祿爾康矣」，是王賜賢者，且本句應解為：「康爾茀祿矣」，《箋》：「康，安也」，〔註690〕動詞，言王以茀祿安爾，然王安賢者，所以以小祿者，應即《尚書·洪範》所謂：「而康而色，曰予攸好德，汝則錫之以福」，〔註691〕也就是說：此賢者必須常好其德，王所賜之福才能漸大漸久。故《傳》訓為小祿，大概也有要求賢人毋自逸之義。

32. 〈崧高〉：「以贈申伯」，《傳》：「贈，增也」，《釋文》引崔靈恩《毛詩集注》云：「增益申伯之美」，按：《傳》此說固然可以理解為探求語源，即：所謂「贈」，其本質無非皆是使人增多其物，僅解「贈」字得義之由，無關文本義；然而也可以解釋為《傳》發揮思想，「贈」、「增」均從「曾」聲，自可通假，則《傳》意蓋謂《序》云：「褒賞申伯焉」，而詩文中亦屢見「王錫申伯」、「錫爾介圭」等語，〔註692〕然此只是物質層面的贈，今此詩人獻誦、詩、風，獨不屬物質層面的「贈」，而屬道德層次的「增」，且因道德內在，故不可

〔註685〕《毛詩注疏》，卷一之二，頁54。

〔註686〕「芾」，上古幫母月部，「茀」，上古滂母物部，均見郭錫良：《漢字古音手冊》，頁109。二字通假例證見高亨、董治安：《古字通假會典》，頁603。

〔註687〕「末」，名詞活用為動詞。此疏文據《校勘記》改。

〔註688〕《尚書注疏》，卷十二，頁178。

〔註689〕《毛詩注疏》，卷十七之二，頁604，《箋》：「介，助。景，大也」。

〔註690〕以上均見《毛詩注疏》，卷十七之四，頁627。

〔註691〕「而」即「爾」，偽孔《傳》：「汝當安汝顏色，以謙下人，人曰：『我所好者德』，汝則與之爵祿」，《尚書注疏》，卷十二，頁172。

〔註692〕以上均《毛詩注疏》，卷十八之三，頁669、672、673。

贈而只能增，又本詩前云贈物者多，曲終奏雅，宜稱「增申伯之德」，故《傳》乃必須改讀「贈」為「增」。

33.〈瞻卬〉：「不弔不祥」，《箋》：「弔，至也。王之為政，德不至於天矣，不能致徵祥於神矣」，〔註693〕按：此一思想又見〈殷武〉：「莫遂莫達」，《箋》：「然而無能以德自遂，達於天者」；〔註694〕然《箋》說似誤，「弔」、「祥」均訓「善」，〔註695〕與下文「威儀不類」之「類」同，〔註696〕前後二句均是責王之詞。《箋》大概把「不弔不祥」理解為「威儀不類」的其中一個原因，因此，「弔」、「祥」在《箋》的訓解中，均是動詞（「祥」由名詞「徵祥」活用為動詞「致徵祥」），指王的所作所為：人間帝王之德能上達於天，是極古老的思想，如《尚書·君陳》云：「至治馨香，感于神明；黍稷非馨，明德惟馨」，〔註697〕同樣的，因德政使神降致徵祥，更是兩漢思想最基本的主題；而今王為虐，故德不能至天又不能致徵祥。於此可見《箋》如何從其所理解的文義結構中發揮思想。

34.〈召旻〉：「旻天疾威，天篤降喪」，《序》：「旻，閔也，閔天下無如召公之臣也」，《箋》：「旻，病也」，又：「『天』斥王也。『疾』猶『急』也。……『病』乎『幽王』之為政也，『疾』行暴虐之『法』」，按：「威」有「法則」義，〔註698〕故《箋》雖無明文，實訓「威」為「法」。而《序》與《箋》對「旻」字之異說，除了解釋的對象不同，也在於對「旻」字的受語有不同的理解，而所理解的受語不同，所發揮的經義就完全不同：《序》、《箋》固然都同意「幽王大壞」，〔註699〕然而《序》之「旻，閔也」當是藉著解釋篇名「召旻」而連帶通釋本詩所有「旻」字，否則其應只須說「閔無如召公之臣」即可，而不須

〔註693〕《毛詩注疏》，卷十八之五，頁696。

〔註694〕《毛詩注疏》，卷二十二之四，頁803。

〔註695〕按王引之《經義述聞》：「『弔』字有『祥』、『善』之義，而學者皆弗之察」，《皇清經解諸經總義類彙編（一）》，頁1175～1176，而「弔」之所以有「善」義，實因「淑」字（即𢔀）誤為「弔」字，故「弔」有善義，參吳大澂：〈叔字說〉，《字說》（臺北：藝文印書館，1975年9月），頁7～9。

〔註696〕《傳》：「類，善」，《毛詩注疏》，卷十八之五，頁696。

〔註697〕《尚書注疏》，卷十八，頁274，按：此雖偽古文，然其所載的思想未必無據，詳下文所揭的其它例證。

〔註698〕《詩·周頌·有客》：「淫威」，《傳》：「淫，大。威，則」，《毛詩注疏》，卷十九之三，頁737，又《爾雅·釋言》：「威，則也」，《爾雅注疏》，卷三，頁46。

〔註699〕以上均《毛詩注疏》，卷十八之五，頁697。

隱隱呼應「旻天疾威」之「旻天」而說「閔『天下』無如召公之臣也」，故其理解的「天」不是指幽王，故此「天」尚可閔之；而《箋》理解的「天」則是幽王，幽王罪大惡極，無可閔之處，是以只能訓為「病」。而從訓「病」的角度來說，此二句先言結果（「旻天疾威」），再說原因（「天篤降喪」），也是對當前災難切身炙痛地指認。

35.〈思文〉：「思文后稷，克配彼天，立我烝民，莫匪爾極」，《傳》：「極，中也。」《箋》：「克，能也。『立』當作『粒』。烝，眾也。周公『思』先祖有『文』德者，『后稷』之功『能』『配』『天』：昔堯遭洪水，黎民阻飢，后稷播殖百穀，『烝民』乃『粒』，萬邦作乂，天下之人『無』『不』於『女』時得其『中』者，言反其性。」《正義》：「《傳》不解『立』，但毛無破字之理，〔註700〕必其不與鄭同，宜為存立眾民也。」〔註701〕

《箋》說可對照《國語・周語上》引〈頌〉曰：「思文后稷，克配彼天，立我烝民，莫匪爾極」，韋昭《解》：「〈頌〉，〈周頌〉也。〈思文〉謂郊祀后稷以配天之樂歌。經緯天地曰『文』。克，能也。烝，眾也。莫，無也。匪，不也。爾，女也。極，中也。言周公『思』有『文』德者『后稷』，其功乃能『克』『配』于『天』，謂堯時洪水，稷播百穀，『立』『我』『眾』『民』之道，『無』『不』於『女』時得其『中』者，功至大也。」〔註702〕

按：韋昭《解》所謂：「無不於女時得其中者」者，出於〈思文〉之《箋》，其文竟與鄭《箋》一字無差，顯見韋昭必用鄭《箋》，〔註703〕則這應是除了《鄭志》所載鄭玄弟子論及鄭《箋》之疑難者外，目前所見史料中最早引用鄭《箋》的出處。但是這一引用，卻完全刪去了鄭玄最重要的經學建構，這一刪節出於鄭學之徒，尤其顯得含意深遠。

《箋》說當參其〈《詩譜》序〉云：「周自后稷……茲時乃粒」、〈閟宮〉之《箋》云「堯時洪水為災，民不粒食」，〔註704〕而推尋鄭玄改讀的用意有二：

〔註700〕「破字」的問題比較複雜，在此可以簡單理解為：《正義》認為《傳》不改讀假借字。

〔註701〕《毛詩注疏》，卷十九之二，頁721。

〔註702〕〔清〕董增齡：《國語正義》，卷一，頁18上。

〔註703〕按：舊說認為鄭玄有《國語注》，王利器《鄭康成年譜》，頁261～262，已辨其誤，故此處沒有韋昭用鄭玄《國語注》的可能性，而韋昭《國語解》中所引鄭玄說也都別有出處可尋。

〔註704〕《毛詩注疏》，卷首，頁5、卷二十之二，頁776。

一則此詩與〈益稷〉「烝民乃粒」之語，文句幾乎完全相似，〔註705〕二則此乃后稷最彰著的事蹟，詩之開篇，理當先言；但讀為「粒」則下文又有「貽我來牟」，卻顯得重覆。

至於《箋》之文義說解中的「『后稷』之功『能』『配』『天』」，對應原文，固然可以說《箋》將「后稷」屬下讀，文句結構是：「思文／后稷克配彼天」，但毋寧理解為鄭玄只是補足了下句的主語：「思文后稷，（后稷）克配彼天」；這個地方，韋昭的處理就更為仔細：「言周公思有文德者后稷，『其』功乃能克配于天」，增一「其」字，顯然也是對《箋》語意模糊之處的修改。

而韋昭與鄭玄有兩個關鍵差異：第一是即不同意鄭玄改訓「立」為「粒」，仍如字讀為「立」，第二是刪去鄭《箋》中「言反其性」的經學建構。第二點尤其事關緊要，因為「性」在《詩經》裡本不具備經學意義，《傳》初步有了關於「性」的建構，至鄭玄始建立完整的毛《詩》學人性論，此「反其性」即為一例（說詳下文）。但為什麼在此《箋》要牽連「性」上說「莫匪爾極」？恐怕與其「女時得其中」的字面聯想有關，蓋「時中」者：《易·蒙》之《彖》辭云：「蒙，亨，以亨行，時中也。」〔註706〕又《禮記·中庸》：「君子之中庸也，君子而時中。」〔註707〕既「時中」與「亨」、「君子」相涉，自能使民「反其性」。

韋昭則不然，其對「立我烝民」中關鍵的「立」字與鄭玄的理解不同外，句子結構也迥然有別：原文的「烝民」是受詞，可是《箋》的「烝民」卻倒過來成了主語：「『烝民』乃『粒』」，很可能是鄭玄在此要兼存「粒」的名詞與動詞義，所以不得不改變語序。韋昭則不同，其在逐字按照經文疏解的過程中，還補上了「道」字，而在解釋完了「莫匪爾極」後，再申一句「功至大也」，這個「功」卻又呼應上文「其『功』乃能克配于天」之「功」，於是四句都在說「功」；而鄭玄僅止於在第二句說：「后稷之『功』能配天」，下文即無「功」字，對文本的彌縫也不如韋昭嚴密，也就是：鄭玄認為要說到「性」上，才顯得這是配天之功，但這個「性」是民所本有，后稷實則無功可言，故說到此，詩文與鄭玄的解釋本身都不足以彰顯后稷如何有此配天之大功，但韋昭的

〔註705〕《尚書注疏》，卷五，頁66。

〔註706〕《周易注疏》，卷一，頁23。

〔註707〕鄭玄《注》：「用中為常道也。……『君子而時中』者，其容貌君子，而又時節其中也」，《禮記注疏》，卷五十二，頁880。

「功」卻是實質的創造，因為明白地「立我眾民之道」，方足以在詩文本身中彰顯后稷配天之大功。

故韋昭乃不得不刪去對鄭學來說非常重要的「反其性」而易之以「道」、「大功」。從鄭學的角度而言，韋昭固然是棄去鄭學重要的思想命題；但從經學的角度而言，上下四句有更緊密的聯結，文義的解釋也修正的鄭玄脫離文本的問題，經義更是煥然大彰。

36.〈噫嘻〉：「終三十里」，《傳》：「『終三十里』，言各極其望也」，《箋》：「發其私田，竟三十里者……《周禮》曰：『凡治野田，夫間有遂，遂上有徑；十夫有溝，溝上有畛；百夫有洫，洫上有塗；千夫有澮，澮上有道；萬夫有川，川上有路』，計此萬夫之地，方三十三里少半里也」，〔註708〕按：《傳》、《箋》異義，原因在於鄭玄以禮說詩，故對文本結構有不同的理解。《傳》以「極」解「終」，「望」者，願也，《正義》本王肅「天地合，所之而三十，〔註709〕則天下徧」之說，解《傳》之「望」為「謂人目之望所見」，似非；《傳》義應該是說各極爾等之願望。《箋》則反而用下文「十千維耦」來理解上文的「終三十里」，十千則是萬人，據《周禮》推算，實為三十三里少半里，〔註710〕而詩文取成數為三十里。此可見所根據的經說不同，對文本的理解方式就有相應的變化。

37.〈振鷺〉：「我客戾止」，《傳》：「客，二王之後」，《箋》：「興者，喻杞、宋之君有絜白之德，來助祭於周之廟，得禮之宜也」，〔註711〕按：從〈振鷺〉一詩而言，「客」沒有必然是「二王之後」的「杞宋之君」之語境；但聯繫整個〈周頌〉而言，〈載見〉「載見辟王」云云即為諸侯來朝之證，〔註712〕且祭祀場合能稱為「客」者，身分亦非等閒，故《傳》、《箋》賦予「客」為「二

〔註708〕《毛詩注疏》，卷十九之二，頁725，按《周禮·地官·遂人》作「凡治野」，無「田」字，又阮刻本《周禮注疏》「萬夫」誤作「萬大」，當據此《箋》正之，《周禮注疏》，卷十五，頁233。

〔註709〕此句大概是省略主語「人」，句義可能是說每人行三十里的話，足以窮盡天地。

〔註710〕《毛詩正義》：「既廣、長皆百夫，夫有百步，三夫為一里，則百夫為三十三里餘百步，即三分里之一為少半里，是三十三里又少半里也。」按：《周禮·地官·遂人》鄭玄《注》亦云：「萬夫者，方三十三里少半里」，《周禮注疏》，卷十五，頁233。

〔註711〕《毛詩注疏》，卷十九之三，頁730。

〔註712〕《毛詩注疏》，卷十九之三，頁735。

王之後」的經學建構，則「我客」之「我」不論是作者自言或代言，都指的是周朝君王，如此一來，此詩不僅是聖王垂法，也使讀者得知「通天三統」的鑒誠，〔註713〕又符合萬邦來朝的氣度。

38.〈敬之〉：「命不易哉」，《箋》：「去惡與善，其命吉凶不變易也」，〔註714〕按：推究《詩》中所言「命」、「帝命」，多指「天命」，如：

（1）〈賚〉：「時周之命」，《箋》：「是周之所以受天命而王之所由也」，又：〈般〉：「時周之命」，《箋》：「是周之所以受天命而王也。」〔註715〕

（2）〈玄鳥〉：「受命不殆」，《箋》：「受天命而行之不解殆者。」〔註716〕

（3）〈殷武〉：「帝命不違」，《箋》：「天之所以命契之事……」，又：「帝命式九圍」，《箋》：「天於是又命之，使用事於天下。」〔註717〕

則此「命不易哉」，「易」當訓難易之易，乃謂得天命不易，與周初敬畏天命的普遍思想相合。〔註718〕鄭玄讀為「其命吉凶不變易也」，轉從一己的道德意義上發揮，根據的大概是下文「維予小子」的自述口吻。

39.〈載芟〉之《序》：「春籍田而祈社稷也」，《箋》：「『籍』之言『借』也，借民力治之，故謂之籍田」，〔註719〕按：「籍田」之「籍」古多訓「借」，均屬發揮重農於民思想，其實「籍田」之「籍」（本作「耤」，加「竹」作「」籍，加「艸」作「藉」，三字古通）字本身就是耕耒田地之狀，〔註720〕故籍田本即耕田。而因此是王者勸農的重要禮制，〔註721〕後來又可省稱為名詞，專

〔註713〕《毛詩正義》引《書傳》：「天子存二王之後，與己三，所以通天三統」，《毛詩注疏》，卷十九之三，頁730，按此出《尚書大傳》，見〔清〕皮錫瑞《尚書大傳疏證》：「天子存二王之後，與己為三，所以通三統，立三正」，卷七〈略說〉，《皮錫瑞全集》（北京：中華書局，2015年9月），第1冊，頁328。

〔註714〕《毛詩注疏》，卷十九之三，頁740。

〔註715〕《毛詩注疏》，卷十九之四，頁754、756。

〔註716〕《毛詩注疏》，卷二十之三，頁794。

〔註717〕《毛詩注疏》，卷二十之四，頁801。

〔註718〕徐復觀：《中國人性論史》，頁20～24。

〔註719〕《毛詩注疏》，卷十九之四，頁746。

〔註720〕耤、籍、藉三字均上古從母鐸部，《漢字古音手冊》，頁68，耤、籍、藉三字的通假例證詳高亨、董治安：《古字通假彙典》，頁907。

〔註721〕《國語·周語上》宣王「不籍千畝」，虢文公即諫以籍田的意義在於：「夫民之大事在農，上帝之粢盛於是乎出，民之蕃庶於是乎生，事之供給於是乎在，和協輯睦於是乎興，財用蕃殖於是乎始，敦厖純固於是乎成」云云，詳徐元誥：《國語集解》，頁15～22。

指行此禮制之處，如《周禮·天官·甸師》：「耕耨王藉」之「藉」，《國語·周語上》：「及籍」、「虒於藉東南」之「籍」。〔註 722〕

40. 〈載芟〉：「匪且有且，匪今斯今，振古如茲」，《傳》：「且，此也。振，自也」，《箋》：「匪，非也。『振』亦『古』也。饗燕祭祀，心非云且而有且，謂將有嘉慶禎祥，先來見也；心非云今而有此今，謂嘉慶之事，不閒而至也。言脩德行禮，莫不獲報，乃古古而如此，所由來者久，非適〔註 723〕今時」，〔註 724〕按照《傳》、《箋》之義「且」、「今」義近，則兩次重覆此一句式，顯然是為「振古如茲」鋪墊，一如《大戴禮記·公冠》所記祀天之辭云：「靡今靡古，維予一人某，敬拜皇天之祐」。〔註 725〕而《箋》則不滿足於此詩字面上的頌讚，一方面借重災異理論，改造了「匪且有且，匪今斯今」的句義，又發揮「脩德行禮」的功用。

41. 〈玄鳥〉：「天命玄鳥，降而生商」，《傳》：「玄鳥，鳦也。春分玄鳥降。湯之先祖有娀氏女簡狄配高辛氏帝，帝率與之祈于郊禖，而生契，故本其為天所命，以玄鳥至而生焉」，〔註 726〕按洪誠云：「毛《傳》讀為『天命，玄鳥降，而生商。』……毛《傳》以儒家思想解釋斷句，破除了神話色彩，反而失詩旨之真。《詩》、《書》語言通例，未見以天命二字冒起下文的句子」，〔註 727〕洪氏所謂「破除了神話色彩，反而失詩旨之真」，即暗用皮錫瑞：「古文似正而非，今文似奇而是」之說。〔註 728〕然洪氏之說似尚可修正，據注解次序而言，「玄鳥，鳦也」是關於本文的訓詁，而「湯之先祖有娀氏女簡狄配高辛氏帝」以下，是總釋此二句句義，則夾雜其間的「春分玄鳥降」，顯然不是解釋文本，而是補充玄鳥的習性，預為下文解釋「玄鳥至」不是指玄鳥生子，而是玄鳥所至之時節作伏筆，是以「春分玄鳥降」的「降」字並非「降而生商」的

〔註 722〕 分見《周禮注疏》，卷四，頁 63～64、《國語集解》，頁 18、20。又按：《周禮·天官·甸師》：「而耕耨王藉」，鄭玄《注》：「藉之言借也」，這裡的「藉」是專有名詞「藉田」之省稱，作名詞用，鄭玄仍然解為「借」，完全是違背文本而發揮思想之訓詁，《國語·周語上》：「不籍千畝」，韋昭《解》：「籍，借也，借民力以為之」，徐元誥：《國語集解》，頁 15。
〔註 723〕 「適」，但也，見《故訓匯纂》，頁 2309。
〔註 724〕 《毛詩注疏》，卷十九之四，頁 748。
〔註 725〕 黃懷信：《大戴禮記彙注彙校》，卷十三，頁 1361，按此書篇名仍題作〈公符〉，但出校語云當改作「公冠」，頁 1342，今改。
〔註 726〕 《毛詩注疏》，卷二十二之三，頁 793。
〔註 727〕 洪誠：《訓詁學》，《洪誠文集》，頁 61，補書名號。
〔註 728〕 〔清〕皮錫瑞：《經學通論》，卷二《詩經》，頁 42。

「降」，觀《傳》又以「以玄鳥至而生焉」解「降而生商」可知，則洪氏認為《傳》讀為「玄鳥降，而生商」，似未盡是，《傳》應該是將此二句理解為：「天命／玄鳥降而生商」。而洪氏所謂「毛《傳》以儒家思想解釋斷句」，雖具洞見，說亦未盡，其關鍵實在「天命」二字上，原文本謂此鳥為天所命而生契，《傳》則改讀為商家初祖受天命之時，正是玄鳥春分所來之節，是以生契。

42. 〈玄鳥〉：「肇域彼四海」，《箋》：「『肇』當作『兆』，王畿千里之內，其民居安，乃後兆域，正天下之經界，言其為政自內及外」。〔註729〕而《正義》以為：「毛以為……然後『始』有彼四海」，是《正義》認為《傳》訓「肇」為「始」；〔註730〕《正義》又認為《箋》讀「肇」為「兆」，其義為「營兆境域」、「界域營兆」，〔註731〕所謂「營兆」，《周禮・春官・小宗伯》：「卜葬兆甫竁亦如之」，鄭玄《注》：「兆，墓塋域」，又《周禮・春官・肆師》：「掌兆中、廟中之禁令」，鄭玄《注》：「兆，壇塋域。」〔註732〕意謂若干區域，但此義為名詞，是鄭玄破讀為名詞後，又活用其詞性為動詞，蓋準本詩上文「正域彼四方」而來，〔註733〕故不認為「肇」為語詞或訓「始」之說可從。而之所以不可訓「始」，除了與上下文須一致這個理由以外，還與鄭玄要發揮的經義「言其為政自內及外」有關，其為政始於「維民所止」，一如〈大學〉所展示的「古之欲明明德於天下者，先治其國；欲治其國者，先齊其家；欲齊其家者，先脩其身；欲脩其身者，先正其心；欲正其心者，先誠其意；欲誠其意者，先致其知」的由外溯內的步驟，〔註734〕並非始於「域彼四海」。

43. 〈長發〉：「允也天子」，《箋》：「湯遵而興之，信也天命而子之」，〔註735〕則《箋》把「天子」改讀為名詞加動詞，完全與習見的「天子」之義不同。如此改讀，首先是因為《箋》認為此係描寫成湯討夏桀之詞，此時雖有天命，〔註736〕尚未稱王，不可稱天子，故改讀為「天命而子之」。其次，

〔註729〕《毛詩注疏》，卷二十之三，頁794，「乃後兆域」之「兆域」，在此應讀為動詞。

〔註730〕《爾雅・釋詁》：「肇，始也」，《爾雅注疏》，卷一，頁1。

〔註731〕《毛詩注疏》，卷二十之三，頁794～795。

〔註732〕分見：《周禮注疏》，卷十九，頁294、296。

〔註733〕《毛詩注疏》，卷二十之三，頁794，《傳》：「正，長。域，有也」，《箋》：「使之長有邦域」，正用《傳》說。

〔註734〕《禮記注疏》，卷六十，頁983。

〔註735〕《毛詩注疏》，卷二十之四，頁803。

〔註736〕《大戴禮記・少閒》：「成湯卒受天命……故乃放移夏桀，散亡其佐」，方

下文「降予卿士」的主詞明顯是天，〔註737〕因此其上文「允也天子」，應該也是天之的作為，而不是單純描寫其信然是天子身份之詞。三是此為當時經學家，甚至是緯書的流行說法，如：《春秋繁露·三代改制質文》：「天佑而子之，號稱『天子』」，又：〈順命〉：「故德侔天地者，皇天右而子之，號稱『天子』」、《春秋保乾圖》：「天子，……天愛之、子之」，〔註738〕而這種說法在《詩經》本文中也隱約可尋，〈時邁〉：「時邁其邦，昊天其子之」，〔註739〕也是指王為天所子。所以此例是《箋》以其經學思想為主，配合上下文義的改讀。

但是《箋》這種理解也有問題，〈長發〉既說「允也」天子，則意謂此人尚非天子，乃稱其有德無位，而其實宛如天子；並且因為其「允也天子」的德性，「天監下民」，「天視自我民視」，〔註740〕故天亦因此有所作為，乃「降予卿士」，如此說可從，則《箋》認為必須改讀的疑難都可解釋，無須改讀「天子」為「天命而子之」。

第三節　毛《傳》訓詁中所建構的經學思想

以下兩節，將在前文逐條疏證的基礎上，分別描述《傳》、《箋》究竟如何在其訓詁中建構經學思想？其所建構之思想的整體面貌又為何？

因前文已大致將所有例證揭出，並略加考釋；故下文除前文未曾引用者外，不再一一出注，也不附原文，只括注詩篇名，若篇名相同，加注其〈風〉、〈雅〉、〈頌〉以為區別，其餘則不加。而引文儘可能作到最低程度的刪節，多僅略去句首的「以喻」、「言」、「故」等字，以便閱讀，尚請讀者留意；個別刪節較多之處，另出注說明。至於若干《傳》、《箋》混淆之例，參用各家說法校

　　　　向東：《大戴禮記匯校集解》（北京：中華書局，2008年7月），下冊，卷十一，頁1158。
〔註737〕《毛詩注疏》，卷二十二之四，頁803。
〔註738〕以上分見〔清〕蘇輿：《春秋繁露義證》，卷七，頁201、卷十五，頁410、《緯書集成》，中冊，頁806，又參劉青松：《《白虎通》義理聲訓研究》，頁38。
〔註739〕《毛詩注疏》，卷十九之二，頁719。
〔註740〕分見：《尚書·高宗肜日》，《尚書注疏》，卷十，頁143、《孟子·萬章上》引〈泰誓〉，《孟子注疏》，卷九下，頁168，此語又見偽《古文尚書·泰誓》，《尚書注疏》，卷十一，頁155。

正。〔註 741〕

　　過往討論經典注疏之思想者，比較少見，但其重要性誠如池田秀三所指出的：「我們會發現非但訓詁具有思想性，毋寧說正是訓詁匯聚了中國思想的特徵」，〔註 742〕或如劉笑敢指出：「中國哲學詮釋傳統的特點是以相當完整的經典注釋的方式或經典詮釋的方式建立新的哲學體系」，而此一方式「是王弼和郭象確立了以經文注釋為體例的哲學詮釋和體系創構的方式」，〔註 743〕葛兆光也在其《中國思想史》中討論《五經正義》的思想傾向，雖然只論及私人／官學、疏不破注等問題，〔註 744〕並未真正歸納疏文，指出其思想的特殊之處；然而導夫先路，倒是指明了可行的研究方向。本文嘗試歸納《傳》、《箋》思想時，使用的方法是：首先，應試圖嚴格區分何者是《詩經》本身所具有的思想，何者是《傳》、《箋》的建構，再將其建構的部分，歸納排比，後設地為之建立框架，疏通各材料之間的關係，進一步置於其所處時代背景中，觀察其所面對的問題，及其所受的影響，與其立說的特殊之處。此誠如陳寅恪云：「因今日所得見之古代材料……非經過解釋及排比之程序，絕無哲學史之可言」，〔註 745〕故今以此方法論證《傳》、《箋》訓詁中所建構的經學思想為何。

　　本節要討論的是《傳》建構的經學思想，但因為《傳》把《詩》的看作「明王使公卿獻詩以陳其志」（〈卷阿〉《傳》）的結集，所以其較多從治道的角度發揮《詩》義，且又因其「簡質」的特性，所以就算可從毛《傳》中鉤沉出其思想的大致面貌，然而材料與材料之間，也多無法聯繫，也未見脈絡，較難在材料間建立體系，所以略就材料所及，試圖描繪出幾個議題；這與可

〔註 741〕如〈盧令〉：「盧令令，其人美且仁」，今本誤將「言人君能有美德，盡其仁愛，百姓欣而奉之，愛而樂之。順時游田，與百姓共其樂，同其獲，故百姓聞而說之，其聲令令然」作《傳》文，參照敦煌《詩經》卷子，知此乃是《箋》文，潘重規：《敦煌詩經卷子研究論文集》（香港：龍門書店，1970 年 9 月），頁 21、34，按：潘說是，理由是：《傳》通常不會有此類通解全章文義之詞，故將此判屬《箋》文，較為合理。

〔註 741〕〔日〕池田秀三著，石立善譯：〈經學在中國思想裡的意義〉，《秦漢魏晉南北朝經籍考》，頁 49。

〔註 742〕劉笑敢：《詮釋與定向——中國哲學方法論之探究》（北京：商務印書館，2009 年 3 月），頁 131、35，原書粗體字省略。至於此種方法是否以王弼與郭象為始，則猶有可商之處。

〔註 744〕葛兆光：《中國思想史》（上海：復旦大學出版社，2001 年 12 月），第一卷，頁 459～466。

〔註 745〕陳寅恪：〈馮友蘭中國哲學史上冊審查報告〉，《金明館叢稿二編》，頁 279。

以從鄭《箋》歸納出其思想體系完全不同。而前人雖多論述鄭《箋》「以禮箋《詩》」，實則毛《傳》已「以禮說《詩》」，這一點只有少數學者論及，如：力鈞、〔註746〕黃元晟、〔註747〕陳鑾芝、〔註748〕包世榮、潘任、〔註749〕康有為、〔註750〕汪辟疆等，〔註751〕直到王振華就此問題寫成《〈毛詩故訓傳〉以禮說〈詩〉研究》，才算是比較完整的論述，而《傳》以禮說《詩》，大多如上章所論，僅是發揮相關的禮學知識，與《箋》用禮議改《詩》文也極為不同，故亦暫不納入其思想面向中討論。

以下討論毛《傳》藉訓詁所建構的經學思想，大致可分為三個方面：

一、建立在「天」與「氣」觀念上的「本體」論述

《傳》已有「氣」的觀念，且認為氣源出於天，或者說天的部分本質就是氣，故：「元氣廣大則稱『昊天』」（〈黍離〉《傳》），據其所謂「元氣」之「元」，則《傳》於「氣」之精粗大概也有分別，但於《傳》中無可證，然九家《易》也說：「『元』者，氣之始也」，〔註752〕《說文解字‧九上‧包部》包字：「元气起於子，子，人所生也」，〔註753〕何休亦云：「元者，氣也」，〔註754〕這是

〔註746〕力鈞云：「毛公深於禮者，而《詩傳》尤多逸典，往往可以補禮家之缺。」〔清〕力鈞：〈齊風「於著」「於庭」「於堂」解〉，《致用書院文集》，收入《中國歷代書院志》，第13冊，頁738。

〔註747〕黃元晟云：「荀卿每謂隆禮為儒術先務，故毛釋《詩》亦多言禮。」〔清〕黃元晟：〈毛《傳》用師說考〉，《致用書院文集》，收入《中國歷代書院志》，第13冊，頁749。

〔註748〕〔清〕陳鑾芝：〈《毛詩禮徵》序〉：「而後之排鄭學者，謂其以禮說《詩》，不合毛氏，舛矣」，〔清〕包世榮《毛詩禮徵》卷首，《續修四庫全書》，第69冊，頁98，陳氏此語字面的意思是說：若認為凡鄭玄以禮說《詩》之處，都與毛《傳》的說法不合，也是舛謬的，則陳氏似也已經意識到毛《傳》以禮說《詩》。

〔註749〕〔清〕潘任：「毛、鄭皆長於禮，故《傳》、《箋》多詳禮制」，《七經講義‧詩經講義》，林慶彰等主編：《晚清四部叢刊》，第四編，第1冊，頁199。

〔註750〕〔清〕康有為：《毛詩禮徵》，《康有為全集》（北京：中國人民大學出版社，2007年9月），第1集，頁115～142。

〔註751〕汪辟疆：〈讀書說示中文系諸生〉：「《傳》、《箋》多以《禮》說《詩》」，《汪辟疆文集》，頁64。

〔註752〕《說文解字注》，頁1，「元」字下《注》引。

〔註753〕《說文解字注》，頁434，上一「子」字是指干支之「子」。

〔註754〕《公羊傳注疏》，卷一，頁8，《疏》引《春秋說》：「元者，端也，氣泉」，又引宋氏（當即宋衷）云：「然則有形與無形皆生乎元氣而來」，按：「乎」，「於」也，例見《古書虛字集釋》，頁277。

說：「元」訓「始」，而萬物之始就是「氣」，所以何休才會根據漢代經學通義把「元」解為「氣」。

　　但天與氣的關係為何？氣又有何作用？《傳》則無明文，不過根據《傳》認為天是萬物的起源：「天生萬物於高山」（〈天作〉《傳》），這句話隱含的意思是：天有意志，故可生萬物，則也可以進一步推論是：天以氣生萬物；那麼，為何必須要特別生萬物於高山呢？大概是因為：「嶽降神靈、和氣」（〈崧高〉《傳》），況且「山」為人類起源，是古老的傳說，也保留在漢人訓詁中，《說文解字·九下·山部》：「山，宣也，能宣㪔气，生萬物也」，〔註755〕《釋名·釋山》：「山，產也。產，生物也」；〔註756〕而其所說的「和氣」與神靈同為自天降於嶽者，可為上述氣為天、人媒介之說的旁證。

　　不過，《傳》中有一說法，可以間接地證明《傳》認為人身上有所謂「精氣」，此即其認為人有「精神」（「神」）：「死則『神』合同為一也」（〈大車〉《傳》），《正義》引《周禮·春官·司几筵》鄭玄《注》之「精氣同也」為說，〔註757〕「精氣」某種程度上來說亦即「精神」，但《傳》究竟如何體認「神」與「氣」的關係？而氣對人的作用如何？此於《傳》文中皆無考。

　　綜合以上的線索來說，《傳》認為天的組成部分主要有氣，天既為萬物起源，因而氣也有生化的可能性，並且氣可能有精、粗之分，而人的身上也有精氣。《傳》中這些關於氣的片段論述，與鄭《箋》後來發展出一整套完整的氣論思想，有很大的差異。

　　此外，因「陰陽」即氣，故考察《傳》中有關陰陽等論述，也有助於了解《傳》之氣的思想；雖然《毛詩正義》已經指出：「毛氏不信讖緯」，〔註758〕此說大抵正確，因《傳》中的確沒有明引讖緯之處，不過從《傳》中少數「陰陽」論述，與藉「陰陽」說展開的「災異」、「祥瑞」、思想來看，《傳》與讖緯的距離也並非如後世想像的那樣涇渭分明：

　　陰陽方面：「雄狐相隨，綏綏然無別，失陰陽之匹」（〈南山〉《傳》），這裡的「陰陽」只是性別之意，但其隱含的意思是說：陰陽當有其匹，這顯然是針對時風淫放的針砭，如：「宣王之末……妃匹相去，有不以禮者」（〈黃鳥〉《傳》）。

〔註755〕《說文解字注》，頁437，「㪔」字據段玉裁說改，「㪔」，《說文解字·七下·林部》：「分離也」，即「散」，《說文解字注》，頁336。
〔註756〕〔清〕王先謙：《釋名疏證補》，卷一，收入《小爾雅訓纂等六種》，頁52。
〔註757〕《毛詩注疏》，卷四之一，頁154～155。
〔註758〕《毛詩注疏》，卷二十之三，頁794。

災異方面：「夫婦過禮則虹氣盛，君子見，戒而懼諱之」（〈蝃蝀〉《傳》），這固然可以說是《詩經》本身具有的思想：「蝃蝀在東，莫之敢指」，或推溯於古老的傳說，如《周書·時訓》所載：「虹不藏，婦不專一」；〔註759〕但是單就此二句來看，「莫之敢指」的原因為何，《詩》文本身並未明確解答，而《傳》則發揮了「夫婦過禮」的經義，略有災異思想的色彩。又：〈十月之交〉：「彼月而微；此日而微」，《傳》：「月，臣道。日，君道」，也把本來原文中純粹是異象的描述，轉化為災異說中常見的類比思考，一如該詩下文之「高岸為谷，深谷為陵」，《傳》：「言易位也」，《箋》：「『易位』者，君子居下，小人處上之謂也」，〔註760〕此例可見《箋》在義理方面，如何進一步申《傳》：經文與《傳》，都只是描述地形位移的現象，《箋》則把此一地理現象賦予政治道德意義；但是在先秦兩漢人的思想裡，這樣的聯想恐怕未必不合文本義，畢竟如《易·繫辭上》所指出的：「天垂象」，目的在於「見吉凶，聖人象之」。〔註761〕而：〈崧高〉：「崧高維嶽」，《傳》：「嶽，四嶽，東嶽岱，南嶽衡，西嶽華，北嶽恒」，《箋》：「四嶽，卿士之官，掌四時者也，因生方嶽巡守之事」，尋文義，只是說四嶽其高至天，而《箋》為解釋為官名，符合漢人「五嶽視三公」的思想，〔註762〕並與下文「生甫及申」有何關聯，〔註763〕故進一步申《傳》。

祥瑞方面：「陰陽和而谷風至，夫婦和則室家成，室家成而繼嗣生」（〈谷風〉之《傳》）、「陰陽和，則魚眾多矣」（〈無羊〉《傳》）、「豐年之冬，必有積雪」（〈信南山〉《傳》）、「陰陽和、山藪殖，故君子得以干祿樂易」（〈旱麓〉之《傳》）；這就和祥瑞之說有若干程度的聯繫，但恐怕是當時流行的祥瑞之說無形間影響了《傳》，倒不能藉此認為《傳》有何重要的祥瑞學說，畢竟〈烈祖〉也說：「自天降康，豐年穰穰」，〔註764〕也認為「康」為「天」所「降」。

此外，五行方面：《傳》只言陰陽，沒有五行之說；《箋》則是陰陽、五行

〔註759〕黃懷信等：《逸周書彙校集注》（上海：上海古籍出版社，1995年12月），卷六，頁649。參于省吾：〈釋虹〉，《甲骨文字釋林》（北京：中華書局，2009年9月），頁2～6，注意：《周書》本身未必比《詩經》更古老，這裡只是說這個傳說相當古老，而為《周書》所記錄而已。

〔註760〕《毛詩注疏》，卷十二之二，頁407。

〔註761〕《周易注疏》，卷七，頁157。

〔註762〕參徐興無：〈五嶽與三公〉，《經緯成文——漢代經學的思想與制度》（南京：鳳凰出版社，2015年12月），頁200。

〔註763〕以上均《毛詩注疏》，卷十八之三，頁669。

〔註764〕《毛詩注疏》，卷二十之三，頁791。

皆有，顯見東漢儒者解經資源的擴張。故學者或指出董仲舒不言五行，不論其說確否，〔註765〕以《傳》來看，似乎不明言「五行」也是若干西漢儒者的通義。不過安藤圓秀有一說法，認為：「唯〈邶風·綠衣〉篇，有『綠衣黃裳』二句，注者毛萇譬之以夫人與妾轉倒其位置，……此原色與間色之順位，即原色在上，間色在下，不必待五行思想發生已行成立。然毛《傳》之注解，乃在五行思想發生之後，……故關於五行色彩之配合，及以間色排列於次位，當於五行未發生前已早有規定，然通觀《詩》、《書》、《易》等，關於間色所表現之用語，尚無任文，可證明其完全具備，由是以觀，『綠衣黃裳』之意義必須由另一根據而作解釋」，〔註766〕按：安藤氏以為正色、間色之規定雖然可能很早形成，但《詩》、《書》、《易》中仍無明文規定，故與其說此例是《傳》因色彩之正、間而作的判斷，不如說是受五行說影響；然其說可商，首先，《傳》於「綠衣黃裏」句解云：「興也。綠，間色。黃，正色」、於「綠衣黃裳」句解云：「上曰衣，下曰裳」，沒有所謂「譬之以夫人與妾轉倒其位置」之說，實則此乃《序》與《箋》之說，《序》云：「妾上僭，夫人失位」，《箋》於「綠衣黃裏」句解云：「今褖衣反以黃為裏，非其禮制也，故以喻『妾上僭』」、於「綠衣黃裳」句解云：「喻亂嫡、妾之禮」，〔註767〕則安藤氏或以《傳》說同《序》說？或誤《箋》為《傳》？其次，其既用《序》、《箋》說，《序》究竟如何解釋「綠」字，無文可徵，姑置不論，但《箋》讀「綠」為「褖」，則「妾上僭」的原因無關「綠」之為正、間色與否，故其據以立論的前提，與其說法不合。再者，安藤氏因為《詩》、《書》、《易》中仍無明文規

〔註765〕按：此說似始於日本學者慶松光雄1959年發表的〈春秋繁露五行諸篇偽作考——和董仲舒陰陽·五行說的關聯——〉，該文主張董仲舒無五行之說，故其認為《春秋繁露》中論五行者非董氏之作，參鄧紅：〈日本中國學界有關《春秋繁露》偽篇問題的論爭〉，《董仲舒思想研究》（臺北：文津出版社，2008年6月），頁266。其後戴君仁亦有〈董仲舒不說五行考〉，原載《國立中央圖書館館刊》新2卷2期（1968年3月），收入《梅園論學集》（臺北：臺灣開明書局，1970年9月），頁319～334，然而這些說法頗可懷疑，因為鄧紅已指出：「〈天人三策〉裡是有五行說的」，《董仲舒思想研究》，頁267。

〔註766〕〔日〕安藤圓秀：〈關於詩經之一二考察〉，《日本漢學研究論文集》，頁15，標點有增補，按：「注者毛萇」云云，姑置不論，而其所謂「二句」，語意不明，如果是指「綠兮衣兮，綠衣黃裳」是兩句，為何又只引「綠衣黃裳」？如果是指本詩有兩句「綠衣黃裳」，則誤，本詩相似的兩句乃是「綠衣黃裏」、「綠衣黃裳」。

〔註767〕以上均《毛詩注疏》，卷二之一，頁75。

定，就判斷沒有這種思想；可是五行說於《詩》、《書》、《易》又何嘗有明文？安藤氏予奪之間，不免有失分寸，〔註768〕實則此例不必一定要由正間色或五行來判斷，詩文中的「衣」／「裏」與「衣」／「裳」，早已有內外上下之分，可以藉此建構所謂「妾上僭」的經說了。所以，仍以《傳》無五行之說為是。

二、關於人性的若干看法

《詩經》中雖然已論及「性」，如〈卷阿〉：「俾爾彌爾性」，但不成體系。〔註769〕然《傳》對於「性」倒是有若干零散的見解可以加以貫連：

首先，《傳》曾論及文王「性與天合」（〈思齊〉《傳》）、「至湯與天心齊」（〈長發〉《傳》），這是否意味著：「天命之謂性」（《禮記·中庸》），因為性出於天，故能「合」、「齊」於天？或者這僅僅是聖人之性，常人弗與？這個問題，可從其相關論述中加以反推，《傳》云：「役夫勞苦，不得盡其天性」（〈杕杜〉《傳》），那麼一般人就應當「盡其天性」，則顯然《傳》認為性是天所賦予，人人皆然，且人人均應盡其性。甚至萬物亦莫不秉有天所授之性，如鳲亦有性：「鳲之性不樹止」（〈鳲羽〉《傳》），此性指其自然秉性；甚至性也可用來描述無生物本身的質地：「金、錫練而精；圭、璧性有質」（〈淇奧〉《傳》），〔註770〕此謂金錫乃經鍛鍊後才成其精粹者；而圭璧不煩雕琢，自身就質地純美，傳於此用「性」、「練」對文，且「性」本身即「有質」，此亦可旁證《傳》所謂「性」乃近於性善之說者。

其次，天賦予之性的內涵為何？《傳》雖則無說，然據《傳》又曾有「失其性」、「傷其性」之說：「天下室家，不以其道而相去，是失其性」（〈黃鳥〉《傳》）、「食桑葚過則醉，而傷其性」（〈氓〉《傳》），既然不應「失其性」、「傷其性」，顯然是意指人性有善的本質，故不當「失」之、不可「傷」之；但是

〔註768〕 事實上，這還牽涉到五行思想究竟起於何時等問題，目前仍沒有圓滿的解答，參郭永秉的討論，見其〈近年出土戰國文獻給古史傳說研究帶來的若干新知與反思〉，《出土文獻與古文字研究》第七輯（上海：上海古籍出版社，2018年5月），頁219～220。

〔註769〕 參傅斯年：《性命古訓辯證》、徐復觀《中國人性論史：先秦篇》（臺北：臺灣商務印書館，1988年11月）、〔日〕森三樹三郎：《上古より漢代に至る性命觀の展開：人性論と運命觀の歷史》（東京都：創文社，1971年10月），頁11～13、嚴正：《五經哲學及其文化學的闡釋》（濟南：齊魯書社，2001年8月）。

〔註770〕 《毛詩注疏》，卷三之二，頁128，「練」即「鍊」。

此一性善的本質，若不加保持修礪，也行將失去，所以可能是基於此一認識，《傳》在論及三年之喪時，曾附帶指出此事是：「賢者之所輕，不肖者之所勉」（〈素冠〉《傳》），則其也認為人性至少可分賢、不肖二類。所以不論賢、不肖應修德、行善，故須「與仁義也」（〈旄丘〉《傳》），「道其學而成也，聽其規諫以自脩」（〈淇奧〉《傳》），況且因為行善，則「善之應人」（〈斯干〉《傳》），將致相應的善報。又應時習禮、樂，故：「禮樂不可一日而廢」（〈子衿〉《傳》），「君子無故不撤琴瑟」（〈女曰雞鳴〉《傳》）、「君子無故，琴瑟不離於側」（〈山有樞〉《傳》）；否則「無禮儀者，雖居尊位，猶為闇昧之行」（〈相鼠〉《傳》）。

再者，《傳》也有「情」、「志」的概念，「情」見於〈采薇〉：「我心傷悲，莫知我哀」，注意《詩》文中並無「情」字，而《傳》則特別用「情」的概念來解說：「君子能盡人之情，故人忘其死」；但是這個「情」依然不具備思想意義，可能只是《傳》化用《論語》為說：「如得其情，則哀矜而勿喜」（〈子張〉），故「自古皆有死，民無信不立」（〈顏淵〉）。〔註771〕「志」見於「衛夫人有淫佚之志」（〈匏有苦葉〉《傳》），又〈鹿鳴〉：「我有旨酒，以燕樂嘉賓之心」，《傳》：「夫不能致其樂，則不能得其志；不能得其志，則嘉賓不能竭其力」，《傳》以「志」解「心」。但是「性」是否即「心」即「志」，或者「心」、「性」如何成「志」，「情」如何影響「性」？這些問題，《傳》都未論及。

除此之外，《傳》論人性，則大多是闡述五倫中應有的規範：

如父母方面：「民皆有父之『尊』、母之『親』」（〈泂酌〉《傳》），為何父是「親」，母是「尊」？因為：「父兼尊、親之道；母至親而尊不至」（〈四牡〉《傳》），故「父尚義」、「母尚恩也」（均〈陟岵〉《傳》）。而若父母亡，應行三年之喪，「夫三年之喪，賢者之所輕，不肖者之所勉」（〈素冠〉《傳》）。

如兄弟與朋友方面：「兄弟尚恩怡怡然，朋友以義切切然」（〈常棣〉《傳》），又「兄尚親也」（〈陟岵〉《傳》），「尚恩」與「尚親」只是與之比較的對象不同，故略有差異而已。不過，此處可注意者，乃《傳》論及父母兄弟時幾乎未使用「孝」、「忠」、「悌」等詞彙。

如夫婦方面：「男女待禮而成」（〈綢繆〉《傳》）、「男女相配，得禮而備」（〈竹竿〉《傳》），是以：「室家之道，非得所適，貞女不行；非得禮義，昏姻不成」（〈匏有苦葉〉《傳》）；但惟一的例外是：「三十之男，二十之女，禮未

備，則不待禮會而行之者，所以蕃育民人也」（〈摽有梅〉《傳》），故總而言之，仍然是：「男女之際，安可以無禮義」（〈匏有苦葉〉《傳》），所以其屢刺「男女失時，不逮秋冬」（〈東門之楊〉《傳》）、「夫婦過禮則虹氣盛，君子見，戒而懼諱之」（〈蝃蝀〉《傳》）等淫佚之舉。而婦人守禮嫁後，首先是要「古之夫人配其君子，亦不忘其敬」（〈雞鳴〉《傳》），則可以「婦人外成於他家」（〈葛生〉《傳》）。其次是仍須謹記「婦人雖適人，有歸宗之義」（〈草蟲〉《傳》）、「婦人有歸宗之義」（〈小雅·黃鳥〉《傳》）。

　　《傳》之所以如此重視五倫關係，是因為在其思想中，五倫有一個層遞的緊密聯繫：「夫婦有別則父子親，父子親則君臣敬，君臣敬則朝廷正，朝廷正則王化成」（〈關雎〉《傳》）。

三、論治道

　　一般的見解，認為《傳》無感生之說，〔註772〕此說仍有修正餘地。《傳》一方面仍詳述聖王降生之異事，因其相信如后稷一類的聖人：「天生后稷，異之於人，欲以顯其靈也」（〈生民〉《傳》），一方面仍相信此類聖人有所「感」而生，如：契亦是「本其為天所命，以玄鳥至而生焉」（〈玄鳥〉《傳》）、又如姜嫄生子，因其「見于天」，即天也曾預涉后稷之生，這就與感生說有若干聯繫了：〈生民〉：「履帝武敏歆」，《傳》：「履，踐也。帝，高辛氏之帝也。武，迹。敏，疾也。從於帝而見于天，將事齊敏也。歆，饗」，據「從於帝而見于天，將事齊敏也」這一通釋之語在「歆」字之前，則可證《傳》讀為「履帝武敏／歆」，並且「見于天」三字，原文無考，是《傳》的經學建構；可是《正義》卻認為：「從帝、見天，即上《傳》所云『后妃率九嬪御』是也」，〔註773〕若其不是忽視「見于天」而未解，則顯然是把「天」視為「帝」、「王」的同義詞，故認為「從於帝」、「見于天」都是「后妃率九嬪御」，但這樣的說法其實是漠視「而」在句子結構中的意義，故《正義》無意間將原文節略為「從帝、見天」，正反映了這種認識，且對照上引〈玄鳥〉《傳》「本其為天所命」之語，也可見其對於《傳》整體經學思想的理解不無偏差。所以毋寧說：《傳》其實

〔註772〕《正義》：「諸書傳言姜嫄履大迹生稷、簡狄吞鳦卵生契者，皆毛所不信」，《毛詩注疏》，卷十七之一，頁589，戴君仁：〈兩漢經學思想的變遷——詩經部分〉，認為〈生民〉一例，《傳》「這樣一解釋，這神話性的故事，便一筆勾消了」，《梅園論學續集》，頁10。
〔註773〕《毛詩注疏》，卷十七之一，頁588。

仍承認「感生」之「感」，但不論「生」，至少不論其「生」時的種種異事，這才是其與一般「感生」說的差異所在。

而關於施政之道，《傳》有幾個關注的重點：

一是君王當德配其位，一如上帝是：「有皇上帝」，《傳》、《箋》皆訓「皇」為「君」（〈正月〉之《傳》、《箋》），以此對應人間不君之君。故如〈羔裘〉記人臣「洵直且侯」，《傳》亦再度強調：「侯，君也」，何以「侯」訓「君」？正如《箋》所云：「言古朝廷之臣皆忠直且君也，君者，言正其衣冠，尊其瞻視儼然，人望而畏之。」〔註774〕

一是當用賢人與賢妃：用賢人方面，一開始，要求「君子能養育人材」（〈菁菁者莪〉《傳》），若能養育，則可至於「賢人眾多，國家得用蕃興」（〈棫樸〉《傳》）之局面，是以：「人君明盛，無不照察也」（〈東方之日〉《傳》），則此時「惡人被德化而消」（〈卷阿〉《傳》），所以將臻於：「太平而後微物眾多」（〈魚麗〉《傳》）、「太平則万物眾多」（〈鳧鷖〉《傳》）；反之，若王有惡政，天降喪亂，則「國有凶荒，則索鬼神而祭之」（〈雲漢〉《傳》）。用賢妃方面，若求得賢妃，則「后妃說樂君子之德，無不和諧，又不淫其色，慎固幽深……然後可以風化天下」（〈關雎〉《傳》），推此而言，則「夫婦有別則父子親，父子親則君臣敬，君臣敬則朝廷正，朝廷正則王化成」（〈關雎〉《傳》）。

一是當用禮義治國：「禮義，國家之用也」（〈破斧〉《傳》）、「禮義者，亦治國之柄」（〈伐柯〉《傳》），因為：「國家待禮然後興」（〈蒹葭〉《傳》），若能用禮義治國，則「順禮求濟，道來迎之」（〈蒹葭〉《傳》）；但禮制繁多，為政者還應注意不能過於苛碎，一如：「亨魚煩則碎，治民煩則散，知亨魚則知治民矣」（〈匪風〉《傳》）。

還有一個關注的重點，可能與毛《傳》寫作的時代背景有關，即其特別強調王室應能控制諸侯，諸侯必須尊重京師：「明王能維持諸侯也」（〈采菽〉《傳》），故《傳》每逢《詩》文有「京」字時，如果不是發揮思想，屢屢陳戒應該重視：「京師者，諸侯之父母」（〈沔水〉《傳》），就是訓為「大」，以見京

〔註774〕舊多以「儼然」屬下讀，如黃忠慎：〈王安石《詩經新義》的詮經進路及其以禮法解《詩》析評〉，《中正漢學研究》第27期（2016年6月），頁18，非是，「儼然」者，即用《論語·子張》「望之儼然」，《論語注疏》，卷十九，頁171，而「人望而畏之」者，亦本《孟子·梁惠王上》「望之不似人君」，《孟子注疏》，卷一下，頁21。黃氏又謂毛《傳》「君」字，其義為「美」，亦非是，「君」古訓無「美」義。

師之重要性：「京，大也」（〈文王〉《傳》、〈大明〉《傳》）。

　　而論及戰爭，《傳》則重視君王能與民同欲，盡民之情，則：「上與百姓同欲，則百姓樂致其死」（〈秦風·無衣〉《傳》）、「君子能盡人之情，故人忘其死」（〈采薇〉《傳》），這種思想完全與《箋》「反戰」、「義戰」相反，乃是直承〈東山〉之《序》所謂：「說以使民，民忘其死」的說法。〔註775〕

　　至於人臣之道，《傳》首重「敬」字，故雖然：「臣彊力則能安國」（〈有駜〉《傳》），但面對人君，臣當「敬之至也」（〈召旻〉《傳》），必須時時「臣有餘敬」（〈有駜〉《傳》），則「君有餘惠」（〈有駜〉《傳》）。

　　綜觀兩漢《詩經》學的主流思想，「治道」都被認為是《詩經》最重要的意義，〔註776〕可是環顧《傳》關於治道的論述，仍然顯得相當簡略，這除了可以從西漢經學的一般風氣來理解，但也充分體現其「簡質」的特質。惟其所開展的氣與性論，對「詩經」之為「經」，提供不同於過往侷限在治道層面的可能性，雖在其「簡質」的面貌下，在《詩經》中建立氣論、性論應非其首倡（如韓《詩》亦有性善論，說詳下），但就目前所可見的資料而言，仍可說：氣論與性論是毛《傳》對《詩經》學最大的貢獻。

第四節　鄭《箋》訓詁中所建構的經學思想

　　黃丕烈曾分析段玉裁離析《傳》、《箋》的意義是：「段先生釐而傳之，俾《箋》不與《傳》並載；學者始識《傳》本獨行，唯毛氏為能解《詩》，得其故訓，故《詩》必繫以『毛』也」，這是因黃氏認為：「《漢志》毛《詩》經、《傳》各自為書，今既失傳」，〔註777〕所以段氏稱得上是：「釐而傳之」；不過這句話顯然有語病，段氏仍是根據傳世《毛詩箋》中釐析出毛《傳》，〔註778〕

〔註775〕《毛詩注疏》，卷八之二，頁294，「說」訓為「悅」。

〔註776〕戴君仁：〈兩漢經學思想的變遷——詩經部分〉，則提供了另一種考察方式，該文旨在討論古文經這種「新的學問，後起的學問」，如何使經學思想從「神祕主義轉變為自然主義」，而「毛詩的經說，也是用平易近人的經說，來改變三家詩的神話性的經說」，《梅園論學續集》，頁2、7。

〔註777〕以上均見〔清〕黃丕烈：《蕘圃藏書題識》，卷一，《國家圖書館藏古籍題跋叢刊》，第7冊，頁147。

〔註778〕按：現今所見最早的毛《傳》單行本，應為六朝敦煌寫本；然此本段氏不及見，傳世宋本《毛詩故訓傳》，其實是經、《序》、《傳》、《箋》、《釋文》的合併本，且有補版，詳《宋本毛詩詁訓傳》（北京：國家圖書館出版社，2017年5月）。

不是親得《漢志》所載的單行毛《傳》，何以能說是「傳之」？顯然黃氏是有意把段玉裁《毛詩故訓傳定本》的方法與復原成績，視同如發現古本一樣地偉大。這就提示讀者將毛《傳》與鄭《箋》分別觀之有何等重要的意義，如黃家岱已點出：「然古之治毛《詩》者，以鄭《箋》所得為多，亦千古之公言」，〔註779〕這個意義，可能是種村和史發揮得最透徹，種村氏精闢地指出鄭《箋》最大的成績是：「毛《傳》中斷片式的各個訓詁之間的空隙，都在《鄭箋》之下被隱沒了」，〔註780〕所以可以說：經過鄭玄的努力，現存《毛詩箋》中，經、《序》、《傳》、《箋》四者已具備嚴密的經學體系，這一如鄭玄〈《周禮》序〉中稱道其所向慕的二三君子之《周禮》注解方法是：「其所變易，灼然如晦之見明；其所彌縫，奄然如合符復析」，〔註781〕則散見《詩經》全書的訓詁，其實均是對《詩經》有何經學意義這一問題的具體回答；然而後世研究者若不將經、《序》、《傳》、《箋》逐一抽離鄭玄的脈絡與體系中，並將之視為曾經獨立流傳的著作來思考，不易理解鄭玄「變易」、「彌縫」的用意。而魏晉以降對鄭玄《詩》學的駁難，其中的一個重要工作即是消解鄭玄疊加在《序》、《傳》上的解釋，重新貫串《序》、《傳》建構一己的《詩經》說解——這或許才是六朝鄭、王《詩經》辨難的典範意義。

　　而前人論證鄭《箋》的思想，著墨較多者有車行健、李世萍、李沈陽，〔註782〕然此三書並未完整歸納《箋》中例證，也未提示《箋》的思想格局；此

〔註779〕　〔清〕黃家岱：〈讀毛《傳》〉，《㜆藝軒襍箸》，卷上，《㣲季所箸書五種并㣲孫書兩種》，頁 21 上。

〔註780〕　〔日〕種村和史：《宋代《詩經》學的繼承與演變》，頁 82。

〔註781〕　此語見〔唐〕賈公彥〈序《周禮》興廢〉引鄭玄〈序〉，《周禮注疏》，卷首，頁 8。「奄」蓋訓為「同」，〈執競〉：「奄有四方」，《傳》：「奄，同也。」惟《傳》此訓「同」仍是發揮思想，「奄」即「掩」，「掩有四方」，故「同」。而「析」即「晰」，故上下兩句「明」、「析」對文。

〔註782〕　車行健：《釋經以立論——漢代毛鄭詩經經解的思想探索》歸納出四個方面：政治、人倫、士人立身行事、天道性命，頁 118～131，引用《箋》文甚多，但具體的闡釋尚有須進一步發揮者，比如「氣」，車氏就完全未論及，又如論及天道性命，則只說是「人格天」、「明顯帶有漢代陰陽五行思潮的濃厚時代印記」而已，缺少闡釋，且車氏根據陳澧之說為討論基礎，實則陳澧並未區分何者是《詩經》已有的思想，何者是鄭《箋》建構的思想，故陳說也有不少問題，本不宜以之為立論基礎。而李世萍：《鄭玄《毛詩箋》研究》則論及德治、貞節、陰陽、讖緯四個面向，頁 226～304，不僅未能追本溯源地描述出鄭《箋》思想的全部面貌，且援引《箋》文甚少，大多只是雜引與《箋》無關的文獻為說，不免有概念先行之病。李沈陽：《漢代人性論史》（濟南：齊魯書社，2010

外另有學者單獨討論鄭玄「天」、「性」等觀念，但很少引用《箋》文。〔註783〕故本節擬重新討論此一問題，採用的方法同上節，惟若干處採用羣經之鄭《注》加以疏通。

一、鄭玄解《詩》的經學前提與方法

如從《箋》建構經學的手段而言，除了本章前文所述諸多面向外，重要的還有以下幾個面向：

1. 以禮箋《詩》。

2. 引入《春秋》義法來詮釋《詩》文，如前所述之〈采薇〉：「一月三捷」，《箋》：「一月之中三有勝功，謂侵也、伐也、戰也」，又如：〈何人斯〉：「伊誰云從？維暴之云」，《箋》：「極其情，求其意」，皆其例。

3. 則是以羣經證《詩經》，通校鄭《箋》所引經，舉凡《易》、《書》、《春秋》、《春秋傳》、《儀禮》、《周禮》、《禮記》、《論語》、《孝經說》等等，為數甚多，足見其以經解經的用心，並且在《詩經》注釋學史上，恐怕這也是目前所知、可見的注釋中，第一次大規模地明引羣經以證《詩經》者。〔註784〕這也可見通學在漢末的新變，但也提示讀者：《毛詩箋》在鄭玄的經學體系中有什麼重要性？〔註785〕

4. 毛《詩》學中有一個貫串於《序》、《傳》、《箋》的共同解經觀念，《詩序》幾乎逐詩按斷年代，而《傳》雖少見強烈的時世觀念，但如前揭《傳》云：「詩人知其必滅周也」，則就其經學立場來說，無所謂詩的寫成時代、敘事者的時代等問題，只有其「經學的歷史觀念」才是最重要的；至於鄭玄始正式而全面地上接《詩序》傳統，亦逐詩繫年，這也是鄭玄所以相較於毛《傳》不注《序》，其所以在體例上、經學觀念上在都必須箋《詩序》的理由。故鄭

年9月），頁181～183，則舉證了一些關鍵的《箋》文作了初步解說。

〔註783〕如〔日〕堀池信夫：《漢魏思想史研究》（東京：明治書院，1988年11月），頁360～383。

〔註784〕按：毛《傳》當然已經引羣經、先師為證，雖如前述，其曾明引若干先師之名，但沒有一次標舉書名，參前揭杜其容：〈詩毛氏傳引書考〉，而從其它三家《詩》說、漢人《詩經》注佚文來看，也少有引羣經為證的傾向。而應三玉：〈古籍注釋的一種方法：引典注釋法〉：「從鄭玄的《毛詩箋》來看，其注釋中已出現引經籍的情況，……其特點是多引經義而少引經名，或靈活運用相關經義以資闡釋」，《北京大學中國古文獻研究中心集刊》第4輯，頁356，不確。

〔註785〕〔日〕池田秀三著，洪春音譯：〈《毛詩箋》在鄭學中的意義〉，《古典學集刊》第1輯（上海：華東師範大學出版社，2015年5月）。

玄於《詩譜》才會說：「詩之興也，諒不於上皇之世……」，〔註786〕歷數上皇之世以來，有詩、無詩與否，如有詩，論其體制，並聯繫於彼時治亂風俗，貫串其中的無非是強烈的「經學的歷史觀念」以及其法善戒惡的用意；所以一方面鄭玄要改移〈十月之交〉的次序與舊說，使得兩周諸王之事，《詩》皆有其文；一方面要按年重編《詩經》為《詩譜》，具填年月，觀其過程之演變。這種觀念其實隱含了兩種可能性：一方面當然是其「振古如茲」的自信，相信只要解明經書，使其口口相傳，則天下復治如昔，從紙上到現實，從往古至來今，莫不如此。可是一方面產生的疑問是：當代聖人何在？或者說，經師何以不能至於聖人的境界？這個問題，本書將在嘗試疏解完《箋》的經學觀念後，再給予解答。

二、建立在「氣」觀念上的「本源」論述

　　《箋》中較少論述氣如何影響宇宙的生化，其論氣，重在討論氣對人的生化與秉性的影響；然而從《箋》認為陰、陽二氣是能否國泰民安的關鍵：「則亦有豐熟之年，陰陽和也」（〈桓〉《箋》）、「君臣安樂，則陰陽和，而有豐年」（〈有駜〉《箋》），仍可推知其認為陰、陽二氣是世界主要的組成部分，故此二氣的「和」，是維持世界正常運行的因素。所以概括地說，《傳》重「本體」，《箋》重「本源」，彼此互補，完成《詩經》學中系統的氣化論述。

　　而維持氣之「和」的關鍵，即在於氣類相感，人與萬物均秉天所降之氣而生，具體來說，是「男女以陰陽合其精氣」（《周易‧繫辭傳下》鄭玄《注》）、「『父兮生我』者，本其氣也」（〈蓼莪〉《箋》），更細緻地說，則是：

　　1. 父出其氣，母出其體，故：「今我獨不得父皮膚之氣乎，獨不處母之胞胎乎」（〈小弁〉《箋》）。〔註787〕

　　2. 男主要受陽氣而生，女主要受陰氣而生，此據「婦人，陰也」（〈瞻卬〉《箋》）可知。

　　乃至於萬物亦皆秉氣而生，比如螽斯：「各得受氣而生子」（〈螽斯〉《箋》），比如牛羊之充盛肥腯，乃因「有天『氣』之力助」（〈我將〉《箋》），〔註788〕比

〔註786〕《毛詩注疏》，卷首〈《詩譜》序〉，頁4。
〔註787〕按：鄭玄此處是以「胞」字解釋經文「不離于裏」之「裏」，故《說文解字‧九上‧包部》「胞」字亦云：「兒生『裏』也」，《說文解字注》，頁434。
〔註788〕此句是說：「有天所降之氣之力助之」，此為《箋》解「維天其右之」之語，《毛詩注疏》，卷十九之二，頁717，原文並無「氣」的觀念，只是說天助之

如百穀亦「含生氣」（〈載芟〉《箋》、〈良耜〉《箋》），〔註789〕皆可證。

然而所秉之氣有所不同，乃有賢、不肖之分：賢者秉「精氣」而生，如姜嫄生子：「天用是馮依而降精氣」（〈閟宮〉《箋》），故「此乃天帝之氣也」（〈生民〉《箋》），又如太姒生子：「天降氣于太姒，厚生聖子武王」（〈大明〉《箋》）；與此相反，罪大惡極者秉妖氣而生：「天下妖氣生褒姒」（〈白華〉《箋》）。

氣也影響著人的日常表現，所以人可能看起來：「氣有榮光也」（〈韓奕〉《箋》），即謂人面目上的榮光因氣而生，故《說文解字・九上・色部》「色」字也說「色」是「顏『气』也」；〔註790〕而人的氣（亦即「精神」）在其死後，常人往往是「死者精神不可得見」（〈清廟〉《箋》），然而聖人如文王，則：「文王精神已在天矣」（〈清廟〉《箋》）、如三后，則：「此三后既沒，登遐，精氣在天矣」（〈下武〉《箋》），又部分先祖也可能存其精氣：「先祖以孝子祀禮甚明之，故精氣歸睚之」（〈楚茨〉《箋》），則在鄭玄的觀念中，「氣」也是來往溝通天人的關鍵。

三、「性善」為中心的人性論述

《箋》認為萬物皆秉氣而生，則萬物亦有性可言，如「塗」（即「泥」）：「塗之性善者」（〈角弓〉之《箋》）、如「魚」：「冬，魚之性定」（〈潛〉《序》之《箋》），既然萬物皆有性，且其性亦善；則人性有何特殊之處？

1. 人性的本質、內容、修養方式

〈中庸〉稱「天命之謂性」，則天用什麼方式使人得其性呢？鄭玄認為，是以「氣」為其樞紐，故：「性謂人受血『氣』以生，有賢愚、吉凶」（《後漢書・桓譚傳》李賢《注》引《論語》鄭玄《注》），但秉氣的精、粗，雖然影響了人的賢、愚，不過這只是人性萬殊的各種面貌，人性仍有一個基本的共同趨向，即是：「人心皆樂善」（〈角弓〉《箋》）、「內有其性，乃可以有為德也」（〈抑〉《箋》）、「人之心皆有仁義，教之則進」（〈角弓〉《箋》），所以當「急於

（《箋》在說解文本時，解「右」為「助」），但《箋》則思考天用什麼助之？故引入「氣」的觀念加以說明。

〔註789〕 〈載芟〉：「實函斯活」，《箋》：「實，種子也。函，含也。活，生也。而後種其『種』，皆成好，『含』『生』氣」，對照〈良耜〉：「實函斯活」，《箋》：「種此百穀，其『種』皆成好，『含』『生』氣，言得其時」，《毛詩注疏》，卷十九之一，頁748～749，二處全同，「成」、「好」義近，皆描述此「種」之辭，當讀斷，且「氣」字均原文無考，為其思想之表徵。

〔註790〕 《說文解字注》，頁431。

己而緩於人」（〈長發〉《箋》），〔註791〕也就是當急於「反其性」（〈思文〉《箋》）、「啟其心」，〔註792〕使其復歸於善。

而以上說法中，「性善」固然明出《孟子》；〔註793〕然而較隱微之例有二：

一則如前文所考，鄭玄改造文本以牽附《孟子》的「四端」之說：〈載驅〉之《序》云：「〈載驅〉，齊人刺襄公也。無禮義故，盛其車服，疾驅於通道大都，與文姜淫，播其惡於萬民焉」，《箋》：「『故』猶『端』也」，此即據《孟子》所謂「四端」為說，《孟子・公孫丑上》：「羞惡之心，義之端也。辭讓之心，禮之端也」，鄭玄此處之意，乃以為雖襄公、文姜似已全然「無禮義端」；然因人性本善，亦不可能全「無禮義端」，鄭玄藉此隱設教化之可能。

二則如〈敝笱〉：「齊子歸止，其從如水」，《傳》：「水喻眾也」，《箋》：「水之性可停可行，言姪娣之善惡在文姜也」，《傳》顯然是單純地解釋文本義；而《箋》之說，則是為牽合《孟子・告子上》：「人無有不善，水無有不下；今夫水搏而躍之，可使過顙；激而行之，可使在山，是豈水之性哉？人之可使為不善，其性亦猶是也」，〔註794〕與「夫萬民之從利也，如水之走下，不以教化防之，不能止也」等說，〔註795〕而發揮的經義。

從以上諸例可見《孟子》對鄭玄《毛詩箋》之思想有何等重要的影響，森三樹三郎已經指出《箋》受《孟子》影響，但於《箋》改造文本諸端，尚未有明確體認，且其逕用《箋》說來理解《詩經》之義，也可商榷，李沈陽也認為「鄭玄傾向於性善說」，而論及其思想之所從出；〔註796〕然而，頗耐人尋味的是，鄭玄先學《韓詩》，〔註797〕《韓詩》學者亦有「性善」之說，《韓詩外傳》云：「夫人性善；非得明王聖主扶攜，內之以道，則不成為君子」，〔註798〕

〔註791〕參《論語・憲問》：「古之學者為己」、〈衛靈公〉：「君子求諸己」，《論語注疏》，卷十四、十五，頁 128、140。

〔註792〕〈角弓〉之《箋》云：「今王不以善政啟小人之心」，見前考「莫肯下遺，式居婁驕」條。

〔註793〕分見《孟子注疏》，頁 88、195。

〔註794〕《孟子注疏》，卷十一上，頁 192。

〔註795〕《漢書・董仲書傳》，《漢書補注》，卷五十六，頁 1165。

〔註796〕以上參〔日〕森三樹三郎：《上古より漢代に至る性命觀の展開》，頁 12～13、李沈陽：《漢代人性論史》，頁 181。

〔註797〕參本書第三章第一節〈鄭玄著作次第及其《詩》學歷程〉。

〔註798〕屈守元：《韓詩外傳箋疏》，卷五，頁 250。按：屈氏認為此語「疑唐宋後人，有所竄亂」，這是因為他沒有理解上下文的關係，而把「夫人性善」當作「直陳『人性善』之說」，故有此疑；實則通觀上下文可以發現，《韓詩外傳》是

則鄭玄於此是否受《韓詩》說啟發？或逕本之《孟子》？然而《韓詩》說之佚文罕能考其思想；若以《韓詩外傳》而言，徐復觀云：「但韓嬰雖受荀子的影響很大，而在他自己，則是要融合儒門孟荀兩大派以上合於孔子的」，〔註799〕但《箋》顯然沒有這種傾向，則仍當以《箋》直承《孟子》說為是。

故從「性善」這一總體趨向來說，就是：「受性於天，不可變也」（〈桑柔〉《箋》）、「性自然也」（〈葛覃〉《序》之《箋》、〔註800〕〈四月〉《箋》、〈皇矣〉《箋》）、人有「天性」（〈常棣〉《箋》、〈思齊〉《序》之《箋》、〈生民〉《箋》）可言。

然而，基本趨向雖是性善，但對於人性萬殊的現象，《箋》以「性」的內容不同來解釋其差異，「性」的具體內容則有五：「天之生眾民，其性有物象，謂『五行』：仁、義、禮、智、信也」（〈烝民〉《箋》），而此五者對應的也是「五行」：「木神則仁，金神則義，火神則禮，水神則信，土神則知」（《禮記·中庸》鄭玄《注》），此與齊《詩》家「五性」之說同，其五性所指亦為五行，〔註801〕也就是在此五行間架的互相配合下，人性才展開了諸多可能。

不過「善」不意謂著「賢」，「善」是道德層面的不變法則，「賢」是如何發揮「性」之內涵的問題，所以性雖然善，而由其所秉內容不同，則：「賢、愚之所行，各由其性」（〈桑柔〉《箋》），即《論語·陽貨》所謂：「唯上知與下愚不移」，〔註802〕惟應當注意的是：「愚」不是「惡」，「性」有「賢」、「愚」不礙「性」之為「善」；「愚」只是「性」之不「賢」而已，「愚」仍然可以「善」。

而性又如何保持？甚至進一步發顯？《箋》中的「心」、「德」，似可為此提供若干線索，《箋》似視「心」即「性」，故云：「心平性和」（〈烈祖〉《箋》），又曾連云「心性」（〈小旻〉《箋》）。而「德」似乎就是「性」保持不失，且加

說人雖然性善，但仍待教，否則不能成為君子，今標以「；」號，則文義明瞭，屈說非是。

〔註799〕 徐復觀：〈《韓詩外傳》的研究〉，《兩漢思想史》卷三（臺北：臺灣學生書局，1993年9月），頁22～23，另參〔日〕森三樹三郎：《上古より漢代に至る性命觀の展開》，頁225、〔日〕豐嶋睦：〈韓詩外伝に見える思想の源流〉，《東洋學論集：池田末利博士古稀記念》（廣島：池田末利博士古稀記念事業會，1980年9月），頁460～461。

〔註800〕 〈葛覃〉《序》之《箋》：「『躬儉節用』，由於師傅之教；而後言『尊敬師傅』者，欲見其性亦自然，可以『歸安父母』，言嫁而得意，猶不忘孝。」《毛詩注疏》，卷一之二，頁30。

〔註801〕 陳漢章：《詩學發微》，《陳漢章全集》第1冊，頁152～153。

〔註802〕 《論語注疏》，卷十七，頁154。

以禮教陶養後，所流露出的人格特質，所以《箋》往往會將二者分說：「又思其『性』與『德』」（〈小戎〉《箋》），又進一步把「德」視為「性」的發顯與工夫步驟：「內有其『性』，乃可以有為『德』也」（〈抑〉《箋》）、「言非但天性，德有所由成」（〈思齊〉《序》之《箋》）。

2. 「惡」的可能：氣、情、六物

「氣」是人所受秉性的主要來源，但氣本身就存在惡的可能：「天下妖氣生褒姒」（〈白華〉《箋》），而這樣純受「妖氣」而生的人是否有性善可言？或者僅僅是特例？

如果僅為特例，則對一般人而言，使人的性善被蒙蔽，趨向於惡，有兩種可能的因素：

一是情，情則有六：「其情有所法，謂喜、怒、哀、樂、好、惡也」（〈烝民〉《箋》），《正義》認為即《左傳昭公元年》之「六氣」：「陰、陽、風、雨、晦、明」，〔註803〕但《箋》說又與齊《詩》家見解相同，翼奉所謂六情即：北方之情，「好」也、東方之情，「怒」也、南方之情，「惡」也、西方之情，「喜」也、上方之情，「樂」也、下方之情，「哀」也。〔註804〕

一是：「六物之吉凶」（〈小弁〉《箋》），《正義》以為此「六物」即《左傳·昭公七年》之「歲、時、日、月、星、辰」。〔註805〕則從上述木、金、火、水、土論性及此處六物之說，亦可見讖緯架構在鄭玄《詩經》學中的關鍵地位。

3. 女德

鄭玄對人性的關注中，最特殊的是對婦女的論述：從本質上來說，「婦人，陰也，陰靜，故多謀慮乃亂國」（〈瞻卬〉《箋》），因為婦人有此本質，故其作為應當是：「婦人無所專於家事，有非，非婦人也；有善，亦非婦人也」（〈斯干〉《箋》），故「婦人無外事，維以貞信為節」（〈氓〉《箋》）。

而女人須具備的德性是：「婦人之行，尚柔順自絜清」（〈采蘋〉《箋》），尤應守禮，以禮嫁娶，否則：「不以禮嫁，必無肯媵之」（〈我行其野〉《箋》），乃至於「男女相奔，不待媒氏以禮會之也」（〈桑中〉《序》之《箋》）、「男女相棄，各無匹偶，感春氣並出⋯⋯而為淫泆之行」（〈溱洧〉《箋》）；如能以禮嫁娶，及至夫家，則：「賢女能柔順君子，成其德教」（〈東門之池〉《箋》），且應

〔註803〕《毛詩注疏》，卷十八之三，頁674。
〔註804〕參陳漢章：《詩學發微》，《陳漢章全集》第1冊，頁154。
〔註805〕《毛詩注疏》，卷十二之三，頁421。

專一：「婦人之在夫家，是其常處」（〈鄘風·柏舟〉《傳》），故「婦人專一，義之至，情之盡」（〈葛生〉《箋》），然亦應「嫁而得意，猶不忘孝」（〈葛覃〉《序》之《箋》）。

如女人有德，則可以為聖人感生之母：「德性純備，故生聖子也」（〈思齊〉《箋》）、可以為聖王之賢妃：「德如是，可以易之為人君之配」（〈靜女〉《箋》）、「夫人有均壹之德……而後可配國君」（〈鵲巢〉《序》之《箋》），為王「和諧眾妾」、「恒以善言逮下而安之」（〈樛木〉《序》之《箋》），且「常求此賢女，欲與之共己職也」（〈關雎〉《箋》），後宮既安，進一步還要「志在輔佐君子」（〈卷耳〉《箋》），這也是為什麼《箋》逢《詩經》之女事，《箋》都刻意要解為后妃之事，因為其經學觀念中，女德最重要的面向，就是后妃與聖王平治天下的典型，所以這樣的解經傾向，須從其思想來解釋，方顯得有其必然性。

4. 人偶

人偶之說，《詩經》中無迹可尋，而《箋》為了發揮其思想中「人偶」的命題，在訓詁中建構了：「人偶」（〈匪風〉《箋》）、「答耦」（〈白華〉《箋》）等說，而此二詞又與「答偶」、「親偶」、「愛偶」、「存偶」相關，據戶川芳郎說，其義是指「帶有『人意』、『人情』、親愛（仁恩）等感情的輩耦」。喬秀岩先生進一步又指出：「二人之『人偶』當與一人之『孤』、三人之『參』相對，其義始可鮮明。……二人為仁，仁者人也，即『相人偶』之意。」〔註806〕

四、王道論

上文論及鄭玄的詮《詩》理念時，已經指出鄭玄將《詩經》視為一部觀美察過，可為輔佐漢家至於成功之典籍，故其於王道之論述，極為詳盡：

1. 王迹之始、帝德、感生說

鄭玄論及王道，首重王迹之始，也就是推及其先祖之德迹，以明先祖之德澤及子孫，故其子孫能王天下：「始有王天下之萌兆」（〈長發〉《箋》）、「於時而始有王迹」（〈閟宮〉《箋》）、「王基乃始於是也」（〈大明〉《箋》）、「為今子孫之基」（〈公劉〉《箋》）、「子孫依緣先祖之功而起」（〈旱麓〉《箋》），而契之母家也因在於禹時「有娀氏之國亦始廣大」（〈長發〉《箋》），故能生契為商家之祖。

〔註806〕喬秀岩：〈人偶不孤不參〉，收入喬秀岩、葉純芳：《學術史讀書記》（北京：生活·讀書·新知三聯書店，2019 年 1 月），頁 173～174。

以上是就先祖之德方面來說，然而聖王降生之時，必有異象，此即感生之說：如：「天使鳦下而生商者，謂鳦遺卵娀氏之女簡狄，吞之而生契」（〈玄鳥〉《箋》）、「祀郊禖之時，時則有大神之迹，姜嫄履之⋯⋯如有人道感己者也，於是遂有身」（〈生民〉《箋》）云云，故帝本身也讖緯家所說五帝之化身：「帝，黑帝也」（〈長發〉《箋》）：「承黑帝而立子，故謂契為玄王」（〈長發〉《箋》）；這一套說法，相較於《傳》重「感」無「生」之說，顯見其「感」、「生」並重及採用讖緯之說的特色。

2. 施政、災異

然王雖聖王，仍應修德，如〈思齊〉之《序》云「〈思齊〉，文王所以聖也」，《箋》即云：「言非但天性，德有所由成」，則聖如文王，仍須修德，其他無論，故應「人君內善其身，外修其德」（〈齊風・甫田〉《箋》），而修德則可以達德於天：「其德著見於天」（〈文王〉《箋》）、「神饗其德」（〈我將〉《箋》），〔註807〕此一思想其實亦遠有所承，如〈毛公鼎〉：「不顯文、武，皇天弘猒（厭）厥德，配我有周」，〔註808〕言文武之德為天所饗饜，也即《尚書・君陳》所謂：「至德馨香，感於神明；黍稷非馨，明德惟馨」。

德既達於天，如此則「天德清明」（〈清廟〉《箋》）、「天之道尚誠實，貴性自然」（〈皇矣〉《箋》），則「卓爾與天地合其德」（〈天作〉《箋》），這種境界有如「文王化行，似神之精明」（〈靈臺〉《箋》），遂有「光明之道」（〈無將大車〉、〈小明〉、〈噫嘻〉之《箋》）。〔註809〕除此之外，更會「天命而子之」（〈長發〉《箋》）、「天其子愛之」（〈時邁〉《箋》），成為名副其實的「天子」，乃至「天降祥瑞」（〈雝〉《箋》）、「三辰效驗」（〈大明〉《箋》）、「故我周家大受光明，謂為珍瑞」（〈臣工〉《箋》）、「文王之德安及皇天，謂降瑞應，無變異也」（〈雝〉《箋》），以致人間因「王有盛德，則天下皆庶幾願往朝焉」（〈菀柳〉《箋》）、「君臣安樂，則陰陽和，而有豐年」（〈有駜〉《箋》）。

而王若有意於德政，天則從內、外兩方面予以輔助：

從內而言，則「豫福助之⋯⋯則為之生配於氣勢之處，使必有賢才」（〈大明〉《箋》），為什麼要生賢配呢？因為「賢女得王后之位，則必辟除嫉妒之女，

〔註807〕 節用《箋》：「言神饗其德而右助之」，《毛詩注疏》，卷十九之二，頁717。
〔註808〕 郭沫若：〈周彝中之傳統思想考〉，頁28。
〔註809〕 〈無將大車〉之《箋》：「思眾小事以為憂，使人蔽闇，不得出於光明之道」，此〈小明〉之《箋》所謂：「『明明上天』，喻王者當光明，如日之中也」，又見《尚書・堯典》鄭玄《注》，說已詳前。

亦為其蔽君之明」（〈車舝〉《箋》）。

從外而言，則「多生賢、知，使為之臣也」（〈時邁〉《箋》），故所有聖人賢者都是「言其不空生也」（〈閟宮〉《箋》），有為而出世。但也未必能世出聖人，是以君須先察其德性：「君任臣，何必聖人，亦取忠孝而已」（〈衡門〉《箋》），如誠為賢者，則：「君子下其臣，故賢者歸往也」（〈南有嘉魚〉《箋》），「古明王恩澤加於天下，爵命賞賜，以成賢者」（〈瞻彼洛矣〉《箋》），以收「賢者所在，羣士皆慕而往仕也」（〈卷阿〉《箋》）之效，而「治國之道當用賢者」（〈桑柔〉《箋》），所以「賢者亦國家所宜有之」（〈晨風〉《箋》）、「人君得賢，則其德廣大堅固」（〈南山有臺〉《箋》）、「若得賢人，則國家彊矣」（〈抑〉《箋》）、「人君愨愿，任用賢臣，則政教成」（〈衡門〉《箋》），反之，「官非其人則職廢」（〈祈父〉《箋》），進一步還要「王有賢臣，與之以禮義相切瑳」（〈卷阿〉《箋》）、「女得賢者，與之承順天地」（〈卷阿〉《箋》），則「明王、賢臣以德相承，而治道興」（〈裳裳者華〉《箋》）。然而這種「不空生」的思想可能是受陸賈的影響，《新語・思務》：「聖人不空出，賢者不虛生」。〔註810〕

王既有賢妃、賢智之輔佐，首先，應施恩於民：「民當被王之恩澤」（〈桑柔〉《箋》），如能實踐「人君之德，當均一於下也」（〈鳲鳩〉《箋》），則「人感於恩則化」（〈泮水〉《箋》），如此「德加於民，民則以義報之」（〈抑〉《箋》），故「得其民心而生王業」（〈緜〉《箋》）。其次，則須重農：「古者先生〔王〕〔註811〕之政，以農為本」（〈楚茨〉《箋》）。用人方面，則應「養善，使之積小致高大」（〈思齊〉《箋》），且須穆愛親族，雖然「親家室──親，安之尤難；安則無篡殺之禍也」（〈瞻彼洛矣〉《箋》）；否則將不僅篡殺之禍，還會導致「王不親九族，孤特自恃，不知己之將危亡也」（〈頍弁〉《箋》）的結果。

而無論大國小國：「人君不可以國小，則不興治致政化」（〈衡門〉《箋》），不論國遠國近，亦當：「為政自內及外」（〈玄鳥〉《箋》），故應：「王者治定制禮，功成作樂」（〈有瞽〉《序》之《箋》），這是因為：「音聲之道與政通」（〈靈臺〉《箋》），故可能：「深感於和樂，遂入善道，終無愆過」（〈有瞽〉《箋》）。

〔註810〕王利器：《新語校注》（北京：中華書局，2010年4月），卷下，頁167。參胡適：〈述陸賈的思想〉，《張菊生先生七十生日紀念論文集》（北京：商務印書館，2012年1月），頁96～97。

〔註811〕按：原作「生」，《毛詩注疏》，卷十三之二，頁454，然審文義應作「王」，「生」、「王」古書多有誤例：如《尚書正義》：「非平『王』所知」，《校勘記》云：「毛本『王』誤『生』，大謬」，《尚書注疏》，卷二十，頁316。

但是因為「民者，冥也，其見仁道遲」(〈靈臺〉《箋》)，所以「上之化下不可不慎」(〈角弓〉《箋》)，須要「王之道民以禮義，則民和合而從之如此」(〈板〉《箋》)，故民則效法王行德脩禮，以致「脩德行禮，莫不獲報」(〈載芟〉《箋》)。

但王或有不修德之時，是其「己不正故也」(〈白華〉《箋》)，故或「不用忠臣」(〈抑〉《箋》)；反而愛小人、近女色，「忽賢者而愛小人」(〈桑柔〉《箋》)，則「小人在位，無德於民」(〈隰桑〉《箋》)、「小人雖見任於君，終不能成其德教」(〈候人〉《箋》)，近女色，則「志在婦人而已，不恤國之政事」(〈雄雉〉《箋》)，總而言之：「政之亂，由內無賢臣益之」(〈召旻〉《箋》)，並且「政之亂，又由內無賢妃益之」(〈召旻〉《箋》)。那麼，因為當初：「君近小人，則賢者見侵害」(〈邶風‧柏舟〉《序》之《箋》)，故「今王政暴虐，賢者皆佯愚不為容貌」(〈抑〉《箋》)，或者賢者仍當黽勉以「感王之善心」(〈卷阿〉《箋》)；若仍不悟，則：「王之為政，德不至於天矣，不能致徵祥於神矣」(〈瞻卬〉《箋》)、「然而無能以德自遂，達於天者」(〈殷武〉《箋》)，這時便有災異示警，起初是：「神不與福助也」(〈楚茨〉《箋》)，其次，則「君臣失道，災害將起」(〈十月之交〉《箋》)，「天下羅罔以取有罪，亦甚寬，謂但以災異譴告之，不加責罰於身」(〈瞻卬〉《箋》)，但「天事當慎」(〈小弁〉《箋》)，「故明君以正己而去之」(〈大田〉《箋》)、「以道德止之」(〈十月之交〉《箋》)、「以恩德止之」(〈節南山〉《箋》)；〔註812〕若仍不正己，則「王政教衰，陰陽不和，羣生不得其所也」(〈魚藻〉《序》之《箋》)，以至於「仍下災異也」(〈抑〉《箋》)、「生兵寇，將以滅亡」(〈抑〉《箋》)、「君臣死亡無日，如渠略然」(〈蜉蝣〉《箋》)，是以「有萬民不能治；則能治者將得之」(〈小宛〉《箋》)。

3. 反戰

鄭玄有強烈的「反戰」、「義戰」思想，故認為戰爭的目的是：「討有罪也」(〈閟宮〉《箋》)、「志在誅有罪也」(〈長發〉《箋》)、「誅無道，安天下」(〈桓〉《箋》)，所以「善戰者不陳」(〈常武〉《序》之《箋》)、兵卒之「眾之不如德也」(〈文王〉《箋》)，故：「王巡守而天下咸服，兵不復用」(〈時邁〉《箋》)、「舉義兵……天下無敢禦也」(〈閟宮〉《箋》)；若不幸至於戰，也應如「古者師出不踰時，所以厚民之性也」(〈何草不黃〉《箋》)，甚乃「王德告敵，俾敵

〔註812〕按：此二處的原文是說「何曾無以道德止之」、「曾無以恩德止之者」，此處雖節錄其文，但其實並未改動《箋》原有的「以道德止之」、「以恩德止之」思想。

自悟」(〈殷武〉《箋》),則敵乃「皆服其罪,更自勅整」。〔註813〕這顯係受孟子影響,《孟子‧梁惠王上》:「仁者無敵」、〈盡心下〉:「春秋無義戰」、〈盡心下〉:「以至仁伐至不仁,而何其血之流杵也」。〔註814〕

4. 臣道

君對於臣來說,是「君父」,所以「臣之道,資於事父以事君」(〈沔水〉《箋》),君則「必先致其祿食,祿食足而臣莫不盡其忠」(〈有駜〉《箋》),故事君如事父,而如果忠孝相衝突,則須移孝作忠,因為:「詩人事君無二志」(〈北門〉《箋》),上述概念顯然受《孝經》影響,而相較於《傳》中並無此類論述,也可見出《孝經》影響力日漸擴大。若「臣竭其力,則地極其化,天下和洽」(〈卷阿〉《箋》);相反地,若「羣臣恣放,損王之德」(〈桑柔〉《箋》),甚之者,「陰侵陽,臣侵君之象」(〈十月之交〉《箋》),都非臣子之道,故「有不純臣之義……,故於廟中正君臣之禮」(〈臣工〉《箋》),〔註815〕使臣與諸侯皆能:「諸侯之守職順法度者,是其常也」(〈沔水〉《箋》)、「諸侯有盛德者,亦優游安止於是,言思不出其位」(〈采菽〉《箋》)、「臣無尊卑,皆從君行而來」(〈泮水〉《箋》),日常則應:「明明德」,此亦《箋》引用〈大學〉改造〈有駜〉「在公明明」之說。〔註816〕

第五節　小結:從《傳》到《箋》的歷程中二者所展現的經學思想之差異與解經資源之擴張

以下,總結本章第三、四節所論《傳》、《箋》思想的各種差異,比較如下表:

論　題	《傳》	《箋》
解經思維與方法	1. 僅收錄《詩序》,但少見《詩序》直接影響《傳》經學思想之處。 2. 禮在《傳》中亦佔重要地位。	1. 直承《詩序》的時世觀念,開展《詩經》學中「經學的歷史觀」。 2. 有三家《詩》的影響。 3. 禮為其解經之重點。

〔註813〕〈殷武〉:「有截其所」,《箋》:「高宗所伐之處,國邑皆服其罪,更自勅整,截然齊壹」,中二句是《箋》發揮思想之處,今節用其文。

〔註814〕分見《孟子注疏》,頁14、248、249。

〔註815〕「義」即「儀」,所以下文才說要「正其『禮』」。

〔註816〕「明明」當讀「勉勉」,在公勉勉,方合於上文所謂「夙夜在公」。

		4.《孟子》與讖緯等書已成為其解經的重要憑據。 5.「通學」概念出現並落實於其訓詁中。
氣	1.《傳》認為天的組成部分主要有氣，天既為萬物起源，因而氣也有生化的可能性。 2. 氣可能有精、粗之分，而人的身上也有精氣。 3.《傳》中有少量藉「陰陽」說展開的「災異」、「祥瑞」思想。 4.《傳》只言「陰陽」，沒有「五行」之說。	1. 與《傳》不同，《箋》中很少將氣與宇宙天地之生化聯繫；其論氣，重在論氣對人的生化與秉性的影響。故兩者對於「氣」的分別，可以概括為：《傳》重「本體」，《箋》重「本源」。 2. 天以陰、陽二氣化生人與萬物。 3. 人因所秉受之氣有精、粗之分，故有各種差異，如上者受精氣，下者受妖氣等等。 4. 鄭《箋》中有大量的「陰陽」、「災異」、「祥瑞」、「五行」說。 5. 氣的論述較《傳》更為明顯與全面，在《傳》的基礎上建立了以氣為本的思想。
人性	1.《傳》認為性是天所賦予，人與萬物皆然，故人人均應盡其性。 2. 聖人能「性與天合」。 3.《傳》雖然沒有明確指出天所賦予之性的內涵為何，但從其指出不應「失其性」、「傷其性」，顯然意指人性有善的本質。 4. 雖有「情」、「志」的概念，但並未開展其思想意義。 5. 大多闡述五倫中應有的規範，使五倫至於王化成，有一個層遞而緊密的架構。	1. 天以「氣」為樞紐，賦予人與萬物均有其「性」。 2. 而人性的共同趨向是「性善」。 3.「性」的具體內容則有五，並可與五行間架相配合。 4.「德」被視為是「性」的發顯與工夫步驟。 5. 以氣、情、六物等因素作為「惡」的可能性。 6. 五倫之中，著重發揮女德。又引入了「人偶」的概念。 7.《箋》藉由《孟子》建構並完善了《傳》中的人性論述。
政治	1.《傳》論「感生」，重在「感」而不論「生」。 2. 當用賢人與賢妃輔政、用禮義治國。 3. 特別強調王室應能控制諸侯，諸侯必須尊重京師。	1. 重視王迹之始，認為王者聖王，為天所子，因而有「感生」之說，「感」、「生」並重。 2. 王雖聖王，仍應修德，天亦從內、外兩方面予以輔助，即：內生賢妃，外生賢人，如能達德於天，則祥瑞至。

	4. 《傳》重視君王於戰爭時，須與民同欲，盡民之情。	3. 王如有惡政，則天降災異示警。
	5. 人臣之道主「敬」。	4. 有強烈的「反戰」、「義戰」思想，與《傳》論及戰爭時有很大差異。
		5. 「孝」、「忠」觀念的相互影響。

　　而《傳》、《箋》經學思想的差異，主要表現在兩方面：

　　一是從經學思想方面來說，《傳》《箋》竟有若干完全相反的經學觀念，而《孟子》是《箋》經學建構中最重要的資源，《傳》則未見有明確的思想來源，並且《箋》對《傳》中隱而未發的思想問題，有了脈絡化、系統化的解釋，建立了一套體系較為完備的思想系統，也就是說：真正把《詩經》完整地建構成一部義理完備的「經書」，是鄭《箋》的最大貢獻。

　　二是《傳》、《箋》對《詩序》思想的接受上，《箋》雖破《序》之處較《傳》為多，但其箋《序》，才真正在「經學的歷史觀」層面落實並把握了《詩序》的中心思想。

　　三是就解經方法、解經資源而言，《箋》大規模明引羣經以證《詩經》，相較於《傳》只引先師，而不揭所用經典之名，以及《箋》引入讖緯、五行之說以解經，都可以看出《箋》解經方法與資源的擴張。

第五章　毛《傳》、鄭《箋》訓詁中的文本意識

第一節　釋毛《傳》、鄭《箋》的文本意識

　　前人如蕭璋、[註1] 錢超塵、[註2] 吳福祥、[註3] 王國強、[註4] 孫長彥、[註5] 邱洪瑞討論《傳》、《箋》的訓詁理念時，[註6] 已曾指出《傳》、《箋》重視語境等特色，然而這種特色若未與「經義」比較，也就是若未置之於整個經學解釋史的眼光下觀察，無從得知其意義究竟為何；林慶彰指出「《詩經》的文學性，何時才被發掘出來，孔穎達的《毛詩正義》對詩篇已有文學性的解讀，唐末成伯璵的《毛詩指說》，已在討論詩篇的句法和用字」，[註7] 林

〔註1〕蕭璋：〈毛傳條例探原〉，《文字訓詁論集》，頁26。
〔註2〕錢超塵：《中醫古籍訓詁研究》，頁57。
〔註3〕吳福祥：〈毛《傳》的據語境釋義〉，《西南師範大學學報（哲學社會科學版）》1988年第5期，頁123～125，〈試論鄭玄據語境釋義的訓詁原則〉，《安徽教育學院學報（社會科學版）》1990年第1期，頁83～86，又頁61。
〔註4〕王國強：〈漢代文獻注釋模式研究〉，《古代文獻學的文化闡釋》（北京：國家圖書館出版社，2008年10月），頁267。
〔註5〕孫長彥：《傳統訓詁學的語境思想》（北京：中國社會科學出版社，2012年12月），頁145。
〔註6〕邱洪瑞：《「觀境確義」訓詁方法論》（北京：中央編譯出版社，2017年8月），頁22～24。
〔註7〕林慶彰：〈序〉，李麗文：《《詩經》修辭研究》（臺北：萬卷樓，2009年11月），頁1。

氏直接從《毛詩正義》論起,然而更可玩味的不就是《傳》、《箋》難道竟然沒有與「文學」發生一點聯繫的可能性?而用林氏的標準來衡量,《傳》、《箋》難道沒有「文學性的解讀」?沒有討論過「句法和用字」?而李霖以〈思齊〉一詩為例,將此二者彼此對照後,提出了新的問題:「而在詩篇之內,鄭玄對文本結構的重視似乎不如經義」,〔註8〕李說誠然指出前章經義改讀中的某些現象:有時為了發揮、建構經義,可以罔顧、甚至改造文本。

而綜觀上述諸說的疑問,本章嘗試重新將考察的方向定位為:《傳》、《箋》解經,是否完全罔顧文義?是否也曾對文本給予高度的重視,並對《詩經》的文本特質有所論述?若《傳》、《箋》也極為重視文本,甚至「經義」、「文本」這兩個概念在《傳》、《箋》中互有牽涉,則應如何描述此一現象,並闡釋此一現象的意義?

為了解決這個問題,本章試圖提出一個較寬泛的概念:「文本意識」,來加以說明。而所謂「意識」並非「文學自覺」;「文本意識」只是希望與「經學建構」對照,展示如前章所討論的《傳》、《箋》闡發經義的各種手段:增補文本所無的經義與禮制、改造文本、違背文本之外,這種「文本意識」對其解經發揮了什麼影響?

所以,本節首先必須證明《傳》、《箋》訓詁中對文本的關注,也就是「文本意識」確實存在,下文將提出四類證據加以論述;而每類中只舉《傳》之例或《箋》之例,不求《傳》、《箋》之例證皆備:

1. 《傳》、《箋》已能分別何者是文本義,何者是其所欲發揮的經義,如〈鴟鴞〉:「無毀我室」,《傳》:「無能毀我室者,攻堅之故也。寧亡二子,不可以毀我周室」,很明顯,《傳》先解文本義,後發揮「室」為「周室」,也就是周王室之經義,則據此可知:《傳》已能在疏通文本義的基礎上,合理地發揮經義。

2. 《傳》、《箋》曾對《詩經》的寫作手法、章法進行評點,如:

(1)〈采芑〉:「服其命服,朱芾斯皇,有瑲蔥珩」,《傳》:「三命、蔥珩,言周室之強,車服之美也;言其強、美,斯劣矣」,按:《正義》將「斯劣矣」三字理解為:「必言其強美者,斯劣弱矣,《老子》曰:『國家昏亂,有忠臣,六親不和,有孝慈』,明名生於不足,詩人所以盛矜於強、美者,『斯』為宣王

〔註8〕李霖:〈從《大雅·思齊》看鄭玄解《詩》的原則〉,《中國經學》第15輯,頁82。

承亂『劣』弱『矣』而言之也」，〔註9〕誤，本詩之《傳》無任何詆毀宣王之語，則《正義》不惟因誤解《傳》義而誤引《老子》為說，且與《序》所判定的全詩頌「宣王南征」之義相反；而《正義》之所以直接取證於《老子》，大概與其身處六朝玄風不無關係。《傳》意指詩文雖然旨在歌頌周室之強、之美，但並未直言，而是藉由它物來隱約說明，因此顯得辭、意皆美；這是《傳》難得直接評述《詩經》寫作技巧之例；甚至可以說，這是注解中最早帶有評點精神的例證，也可見《傳》對文本的重視。

又，〈有客〉：「敦琢其旅」，《箋》：「言『敦琢』者，以賢美之，故玉言之」，〔註10〕此處《箋》之「玉言之」者，玉，動詞，乃特別評述《詩經》原文的寫作技巧，指出「敦琢」者本治玉之名，而作者用以寫「旅」，是認為「其旅」「賢」，故以玉比之，謂之為「敦琢」。

以上這兩個例子，《傳》、《箋》雖然都是在「美」、「刺」的觀念下，探索文本為何如此書寫，如此書寫展現了什麼「美」、「刺」的經義？表面上雖然還是「美」、「刺」的問題，但也正是在這種預設字句必承載經義，故須探求書寫方式之所以然的思想下，反而曲折地開啟了論述文本性質的可能性。

（2）《箋》曾對〈采薇〉的章法進行分析：「昔我往矣，楊柳依依。今我來思，雨雪霏霏」，《箋》：「上三章言戍役，次二章言將率之行，故此章重序其往反之時，極言其苦以說之」，按此詩之末標「〈采薇〉六章章八句」，〔註11〕與《箋》說合；而《箋》之所以在此處特別分析章法，是因為按常情來說，詩義應逐章遞進，可是此章卻「重序」前事，《箋》是以特別指出必須「重序」的理由。

3. 《傳》、《箋》對同一首詩或不同詩篇中字、詞、句、章的先後順序與重複與否多有論述：

（1）同一首詩的字、詞、句方面：

a. 論及字、詞、句先後順序者如：〈韓奕〉：「韓侯入覲，以其介圭，入覲於王」，《箋》：「先言『受命』者，顯其美也」。〔註12〕

<hr>

〔註9〕 以上均《毛詩注疏》，卷十之二，頁360～361。
〔註10〕《毛詩注疏》，卷十九之三，頁736，《正義》：「『敦』、『雕』古今字」，故「敦琢」即「雕琢」。
〔註11〕 以上均《毛詩注疏》，卷九之三，頁334，又參馮浩菲：《毛詩訓詁研究》，下冊，頁65。
〔註12〕《毛詩注疏》，卷十八之四，頁680。

　　b. 論及字、詞、句重複者如：〈出車〉：「『我』出『我』車」，一句中兩「我」字重見，《箋》則認為兩「我」字所指不同：「上『我』，我殷王也，下『我』，將率自謂也」，〔註13〕又如〈鴟鴞〉首句四字，其實是重複短句所構成：「鴟鴞鴟鴞」，《箋》則探究重複的理由：「重言『鴟鴞』者……」，〔註14〕又〈采芑〉：「方叔涖止，其車三千，師干之試」數句三見，《箋》則指出「三稱此者」的意義。〔註15〕

　　以上的例證說明：重複必須有其理由，或者說：必須建構重複的理由，所以文本的形式必然影響到經義的建構，這在羣經中，尤以《詩經》的問題最大；則無論《傳》、《箋》是在經義建構的需求下產生了「文本意識」，或是在「文本意識」的產生後更深刻地體認了經義，都說明了《傳》、《箋》之「文本意識」的存在，並且「文本意識」對理解《傳》、《箋》的解經觀念至關重要。

　　（2）同一首詩的章方面，《箋》往往認為下章同位置不同詞的讀法，「猶」上章同位置不同詞的讀法，如：〈防有鵲巢〉第一章第四句：「心焉忉忉」，同詩第二章第四句：「心焉惕惕」，《箋》即云：「惕惕『猶』忉忉也」，〔註16〕即提醒讀者注意《詩經》的文本特性。又：〈伐木〉一章：「伐木丁丁」，《箋》認為此是「言昔日未居位，在農之時」，及至下章有：「伐木許許」、「伐木于阪」之語，《箋》則云：「本其故也」、「亦本之也」，〔註17〕即謂下章之意承接首章而來，都是本於「昔日未居位，在農之時」。

　　（3）不同詩篇的相同內容方面：

　　以上都是同一首詩的例證；而對不同詩篇的相同內容，《傳》、《箋》也加以分辨，如：「四牡騤騤」一句，《詩經》中四見；而《傳》有說者三次，分見〈采薇〉：「駕彼四牡，四牡騤騤」、〈桑柔〉：「四牡騤騤，旟旐有翩」、〈烝民〉：「四牡騤騤，八鸞喈喈」，《傳》依次分別解為：「騤騤，彊也」、「騤騤，不息也」、「騤騤，猶彭彭也」，〔註18〕尤其可見其針對個別文本的性質，給予不同說解的特色。

　　又可比較〈七月〉、〈蕩〉之《傳》如何訓釋「蜩」字：

〔註13〕《毛詩注疏》，卷九之四，頁338。
〔註14〕《毛詩注疏》，卷八之二，頁292。
〔註15〕《毛詩注疏》，卷十之二，頁362。
〔註16〕《毛詩注疏》，卷七之一，頁254。
〔註17〕《毛詩注疏》，卷九之三，頁327～329。
〔註18〕分見《毛詩注疏》，頁334、653、677。

〈七月〉：「五月鳴蜩」，《傳》：「蜩，螗也。」

〈蕩〉：「如蜩如螗」，《傳》云：「蜩，蟬也。」

〈蕩〉篇「蜩」、「螗」並舉，讀者如不識「蜩」，也能由下文「螗」字推知「蜩」之屬類，故《傳》僅云「蟬也」；〈七月〉篇中僅有「蜩」字而無「螗」字，本應如〈蕩〉篇一樣訓為「蟬」，可是篇次較後的〈蕩〉又有「如蜩如螗」之文，故《傳》此處呼應〈蕩〉篇之「蜩」、「螗」，訓「蜩」為「螗」，蓋亦不無提示讀者兩處呼應，應互相參觀之微意。

4. 《傳》、《箋》已意識到同一首詩中是否存在不同敘述者

眾所周知，民國以來解讀《詩經》，曾受民歌對唱、合唱的啟發，在《詩經》文本中離析出不同的敘述者，判斷某幾句屬男，某幾句屬女云云，[註19]其實此類作法遠在《傳》、《箋》已啟其端，〈訪落〉：「率是昭考」，《箋》：「羣臣曰：『當循是明德之考所施行』」，則《箋》只單獨將「率是昭考」一句視為羣臣之言，而其餘皆是成王之言，故《正義》進一步建構「羣臣」與「成王」分言的經義：「此篇所述皆是王言，獨知『率是昭考』一句為『羣臣』言者……」。[註20]則《箋》對詩中敘述者的獨特理解，其實也就是對《詩經》寫作手法的初步體會。

以上四個證據，應可以證明《傳》、《箋》已經非常重視《詩經》文本，不僅對《詩經》文本所有評述，且《詩經》文本的這些特質也具體而微地影響其訓詁，此為其「文本意識」，故其絕不只是將《詩經》視為因寄託微言大義而僥倖留存的文字載體而已，相反地，文本也是《傳》、《箋》如何建構經學的重要前提。

而《傳》、《箋》，乃至於先秦兩漢所有注解，基本上都是按照順序逐字註解文本，[註21]所以將其訓解一一對應文本，就可以發現《傳》、《箋》如何理解文本，以及若干特異讀法，如章炳麟亦曾用此法推定鄭玄如何斷句：「〈般〉詩以『墮山喬嶽允猶』斷句，與『周』為韵，此根據鄭《箋》，無可疑

〔註19〕民國以來誰是始倡者，有待進一步考證，然鍾敬文：〈關於《詩經》中章段複疊之詩篇的一點意見〉已經指出：「我於是便想到《詩經》中章段複疊的問題，而懷疑它也是當時民間多人合唱而成的歌詞」，《古史辨》，第3冊，頁671，鍾氏稱為「懷疑」，顯然其說在當時也是創說。

〔註20〕《毛詩注疏》，卷十九之三，頁739。

〔註21〕參拙作：〈論阮刻本《禮記》鄭玄注：「官，（猶）仕也」之「官」字為譌文及其所致之譌訓——兼述「古書注解次序與文本次序對應情況」的校勘價值〉。

也」。〔註22〕而將《詩》文可能的讀法逐一提出後，也可以更了解《傳》、《箋》訓詁時的種種考慮，及《傳》、《箋》如何在其所理解的結構中解釋文本。

下節中將逐一疏解此類例證，並分為三個小節討論《傳》、《箋》「文本意識」的不同面向：

一、《傳》、《箋》據章法改訓

二、《箋》申、改《傳》所體現的「文本意識」之進展與不同的解經模式

三、其它

逐一討論既畢，將進一步綜述「文本意識」對毛《傳》、鄭《箋》訓詁的影響，是為本章第三節。

第二節　毛《傳》、鄭《箋》訓詁中的「文本意識」例證疏釋

本節分為三個部分討論，每類之中均以例證考釋組成，行文凡例同前章。而在下一節中，將以「文本意識」對毛《傳》、鄭《箋》訓詁的影響為重點，綜述本節例證的意義。

一、《傳》、《箋》據章法改訓

1.〈南山〉：「曷又懷止」，《傳》：「懷，思也」，《箋》：「懷，來也」，按：本詩四章，根據《箋》說，其結構可以分為兩個段落：一、二章之「曷又懷止」、「曷又從止」，是指此魯女又往來於齊；三、四章之「曷又鞠止」、「曷又極止」，〔註23〕是責齊人不能約束此魯女，又使之鞠（盈）、極，故知《箋》所以必須改訓「懷」為「來」，乃考量全詩章法的結果。

2.〈隰有萇楚〉：「樂子之無知」，《箋》：「知，匹也」，按：本詩二三章云：「樂子之無家」、「樂子之無室」，故《箋》認為「知」不能如《老子》所謂「常使民無知無欲」一般，〔註24〕因無知（智）而無憂無慮之貌，而必須與下文「家」、「室」對照，連類改讀為「匹」；然細審《箋》說，其實有破《序》的問題，葛蘭言看出了其中端倪：「由於《序》的意思有些含糊，鄭玄為了不違

〔註22〕章炳麟：〈與黃侃〉，《章太炎全集・書信集（上）》，頁297。

〔註23〕以上均《毛詩注疏》，卷五之二，頁195～197，《箋》訓「鞠」為「盈」，解「極」為「恣極」。

〔註24〕馬敘倫：《老子校詁》，卷一，頁36。

背《序》的意思而又給出了『知』的準確意思」，〔註25〕但細察《序》云：「而思無情慾者也」，明顯針對「樂子之無知」而言，《正義》卻認為「經三章皆是思其無情慾之事」，〔註26〕《正義》說蓋非是，因為「無家」、「無室」並不代表就能完全「無情慾」，只有「無知」才能「無情慾」，所以《序》顯然不是將「知」解為「匹」，而是如字解為「知」。則《箋》這一訓解極可注意之處即在於：《箋》有時寧願相信其據上下章法推考而得的文義，反而不信其尊之如經的《序》，於此亦可見文本意識對其解經之重要影響。

3.〈載驅〉：「齊子豈弟」，《箋》：「此『豈弟』猶言『發夕』也，『豈』讀為『闓』，『弟』，古文《尚書》以為『圛』，圛，明也」，〔註27〕茲先彙總舊說如下表：

類　別	姓　名
1. 樂易、無恥之狀、美惡同辭	毛《傳》〔註28〕、李樗〔註29〕、范處義〔註30〕、王質〔註31〕、楊簡〔註32〕、呂祖謙〔註33〕、戴溪〔註34〕、段昌武〔註35〕、嚴粲〔註36〕、朱熹〔註37〕、謝枋得〔註38〕、劉瑾〔註39〕、朱公遷〔註40〕、

〔註25〕〔法〕葛蘭言著，趙丙祥、張宏明譯：《中國古代的節慶與歌謠》，頁13。

〔註26〕以上均《毛詩注疏》，卷七之二，頁264～265。

〔註27〕《毛詩注疏》，卷五之一，頁200。

〔註28〕《毛詩注疏》，卷五之一，頁200。

〔註29〕李樗又引歐陽曰：「安然樂易，無慚愧之色也」，〔宋〕李樗、黃櫄：《毛詩李黃集解》，《文淵閣四庫全書》，第71冊，頁237。

〔註30〕〔宋〕范處義：《詩補傳》，《文淵閣四庫全書》，第72冊，頁123。

〔註31〕王質：「在《詩》皆為美稱，故鄭氏疑之。……以為《古文尚書》以『弟』為『圛』，今攷皆無。『樂易』猶『彷徉』，與下文相應，不強改」，〔宋〕王質：《詩總聞》，《文淵閣四庫全書》，第72冊，頁515。

〔註32〕〔宋〕楊簡：《慈湖詩傳》，《文淵閣四庫全書》，第73冊，頁93。

〔註33〕呂祖謙：「齊子豈弟，蓋於此而樂易也，美惡不嫌同辭」，〔宋〕呂祖謙：《呂氏家塾讀詩記》，《文淵閣四庫全書》，第73冊，頁442。

〔註34〕戴溪：「豈弟，以悦其從者之心」，〔宋〕戴溪：《續呂氏家塾讀詩記》，《文淵閣四庫全書》，第73冊，頁818。

〔註35〕〔宋〕段昌武：《段氏毛詩集解》，《文淵閣四庫全書》，第74冊，頁566。

〔註36〕〔宋〕嚴粲：《詩緝》，《文淵閣四庫全書》，第75冊，頁134。

〔註37〕〔宋〕朱熹：《詩集傳》，頁62。

〔註38〕〔宋〕謝枋得著，〔清〕吳長元重輯：《詩傳注疏》，《續修四庫全書》，第57冊，頁242。

〔註39〕〔元〕劉瑾：《詩傳通釋》，《文淵閣四庫全書》，第76冊，頁417。

〔註40〕〔元〕朱公遷：《詩經疏義會通》，《文淵閣四庫全書》，第77冊，頁184。

	劉玉汝〔註41〕、梁寅〔註42〕、李公凱〔註43〕、胡廣〔註44〕、季本〔註45〕、朱謀㙔〔註46〕、姚舜牧〔註47〕、何楷〔註48〕、張次仲〔註49〕、朱朝瑛〔註50〕、豐坊〔註51〕、許天贈〔註52〕、郝敬〔註53〕、唐汝諤〔註54〕、魏沅初〔註55〕、錢天錫〔註56〕、顧懋樊〔註57〕、陳祖綬〔註58〕、胡紹曾〔註59〕、王鴻緒〔註60〕、傅恒〔註61〕、賀貽孫〔註62〕、劉始興〔註63〕、劉敬純〔註64〕、孫承澤〔註65〕、錢澄之〔註66〕、朱鶴齡〔註67〕、張沐〔註68〕、姜

〔註41〕 劉玉汝:「『豈弟』即〈蓼蕭〉之『孔燕豈弟』,言飲酒樂易耳」,〔元〕劉玉汝:《詩纘緒》,《文淵閣四庫全書》,第77冊,頁633。

〔註42〕 〔元〕梁寅:《詩演義》,《文淵閣四庫全書》,第78冊,頁66。

〔註43〕 〔元〕李公凱:《直音旁訓毛詩句解》,《續修四庫全書》,第57冊,頁515。

〔註44〕 〔明〕胡廣:《詩傳大全》,《文淵閣四庫全書》,第78冊,頁491。

〔註45〕 季本:「豈弟,樂易也,蓋溫言煦人之意」,〔明〕季本:《詩說解頤》,《文淵閣四庫全書》,第79冊,頁117。

〔註46〕 朱謀㙔:「豈弟訓為樂易,謂其得行志意,內快於己,無有阻之者」,〔明〕朱謀㙔:《詩故》,《文淵閣四庫全書》,第79冊,頁568。

〔註47〕 姚舜牧:「婦人宜有冰蘖之操,曰『豈弟』便不是」,是其亦讀樂易,〔明〕姚舜牧:《重訂詩經疑問》,《文淵閣四庫全書》,第80冊,頁644。

〔註48〕 〔明〕何楷:《詩經世本古義》,《文淵閣四庫全書》,第81冊,頁757。

〔註49〕 〔明〕張次仲:《待軒詩記》,《文淵閣四庫全書》,第82冊,頁119。

〔註50〕 〔明〕朱朝瑛:《讀詩略記》,《文淵閣四庫全書》,第82冊,頁398。

〔註51〕 〔宋〕豐稷正音,〔明〕豐慶續音,〔明〕豐耘補音,〔明〕豐熙正說,〔明〕豐坊考補,〔明〕何昆續考:《魯詩世學》,《四庫存目叢書》,第60冊,頁770。

〔註52〕 〔明〕許天贈:《詩經正義》,《四庫存目叢書》,第60冊,頁394。

〔註53〕 〔明〕郝敬:《毛詩原解》,《四庫存目叢書》,第62冊,頁227。

〔註54〕 〔明〕唐汝諤:《毛詩微言》,《四庫存目叢書》,第63冊,頁521。

〔註55〕 〔明〕魏沅初著,鄒之麟增補:《鼎鐫鄒臣虎增補魏仲雪先生詩經脈講意》,《四庫存目叢書》,第66冊,頁55。

〔註56〕 〔明〕錢天錫:《詩牖》,《四庫存目叢書》,第67冊,頁566。

〔註57〕 〔明〕顧懋樊:《桂林詩正》,《四庫存目叢書》,第68冊,頁432。

〔註58〕 〔明〕陳祖綬:《詩經副墨》,《四庫存目叢書》,第71冊,頁117。

〔註59〕 〔明〕胡紹曾:《詩經胡傳》,《四庫未收書輯刊》,第壹輯,第4冊,頁413。

〔註60〕 〔清〕王鴻緒:《欽定詩經傳說彙纂》,《文淵閣四庫全書》,第83冊,頁274。

〔註61〕 傅恒:「豈弟,和悅也,溫色甘言以悅其下,欲以蓋其醜也」,〔清〕傅恒:《御纂詩義折中》,《文淵閣四庫全書》,第84冊,頁108。

〔註62〕 〔清〕賀貽孫:《詩觸》,《四庫存目叢書》,第72冊,頁236。

〔註63〕 〔清〕劉始興:《詩益》,《續修四庫全書》,第63冊,頁49。

〔註64〕 〔清〕劉敬純:《詩意》,《四庫存目叢書》,第72冊,頁422。

〔註65〕 〔清〕孫承澤:《詩經朱傳翼》,《四庫存目叢書》,第72冊,頁534。

〔註66〕 〔清〕錢澄之:《田間詩學》,《文淵閣四庫全書》,第84冊,頁490。

〔註67〕 〔清〕朱鶴齡:《詩經通義》,《文淵閣四庫全書》,第85冊,頁92。

〔註68〕 〔清〕張沐:《詩經疏略》,《四庫存目叢書》,第73冊,頁453。

兆錫〔註69〕、趙燦英〔註70〕、冉覯祖〔註71〕、陸奎勳〔註72〕、劉士毅〔註73〕、韓怡〔註74〕、程晉芳〔註75〕、孫燾〔註76〕、陳孚〔註77〕、陳奐〔註78〕、胡承珙〔註79〕、莊有可〔註80〕、黃夢白〔註81〕、張敘〔註82〕、姜文燦、吳荃〔註83〕、馮景〔註84〕、顧廣譽〔註85〕、郝懿行〔註86〕、方玉潤〔註87〕、俞樾〔註88〕、張餘慶〔註89〕、高本漢〔註90〕、屈萬里〔註91〕、王靜芝〔註92〕、高亨〔註93〕、糜文開、裴普賢〔註94〕、黃焯〔註95〕、朱守亮〔註96〕、

〔註69〕〔清〕姜兆錫：《詩傳述蘊》，《四庫存目叢書》，第 73 冊，頁 668。

〔註70〕〔清〕趙燦英：《詩經集成》，《四庫存目叢書》，第 74 冊，頁 147。

〔註71〕〔清〕冉覯祖：《詩經詳說》，《四庫存目叢書》，第 75 冊，頁 224。

〔註72〕〔清〕陸奎勳：《陸堂詩學》，《四庫存目叢書》，第 77 冊，頁 242。

〔註73〕〔清〕劉士毅：《讀詩日錄》，《四庫未收書輯刊》，第貳輯，第 7 冊，頁 252。

〔註74〕〔清〕韓怡：《讀詩傳譌》，《四庫未收書輯刊》，第貳輯，第 7 冊，頁 439。

〔註75〕程晉芳：「案：《傳》平易明確，《箋》亦古，當為別義，而以《傳》為正」，〔清〕程晉芳：《毛鄭異同考》，《續修四庫全書》，第 63 冊，頁 407。

〔註76〕〔清〕孫燾：《毛詩說》，《四庫未收書輯刊》，第肆輯，第 4 冊，頁 48。

〔註77〕〔清〕陳孚：《詩傳考》，《四庫未收書輯刊》，第肆輯，第 4 冊，頁 237。

〔註78〕〔清〕陳奐：《詩毛氏傳疏》，卷六，頁 9 下。

〔註79〕〔清〕胡承珙：《毛詩後箋》，《續修四庫全書》，第 67 冊，頁 230。

〔註80〕〔清〕莊有可：《毛詩說》，《續修四庫全書》，第 64 冊，頁 466。

〔註81〕〔清〕黃夢白：《詩經廣大全》，《四庫存目叢書》，第 77 冊，頁 475。

〔註82〕〔清〕張敘：《詩貫》，《四庫存目叢書》，第 78 冊，頁 104。

〔註83〕〔清〕姜文燦、吳荃：《詩經正解》，《四庫存目叢書》，第 80 冊，頁 230。

〔註84〕〔清〕馮景：《解春集》，《詩義稽考》，頁 1126。

〔註85〕〔清〕顧廣譽：《學詩詳說》，《續修四庫全書》，第 72 冊，頁 94。

〔註86〕〔清〕郝懿行：《詩問》，頁 642。

〔註87〕〔清〕方玉潤：《詩經原始》，《續修四庫全書》，第 73 冊，頁 106。

〔註88〕〔清〕俞樾：《古書疑義舉例》，據《古書疑義舉例五種》（北京：中華書局，2006 年 6 月），頁 59。

〔註89〕張餘慶：《風詩決疑校釋》，頁 310。

〔註90〕〔瑞典〕高本漢著，董同龢譯：《高本漢詩經注釋》（臺北：中華叢書編審委員會，1960 年 7 月），頁 271～272。

〔註91〕屈萬里：《詩經詮釋》，頁 177。

〔註92〕王靜芝：《詩經通釋》，頁 224。

〔註93〕高亨：《詩經今注》，頁 139。

〔註94〕裴普賢、糜文開：《詩經欣賞與研究續集》（臺北：三民書局，1970 年 8 月），頁 225。

〔註95〕黃焯：《詩說》（武漢：長江文藝出版社，1981 年 2 月），頁 69。黃焯：《毛詩鄭箋平議》，頁 72～73，說同，又見黃焯：《詩疏平議》（武漢：武漢大學出版社，2013 年 11 月），頁 134～135。

〔註96〕朱守亮：《詩經評釋》，頁 292。

	余培林〔註 97〕、褚斌傑〔註 98〕、雒江生〔註 99〕、趙帆聲〔註 100〕、楊合鳴〔註 101〕、劉精盛〔註 102〕
2. 發夕、闔闠、開明、發也	楊慎〔註 103〕、吳景旭〔註 104〕、陳啟源〔註 105〕、馬瑞辰〔註 106〕、吳懋清〔註 107〕、蕭曇〔註 108〕、朱緒曾〔註 109〕、王先謙〔註 110〕、孫嶸〔註 111〕、曾運乾〔註 112〕、陳子展〔註 113〕、程俊英、蔣見元〔註 114〕、于省吾〔註 115〕、羅文宗〔註 116〕、陳戍國〔註 117〕
3. 出行也、車輛開往、至魯境	牟應震〔註 118〕、王先謙〔註 119〕、林義光〔註 120〕、傅隸樸〔註 121〕

〔註 97〕 余培林：《詩經正詁》，頁 283～284。
〔註 98〕 褚斌傑：《詩經全注》，頁 110。
〔註 99〕 雒江生：《詩經通詁》，頁 260。
〔註 100〕 趙帆聲：《詩經異讀》，頁 135。
〔註 101〕 楊合鳴：《詩經疑難詞語辨析》，頁 33。
〔註 102〕 劉精盛：《詩經通釋》，頁 90。
〔註 103〕 〔明〕楊慎：《升庵經說》，《詩義稽考》，頁 1125。
〔註 104〕 〔明〕吳景旭：《歷代詩話》，《詩義稽考》，頁 1125。
〔註 105〕 陳啟源：「鄭《箋》……本〈洪範〉『稽疑』之文（原注：卜兆有五曰圉，古文作悌，賈逵以今文較之，定為圉），合《爾雅·釋言》之義（原注：云『愷悌，發也』，郭《注》引此詩），不妄也」，〔清〕陳啟源：《毛詩稽古編》，《文淵閣四庫全書》，第 85 冊，頁 416。
〔註 106〕 〔清〕馬瑞辰：《毛詩傳箋通釋》，頁 311～312。按馬氏未明說，但只取《箋》為釋，權入此類。
〔註 107〕 按吳懋清雖據鄭《箋》，但其解為「發動順適之意」，則非鄭意，〔清〕吳懋清：《毛詩復古錄》，《四庫未收書輯刊》，第伍輯，第 2 冊，頁 359。
〔註 108〕 〔清〕蕭曇：《經史管窺》，《詩義稽考》，頁 1126。
〔註 109〕 〔清〕朱緒曾：《開有益齋經說》，《詩義稽考》，頁 1130～1132。
〔註 110〕 〔清〕王先謙：《詩三家義集疏》，頁 392，王氏雖無明文，但考其上下文應入此類。
〔註 111〕 〔清〕孫嶸：《西園隨筆》，《詩義稽考》，頁 1132。
〔註 112〕 曾運乾：《毛詩說》，頁 81。
〔註 113〕 陳子展解為「齊國的女子趁早起程」，自是用《箋》義，陳子展：《詩經直解》，頁 311。
〔註 114〕 程俊英、蔣見元：《詩經注析》，頁 284。
〔註 115〕 于省吾：「闔闠猶言昭明顯明」，《澤螺居詩經新證》，頁 11～12。
〔註 116〕 羅文宗：「闔闠，明顯也。今取《箋》義。言文姜就這樣明目張膽」，按此係曲解《箋》義，羅文宗：《詩經釋證》，頁 121。
〔註 117〕 陳戍國：《詩經校注》，頁 1338。
〔註 118〕 牟應震：「齊子豈弟，至魯境時也」，〔清〕牟應震：《毛詩質疑》，頁 79。
〔註 119〕 王先謙：《詩三家義集疏》，頁 392。
〔註 120〕 林義光：《詩經通解》，頁 70。
〔註 121〕 傅隸樸：「豈弟……言車輛之開往」，傅隸樸：《詩經毛傳譯解》，頁 368。

4. 徬徨	聞一多〔註 122〕
5. 未下判斷	林岊〔註 123〕、淩濛初〔註 124〕、張溥〔註 125〕、屠本畯〔註 126〕、龍起濤〔註 127〕、吳闓生〔註 128〕、王國維〔註 129〕、黃淬伯〔註 130〕、蔡宗陽〔註 131〕

　　「魯道有蕩，齊子豈弟」，所以解者紛紛，關鍵不外是以下這三個問題：「齊子」為誰？「豈弟」何義？鄭玄為何改讀？且此三問題必須緊密結合討論，方能得到較合理的解答。

　　（1）首先應排除不合理的訓詁：

　　解「豈弟」為「行也」、「車輛開往」、「至魯境」者，未分清「隨文釋義」與「豈弟」本義，亦即「豈弟」只有在「魯道有蕩，齊子豈弟」一句的語境中才可能有「行也」、「車輛開往」、「至魯境」的意義，但「豈弟」本身並無此義，故于省吾云：「『闓圍』無『行』義」，〔註 132〕正是此意。又《爾雅·釋言》云「愷悌，發也」，〔註 133〕此正是隨文釋義，不可援以說《詩》，故何楷云：「又《爾雅》云『愷悌，發也』，郭璞謂『發明而行也』，殊為強辭」，〔註 134〕王先謙云：「此《爾雅》所釋『豈弟』，專為〈齊風〉『齊子豈弟』而作」，〔註 135〕皆可從。而並存「樂易」與「闓圍」說者，所言泛泛，多未詳考，不足取。

〔註 122〕聞一多：《詩經通義乙》，《聞一多全集》（武漢：湖北人民出版社，1993 年 12月），第四冊，頁 231。

〔註 123〕〔宋〕林岊：《毛詩講義》，《文淵閣四庫全書》，第 74 冊，頁 82。

〔註 124〕〔明〕淩濛初：《聖門傳詩嫡塚》，《四庫存目叢書》，第 66 冊，頁 339。

〔註 125〕〔明〕張溥：《詩經註疏大全合纂》，《四庫存目叢書》，第 69 冊，頁 355。

〔註 126〕〔明〕屠本畯：《毛傳鄭箋纂疏補協》，《四庫未收書輯刊》，第壹輯，第 4 冊，頁 93。

〔註 127〕〔清〕龍起濤：《毛詩補正》，《四庫未收書輯刊》，第捌輯，第 1 冊，頁 457。

〔註 128〕〔清〕吳闓生：《詩義會通》，卷一，頁 43 下。

〔註 129〕王國維：「疑三家詩有作闓圍者……故鄭引今文《尚書》曰『涕』，古文《尚書》曰『圍』以說之」，〈詩齊風豈弟釋義〉，《觀堂集林》，《別集》卷一，頁 1124～1125。

〔註 130〕黃淬伯：《詩經覈詁》，頁 148。

〔註 131〕蔡宗陽：《詩經纂箋》，頁 317。

〔註 132〕于省吾：《澤螺居詩經新證》，頁 12。

〔註 133〕《爾雅注疏》，卷三，頁 39。

〔註 134〕〔明〕何楷：《詩經世本古義》，《文淵閣四庫全書》，第 81 冊，頁 757。

〔註 135〕〔清〕王先謙：《詩三家義集疏》，頁 392。

（2）「齊子」為誰？

本詩第一章：「魯道有蕩，齊子發夕」，《箋》：「魯之道路平易，文姜發夕由之往會焉，曾無慙恥之色」，二章「魯道有蕩，齊子豈弟」，《傳》：「言文姜於是樂易然」，〔註136〕可知《傳》《箋》皆以「齊子」為文姜，此後遂罕異說；其實以「齊子」為文姜，未必有實據，因〈載驅〉之《序》言「齊人刺襄公也」、「與文姜淫」，〔註137〕遂坐實詩中之「齊子」為「文姜」而已。于省吾以齊子為齊君，〔註138〕或近是。

（3）「豈弟」何義？

討論此詩「豈弟」之義，可以從三個方面考察：

a.「豈弟」為疊韻連綿詞，〔註139〕不可分釋；故鄭玄云：「此『豈弟』猶言『發夕』也。『豈』讀當為『闓』，『弟』，古文《尚書》以『弟』為『圛』，『圛』，明也」，分解「豈」、「弟」，已不可從；高本漢又指出「鄭玄的揣測證據微弱，而且以『弟』為『圛』的假借字，語音也是不可能的」，〔註140〕故鄭玄說不可信。而由鄭玄說還衍生兩種推論：

一則朱緒增、林義光在鄭玄說的基礎上以為「闓圛」是「豈弟」的本字，〔註141〕則本末倒置，誤以《箋》之不可信說解為文本原義。

一則李富孫以為〈載驅〉「今作『豈弟』，恐非」，〔註142〕然未詳揭理據；而陳喬樅則更近一步推論：「樅竊案：『闓圛』轉作『豈弟』，蓋古文『闓』或省文，即用『豈』字，『圛』或省文，即用『翠』字。……『翠』篆文作𥄕，〔註143〕『弟』古文作𢎘，〔註144〕詩中多用『豈弟』二字……此『齊子豈翠』，

〔註136〕 均《毛詩注疏》，卷五之二，頁200。

〔註137〕 《毛詩注疏》，卷五之二，頁199。

〔註138〕 于省吾：《澤螺居詩經新證》，頁11～12。

〔註139〕 「豈」，上古溪母微部，「弟」上古定母脂部，參郭錫良《上古音手冊》（北京：北京大學出版社，1986年11月），頁74（豈）、80（弟），微、脂旁轉。又參杜其容：〈毛詩連綿詞譜〉，《杜其容聲韻論集》（北京：中華書局，2008年11月），頁194，杜氏將「豈弟」列為「寬的疊韻」。

〔註140〕 高本漢：《高本漢詩經注釋》，頁272，原有音標與原注，今略去。

〔註141〕 〔清〕朱緒增：《開有益齋經說》，《詩義稽考》，頁1130～1132、林義光：《詩經通解》，頁70。

〔註142〕 〔清〕李富孫：《詩經異文釋》，《續修四庫全書》，第75冊，頁167。

〔註143〕 引者按：見《說文解字・十下・羍部》「翠」字，《說文解字注》，頁498。

〔註144〕 引者按：見《說文解字・五下・弟部》「弟」字，《說文解字注》，頁236。

垾字與**罬**〔註145〕相似，後人遂疑字亦為『豈弟』，而**弟**誤作**罬**，遂改為『弟』字，以同於他詩之『豈弟』，因並〈洪範〉『曰圛』亦改之耳」，〔註146〕其邏輯如下：古文《尚書》「閻圛」原寫作「豈垾」，《詩》應與古文《尚書》同，寫作「豈垾」，但「垾」與「罬」小篆字形相似，故誤作「罬」，但《詩》多言「豈弟」，故後人改「垾」作「弟」，亦即今本的「豈弟」是經過：「豈垾（小篆）－豈（小篆）－豈弟（古文）」的歷程而形成的；然而這個歷程中充滿種種未必能成立的假設：《詩》為何一定與古文《尚書》同？「垾」與「罬」小篆字形相近，會何一定混淆，況且二字下半部「**羊**」、「**弟**」，其實也未如陳氏所云，如此相近？《詩》為何一定經過小篆或古文書寫的階段，並且同時存在小篆與古文錯見的文本形態？淺人為何不殫煩處處改書？〔註147〕既是淺人，其所改又何以能通行至今？這些都是陳氏之說必須解答的疑問。

　　b. 鄭玄舉證是否可信？

　　陸奎勳云：「鄭《箋》解為『開明』以對『發夕』……不惟於韻難叶，風致亦復大減」，〔註148〕段玉裁云：「『圛』與『濟』不韻，《尚書》之一作『弟』一作『圛』，此古今文絕殊，非關聲誤者，不當引以說《詩》」，〔註149〕李笠云：「《鄭箋》拘執『豈弟君子』之義，因改其文為閻圛〔圛〕」，〔註150〕黃焯云：「且『圛』與『濟』不韻，遽引古文《尚書》以說此詩，亦未合也」，〔註151〕按以上諸說具從押韻入手論鄭《箋》之非，然並未審「改字」與「改讀」不同，鄭玄只是釋為「閻圛」，未嘗改經文為「閻圛」，焉能以「閻圛」為押韻的標準？同理，胡紹曾云：「鄭玄遽易以『閻圛』，改移古書，最為大病」，〔註152〕也存

〔註145〕引者按：此是「罬」篆文，見《說文解字・五下・弟部》「罬」字，《說文解字注》，頁236。
〔註146〕〔清〕陳喬樅：《毛詩鄭箋改字說》，《續修四庫全書》，第72冊，頁531。又見陳喬樅：《詩經四家異文考》，《續修四庫全書》，第75冊，頁518～519。
〔註147〕黃侃：「何淺人之不殫煩而屢改古籍耶。此清世校勘家之大失也」，黃侃箋識，黃焯編次《量守盧群書箋識》（武漢：武漢大學出版社，1985年6月），頁28。
〔註148〕〔清〕陸奎勳：《陸堂詩學》，《四庫存目叢書》，第77冊，頁242。
〔註149〕〔清〕段玉裁：《尚書古文撰異》，《段玉裁遺書》，頁183～185。按「濟」指上文「四驪濟濟」。
〔註150〕李笠：〈廣段玉裁論校書之難〉，頁313，原注：「說本《古書疑義舉例》卷七誤增不字例，及卷三美惡同詞例」。按：其文引鄭《箋》原作「閻」，未確，當作「圛」。
〔註151〕黃焯：《詩說》，頁69，標點略有增補，黃說實本段玉裁而未明云。
〔註152〕〔明〕胡紹曾：《詩經胡傳》，《四庫未收書輯刊》，第壹輯，第4冊，頁413，

在不分「改字」與「改讀」的問題。

而王質始疑：「以為《古文尚書》以『弟』為『圉』，今玫皆無」，此後林岊始考出：「〈洪範〉『稽疑』論卜兆，有『五曰圉』，賈氏奏古文『圉』為『悌』。圉，明也。發夕，侵夜也，闇明，侵明也」，〔註153〕而楊慎、〔註154〕段玉裁、〔註155〕孫志祖、〔註156〕陳喬樅續有考證，〔註157〕已可知鄭說雖有根據，但如上述，其不可從亦甚明。

c.《詩》中的「豈弟」是否意義皆相同？

郝懿行指出「『豈弟』之字從無以稱婦人者」，〔註158〕則其已注意到「齊子」與「豈弟」有矛盾，但是應是「齊子」非婦人？或《詩》之「豈弟」於此應破例？又語焉未詳。而吳樹聲曾詳考《詩》及「《禮記》、《左氏春秋傳》、《國語》、《史記》、《漢書》、《後漢書》引『豈弟君子』者，大抵訓為樂易」，〔註159〕然朱東潤竟謂「『豈弟君子』之句，屢見《詩》中，毛公皆不傳」，〔註160〕殊失照。按《詩》中「豈弟」分佈如下，同詩多見者只舉一處為例，並附《毛詩注疏》頁碼於文句之下：

編號	出處	經文	《傳》	《箋》
1	〈齊風·載驅〉	魯道有蕩，齊子豈弟。（200）	言文姜於是樂易然。	此『豈弟』猶言『發夕』也。『豈』讀當為『闓』，『弟』，古文《尚書》以『弟』為『圉』，『圉』，明也。
2	〈小雅·蓼蕭〉	既見君子，孔燕豈弟。（349）	豈，樂。弟，易也。	

原有圈點，今略。

〔註153〕〔宋〕林岊：《毛詩講義》，《文淵閣四庫全書》，第74冊，頁82。

〔註154〕〔明〕楊慎：《升庵經說》，《詩義稽考》，頁1125。

〔註155〕〔清〕段玉裁：《尚書古文撰異》，《段玉裁遺書》，頁183～185。

〔註156〕孫志祖：《讀書脞錄續編》〈曰盟曰驛〉條，《皇清經解諸經總義類彙編（二）》，頁2312。

〔註157〕〔清〕陳喬樅：《毛詩鄭箋改字說》，《續修四庫全書》，第72冊，頁531～532。

〔註158〕〔清〕郝懿行：《詩問》，頁642。

〔註159〕〔清〕吳樹聲：《詩小學》，《四庫未收書輯刊》，第參輯，第7冊，頁373。

〔註160〕朱東潤：《詩三百篇探故》，頁91。

3	〈小雅・湛露〉	豈弟君子，莫不令儀。（351）		
4	〈小雅・青蠅〉	豈弟君子，無信讒言。（489）		豈樂，弟易也。
5	〈大雅・旱麓〉	豈弟君子，干祿豈弟。（559）	故君子得以干祿樂易。	故其求干祿亦得樂易。
6	〈大雅・泂酌〉	豈弟君子，民之父母。（622）	樂以強教之，易以說安之。	
7	〈大雅・卷阿〉	豈弟君子，來游來歌，以矢其音。（626）		王能待賢者如是，則樂易之。

由上表可知二事：「豈弟」出現的語境，必與「君子」有關、又除〈載驅〉之《箋》以外，《傳》、《箋》皆以「樂易」訓「豈弟」。故「魯道有蕩，齊子豈弟」，亦應訓為「樂易」；但「齊子」非「文姜」，故舊說所謂「無恥之狀」、「美惡同辭」云云，皆不可信。

由此更可檢討「豈弟」的其他異說：王質則以為「『樂易』猶『彷徉』，與下文相應，不強改」，後來聞一多釋「豈弟」為「徬徨」，似受其啟發。此說以連綿詞釋連綿詞，方法正確，但《詩》中「豈弟」無訓為「徬徨」者，不可從；同理，陳喬樅：「鄭君讀『豈弟』為『闓圛』，用〈釋言〉及魯詩說，訓為急遽之意」，〔註161〕《詩》無此用例，亦不可信。

（4）鄭玄為何改讀？

「豈弟」明明如字可通，鄭玄何以不惜曲折改讀為「闓圛」？按第一章「魯道有蕩，齊子發夕」，《箋》：「魯之道路平易，文姜發夕由之往會焉，曾無慙恥之色」，〔註162〕此《箋》極可注意者，乃「文姜發夕由之往會焉」，已是釋「齊子發夕」，此章經文中並無「曾無慙恥之色」，則鄭玄顯然根據二章之「豈弟」立說。而第二章：「魯道有蕩，齊子豈弟」，《箋》：「此『豈弟』猶言『發夕』也」，又據第一章解第二章，故一二章互相詮釋，形成嚴密的體系。

而後來對於此詩章法，大抵有以下諸說：

a. 前二章「發夕」、「豈弟」文義連貫，後二章「翱翔」、「游敖」文義連貫，此說始於鄭玄，而陳啟源云：「況此詩四章，『發夕』、『闓明』，文義相協；『翱翔』、『游敖』，篇法當爾矣」，〔註163〕于省吾亦云：「此詩一章之『發夕』，與二

〔註161〕〔清〕陳喬樅：《毛詩鄭箋改字說》，《續修四庫全書》，第 72 冊，頁 531。
〔註162〕《毛詩注疏》，卷五之二，頁 200。
〔註163〕〔清〕陳啟源：《毛詩稽古編》，《文淵閣四庫全書》，第 85 冊，頁 416。

章之『闓圍』意相若；三章之『翱翔』，與四章之『游敖』意相若。」〔註164〕
但此說實奠基於鄭說的基礎之上，鄭說既不通，此說亦不可從。

    b.「發夕」、「豈弟」、「翱翔」、「游敖」意義連貫，戴震：「解『發夕』
謂解息車徒，與『豈弟』、『翱翔』、『游敖』尤語意相適。……皆在道路指目
之。」〔註165〕

    c.「發夕」、「豈弟」、「翱翔」、「游敖」重章互足，黃焯：「惟詩之『發夕』
猶云『旦夕』，語意未完，故次章以『豈弟』足成之。……（三章四章言『翱
翔』、『游敖』，皆當配首章『發夕』言之）」，〔註166〕而楊合鳴雖未引黃焯說，
實本黃說。〔註167〕

    d.「發夕」、「豈弟」、「翱翔」、「游敖」文義不盡連貫，如魏炯若即據此
詩以為古人「比之後世，當疏而欠密……這才是古代文學的真實情況」〔註168〕
此亦不必然，何以古人不能用心極為細密？胡承珙云：「蓋首章『齊子發夕』
言其旦夕往來魯道，為一篇之提綱，下三章形容其在道坦易舒徐，豪無慙恥
之狀，而『發夕』、『豈弟』、『翱翔』、『游敖』皆為疊字儷句，文義未嘗不配」，
〔註169〕可證。

    竊以為三說中，胡承珙、重章互足說較為可信，但考經文四章結尾：「齊
子發夕」、「齊子豈弟」、「齊子翱翔」、「齊子游敖」，形式齊整，都是描寫齊子
的狀態，在此基礎上說四章具有簡單地意義連貫，也未嘗不可。

    但諸家僅止於討論此詩章法，進一步，本文要指出鄭玄此一改讀雖不可
信，但其實反映其解《詩》時，具有「文本意識」，除了其解《詩》常追求
上下各章之間的文義聯繫，此亦關涉古人對《詩》的理解，如孫毓即以為「《詩》
之敘事，率以其次」，〔註170〕可證。是以《毛詩正義》屢見「文有倫次」、
〔註171〕「而其文皆次」之語，〔註172〕而《毛詩正義》以為此觀念應遠溯至

〔註164〕于省吾：《澤螺居詩經新證》，頁11。
〔註165〕〔清〕戴震：《毛鄭詩考正》，《續修四庫全書》，第63冊，頁565。
〔註166〕黃焯：《詩說》，頁69，又頁33。
〔註167〕楊合鳴：《〈詩經〉疑難詞語辨析》，頁33。
〔註168〕魏炯若：《讀風知新記》，頁316。
〔註169〕〔清〕胡承珙：《毛詩後箋》，《續修四庫全書》，第67冊，頁230。
〔註170〕《毛詩注疏》，卷十七之一，頁595。
〔註171〕《毛詩注疏》，卷十六之二，頁542。
〔註172〕《毛詩注疏》，卷十三之二，頁454。

鄭玄：「《箋》以作文有體，章類宜同」、〔註173〕「《箋》每事屬之」、〔註174〕「凡例別嫌明疑，以本文為主，故鄭先以詩上下校之」。〔註175〕

　　4.〈漸漸之石〉：「漸漸之石，維其卒矣」，《傳》：「卒，竟」，《箋》：「卒者崔嵬也，謂山巔之末也」，按：《傳》、《箋》異說除了是改讀假借字與否的問題外；其實還涉及此句應該從上下章文義來理解，還是從一章之中前後字句之聯繫來理解的問題。首先，《傳》如字讀，故訓「竟」，《箋》讀「卒」為「崒」，《說文解字・九下・山部》「崒」字：「危高也」，段玉裁《注》：「〈漸漸之石〉……是鄭謂『卒』為『崒』之假解字」，〔註176〕又據〈十月之交〉：「山川卒崩」，《箋》：「卒者，崔嵬」，〔註177〕《毛詩注疏校勘記》亦云：「《箋》云『卒者，崔嵬』，訓『卒』為『崒』，而不改其字也」，〔註178〕然而其義不僅如此，《箋》之所訓「卒」為「崒」，其實是根據上下章文義所作的判斷，本詩前章云：「漸漸之石，維其高矣」，「高」正對應「卒」，故《正義》云：「《箋》以上『高矣』類之」，甚是；可是《傳》訓為「竟」，也未必忽視文本脈絡，其可能是認為下文「山川悠遠，曷其沒矣」與此相關，故「沒」字《傳》解為：「沒，盡也」，〔註179〕則「沒」正對應「卒」，都是歎慨山峻路遠，行行無窮之辭。則《傳》、《箋》正分別為讀者展示了兩種不同的文義理解方式。

　　5.〈雲漢〉：「我心憚暑」，《傳》：「憚，勞」，《箋》：「『憚』猶『畏』也。……王心又畏難此熱氣」，按《傳》、《箋》異義表面上如《正義》所說：「毛讀為『癉』丁佐，〔註180〕故為勞也。……《箋》以暑熱人之所畏，故讀為『憚』徒旱，『憚』猶『畏』也」，只是如字讀或改讀假借字的問題，實際上還牽涉到《傳》、《箋》理解文本的方式，《傳》訓為「勞」，則「勞暑」是形容詞與名詞的結構，所以《正義》只能理解為：「又勞於暑熱之氣」，將「勞」字視為使動用法，不免較為曲折；而《箋》訓為「畏」，則無句法問題，並且可能是參照上

〔註173〕《毛詩注疏》，卷十六之五，頁583。
〔註174〕《毛詩注疏》，卷十三之二，頁453。
〔註175〕《毛詩注疏》，卷十二之二，頁652。
〔註176〕《說文解字注》，頁439。
〔註177〕《毛詩注疏》，卷十二之二，頁407，據《校勘記》改。
〔註178〕《毛詩注疏校勘記》，《十三經注疏校勘記》，第2冊，頁267～268。
〔註179〕以上均《毛詩注疏》，卷十五之三，頁524。
〔註180〕《正義》原作「憚」，與下文重複，知必有一誤，據其音「丁佐反」，《廣韻》「癉」字正音丁佐反，可證當作「癉」，今改正。

文「胡不相畏」與下文「毗勉畏去」所改訓，〔註181〕使全詩「憚」、「畏」之情可相連屬，較之《傳》說亦更合文義。

6. 〈崧高〉：「以作爾庸」，《傳》：「庸，城也」，《箋》：「庸，勞也。〔註182〕召公既定申伯之居，王乃親命之，使為法度於南邦。今因是故謝邑之人而為國，『以』起『女』之功『勞』，言尤章顯也」，按：「庸」之訓「城」或「勞」，表面上雖只是虛指或實指的分別，然而《箋》云「召公既定申伯之居」，是根據上章的「王命召伯，定申伯之宅」而來，也就是說，《箋》乃根據上章而改讀「庸」為「勞」，因為上章已言「定宅」，此處不需複述；反而應進一步推進文義為褒賞申伯之功勞，落實《序》所謂「褒賞申伯焉」之義，所以《箋》還要特別指出這是「尤章顯」；但推究文義，「以作爾庸」的上文是「因是謝人」，《箋》也必須承認「因是謝人」之義是「今因是故謝邑之人而為國」，〔註183〕所以《箋》仍不得不將之「而為國」三字安插於「以起女之功勞」之前以疏通文義，然而若是褒賞其功勞，完全無須「因是謝人」，既然「因是謝人」，故可知《傳》讀「庸」為「城」是比較妥當的，並且這個「庸」與上章的「宅」未必相同，不須如《箋》說可能因為避複的問題而改讀為「勞」。

7. 〈瞻卬〉：「天之降罔，維其優矣，人之云亡，心之憂矣；天之降罔，維其幾矣，人之云亡，心之悲矣」，本章八句，可分為兩個小段落，每個段落又以四個形式相同的詩句復沓而成，僅有「優」／「幾」、「憂」／「悲」的細微差異，從「憂」到「悲」，其情緒實為遞進：憂者患於未然，悲者哀其已然，故以此為基準，可見從「優」到「幾」，亦應見其層遞，然而《傳》訓「優」為「渥」，訓「幾」為「危」，一是數量上的多，一是時間上的急迫，實際上屬不可比較的兩個不同範疇；而《箋》訓「優」為「寬」，解為「天下羅罔以取有罪，亦甚寬，謂但以災異譴告之，不加責罰於身」，訓「幾」為「近」，解為「言災異譴告離人身近」，〔註184〕其解釋見出從「優」到「幾」的層遞關係，

〔註181〕以上均《毛詩注疏》，卷十八之二，頁662，據《校勘記》改。
〔註182〕原作「庸，功也」，按《釋文》云：「鄭云『功也』」，《法偉堂經典釋文校記遺稿》附宋本《經典釋文》，卷七，頁190，知《釋文》本鄭《箋》作「庸，功也」；但《正義》云：「『庸，勞』，〈釋詁〉文」，知《正義》所據鄭《箋》作「庸，勞也」，今據《正義》本改作「庸，勞也」。
〔註183〕以上均《毛詩注疏》，卷十八之三，頁669～671。
〔註184〕以上均《毛詩注疏》，卷十八之五，頁696。

顯然是考慮了本詩章法的特性所作的改讀。

8.〈長發〉第四章:「受小球、大球,為下國綴旒,何天之休」,又第五章:「受小共、大共,為下國駿厖,何天之龍」,《傳》:「共,法。駿,大。厖,厚。龍,和也」,《箋》:「共,執也。小共、大共,猶所執搢小球、大球也。『駿』之言『俊』也。『龍』當作『寵』,寵,榮名之謂」,按:而「共」所以訓「執」,蓋據其古文字字形為說,「共」字甲骨文、金文、小篆作「𦥑」、「𢍏」、「𠔁」,〔註185〕其象雙手執物之形均未變,故訓「執」;而《釋文》云「鄭音拱,執也」,〔註186〕即認為鄭讀「共」為「拱」,然而「拱」者確實亦有「執」義,惟「拱」字仍為「共」字的後起分別文,則不如認為《箋》乃逕以「共」字字形為說,更為直截。而據《箋》說可知:其據上章的「小球」、「大球」來理解下章的「大共」、「小共」,一如本章之「何天之龍」可與上章之「何天之休」對應,故《正義》云:「其文相值……則此宜為『榮名』」;然「執」這一動作其實無分大小,故《箋》又改讀為:「受/共小共大」,言此二章所受之物未變,仍然只是上章的「小球、大球」,故省略不言其勿,所以本句完整寫出來就是:「受/共小(球)、共大(球)」,也就是說:此二章「受小球、大球」、「受小共、大共」都只是從不同方面描寫「受小球大球」的意義而已。然而《傳》對此二章的理解可能與《箋》不同,《傳》大概認為二章所受之物不同,故一者有形,可為「綴旒」,一者無形,乃為「駿厖」,是以「共」當為無形之物,故訓「共」為「法」,藉此發揮思想:意謂王者當法天,故天授以大法小法;〔註187〕而非謂「共」有「法」義,故《正義》謂:「《傳》讀『共』為『恭敬』之『恭』,故為『法』也」,〔註188〕仍不妥,因為就算讀為「恭」,「恭」何以訓為「法」?顯然必須從《傳》發揮思想的角度加以解釋,較為通順。然其實從上下章而言,《傳》、《箋》說似皆未得,「共」當讀為「珙」,則與上文「球」字一律。

〔註185〕 參李學勤主編:《字源》,頁203~204。

〔註186〕 《法偉堂經典釋文校記遺稿》附宋本《經典釋文》,卷七,頁208。

〔註187〕 按:戴君仁:〈兩漢經學思想的變遷——詩經部分〉認為:「毛傳改訓為法,便把天命觀念沖淡,神秘意味減輕了」,《梅園論學續集》,頁12,其說適相反,戴氏之說似未妥,因為《詩》文本來就說大法小法是有所「受」的,其主語自然仍是「天」,不因訓「法」與否而減輕其神秘意味。

〔註188〕 以上均《毛詩注疏》,卷二十之四,頁802~803。

二、《箋》申、改《傳》所體現的「文本意識」之進展與不同的解
經模式

　　本節在若干程度上與「毛鄭異同」、「毛鄭改字」等論述有關，〔註189〕但前人的論述，往往受其今、古文的經學主張限制，多僅譏彈某一方改讀幾全部錯誤，〔註190〕或證明其改字全本三家《詩》，〔註191〕實則此皆非改讀研究最重要的意義，李霖亦云：「清人⋯⋯在毛、鄭異同問題上，似仍未超出爭論是非優劣的巢臼，愚以為其立意反不如《正義》公允」；〔註192〕故應該將問題轉向為：在判斷毛、鄭改讀的優劣前，應先探索其異義所指涉的詮釋意圖為何？而不是羅列其論點的差異。

　　並且毛、鄭異義的關鍵原因，是不是從毛到鄭的歷程中，「文本意識」發揮了重要的影響？這也就如胡適所云：「到了東漢，鄭康成讀《詩》的見解比毛公又要高明」，〔註193〕馮浩菲亦云：「《箋》文中的言辭也顯得比較簡明，縝密」，

〔註189〕〔清〕程晉芳：《毛鄭異同考》，《續修四庫全書》，第 63 冊、〔清〕張汝霖：《學毛鄭詩異同籤》，《續修四庫全書》第 71 冊、〔清〕丁晏：《毛鄭詩釋》，《續修四庫全書》，第 71 冊、〔清〕陳喬樅：《毛詩鄭箋改字說》，《續修四庫全書》，第 72 冊、〔清〕沈鎬：《毛詩傳箋異義解》，《續修四庫全書》，第 73 冊、〔清〕曾釗：《詩毛鄭異同辨》，《續修四庫全書》，第 73 冊、〔清〕林伯桐：《毛詩通考》（臺北：臺灣商務印書館，1966 年 6 月，據嶺南叢書本排印）、〔清〕范迪襄：《毛鄭異同疏正》，稿藏北京圖書館、陸婉儀：《詩經傳箋異同考》（香港：香港中文大學碩士論文，1970 年）、華敏：《《詩經》毛傳、鄭箋比較研究》（南京：南京師範大學碩士學位論文，2005 年）、張艷：《毛《傳》、《鄭箋》對《詩經》訓詁之比較》（蘭州大學碩士學位論文，2007 年）。而綜合而言，毛、鄭異同，曾釗歸納為四：「毛鄭異同，大義有四，隨文易說者不與焉：昏期，一也。出封加等，二也。稷、契之生，三也。周公辟居，四也。凡此四端，皆毛長於鄭」，《詩毛鄭異同辨》，頁 527，李世萍則歸納為婚期、是否引用讖緯、具體訓釋的差異、分章不同四點李世萍：《鄭玄《毛詩箋》研究》，頁 137～141。然而曾、李所歸納的實際上只是個別論點的差異，只有是否引用讖緯這一點，才算勉強觸及毛、鄭解《詩》理念的不同。

〔註190〕如林伯桐即以為：「然《傳》、《箋》不同者，大抵毛義為長」，〔清〕林伯桐：《毛詩通考》，頁 1。

〔註191〕此說至少可追溯至六朝、唐人，如《毛詩正義》云：「而〈孔子閒居〉《注》云《詩》讀『湯齊』為『湯躋』者，言三家《詩》有讀為『躋』者也」，《毛詩注疏》，卷二十之四，頁 802。黃振民：「故其《箋》詩與毛《傳》不同處，『皆』取三家之說」，〈漢魯、齊、韓、毛四家詩學考（上）〉，頁 21，標點有增補。

〔註192〕李霖：〈從《大雅・思齊》看鄭玄解《詩》的原則〉，頁 58。

〔註193〕胡適：〈談談詩經〉，《古史辨》，第 3 冊，頁 579。

〔註194〕但兩說還顯得浮泛，比如說：高明、簡明、縝密在哪？為何更高明、簡明、縝密？或者反過來說，正是鄭玄發揮經義處更多更縝密，故反而如焦循云：「毛《詩》精簡，得《詩》意為多……故其《箋》多迂拙，不如毛氏」、〔註195〕皮錫瑞云：「毛、鄭解《詩》多異義，毛義常勝於鄭。」〔註196〕

更具體而言，討論的方式應如華喆闡釋鄭玄《論語注》的訓詁時，所使用的方法：「從鄭玄的結果出發，給他拼湊出整條邏輯線索」，而拼湊的過程，大抵「就必須嘗試從鄭玄經注與經書之間勾稽和復原鄭玄的思考過程。」〔註197〕但關於這一方法，還有下列前提必須釐清：一方面必須考慮《傳》本身「簡質」的特性，故《傳》對文義的理解，很多都隱藏在訓詁義項之下，必須逐一鉤稽才能知其用心；而《箋》則詳為疏釋文義，兩相權衡，自然很容易使讀者得到《箋》較《傳》之「文本意識」更為進步的表象；不過絕大部分的例證，《箋》確實也都顯得比《傳》更合乎文本義。然而，另一方面是：《箋》也有曲從經義而大量改變文本結構之處，而有時《傳》、《箋》異說的癥結其實不是《傳》、《箋》誰更合乎文本，而是都不合於文本，但《傳》、《箋》分別採用了不同的解經模式，所以造成差異。必須將以上這些現象逐一釐清，才能比較深刻地了解從《傳》到《箋》的歷程中，「文本意識」對二者解經觀念的影響。以下逐一疏證：

1. 〈谷風〉：「涇以渭濁，湜湜其沚」，〔註198〕《傳》：「涇渭相入而清濁異」，《箋》：「小渚曰沚。涇水以有渭，故見謂〔註199〕濁。湜湜，持正

〔註194〕馮浩菲：《毛詩訓詁研究》，下冊，頁33。
〔註195〕〔清〕焦循：《毛詩補疏》，卷首〈序〉，《續修四庫全書》，第65冊，頁395。
〔註196〕〔清〕皮錫瑞：〈釋京〉，《皮錫瑞全集》，第8冊，頁618。
〔註197〕華喆：《禮是鄭學：漢唐間經典詮釋變遷史論稿》，頁78、87。後一段原文的脈絡是專指「理解鄭玄禮學」而言，然其實可作為研究鄭玄經注的通論。
〔註198〕按：《毛詩注疏校勘記》云當改「沚」為「止」，引段玉裁云：「今考鄭《箋》但義從『沚』耳，其經字不作『沚』也」，又：「案此鄭以經『止』字為『沚』字之假借；不云『讀為』，而於訓釋中直改其字以顯之也……此實漢代注經之常例」，《十三經注疏校勘記》，第2冊，頁643，其實考其根據，不過《說文》引《詩》作止而已，實則此引何《詩》焉可知？且段氏亦知「《正義》本未有明文」，則何必強毛《詩》以就《說文》？故今不從《校勘記》說。
〔註199〕據《校勘記》改「渭」為「謂」，俞平伯亦云：「下『渭』字『謂』之誤」，《論詩詞曲雜著》（臺北：長安出版社，1988年11月，改題《俞平伯詩詞曲論著》），頁98，但未引《校勘記》為說。按：「言」旁與「水」旁乃形近之誤，因「言」旁常寫作「訁」、「氵」，與「水」旁無別，如「涼」曾誤為「諒」、「謾」或作「漫」，即其例，分見《毛詩注疏》，卷十八之二，頁658、666、《張元濟文集》第9卷，頁207，據《校勘記》改。

貌。喻君子得新昏，故謂己惡也；己之持正守初，如沚然不動搖。此絕去所經見，因取以自喻焉」，〔註200〕按：《傳》遺留下來的問題是：究竟涇水渭水孰清孰濁？《箋》的疏解即環繞這一問題展開。單獨從「涇以渭濁」而言，「以」訓「因」，〔註201〕則涇水因渭水而濁，並不必然代表涇水清而渭水濁，《箋》提供的就是相反的理解：涇水濁而渭水清，渭水清而流入混濁之涇，相形更顯出涇之濁，故《釋文》云：「涇……，濁水也。渭……，清水也」，倒是極為準確地理解了《箋》義。然則，《箋》此一理解是建立在什麼文本意識上呢？如此解說的目的為何？單從「涇以渭濁」確實無法判斷前述二說優劣，然而結合「涇以渭濁」之下文「湜湜其止」來看，〔註202〕可以說明流入者當是清水，否則其下文不應說清水之事，則涇是主語，流入者是渭水，則渭當是清水，反之，涇則是濁水，所以必須用「見」字被動式來解釋文本，以期上下文義能一貫。而這樣「見謂濁」的說法，《箋》其實也不過為了比附新婦、舊人的處境而已。

　　而裴普賢〈涇清渭濁辨〉一文引《箋》全誤作「故見渭濁」，豈彼讀阮刻本而失檢《校勘記》？其又云：「涇清渭濁，自古而然……至朱《傳》而竟明言涇濁渭清，從此黑白顛倒了」，〔註203〕其說殊為失考，《箋》、《釋文》皆已明言「涇濁渭清」，非始於《詩集傳》。並且涇水在先秦兩漢之間經歷過由清而濁的歷程，史念海云：「《詩·邶風·谷風》有句說……這是說涇水十分清澈，……涇水為何能夠清澈？因為涇水流域森林眾多，草原良好，侵蝕不甚顯著，甚或還沒有受到侵蝕」，但「秦始皇未統一六國之前，曾開鑿鄭國渠，引涇水灌溉農田，後來到漢宣帝時，又開鑿白渠，還是引用涇水。鄭國渠所引用的涇水被稱為『填之水』。這樣的稱道是認為水中含有泥沙。用這樣混濁之水灌溉鹹鹵之田，田地就更肥美。……那時涇水上游有條支流稱為泥水……當時義渠之戎就在這條河上從事游牧生涯。……涇水由清便濁，當是義渠被消滅以後的事情。自秦昭王滅義渠至秦始皇開鑿鄭國渠，前後只是數十年間

〔註200〕《毛詩注疏》，卷二之二，頁90。

〔註201〕裴學海：《古書虛字集釋》，頁13。

〔註202〕俞平伯：「此重公案之解決，正在一『湜』字上。『湜』訓止水，水止而後清，則原為濁流已可知。若水本清，何必止而後清耶？……毛、鄭、朱熹之說並有可取，而朱說尤為詳明。朱申鄭義，但鄭之詞拙，且有誤字，令人惑耳」，《論詩詞曲雜著》，頁98。

〔註203〕裴普賢：〈涇清渭濁辨〉，《詩經研讀指導》，頁131，標點有增補。

事」，〔註204〕可解裴氏之疑。

2. 〈子衿〉：「縱我不往，子寧不嗣音」，《傳》：「嗣，習也。古者教以詩、樂，誦之，歌之，弦之，舞之」，《箋》：「嗣，續也。女曾不傳聲問我，以恩責其忘己」，據上文「悠悠我心」及下章「子寧不來」，可知：「嗣音」當如《箋》說；《傳》則完全擱置文本義，而單就「嗣音」二字發揮經義：指出「嗣音」就是在學校中習禮樂，然而將其訓解置於文本中，固然可以為之辨解「悠悠我心」、「一日不見」都如《序》所說是「刺學校廢也」，因而《傳》可以將此二句理解為：「言禮樂不可一日而廢」，故思望之切，縈繞心中。但從文義而言，如果要描寫「刺學校廢」，則應描寫學校廢後，此子尚且習樂不輟，見其有別於常人之因學校廢而亦廢禮樂不習，以見學校教化有深有淺，深者雖然尚能習樂不輟以反襯世道淪亡之可哀，而淺者卻亟須學校加以約束，這才是「刺學校廢」題中應有之義；何至如《傳》說所產生的問題：此人竟因「我不往」，則廢樂不習了呢？如果此人因我不往則廢樂不習，又何待於學校之廢與不廢？《箋》大概是察覺上述《傳》說所產生的問題，故鬆動了「嗣音」說解中不合文義的部分，但《箋》仍然試圖賦予「嗣音」作為「思之」的一環，〔註205〕保持其在「學校」中不應「獨學而無友」（《禮記・學記》），而應「以友輔仁」（《論語・顏淵》）之經義框架下的意義。於此可見《箋》如何藉由文本意識，使其較《傳》更為出色地完成發揮經義的共同目標。

3. 〈敝笱〉一章：「其從如雲」、二章：「其從如雨」、三章：「其從如水」，《傳》分別解為：「如雲，言盛也」、「如雨，言多也」、「水喻眾也」；《箋》則分別解為：「其從，姪娣之屬。……其從者之心意如雲然，雲之行順風耳，然後知『魯桓微弱』，文姜遂淫恣，從者亦隨之為惡」、「如雨，言無常，天下之則下；天不下則止。以言姪娣之惡、善，亦文姜所使、止」、「水之性可停可行，亦言姪娣之善、惡在文姜也」，這裡不僅是《傳》、《箋》何者較為符合詩文的問題，而是《傳》、《箋》分別代表了兩種解經模式：《箋》顯然不滿足於《傳》僅將此三句視為單純描寫「其從」的譬喻，其所思考的大概是：〈敝笱〉一詩，每章僅四句，何以花費筆墨描寫「其從」？《序》所謂「使

〔註204〕 史念海：〈黃土高原的演變及其對漢唐長安城的影響〉，《史念海全集》，第六卷，頁70〜71、75。

〔註205〕 見本詩「一日不見，如三月兮」，《箋》：「君子之學，『以文會友，以友輔仁』；『獨學而無友，則孤陋而寡聞』，故思之甚」，以上均《毛詩注疏》，卷四之四，頁179〜180。

至淫亂」，〔註206〕詩中是否有證？或者，如何使其在詩中體現？而「其從」之淫亂，又從何而來？故《箋》的解釋是：描寫「其從」，是為說明「其從」之不善，故詩中乃加以著重描寫，而「如雲」、「如雨」、「如水」都是譬指「其從者之心意」，故「其從」之「善惡」不僅為文姜所「使、止」，文姜身旁耳濡目染者亦無非如此之人，正體現了《序》所謂「使至淫亂」之「至」的漸漬過程。

4.〈羔裘〉：「豈不爾思？勞心忉忉」，《傳》：「國無政令，使我心勞」，《箋》：「爾，女也。三諫不從，待放而去。思君如是，心忉忉然」，〔註207〕比較《傳》、《箋》，可見《傳》文通釋文義，但並未注意文本結構，《箋》則著重在文法結構中補申毛義。

5.〈東山〉一詩的「有敦瓜苦」、「鸛鳴于垤」二句，《傳》、《箋》在同一詩同一章中即分別精彩展示了截然相反的兩種態度：

（1）「有敦『瓜』苦」，《傳》：「『敦』猶『專專』也。……言我心苦，事又苦也」，《箋》：「此又言婦人思其君子之居處，專專如瓜之繫綴焉。瓜之瓣有苦者，以喻其心苦也。」〔註208〕比較《傳》、《箋》所解，二者並無太大差距，主要是二者的解經觀念有別：《傳》解「敦」為「專專」，但在通釋文句時，卻未落實「專專」，並且更重要的是《傳》完全忽略「瓜」字，儼然「瓜」字無所取義；《箋》則不同，完全修正了《傳》上述的缺點，不僅將「專專」融入通釋文義的脈絡中，還賦予了「瓜」的意義。

（2）但在同一詩同一章的上下文中，馬上可以發現：《箋》有時也忽略了某一些意象的取義，如：「鸛鳴于『垤』」，《傳》：「垤，螘塚也。將陰雨，則穴處先知之矣。鸛好水，長鳴而喜也」，《箋》：「鸛，水鳥也，將陰雨則鳴。行者於陰雨尤苦，婦念之，則歎於室也。」〔註209〕在《傳》的理解中，「鸛」與「垤」均取「將陰雨」之義；然而《箋》則完全不重視「垤」的意義，固然可能是因為《傳》已有說解，然而更可能是因為從文義脈絡而言，「鸛鳴于垤」的主要描寫對象是「鸛」，「垤」只是補充描寫鸛所在之處而已，故《箋》的說法無疑更合理。在此也可見《箋》如何在文義脈絡中，合理化《傳》已經申發的經義，而《箋》有時也不一定比《傳》的說解更全面地落實文本義。

〔註206〕以上均《毛詩注疏》，卷五之二，頁198～199。
〔註207〕《毛詩注疏》，卷七之二，頁262。
〔註208〕《毛詩注疏》，卷八之二，頁296，據《校勘記》改。
〔註209〕《毛詩注疏》，卷八之二，頁296。

6.〈東山〉：「烝在桑野」，又：「烝在栗薪」，《傳》分別解為：「烝，寘也」、「烝，眾也」，對同一首詩中的兩個「烝」字有看似不同的說解；然觀兩處之《箋》云：「蠋蜎蜎然特行，『久』處桑野，有似勞苦者。古者聲『寘』、『填』、『塵』同也」、「烝，『塵』。栗，析也。言君子又『久』見使析薪，於事尤苦也」，〔註210〕可見《箋》將兩處「烝」字都讀為「塵」，故訓為「久」，於此也似可見《箋》可能初步有了同一首詩中相同語法功能的字，其意義的應相同的文本意識。

7.〈常棣〉：「常棣之華，鄂不韡韡」，《傳》：「興也。『常棣』，棣也。『鄂』猶鄂鄂然，言外發也。『韡韡』，光明也」，《正義》用王肅之說補毛云：「毛以為常棣之木華，鄂鄂然外發之時，豈不韡韡而光明乎？……以興兄弟眾多而相和睦，豈不強盛而有光暉乎？言兄弟和睦，實強盛而有光暉也」；《箋》：「承華者曰『鄂』。『不』當作『柎』，『柎』，鄂足也。鄂足得華之光明，則韡韡然盛。興者，喻弟以敬事兄，兄以榮覆弟，恩義之顯，亦韡韡然。古聲『不』、『柎』同。」〔註211〕《傳》、《箋》表現了兩種不同的解經方式，《傳》把「鄂」解為鄂鄂然外發，把「韡韡」解為光明，然而外發與光明這兩個形容詞為何同在一句之中，且句中只有一個形容詞之前有「不」（柎）字？而言華之外發與光明，又與下文「凡今之人，莫如兄弟」有何關係，難道只是無取義的「興」？凡此都是《傳》之訓詁未及解釋之處；《箋》則考量下文，揣摩文義，訓「不」為「柎」，且似如何金松所說，解散句構為：「常棣之華鄂／不韡韡」，〔註212〕如此則解決《傳》把兩個形容詞分立而無法貫通上下文的問題，並且視此二句為「莫如兄弟」與《序》文所謂「燕兄弟也」的印證，使此一章文義緊密連結，落實「興」義。可見《箋》是如何在更合理的文義脈絡下發揮修正已有的《序》、《傳》經說。

8.〈伐木〉：「伐木丁丁，鳥鳴嚶嚶」，《傳》：「興也。丁丁，伐木聲也。嚶嚶，驚懼也」，《箋》：「『丁丁』、『嚶嚶』，相切直也。言昔日未居位，在農之時，與友生於山巖伐木，為勤苦之事，猶以道德相切正也。嚶嚶，兩鳥聲也，其鳴之志似於有友道然，故連言之」，按《傳》、《箋》對於「嚶嚶」之異說，

〔註210〕《毛詩注疏》，卷八之二，頁295～296。

〔註211〕《毛詩注疏》，卷九之二，頁321，王肅說見《正義》引「王述之」云云。又張亞初云：「柎（引按：當作『柎』）是從不字分化出來的異體字」，《商周古文字源流疏證》，第1冊，頁14。

〔註212〕何金松：《漢字形義考源》，頁290。

即在於如何看待「鳥鳴嚶嚶」是否實有其事,《箋》認為此只是「連言之」,且不言興,故其認為「鳥鳴嚶嚶」不過是作為「友道」的比喻,實無其事,特藉以承接下文之「嚶其鳴矣,求其友聲」而已;〔註213〕《傳》則認為此為興,實有其事,故其體會文義,認為人於樹下伐木丁丁,則其上棲居之鳥未有不嚶嚶而驚懼者。

9.〈伐木〉:「既有肥羜,以速諸父」,《傳》:「羜,未成羊也。天子謂同姓諸侯、諸侯謂同姓大夫,皆曰『父』;異姓則稱『舅』。國君友其賢臣,大夫士友其宗族之仁者」;《箋》:「速,召也。有酒有羜,今以召族人飲酒。」〔註214〕比觀二者,可見《傳》根本不解文本義,疏解「羜」、「父」二字後,逕自發揮「友其賢臣」、「友其宗族之仁者」的經義,《箋》則申《傳》所未解的「速」字,並疏通文本義,或許是因《傳》所發揮之經義已甚完備,故《箋》不再發揮經義,於此可見《箋》將《傳》所發揮的經義落實於文本結構中的意圖。

10.〈伐木〉:「有酒湑我,無酒酤我」,《傳》:「酤,一宿酒也」,《箋》:「酤,買也。此族人陳王之恩也。王有酒則湑茜之;王無酒,酤買之,要欲厚於族人。」〔註215〕凌麗君指出〈烈祖〉《傳》有「酤,酒」之訓,與〈伐木〉不同,「而〈伐木〉一詩則應文意要求點出其『一宿而成』的特質。……《毛傳》以『一宿』訓之,正是表明詩文所講的『倉促求酒,不再濾酒細為之。』」〔註216〕按:此例凌氏視為據語境釋義;然審詩義與《傳》義,此處「湑」、「酤」對文,顯皆動詞,《傳》卻解釋為名詞,顯然《傳》義完全脫離語境而解釋字義,似無法視為據語境釋義,所以《箋》云:「酤,買也」,彌縫了《傳》解字義而不解文義的缺點,並在解釋全句文義時,只說:「酤買之」,刻意揚棄《傳》說,而非如他處兼存《傳》說的字面於《箋》的文義新解釋中。〔註217〕故此例是否是「言內語境」,恐值得反思。

11.〈吉日〉:「麀鹿麌麌」,《傳》:「麌麌,眾多也」,《箋》:「麇牡曰『麌』,

〔註213〕以上均《毛詩注疏》,卷九之三,頁327。
〔註214〕《毛詩注疏》,卷九之三,頁328,據《校勘記》改。
〔註215〕《毛詩注疏》,卷九之三,頁329。
〔註216〕凌麗君:〈言內語境下的《毛傳》不等值訓釋分析〉,《訓詁學與詞匯語義學論集》,頁44。
〔註217〕如「截」有「斷」與「治」義,〈常武〉:「截彼淮浦」,《傳》:「截,治也」,《箋》:「『治』淮之旁國有罪者,就王師而『斷』之」,《箋》在申《傳》的過程中,細微地保存了「截」的多義性,使其符合文本義。

麌復麌，言多也」，《正義》指出《傳》之訓解與〈韓奕〉同，〔註218〕按：〈韓奕〉：「麀鹿噳噳」，《傳》：「噳噳然眾也」，〔註219〕故段玉裁云：「按毛意『麌麌』即『噳噳』之假借也」，〔註220〕然則《箋》如字讀，言既言一「麌」，又復言一「麌」，即眾多之義，以此申《傳》，一如〈載芟〉：「匪且有且，匪今斯今，振古如茲」，《箋》：「『振』亦『古』也。……乃『古』『古』而如此」，顯然也反映了某些《箋》的對文本如何解讀的認知。蓋其認為同一句中既已云「麀」、「鹿」，「麌麌」亦當理解為鹿之類；可是《箋》的理解會引申出：「麌」在經文中有何重要性，何以連言二次，且連言二次也未必一定是「眾多」等問題，仍不如《傳》說為妥。不過，《箋》申《傳》雖非，但在申《傳》的過程中，仍體現其不同的解經方式與文義理解。

　　而這樣不同的解經模式也體現在本詩下文「其祁孔有」上，《傳》：「祁，大也」，《箋》：「『祁』當作『麐』，麐，麋牝也，中原之也『甚』『有』之」，可見《箋》認為上文既說「麀、鹿、麌麌」，本章下文又說「儦儦俟俟，或羣或友」，則本章當有鹿名，如《正義》所云「不知大者何物，且〈釋獸〉有『麐』之名，〔註221〕故易《傳》從《爾雅》也」，〔註222〕故改讀「祁」為「麐」；然《傳》謂「其祁孔有」者，「其祁」即「祁然」，謂既大又多，主語當然承上章是「麀鹿」，《箋》改讀為「麐」，雖展現與《傳》不同的解經思惟，但也衍生出兩章何以麀、鹿、麌、麐何以雜錯紛出的問題，不如《傳》說為妥。

　　12.〈斯干〉：「無相猶矣」，《傳》：「猶，道也」，〔註223〕按《傳》說恐係發揮句義，指兄弟「無相猶矣」，如此才是「道」，才能「似續妣、祖」，則其說解顯係擱置文本義，直接發揮思想；因為不如此理解，如《正義》解為「無相責以道矣」、「若相責以道」，為什麼兄弟偏偏「不能相道」呢？難道如《論語・子路》所說，必須「父為子隱，子為父隱」？〔註224〕顯然《正義》對此也不能自圓其說，所以只好略加彌縫：「雖無此事，未足多善，不當舉以為詠

〔註218〕《毛詩注疏》，卷十之三，頁369，據《校勘記》改。
〔註219〕《毛詩注疏》，卷十八之四，頁683。
〔註220〕《說文解字注》，頁62，馬瑞辰說襲此，《毛詩傳箋通釋》，頁561。
〔註221〕按《爾雅・釋獸》：「麋：牡，麔；牝，麎」，邢《疏》：「此釋麋之種類也。……其牡者名麔；其牝者名麎」，《爾雅注疏》，卷十，頁188。
〔註222〕以上均《毛詩注疏》，卷十之三，頁370，據《校勘記》改。
〔註223〕《毛詩注疏》，卷十一之二，頁384。
〔註224〕《論語注疏》，卷十三，頁118。

也」，〔註225〕指此兄弟雖無惡事可責，但相對地，也沒有足以形諸歌詠的善事可記，故只好勉勉強強地記下「無相猶矣」一句——這顯然是《正義》誤判《傳》意而不得不為之曲解的開脫之辭。

　　《箋》提出的是另一種解經模式：按照文義次序，「兄及弟矣，式相好矣，無相猶矣，似續妣、祖」，本應四句為一小段落；可是《箋》卻在「無相猶矣」、「似續妣、祖」分別出注，則大概可以推測《箋》讀「兄及弟矣，式相好矣，無相猶矣」為一小段落，另將「似續妣、祖」分屬於「築室百堵」的小段落。所以也因此《傳》訓「似」為「嗣」，言此兄弟當嗣續妣、祖之德業；《箋》則因文本脈絡有不同的理解，故改讀「似」為「巳」（亦即「已」），〔註226〕而聯繫下文築宮廟為說。

　　而同樣訓「道」，也不能落實於文本的例證，又如：〈十月之交〉：「天命不徹」，《傳》：「徹，道也」，按「徹」應無「道」義，《傳》以為天不道，顯然是以天指王，〔註227〕《箋》於此明察《傳》義，故其申《傳》，即云：「『不道』者，言王不循天之政教」，然《箋》既云「政教」，顯然《箋》又改讀「天命」為「天令」，因為《傳》把「天命」解為王，但「命」字如何理解為王？《箋》於是遂改訓「命」為「令」，彌縫《傳》之疏失，也體現了其文本意識之進展。但「徹」其實應即「逸」之假借，〔註228〕「不」訓「毋」，則天命不徹義即毋逸天命，乃針鋒相對於上下文之「民莫不逸」、「我友自逸」而言，〔註229〕然改「逸」為「徹」，蓋避覆，且暗示「天命」與之不同。

　　13.〈小明〉：「介爾景福」，《傳》：「介、景皆大也」，《箋》：「介，助也」，《傳》義似認為「介」字活用為動詞，故訓「大」，句義為大爾大福，《箋》則正確體察文法結構，故訓為「助」；然而對照金文，「介」當讀為「匄」，義為祈求，〔註230〕則《箋》說雖較《傳》展現了文本意識的進步，卻仍一間未達。

〔註225〕以上引《正義》語見《毛詩注疏》，卷十一之二，頁384。

〔註226〕《箋》：「『似』讀如『巳午』之『巳』，『巳續妣祖』者，謂巳成其宮廟也。妣，先妣，姜嫄也。祖，先祖也」，《毛詩注疏》，卷十一之二，頁384，《校勘記》改「讀如」為「讀為」，未可據。

〔註227〕《傳》中此例甚多，詳前考釋〈柏舟〉：「母也天只」條。

〔註228〕高亨、董治安：《古字通假彙典》，頁530、646，按該書〈筆畫檢字〉中誤作頁626，今正。

〔註229〕以上見《毛詩注疏》，卷十二之二，頁409。

〔註230〕徐中舒：〈金文嘏辭釋例〉，《徐中舒歷史論文選輯》，頁509。

14. 〈大田〉：「秉畀炎火」，《傳》：「炎火，盛陽也」，《箋》：「螟、螣之屬，盛陽氣嬴則生之；今明君為政，田祖之神不受此害，『持』之『付』與『炎火』，使自消亡」，〔註231〕據《箋》之說解，可知其讀「秉」為「持」，讀「畀」為「付」，但關於「炎火」的說解，《箋》表面看似申《傳》「盛陽」之說，可是將其說解逐字與原文對照，卻可發現：其不解「炎火」為「盛陽」，而是直接如字讀為火，所以才說「消亡」。箇中原因，也許如《正義》指出《傳》「以言『炎火』，恐其是火之實」，〔註232〕即《傳》不將此處的「炎火」理解火，但《箋》可能發覺不理解為火，文義實難疏解；可是《傳》所發揮的「盛陽」經義亦有可取，於是兩存其說。讀者亦可於其兩存其說中發現《箋》進一步落實文本義的意圖。

　　《箋》同樣兩存其說的例證，又如〈常武〉：「截彼淮浦」，《傳》：「截，治也」，《箋》：「『治』淮之旁國有罪者，就王師而『斷』之」，〔註233〕表面上，《箋》云「治淮之旁國有罪者」，乃申《傳》所謂「截，治也」；但「截」也有「斷」義，因此，《箋》究竟是將「截彼淮浦」的「截」理解為「治」或「斷」？其實，《箋》更可能是在申《傳》的同時，也意識到「截」字的多義，故兩存其「治」、「斷」之義。展現了《箋》申《傳》時，對文義的進一步理解。

15. 〈賓之初筵〉：「百禮既至，有壬有林」，《傳》：「壬，大。林，君也」，《箋》：「壬，任也，謂卿大夫也。諸侯所獻之禮既陳於庭，有卿大夫，又有國君，言天下徧至，得萬國之歡心」，按：《傳》留下的問題是「壬」與「林」有何關係？《箋》概以為從句式而言，「有 A 有 B」句中 A、B 的詞性應該相同，故「壬」、「林」皆應實有其人，其解實較《傳》所解體現了更一步的文本意識。然而「壬」固可讀為「任」，「任」又何以是卿大夫？《正義》認為「則『任』是君所任者」，〔註234〕或得《箋》意；惟「有壬有林」應理解為描寫百禮之辭，壬，大，如《傳》所說，林，眾，〔註235〕「有壬有林」即「壬然林然」，言百禮既盛大又眾多。故《箋》雖然試圖進一步填補《傳》留下的問題，然其說也未必切當。

〔註231〕《毛詩注疏》，卷十四之一，頁 473。
〔註232〕《毛詩注疏》，卷十四之一，頁 473。
〔註233〕《毛詩注疏》，卷十八之五，頁 693。
〔註234〕以上均《毛詩注疏》，卷十四之三，頁 492～493。
〔註235〕《故訓匯纂》，頁 1076。

16.〈菀柳〉第一章:「上帝甚蹈」,《傳》:「蹈,動」,《箋》:「『蹈』讀曰『悼』。上帝乎者,愬之也。今幽王暴虐,不可以朝事,甚使我心中悼病」,〔註236〕可知:《傳》、《箋》異義,因為二者對句子結構有不同的理解,《箋》其實解散句構為:「上帝/甚蹈」,兩個小句的主語並不相同,完整地寫出來就是:「上帝!/(我)甚蹈」,而觀《箋》特別用「愬」字,雖然可以如《正義》泛泛地解為「訴」的通假字,〔註237〕事實上,「愬」往往有負面義,〔註238〕也就是說:《箋》認為呼上帝,已帶責備之意,不必以「蹈」字呈現,故改讀而解散句構;而《傳》雖未解上帝究指幽王,或即上帝,《正義》據「王肅、孫毓述毛,皆以上帝為斥王矣」,當可從,因以「上帝」為斥「王」,《傳》屢見其例,如〈板〉:「上帝板板」,《傳》:「上帝以稱王者也」,而其解「蹈」為「動」,亦即〈板〉所謂「天之方蹶」,〔註239〕句義謂王甚動,即指其亂行頻作。從文義來說,《箋》改讀且解散句構,顯然不可取,《傳》說是。

17.〈白華〉:「之子不猶」,《傳》:「猶,可也」,《箋》:「猶,圖也……王不圖其變之所由」,按:《正義》引王肅解「不可」為「以倡為不可故也」、引侯苞解「不可」為「(天)不我可也」,似皆非是;〔註240〕《傳》義大概指此句蒙上文「艱難」讀,「之子不可」應即不可自安逸、不可忽視此艱難之義。而《箋》訓為「圖」,乃因「猶」可訓「謀」,「謀」即「圖」,故訓「圖」,而訓「圖」則補足了《傳》所省略的賓語,使此句語義更為完整。

然而與此相反,《箋》有時卻混淆詞性而訓「猶」為「圖」,如:〈般〉:「允猶翕河」,《箋》:「猶,圖也。……皆『信』案山川之『圖』而次序祭之」,實則如前述,「猶」之訓「圖」,乃是基於「猶」、「謀」、「圖」同為動詞的基礎,可是《箋》卻將動詞的「圖」進一步曲解為名詞地圖的「圖」。

18.〈卷阿〉:「有馮有翼,有孝有德,以引以翼」,同詩同章二「翼」字異義,故《傳》特舉全句,且又依文本次序出注以分別:「『有馮有翼』,道可馮依,以為輔翼也。引,長,翼,敬也」,而《箋》的訓解:「馮,馮几也。翼,

---

〔註236〕《毛詩注疏》,卷十五之一,頁506。
〔註237〕據《正義》云:「下『訴』其不可朝事」、「故以上帝為天而『訴』之也」,可知:《正義》讀《箋》之「愬」為「訴」,《毛詩注疏》,卷十五之一,頁506。
〔註238〕「愬」,《玉篇》:「譖也」,《大廣益會玉篇》,卷八,頁40。
〔註239〕以上均《毛詩注疏》,卷十七之四,頁632~633,《傳》:「蹶,動也」。另外,《傳》也屢將天解為君王,詳上文考證〈柏舟〉:「母也天只〔也〕」條。
〔註240〕以上均《毛詩注疏》,卷十五之二,頁516。

助也」，〔註241〕則更進一步落實《傳》只串釋「有馮有翼」文義，未逐字訓解的缺憾，除了申《傳》外，也反映了《箋》對文本意識的追求。

然而與此相反，《傳》也有比較含混的時候，如〈殷武〉：「天命多辟，設都于禹之績，歲事來辟，勿予禍適，稼穡匪解」，同詩同章明明有兩「辟」字，《傳》卻只說：「辟，君。適，過也」，若依據注解應符合文本次序的原則，「辟，君」在「適，過也」之前，也就是說：《傳》所解之「辟」字必在「勿予禍適」的「適」之前；但偏偏「天命多辟」、「歲事來辟」都在「勿予禍適」之前，因此也無法從出注順序來判斷；雖然如此，還有一種可能性是：《傳》其實將「天命多辟」、「歲事來辟」的「辟」都訓作「君」，因此不加分別，若此說可從，則這樣的作法仍然並未違背《傳》依文本次序出注的原則，並解從文義判斷，二處「辟」字均讀為「君」亦甚合理，《箋》亦如此理解，只不過《箋》說得更為明確：「『來辟』猶來王也。天命乃令天下『眾君諸侯』……以歲時來朝覲於我『殷王』者」，〔註242〕對照原文，可見《箋》申《傳》均讀二「辟」為「君」，且提示「歲事來辟」讀為「歲事來君」時，其實正是諸侯「來王」於君，這個「君（王）」隱約活用作動詞，於此亦見可《箋》對文義的進一步體認。

19. 〈卷阿〉：「矢詩不多」，《傳》：「不多，多也。明王使公卿獻詩以陳其志」，按：《傳》之所以解為「多」，一方面是據全《詩》它處「不」字通例讀「不多」為「多」，而另一方面是《傳》認為此句不僅是詩人自道之語，而是描寫眾公卿獻詩之語，故必然「多」，且上文「君子之車，既庶且多，君子之馬，既閑且馳」，皆言「多」，故認為「矢詩不多」也應該承順上文，亦言其多。但《箋》提供的是另外一種理解方式，其言「『我』陳作此詩，不復多也」，〔註243〕則可知《箋》認為此句僅指我作此詩而陳之之語，不是指眾公卿獻詩，故相對於本詩前云車馬之多而言，己所陳之詩何其不多。

20. 〈桑柔〉：「民靡有黎」，《傳》：「黎，齊也」，《箋》：「黎，不齊也。……言『民』『無』『有』『不齊』被兵寇之害者」，〔註244〕按《傳》、《箋》之意都是解其民不聊生之狀，只是彼此的理解方式不同，然「黎」何以訓「齊」？朱

〔註241〕以上均《毛詩注疏》，卷十七之四，頁627。
〔註242〕《毛詩注疏》，卷二十之四，頁804。
〔註243〕以上均《毛詩注疏》，卷十七之四，頁630。
〔註244〕《毛詩注疏》，卷十八之二，頁653。

駿聲認為是「黎」假借為「齊」。〔註245〕而《傳》解「齊」為形容詞，《箋》所謂「不齊」之「齊」亦為形容詞，然而一旦落實於文本結構中時，其所謂「不齊被」之「齊」則為副詞，可見《箋》改變「齊」字詞性以遷就己說，乃為了強調兵寇之害甚烈，否則下文不會說「具（俱）禍以燼」。

21. 〈桑柔〉：「孔棘我圉」，《傳》：「圉，垂也」，《箋》：「『圉』當作『禦』。……『甚』『急』矣『我』之『禦』寇之事」，按：《傳》所謂「垂」即「陲」，而《箋》乃「棘」訓「急」，其例多見。〔註249〕《正義》指出《箋》所以改讀乃是因為：「若守邊垂，不得為『無所定處』；且云『我垂』，於文不足」，〔註247〕但《正義》所持的理由不能立，因為邊陲也不是「定處」，而是相對於中心的浮動概念，且《箋》說動詞後無受語，才是「於文不足」。故《箋》說雖試圖較《傳》說進一步展現其更符合文本脈絡的用心，但仍未是，當從《傳》說。

22. 〈常武〉：「王舒保作，匪紹匪遊，徐方繹騷」，《傳》：「舒，徐也。保，安也。『匪紹匪游』，不敢『繼』以敖『遊』也。繹，陳。騷，動也。」，《箋》：「作，行也。紹，緩也。『繹』當作『驛』。……王『舒』『安』，謂軍『行』三十里，亦非解『緩』也，亦非敖『遊』也。『徐國』傳遽之『驛』見之，知王兵必克，馳走以相恐『動』」，按：「匪A匪B」是《詩經》中的固定句法，兩「匪」字後所接的A、B詞性應相同，故《傳》解為繼以遨遊，不合文法，《箋》解為懈緩、遨遊，詞性相當，較《傳》為是。而《傳》中此類誤解《詩經》固定句法而誤說的例證甚多，如前文所考〈吉日〉：「既伯既禱」亦是。

又「繹騷」，《傳》讀「繹」為「陳」，《正義》解「陳」為「乃『陳』說王之此威」，〔註248〕誤，《說文解字‧十三上‧糸部》：「繹，抽絲也」，段《注》：「抽，引也。引申為凡駱驛、溫尋之稱」，〔註249〕段說未盡，因「繹」是抽（即「抽」），故繹有理、治之義，而又因其為絲，絲絲相續以抽之，故其有陳列、又祭之義，〔註250〕則《傳》義指徐方相續連綿陳列而動，非「陳說」之

〔註245〕〔清〕朱駿聲：《說文通訓定聲》，履部第十二，頁588。然「齊」上古從母脂部，「黎」，上古來母脂部，僅韻母相同，《漢字古音手冊》，頁73、83，古書亦無通假例，存疑待考。

〔註246〕〈采薇〉：「獫狁孔棘」，《箋》：「棘，急也」，《毛詩注疏》，卷九之三，頁334。

〔註247〕《毛詩注疏》，卷十八之二，頁654。

〔註248〕以上均《毛詩注疏》，卷十八之五，頁692。

〔註249〕《說文解字注》，頁643。

〔註250〕以上義項見《故訓匯纂》，頁1781。

謂，然此一解釋，文義仍未通順；故《箋》讀「繹」為「驛」，解為「傳遽之『驛』」，然讀為「驛」雖是，解為「傳驛」則非，實則「繹騷」即「驛動」，言徐方因王師而動，速如驛馬，「繹」為「騷」之副詞，故云「繹騷」。此正以王師匪紹匪游之舒、保，對照於徐方之繹騷。是以本例可見《箋》解「匪紹匪遊」，較《傳》更能體會《詩經》句法，然而其解「徐方繹騷」，仍然一間未達。

23.〈召旻〉：「蟊賊內訌」，《傳》：「訌，潰也」，《箋》：「訌，爭訟相陷入之言也」，按《正義》已經指出「《傳》『訌，潰』之義，以『訌』字從『言』，故知『訌』者是『爭訟相陷入之言』，由爭訟相陷，故至潰敗，故《爾雅》以『訌』為『潰』」，〔註251〕言下之義，就是《傳》、《爾雅》之說不合文本義，故其實《正義》應該進一步指出：「《傳》非訓『訌』為『潰』」，但《正義》將這些細節隱沒在疏解《箋》說的內容之下，雖然有強合《傳》、《箋》異說的問題，然其實也提示讀者《箋》如何在吸收《傳》說的基礎上，進一步使其訓解各符合文本義。

24.〈召旻〉：「不云自頻」，《傳》：「頻，厓也」，《箋》：「『頻』當作『濱』，厓猶外也。自，由也」，〔註252〕按：《箋》改讀「頻」為「濱」，貌似破《傳》；然其下文又申《傳》之「厓」為「外」，知《箋》實非破《傳》，《正義》云：「以『水厓』之『濱』，其字不應作『頻』，故破之也」，〔註253〕實未解《箋》意。《箋》乃改讀以申《傳》，目的在於補充《傳》說的理據，使其更合乎文本結構。須附帶一提的是：此處《箋》之行文，就經文的順序應是：先「自」後「頻」，可是其卻先「頻」後「自」，而就對象而言，其順序也應是：經－經－《傳》，可是其卻是：經－《傳》－經，似乎混亂；實則未必，《箋》蓋因申《傳》，故「頻」字在前，而「自」字在後，故就順序而言，也可以證明《箋》之「『頻』當作『濱』，厓猶外也」全是因《傳》而發，其用意非如《正義》所謂破讀經文。

25.〈振鷺〉：「于彼西雝」，《傳》：「雝，澤也」，《箋》：「白鳥集于西雝之澤，言所集得其處也。」〔註254〕按：《傳》究竟是說「雝」訓為「澤」，西

〔註251〕《毛詩注疏》，卷十八之五，頁698。按：《爾雅・釋言》「虹，潰」，虹即訌，故邢《疏》引《詩》為說，見《爾雅注疏》，卷三，頁43。
〔註252〕《毛詩注疏》，卷十八之五，頁699。
〔註253〕《毛詩注疏》，卷十八之五，頁699。
〔註254〕《毛詩注疏》，卷十九之三，頁730。

讎即澤名；還是「西讎」之處有「澤」？據《箋》申《傳》而云「西讎之澤」，仍然無法判斷，但《正義》云：「謂澤名為讎」，〔註255〕顯然是認同前一種說法。此二說之是非姑且不論；而從《箋》申《傳》之語，可見鄭玄將毛《傳》的單字為訓的說解融入文本結構，並發揮「得其處」經義的用心。

26.〈敬之〉：「天維顯思」，《傳》：「顯，見」，《箋》：「顯，光」，〔註256〕按：《傳》、《箋》所解，皆見於《爾雅·釋詁下》，〔註257〕此種《傳》、《箋》訓詁皆本《爾雅》而彼此異說的例證不少，茲據《毛詩正義》所疏記之出處，條列如下：

（1）〈汝墳〉：「惄如調飢」，《傳》：「惄，飢意也」，見〈釋言〉，僅少「意」字；《箋》：「惄，思也」，見〈釋詁〉。

（2）〈谷風〉：「昔育恐育鞠」，《傳》：「育，長」，見〈釋詁〉；《箋》：「『昔育』、『育』，稚也」，見〈釋言〉。

（3）〈考槃〉：「碩人之軸」，《傳》：「軸，進也」，見〈釋詁〉；《箋》：「軸，病也」，見〈釋詁〉，惟作「逐」。

（4）〈南山〉：「曷又鞠止」，《傳》：「鞠，窮也」，見〈釋言〉；《箋》：「鞠，盈也」，見〈釋詁〉。

（5）〈破斧〉：「四國是皇」，《傳》：「皇，匡也」，見〈釋言〉：「皇、匡，正也」；〔註258〕《箋》：「正其民人而已」，乃以「正」訓「皇」，見〈釋言〉。

（6）〈生民〉：「攸介攸止」，《傳》：「介，大也」，見〈釋詁〉；《箋》：「介，左右也」，《正義》以為此亦見〈釋詁〉，惟無「左」字，但考之《爾雅·釋詁》：「亮、介、尚，右也」，郭璞《注》讀「右」為「佑」，《毛詩正義》、邢《疏》引孫炎曰：「『介』者相助之義，如人之左右手，故以『介』為『左右』也」。〔註259〕

（7）〈板〉：「為猶不遠」，《傳》：「猶，道也」，見〈釋詁〉；《箋》：

〔註255〕《毛詩注疏》，卷十九之三，頁730。
〔註256〕《毛詩注疏》，卷十九之三，頁740。
〔註257〕《爾雅注疏》，卷二，頁20、24。
〔註258〕《爾雅注疏》，卷三，頁43。
〔註259〕《毛詩注疏》，卷十七之一，頁589、《爾雅注疏》，卷二，頁20，然邢《疏》引文實剪裁自《毛詩正義》，參〔日〕野間文史著，楊柳譯：〈邢昺《爾雅疏》研究〉，《中國經學》第17輯。

「猶，謀也」，見〈釋詁〉。

（8）〈瞻卬〉：「維其幾矣」，《傳》：「幾，危也」，見〈釋詁〉；《箋》：「幾，近也」，見〈釋詁〉。

（9）〈般〉：「裒時之對」，《傳》：「裒，聚也」，見〈釋詁〉；《箋》：「裒，眾」，見〈釋詁〉。〔註260〕

　　然〈敬之〉此例，毛、鄭雖同本《爾雅》，對文義的理解卻有不同，亦即：鄭玄一方面既要遵守《爾雅》作為「正訓」、「正文」的地位，〔註261〕使其訓詁亦源出《爾雅》，一方面卻也要使此一源出《爾雅》的義項，不致與文本齟齬，《傳》訓為「見」（即「現」），解的是字義，卻不是文本義；《箋》訓為「光」，才符合句義。

　　27.〈載芟〉：「驛驛其達」，《傳》：「達，射也」，《箋》：「達，出地也」，按「達」無「射」義，《正義》云：「苗生達地，則射而出，故以達為射」，〔註262〕知道《傳》解「達」為「射」，乃為描寫該苗破土而出的情景，非訓「達」為「射」，故《箋》於此則明顯區分《傳》的引申義與文本義，只說「達」是「出地也」，顯較《傳》為嚴謹，也更合於文本義。

　　28.〈載芟〉：「載穫濟濟」，《傳》：「濟濟，難也」，《箋》：「難者，穗眾難進也。」此例《東塾讀書記》有說，〔註263〕按：「濟濟」本眾多之義，無「難」義，故《箋》必須進一步將《傳》不合文本的釋義加以彌縫，認為所謂「難」者，因眾多而所以難；惟《傳》之所以不直接將「濟濟」訓為眾多，大概還是顧慮到下文有「萬億及秭」這樣明確數目描寫，〔註264〕遂藉「濟濟」二字發揮句義。

　　29.〈殷武〉：「撻彼殷武」，《傳》：「撻，疾意也。殷武，殷王武丁也」，《箋》：「高宗撻然奮揚威武」，〔註265〕《箋》顯然察覺《傳》的解釋不合於

〔註260〕以上分見《毛詩注疏》，頁43、91、128、196、300、587、589、632、696、756。

〔註261〕說已詳前「鬻子之閔斯」條。

〔註262〕以上均《毛詩注疏》，卷十九之四，頁748，據《校勘記》改。

〔註263〕〔清〕陳澧：「（《傳》）乍讀之，幾不可解，讀鄭《箋》云……而後明其意，謂禾穗粗大稠密，穫者難入於其中，此形容豐年景象，令人解頤矣。」《東塾讀書記》，卷六，《陳澧集》（上海：上海古籍出版社，2008年7月），第2冊，頁107。

〔註264〕以上均《毛詩注疏》，卷十九之四，頁748。

〔註265〕《毛詩注疏》，卷二十之四，頁804。

文本,因此,雖然彼此的解釋最終相差無幾,仍然修正了《傳》的理解:首先,按照《傳》的理解,「撻」為「彼殷武」之狀語,可是《箋》似乎將句子理解為「彼殷撻武」,是《傳》、《箋》對句法結構的理解就有了差異。其次,殷王武丁不宜省稱「武」,若要省稱,倒應稱「丁」,如《楚辭·九思》:「思丁、文兮聖明哲」;〔註266〕且就算「殷家質」,〔註267〕於頌祀高宗之樂歌如此不諱,似頗不得體,故《箋》改讀為「奮揚威武」,一如其先祖成湯曾自認為「吾甚武」之「武」,〔註268〕並尊稱其廟號「高宗」。

三、其它

1. 〈桃夭〉:「之子于歸」,《傳》:「之子,嫁子也」,〔註269〕按「之子」是《詩經》中的固定詞語,並無「嫁子」之義,《傳》其實是藉「之子」二字解釋句義;然而馬瑞辰云:「《爾雅·釋詁》『如』、『適』、『之』、『嫁』並訓為『往』,〔註270〕《傳》以『之』與『嫁』同義,故以『之子』為『嫁子』」,〔註271〕馬氏此說其實也反映了前人治《雅》學的一個共同思維,即認為《爾雅》同一條目中,除了每個被釋詞與解釋詞理所當然具有語義連結外,同一條目中的被釋詞與被釋詞之間也可能存在共同的語義關係,所以同一條目中的被釋詞「之」、「嫁」可以互訓。但是這個思維是否能用來解釋毛《傳》,或甚至進一步闡明毛《傳》亦有此思想,實難以論證;不過馬氏援用《爾雅》「之」、「嫁」互訓為說,而不據《詩經》中它處「之子」為說,取捨之間,也間接體現了毛《傳》的文本意識的特殊之處。

而這一思維在清人指出《爾雅》同一個條目中的被釋詞與解釋詞並不往

〔註266〕舊稱〈九思〉為王逸自著自注,然此句舊注解為:「丁,當也」,《楚辭補注》,卷十七,頁520,雖據《爾雅·釋詁》,但全然不解文義,故清人多已據此注否定本篇注解出自王逸,如顧炎武云:『『丁』謂商宗武丁,舉傳說者也;《注》以『丁』為『當』,非」,黃汝成:《日知錄集釋》,卷二十七〈《楚辭》注〉條,頁946。

〔註267〕〈緜〉:「古公亶父」,《傳》:「『亶父』,字;或殷以名言,質也」,《毛詩注疏》,卷十六之二,頁545。

〔註268〕見《史記·殷本紀》,《史記會注考證》,卷三,頁56。

〔註269〕《毛詩注疏》,卷一之二,頁37。

〔註270〕《爾雅·釋詁》:「如、適、之、嫁、徂、逝,往也」,《爾雅注疏》,卷一,頁7。

〔註271〕《毛詩傳箋通釋》,卷二,頁54~55。

往都是同一意義時，﹝註272﹞就須謹慎考慮其可施用的範圍了；馬瑞辰固然不會不知道《爾雅》同一個條目中的被釋詞與解釋詞並不往往都是同一意義，但因為馬氏相信毛《傳》及見《爾雅》，﹝註273﹞故於《爾雅》中求證《傳》義，這倒也反映了馬氏本身的訓詁思想。

　　2.〈陟岵〉：「上慎旃哉」，《箋》：「上者謂在軍事作部列時」，﹝註274﹞按：「上」當讀為「尚」，如《詩集傳》所訓。﹝註275﹞《箋》如字讀，蓋指「上」謂地勢高峻處，恐違背文本義；因詩文明明說：「嗟予子行役，夙夜無已」，﹝註276﹞故顯然「慎」是貫穿於整個「夙夜無已」之「行役」中的叮嚀，並非僅止於「在軍事作部列」時而已。《箋》所以將「上」如字讀，除因誤判「上」字為本字之外，可能也有若干經文不當有太多虛詞之前提影響所致。﹝註277﹞

　　3.〈防有鵲巢〉：「中、唐有甓」，《傳》：「中，中庭也。唐，堂塗也」，﹝註278﹞按：「中、唐有甓」可能的讀法應該尚有數種：首先，「中唐」按《詩經》慣例，可以讀為「唐中」，唐者，地名，與上文「防有鵲巢」之「防」為「邑也」同例，﹝註279﹞然而此詩在〈陳風〉不在〈唐風〉，是讀唐為地名可能性不高；又或讀「唐」為「塘」，《說文解字・二上・口部》「唐」字段玉裁《注》：「凡『陂塘』字古皆作『唐』，取虛而多受之意」，﹝註280﹞然而塘中不應有甓，甓者，《傳》

﹝註272﹞〔清〕王引之有「二義不嫌同條」之說，見《經義述聞》之〈林烝天帝王后辟公侯君也〉條，《皇清經解諸經總義類彙編（一）》，頁1108～1109，又嚴元照亦有「一訓兼兩義」之說，參駱鴻凱：《爾雅論略》（長沙：岳麓書社，1985年10月），頁62～66。

﹝註273﹞如馬瑞辰：「《傳》義本《爾雅・釋言》」，《毛詩傳箋通釋》，卷二，頁50，這也可以說是清人的共識，如王引之引陳奐亦云：「毛公《傳》義悉本《爾雅》」（引按：〈邶風・日月〉「報我不述」，陳奐說與王氏所引不同，《詩毛氏傳疏》，卷三，頁5上～5下），而王氏認為：「陳說是也」，《經義述聞》，《皇清經解諸經總義類彙編（一）》，頁1137。

﹝註274﹞《毛詩注疏》，卷五之三，頁209，據《校勘記》改。

﹝註275﹞〔宋〕朱熹：《詩集傳》，卷五，頁65，馬瑞辰補充了一個證據：「上者，尚之假借，漢石經、魯詩作『尚』，是本字」，《毛詩傳箋通釋》，卷十，頁326。按：「上」、「尚」通假例證另詳高亨、董治安：《古字通假彙典》，頁297。

﹝註276﹞《毛詩注疏》，卷五之三，頁209。

﹝註277﹞參〔日〕池田秀三：〈訓詁的虛與實〉，頁1～19。

﹝註278﹞《毛詩注疏》，卷七之一，頁255。

﹝註279﹞從毛《傳》說，《毛詩注疏》，卷七之一，頁254。

﹝註280﹞《說文解字注》，頁58。

云:「今適也」,〔註281〕「今適」亦即「瓴甋」,〔註282〕《爾雅·釋宮》:「瓴甋
謂之甓」,郭璞《注》:「甑甋也,今江東呼為瓴甓」,〔註283〕「甑甋」見《廣雅》,
王念孫云:「《眾經音義》卷十(四)〔五〕引《通俗文》云:『狹長者謂之甑甋』」,
〔註284〕是甓為宮中由狹長之磚瓦鋪成的道路,司馬相如〈長門賦〉正云:「緻
錯石之瓴甓兮」,李善《注》:「言累眾石令之密緻,以為瓴甓」,〔註285〕是甓非
塘中所能有,故讀為塘亦不妥,則《傳》訓「中庭」與「堂塗」甚諦。是以將毛
《傳》看來不言可喻,故未加以說明其不可從之理由的兩種讀法加以辨析後,
更可以見其如何貫通上下文義加以訓解的用心。

4.〈采苓〉:「人之為言」,《箋》:「『為言』謂為人為善言以稱薦之,欲使
見進用也」,此經文與《箋》之「為」字有兩種讀法,《毛詩注疏校勘記》、《說
文解字注》主張讀「偽」;〔註286〕而《毛詩注疏校勘記》載另一說主張如字讀
「為」,義為「作也」、「造也」,〔註287〕然則權衡二說,如字讀「為」者是,

〔註281〕《毛詩注疏》,卷七之一,頁255,據《校勘記》改。

〔註282〕《文選》卷六十謝惠連〈祭古冢文〉:「不用塼甓」,李善《注》:「毛萇《詩
傳》曰:『瓴甋』,今謂之『塼』」,頁852,按正文無「瓴甋」等語,故善《注》
於此不必改動引文以遷就正文,可知善《注》所見已有作「瓴甋」之本。

〔註283〕《爾雅注疏》,卷五,頁74,「為」字據《校勘記》補。

〔註284〕《廣雅疏證》,卷七上,頁199。引按:《眾經音義》即《一切經音義》,檢原
書卷十四實無此文,「狹長者謂之甑甋」乃見卷十五,今正,見〔唐〕釋玄
應撰,黃仁瑄校注:《大唐眾經音義校注》(北京:中華書局,2018年1月),
卷十五,頁603,黃氏並出校記云:「『狹』前磧藏本有『通俗文』三字」,王
氏所見蓋與磧藏本同。又見〔東漢〕服虔著,段書偉輯校:《通俗文輯校》
(鄭州:中州古籍出版社,1993年9月),頁45,段氏云:玄應《音義》卷
十五、卷十九;慧琳《音義》卷五十六、卷五十八皆有此文。

〔註285〕《文選》,卷十六〈賦·哀傷〉,頁232。

〔註286〕《毛詩注疏校勘記》,《十三經注疏校勘記》,第2冊,頁730、《說文解字·
八上·人部》「偽」字段玉裁《注》:「按經傳多假『為』為『偽』,如《詩》
『人之為言』即『偽言』」,《說文解字注》,頁379。

〔註287〕《毛詩注疏校勘記》,《十三經注疏校勘記》,第2冊,頁730,「○」後所
載按語云:「上『為』字去聲(引按:指『為人』),下『為』字平聲讀之(引
按:指『為善』)」,一般認為「○」下所載之語出於段玉裁,〔日〕水上雅
晴〈顧廣圻與《十三經注疏校勘記》〉云:「管見所及,陳鴻森先生首先注
意到圈識,認為校語據有複層結構,指出圈識之後的校語是『段氏審閱時
所加之筆也』……見陳鴻森〈《段玉裁年譜》訂補〉嘉慶九年條」,劉玉才、
水上雅晴主編:《經典與校勘論叢》(北京:北京大學出版社,2015年4月),
頁243,然此條與段氏《說文解字注》說相反,或圈後按語也非僅一人所
為,或段氏先後立說不同。最近出版的著作把這些特殊條目稱為「圈字」,

本詩下文云「苟亦無信」，〔註288〕始以「無信」責之，則顯然上文只是一般的「為言」而不是「偽言」，《箋》不改讀為「偽」，大概也是據上下文義而作的判斷，不過其將此二句理解為「稱薦」、「進用」之語，蓋本《序》「（晉）獻公好聽讒焉」而來。〔註289〕

5. 〈大東〉：「終日七襄，不成報章」，《傳》：「不能反報成章也」，《箋》：「不如人織相反報成文章」，按：《傳》、《箋》乍看之下似乎違背文義脈絡，經云「成報章」，《傳》、《箋》皆云「反報成章」，「報」字反在「成」字之前，是否《傳》、《箋》違背文本作解？其實，《傳》所謂「不能反報成章也」是字字嚴格對應「不成報章」的，足見其依順文本順序而解經的觀念：《傳》乃以「不能」解「不成」，以「反報」解「報」，因「報」者「反」也，〔註290〕亦即「返」，故同義連文，以「成章」解「章」，此處「成章」之「成」非「不成」之「成」。而「不成反章」義即不能完成反覆來回而織就的文彩衣飾。此例亦可見其看似隨意地文義說解，其實也是字字對應文本的訓詁。

6. 〈十月之交〉：「悠悠我里」，《傳》：「悠悠，憂也」，〔註291〕茲先彙總舊說如下表：

類　別	姓　名
1. 憂也	呂祖謙〔註292〕、段昌武〔註293〕、朱熹〔註294〕、劉瑾〔註295〕、朱公遷〔註296〕、胡廣〔註297〕、淩濛初〔註298〕、屠本畯〔註299〕、

　　　如孔祥軍：《阮刻《周易注疏》圈字匯校考正》（北京：光明日報出版社，2019 年 3 月）。

〔註288〕《毛詩注疏》，卷六之二，頁 228。

〔註289〕《毛詩注疏》，卷六之二，頁 228。

〔註290〕從陳奐說，〔清〕陳奐：《詩毛氏傳疏》，卷二十，頁 5 下。「報」、「復」其實是同源詞，故「報」有「反」義，參王浩：《鄭玄《三禮注》《毛詩箋》同源詞研究》，頁 69～70。

〔註291〕《毛詩注疏》，卷十二之二，頁 409。

〔註292〕〔宋〕呂祖謙：《呂氏家塾讀詩記》，《文淵閣四庫全書》，第 73 冊，頁 584。

〔註293〕〔宋〕段昌武：《段氏毛詩集解》，《文淵閣四庫全書》，第 74 冊，頁 708。

〔註294〕〔宋〕朱熹：《詩集傳》，頁 134。

〔註295〕〔元〕劉瑾：《詩傳通釋》，《文淵閣四庫全書》，第 76 冊，頁 556。

〔註296〕〔元〕朱公遷：《詩經疏義會通》，《文淵閣四庫全書》，第 77 冊，頁 321。

〔註297〕〔明〕胡廣：《詩傳大全》，《文淵閣四庫全書》，第 78 冊，頁 627。

〔註298〕〔明〕淩濛初：《聖門傳詩嫡塚》，《四庫存目叢書》，第 66 冊，頁 440。

〔註299〕〔明〕屠本畯：《毛傳鄭箋纂疏補協》，《四庫未收書輯刊》，第壹輯，第 4 冊，頁 181。

		鍾惺、韋調鼎〔註 300〕、王鴻緒〔註 301〕、劉始興〔註 302〕、趙燦英〔註 303〕、冉覲祖〔註 304〕、黃夢白〔註 305〕、莊有可〔註 306〕、姜文燦、孫鑅〔註 307〕、陳孚〔註 308〕、王劼〔註 309〕、龍起濤〔註 310〕、吳荃〔註 311〕、王先謙〔註 312〕、吳闓生〔註 313〕、竹添光鴻〔註 314〕、王靜芝〔註 315〕、傅隸璞〔註 316〕、羅文宗〔註 317〕、雒江生〔註 318〕、陳戍國〔註 319〕、黃焯伯〔註 320〕
2. 憂長		季本〔註 321〕、程俊英、蔣見元〔註 322〕、褚斌傑〔註 323〕
3. 思也		何楷〔註 324〕、朱朝瑛〔註 325〕、韓怡〔註 326〕
4. 長思也		傅恒〔註 327〕

〔註 300〕〔明〕鍾惺、韋調鼎:《詩經備考》,《四庫存目叢書》,第 67 冊,頁 336。

〔註 301〕〔清〕王鴻緒:《欽定詩經傳說彙纂》,《文淵閣四庫全書》,第 83 冊,頁 464。

〔註 302〕〔清〕劉始興:《詩益》,《續修四庫全書》,第 63 冊,頁 95。

〔註 303〕〔清〕趙燦英:《詩經集成》,《四庫存目叢書》,第 74 冊,頁 324。

〔註 304〕〔清〕冉覲祖:《詩經詳說》,《四庫存目叢書》,第 75 冊,頁 791。

〔註 305〕〔清〕黃夢白:《詩經廣大全》,《四庫存目叢書》,第 77 冊,頁 597。

〔註 306〕〔清〕莊有可:《毛詩說》,《續修四庫全書》,第 64 冊,頁 515。

〔註 307〕〔清〕孫鑅:《毛詩說》,《四庫未收書輯刊》,第肆輯,第 4 冊,頁 95。

〔註 308〕〔清〕陳孚:《詩傳考》,《四庫未收書輯刊》,第肆輯,第 4 冊,頁 291。

〔註 309〕〔清〕王劼:《毛詩讀》,《四庫未收書輯刊》,第陸輯,第 2 冊,頁 516。

〔註 310〕〔清〕龍起濤:《毛詩補正》,《四庫未收書輯刊》,第捌輯,第 1 冊,頁 580。

〔註 311〕〔清〕姜文燦、吳荃:《詩經正解》,《四庫存目叢書》,第 80 冊,頁 435。

〔註 312〕〔清〕王先謙:《詩三家義集疏》,頁 682。

〔註 313〕〔清〕吳闓生:《詩義會通》,卷二,頁 20 下。

〔註 314〕〔日〕竹添光鴻:《毛詩會箋》,頁 774。

〔註 315〕王靜芝:《詩經通釋》,頁 411。

〔註 316〕傅隸璞:《詩經毛傳譯解》,頁 682。

〔註 317〕羅文宗:《詩經釋證》,頁 253。

〔註 318〕雒江生:《詩經通詁》,頁 537。

〔註 319〕陳戍國:《詩經校注》,頁 1454。

〔註 320〕黃焯伯:《詩經叢詁》,頁 283。

〔註 321〕季本:「悠悠,憂長之意」,〔明〕季本:《詩說解頤》,《文淵閣四庫全書》,第 79 冊,頁 214。

〔註 322〕程俊英、蔣見元:《詩經注析》,頁 580。

〔註 323〕褚斌傑:「憂思漫長的樣子」,褚斌傑:《詩經全注》,頁 230。

〔註 324〕何楷:「《爾雅音義》作『攸攸』」,又云:「悠悠,《爾雅》云『思也』」,〔明〕何楷:《詩經世本古義》,《文淵閣四庫全書》,第 81 冊,頁 596。

〔註 325〕〔明〕朱朝瑛:《讀詩略記》,《文淵閣四庫全書》,第 82 冊,頁 458。

〔註 326〕〔清〕韓怡:《讀詩傳譌》,《四庫未收書輯刊》,第貳輯,第 7 冊,頁 568。

〔註 327〕〔清〕傅恒:《御纂詩義折中》,《文淵閣四庫全書》,第 84 冊,頁 213。

5. 脩廣、遠也、長久、長遠	戴溪〔註328〕、嚴粲〔註329〕、梁寅〔註330〕，張次仲〔註331〕、錢澄之〔註332〕、張沐〔註333〕、葉酉〔註334〕、許伯政〔註335〕、竹添光鴻〔註336〕、陳子展〔註337〕、裴普賢、糜文開〔註338〕、朱守亮〔註339〕
6. 儵儵	吳懋清〔註340〕

　　首先，應排除隨文釋義與錯誤訓詁。將「悠悠」訓為「憂也」、「憂長」，都是隨文釋義，〔註341〕亦即「悠悠」本身並無此義，只在〈十月之交〉「悠悠我里」此句中方有此義。而吳懋清云：「悠悠，《爾雅》作儵儵，謂罹禍壽也」，〔註342〕說本《爾雅》樊光《注》，然此係誤說，胡承珙云：「〈釋訓〉此條當屬〈小弁〉」，〔註343〕是。

　　訓為「思」、「長思」者，亦見《爾雅·釋訓》：「悠悠、洋洋，思也」，〔註344〕雖「思」字如郭璞、陳奐、〔註345〕孫雍長所證，〔註346〕有哀傷之

〔註328〕戴溪：「悠悠我里，言脩廣也」，〔宋〕戴溪：《續呂氏家塾讀詩記》，《文淵閣四庫全書》，第 73 冊，頁 842。

〔註329〕嚴粲：「今曰：悠悠，遠也。里，鄉里也，《周禮》：『五都為里』」，〔宋〕嚴粲：《詩緝》，《文淵閣四庫全書》，第 75 冊，頁 271。

〔註330〕梁寅：「悠悠，長久之意」，〔元〕梁寅：《詩演義》，《文淵閣四庫全書》，第 78 冊，頁 144。

〔註331〕〔明〕張次仲：《待軒詩說》，《文淵閣四庫全書》，第 82 冊，頁 193。

〔註332〕〔清〕錢澄之：《田間詩學》，《文淵閣四庫全書》，第 84 冊，頁 587。

〔註333〕〔清〕張沐：《詩經疏略》，《四庫存目叢書》，第 73 冊，頁 519。

〔註334〕〔清〕葉酉：《詩經拾遺》，《四庫存目叢書》，第 79 冊，頁 412。

〔註335〕〔清〕許伯政：《詩深》，《四庫存目叢書》，第 79 冊，頁 689。

〔註336〕〔日〕竹添光鴻：《毛詩會箋》，頁 1313。

〔註337〕陳子展：「悠悠不斷的是我的憂思」，陳子展：《詩經直解》，頁 668。

〔註338〕裴普賢、糜文開：《詩經欣賞與研究續集》（臺北：三民書局，1970 年 8 月），頁 31。

〔註339〕朱守亮：《詩經評釋》，頁 559。

〔註340〕〔清〕吳懋清：《毛詩復古錄》，《四庫未收書輯刊》，第伍輯，第 2 冊，頁 416。

〔註341〕隨文釋義，參孫雍長：〈語境與「隨文釋義」〉，《長沙水電師院社會科學學》1996 年第 4 期（1996 年），頁 120～124。

〔註342〕〔清〕吳懋清：《毛詩復古錄》，《四庫未收書輯刊》，第伍輯，第 2 冊，頁 416。

〔註343〕〔清〕胡承珙：《毛詩後箋》，《續修四庫全書》，第 67 冊，頁 230。

〔註344〕《爾雅注疏》，卷四，頁 55。

〔註345〕〔清〕陳奐：《詩毛氏傳疏》，卷六，頁 9 下。

〔註346〕孫雍長：《管窺蠡測集》，頁 279。

義，但從句義而言，訓為「思」不妥。考《詩》中「我」字後如接形容詞，前必須有動詞，如〈泉水〉：「以寫我憂」，〔註347〕故各家讀「里」字為瘰、悝，不確；且「悠悠我里，亦孔之痗」，下句申成上句之義，王先謙：「以『里』為所居之地，與下『我獨居憂』句意不複」，〔註348〕可從，非如黃焯以為「《箋》訓『里』為『居』，則因文生義，且避與『痗』、『病』義相重」。〔註349〕故「悠悠」之義，即「脩廣、遠也、長久、長遠」，而毛《傳》訓為「憂也」，雖於「悠悠我里」不切，但正體現其重視語境，往往隨文釋義的理念。

7.〈雨無正〉：「聽言則答，譖言則退」，《箋》：「答猶距也。有可『聽』用之『言』，『則』共以辭『距』而為之；有『譖』毀之『言』，『則』共為排『退』之。羣臣並為不忠，惡直醜正」，然據〈桑柔〉：「聽言則對，誦言如醉」，《箋》：「對，答也」，〔註350〕正是「答」、「對」互訓，何以於此訓「答」為「距」？蓋因《箋》執著於上下文「聽言」／「譖言」的對比，故此處之「聽言」是「有可聽用之言」的正面義；相反地，因為《箋》誤解〈桑柔〉的「誦言」是「誦《詩》、《書》之言」，故〈桑柔〉的「聽言」就變成是「道聽之言」的負面義，〔註351〕因此這兩處的「答」、「對」，《箋》顯然必須分別觀之。故基於這樣的分別，再加上本詩詩旨的制約，就如《正義》所說：「但此是刺詩，可聽之言，必不答受，故知『答』猶『距』也」。〔註352〕然而《箋》說實誤，「誦」本有譏、刺之義，〔註353〕故「譖言」亦即「誦言」，均與「聽言」相反，〈雨無正〉、〈桑柔〉均指王得動聽順耳之言則答之、對之，而對於譖言、誦言之勸諫，則或如醉，或遣之退。《箋》因誤判上下文而對文例相同的兩首詩作出完全不同的訓解。

8.〈北山〉：「憂我父母」，《箋》：「久不得歸，父母思己而憂」，據《箋》說，知其倒讀為「父母憂我」，且據《序》云：「而不得養其父母焉」，〔註354〕

〔註347〕《毛詩注疏》，卷二之三，頁102。

〔註348〕〔清〕王先謙：《詩三家義集疏》，頁682。

〔註349〕黃焯：《毛詩鄭箋平議》，頁164。

〔註350〕《毛詩注疏》，卷十八之二，頁657。

〔註351〕《正義》云：「即《論語》所謂『道聽途說』者也」，《毛詩注疏》，頁657，是。

〔註352〕以上均《毛詩注疏》，卷十二之二，頁410～411。

〔註353〕拙作：〈〈孔子詩論〉：「童（同），而皆賢於其初者也」解〉，《有鳳初鳴年刊》第13期，頁15。

〔註354〕以上均《毛詩注疏》，卷十三之一，頁444。

則《序》並未如《箋》說一樣倒讀為「父母憂我」，而是認為此人憂父母，則《箋》亦破《序》；《箋》大概認為此詩上下文中，都只是描寫「我」之勞苦，「我」勞已極，不容有暇又思父母，且即令思及父母，王事在身，亦於事無補；故改從父母思己之面著眼，以豐富此詩的表現力。

9.〈北山〉：「旅力方剛，經營四方」，《傳》：「旅，眾也」，〔註355〕洪誠已經根據宋人之說詳細證明「旅」當讀「膂」，不應訓「眾」；但洪氏認為「毛《傳》望文生義」，〔註356〕則未是，《傳》之所訓「旅」為「眾」，蓋其認為此「眾力」乃指下文六組共十二個「或」字而言：「或燕燕居息；或盡瘁事國。或息偃在牀；或不已於行。或不知叫號；或慘慘劬勞。或棲遲偃仰；或王事鞅掌。或湛樂飲酒；或慘慘畏咎。或出入風議；或靡事不為」，如此之多的「或」，當想然是眾力雖方剛，而未必皆實能履行其職責之故，所以才導致「我從事獨賢」。但其是這些六組「或」明顯兩兩對照，只是作詩者藉以凸顯「大夫不均，我從事獨賢」的假設，〔註357〕並非實有其人，故《傳》據此而訓「旅」為「眾」，雖展示其如何理解文本，仍誤。

10.〈小明〉：「念彼共人」，《箋》：「共人，『靖共爾位』，以待賢者之君」，按「靖共爾位」見本詩下文第四、五章，四章「靖共爾位」，《傳》：「靖，謀也」，《箋》：「共，具。……有明君『謀』『具』『女』之爵『位』」，訓「具」，則是解「共」為「供」，而《箋》是否意謂一章「共人」之「共」也當如「靖共爾位」之「共」讀為「具」？顯然《箋》只是說此處之「共（恭）人」之德行如此，非謂「共」讀如下文之「具」；然而《箋》何以援用下文才出現的辭句來注解上文？大概是以本詩證本詩，強調貫串於全詩的「共人」之德行何其可企慕嚮往。

11.〈采綠〉：「五日為期，六日不詹」，《傳》：「詹，至也。婦人五日一御」，《箋》：「婦人過於時乃怨曠。『五日』、『六日』者，『五月之日』、『六月之日』也，期至五月而歸；今六月猶不至，是以憂思」，〔註358〕據《傳》，則五日、六日均如字，則僅失約一日而已，不免過短，故《正義》為之彌縫云：「不必夫行六日，便即怨也；當是假御之期日以喻過時耳」，〔註359〕但《傳》表面上

〔註355〕按〈桑柔〉：「靡有旅力」，《箋》：「朝廷曾無有同力諍諫」，《毛詩注疏》，卷十八之二，頁655，既云「同力」，則亦是訓「旅」為「眾」。
〔註356〕洪誠：《訓詁學》，《洪誠文集》，頁194～198。
〔註357〕以上均《毛詩注疏》，卷十三之一，頁444。
〔註358〕《毛詩注疏》，卷十五之二，頁513。
〔註359〕《毛詩注疏》，卷十五之二，頁513。

是以禮傳《詩》，說解婦人五日一進（御，進也）之禮制，事實上，也可能隱約提示文義：此婦人本欲以常行不廢的習慣，藉以維持其生活規律，但是這個習慣本身，最終卻亦時日無爽地使其準確銘記痛苦，因此遇顯得逾期之短而怨曠之深；而《箋》不取《傳》說，即認為一日之逾期，不足以使「婦人過於時乃怨曠」，未能體現《序》所謂婦人「多怨曠」之義，〔註360〕故有「五月之日」、「六月之日」之說，此中可能有文本意識的影響，才使《箋》從文義的角度修改《傳》說；然如《箋》說，詩文只須云「五月為期，六月不詹」即可，似不致用「五日」、「六日」啟人誤會；則《傳》如字解為「五日」、「六日」，反而較通，差逾一日，已見盼慕之深，正是「一日不見，如三月兮」，〔註361〕亦不必取《正義》「假言」之說。

12. 〈思齊〉：「思齊大任，文王之母；思媚周姜，京室之婦」，《箋》：「京，周地名也。常思莊敬者，大任也，乃為文王之母；又常思愛大姜之配大王之禮，故能為京室之婦。言其德行純備，故生聖子也。『大姜』言『周』，『大任』言『京』，見其謙恭自卑小也」，〔註362〕李霖云：「可知〈思齊〉首章鄭《箋》最大的特點是使大任居於核心地位……若從結構上檢討《箋》說，我們看到鄭玄無視首四句兩兩對應的『合理』結構，可能是考慮到大任在文本中越居大姜之上，采用了以大任居於核心的複雜結構。……在此結構下，具體詞義也比較迂曲。比如兩『思』字用法有較大差別，在首二句『思』為不及物動詞，『齊』是其狀語，在次二句『思』、『媚』卻又共同構成謂語，『周姜』是其賓語。而思字作動詞的思媚、思愛（在）〔註363〕似未見於其他上古文獻」，〔註364〕李說甚是，於此可見鄭《箋》如何理解文本結構，並藉其理解的文本結構發揮思想。

13. 〈桑柔〉：「人亦有言：『進退維谷』」，《傳》：「谷，窮也」，〔註365〕《箋》：

〔註360〕《毛詩注疏》，卷十五之二，頁513。

〔註361〕見〈采葛〉，《毛詩注疏》，卷四之一，頁153。

〔註362〕《毛詩注疏》，卷十六之三，頁561。

〔註363〕引按：「在」字當衍。

〔註364〕李霖：〈從《大雅·思齊》看鄭玄解《詩》的原則〉，《中國經學》第15輯，頁62，補書名號。

〔註365〕按：「谷」何以訓「窮」，段玉裁《說文解字注》、許錟輝《說文解字重文諧聲考》（臺北：嘉新水泥公司文化基金會，1968年8月），頁87，認為乃讀為「鞠」，朱駿聲《說文通訓定聲》認為乃讀為「𥣫」（原作「窾」，據單周堯說改），單周堯認為乃讀為「趜」，《《漢語大字典》札記九則》、《語苑集錦：

「前無明君，却迫罪役，故窮也」，然而阮元認為《傳》、《箋》之說「此望文生義也」，而指出「『谷』乃『穀』之假借字……進退維穀，穀，善也，此乃古語」；按阮元指出「此乃古語」實為解釋《傳》、《箋》訓為「窮」的關鍵，阮氏卻未深求，然而這也是前代訓詁學家的共同問題：一旦認為其訓解錯誤，就認為其毫無價值；其實根據其訓詁之不合文本或錯誤處，反而可以深入探索其解經觀念與其對文本的理解，一如偽書雖偽，仍可推考其作偽時代之思想。而阮氏又根據「此乃古語」求證於斷章取義之引《詩》，遂提出：「漢人訓《詩》，究不如周人訓《詩》之為有據也」之說，〔註366〕然而不是所有的引詩都「有據」，且「引《詩》」也不是「訓《詩》」，故其方法論有誤；然其說解〈桑柔〉詩義雖語焉不詳卻大致不誤，今為之補正如下：正因為〈桑柔〉此詩也是引用「人亦有言」之「言」，所以弔詭地是：詩人也可以斷章取義，而且詩人的斷章取義也可能合於引《詩》者的斷章取義，所以阮元引用載籍引《詩》之說訓「谷」為「善」，其義可通，則此二句當是說：「進、退，維谷！」也就是說，不論最後是「進」或是「退」的局面，都應當保持善的結局，可是如今卻是「朋友已譖，不胥以穀」，〔註367〕故詩人乃引此語以告之；而《傳》、《箋》之誤，也即在於沒有正確體認此乃是引「人亦有言」之「言」，其文義可以脫離上文的語境，故《傳》、《箋》才會認為「進退維谷」必須承接上文「朋友已譖，不胥以穀」而言，因此訓為「窮」。

14. 〈韓奕〉：「幹不庭方」，《傳》：「庭，直」，《箋》：「當為『不直』，違失法度之『方』作楨『幹』而『正』之」，〔註368〕按：「幹」可訓「正」，見《廣雅・釋詁》，〔註369〕而「幹」之所以可訓「正」，當係從其「楨幹」之義引申而來，則《箋》究竟訓「幹」為「楨幹」之「幹」或「正」？實則《箋》的用意是既訓為「楨幹」之「幹」又解為「正」，乃為了保存「幹」的名詞「楨幹」

許威漢先生從教50周年紀念文集》（上海：上海教育出版社，2001年1月），頁110。又于省吾《澤螺居詩經新證》認為「谷」訓「欲」，劉玉國：〈進退維谷」解〉有辯，《訓詁論叢》第3輯（臺北：文史哲出版社，1997年5月），頁103～107。

〔註366〕 以上均〔清〕阮元：〈進退維谷解〉，《揅經室集》，一集卷四，頁104，標點略有修改。

〔註367〕 以上均《毛詩注疏》，卷十八之二，頁656。

〔註368〕 《毛詩注疏》，卷十八之四，頁679。

〔註369〕 《廣雅疏證》，卷一上，頁7，而《故訓匯纂》誤作「《廣韻・釋詁一》」，頁1136。

義在本句中活用為動詞「正」義的痕跡，故於此可以巧妙地觀察《箋》如何在釋義中展示其理解文本的過程，及其提示讀者注意詞性的用心。

15.〈召旻〉：「如彼歲旱，草不潰茂？如彼棲苴」，《傳》：「潰，遂也。苴，水中浮草也」，《箋》：「『潰茂』之『潰』當作『彙』，彙，茂貌。王無恩惠於天下，天下之人如旱歲之草，皆枯槁無潤澤，如樹上之棲苴」，按：「棲苴」不論是在「水中」或「樹上」，都不影響其作為草之枯槁的類比，充其量只能說在「樹上」者枯槁的可能性較大而已，然而這也可見《箋》修正《傳》說的細密或瑣碎。而《傳》、《箋》讀為「遂」或「彙」，都是根據句義來判斷訓詁，因為「草不潰茂」句義當指草之枯槁，可是「潰」、「茂」詞義相反，句中又有否定詞「不」，因此《傳》、《箋》只好改讀「潰」字為說；其實「草不潰茂」之「潰」正是呼應其下文「我相此邦，無不潰止」之「潰」，〔註370〕不能改讀，既然「潰」字不能改讀，「潰茂」則當解為潰其茂，為動賓結構，句義言草於歲旱之時豈能不潰喪其茂盛。而「如彼棲苴」一句，若非脫其上文或脫其下文，則其主語應省略了「如彼歲旱，草不潰茂」，而省略的形式至少有兩種可能：

（1）第一種是根據「如彼」作為重複短語的提示，復原為：「如彼歲旱，草不潰茂？如彼歲旱，棲苴不潰茂？」而因為譬喻的語境「歲旱」、「潰茂」相同，故直接省略，僅保留唯一的差異：「棲苴」；但如果採取這樣的省略形式，則「棲苴不潰茂」與「草不潰茂」頗為重覆，顯然不是很好的方案。

（2）第二種是根據《箋》說，復原為：「如彼歲旱，草不潰茂？草不潰茂，如彼棲苴」，因為「如彼棲苴」也是形容「草不潰茂」，故省略，不再重出，將這種省略句法復原後，可以更明白地看出《箋》理解文本的方式；然而也很可能是寫脫重文符號，不過《箋》已經從這一省略方式來理解，因此如果是寫脫重文符號，則其寫脫的時間至遲在東漢已經發生，也不影響《箋》說的立論基礎。

16.〈噫嘻〉：「噫嘻成王，既昭假爾」，《傳》：「『成王』，成是王事也」，《箋》：「假，至也。……噫嘻乎能成周王之功，其德已著至矣，謂『光被四表，格于上下』也」，《正義》：「毛以為噫嘻然嗟嘆而有所戒勅者，成是王事之王，謂周公、成王也」，〔註371〕《正義》此語顯然不能另讀為：「周公成王

〔註370〕以上均《毛詩注疏》，卷十八之五，頁698。
〔註371〕《毛詩注疏》，卷十九之二，頁724。

也」，而理解為周公成王事；因為在〈噫嘻〉《序》，《正義》已經說：「謂周公、成王之時也」，〔註372〕可證下文應該也是兼指周公、成王二人。然而問題是：近代以來頗有直接訓為周成王者，〔註373〕且既然最終所指涉的文句意義也包涵周成王，何以此處「成王」不能讀為周成王之「成王」？推究《傳》、《箋》之意，大概因為下句是「既昭假爾」而如此解。「昭假」者，義「謂神顯靈也」，〔註374〕則「既昭假爾」的上一句「噫嘻成王」便應該是「既昭假爾」的原因，亦即如果單單只是嗟嘆周成王，不能導致「既昭假爾」的結果；但是解為「成是王事也」，就可以與下文「既昭假爾」文義貫通，故訓為周成王的新說看似直截，但其實也無法解答何以先祖不降，而此詩何以專美成王等問題，未必如《傳》、《箋》、《正義》之舊說能細體文義。

又：〈泮水〉：「允文允武，昭假烈祖」，《箋》：「僖公『信文』矣，為脩泮宮也；『信武』矣，為伐淮夷也。其聰『明』乃『至』於『美祖』之德，謂遵伯禽之法」，〔註375〕按照《箋》的理解，「昭」指「聰明」，「假」訓「至」，「烈」訓「美」，「昭假烈祖」指「其聰明乃至於美祖之德」，是美僖公之詞，而「遵伯禽之法」云云，〈泮水〉開篇第一句「思樂泮水，薄采其芹」，《箋》已開宗明義將本詩定調為：「思樂僖公之脩泮宮之水，復伯禽之法」，〔註376〕伯禽乃魯之始封，〔註377〕故云其祖宗，溯自伯禽。然而此處的問題是：「昭假烈祖」等句式，揆諸文獻，大多都是單純贊美先祖，況且「允文允武」，也一如《尚書・金縢》所記周公云：「予仁若考，能多材多藝，能事鬼神」，〔註378〕「昭假」也是有固定意義的成詞，而此詩純就此二句來看，也是專美先祖之詞；何以《箋》理解為以先祖比美僖公之詞？顯然《箋》認為本章自「穆穆魯侯」以下，全部文句，都是環繞魯侯進行描寫，因此，如果「允文允武，昭假烈祖」二句突然

〔註372〕　《毛詩注疏》，卷十九之二，頁724。

〔註373〕　如屈萬里：「成王，武王子也」，《詩經詮釋》，頁571，又陳子展將「既昭假爾」理解為「已經明明請到了您」，「您」指成王，《詩經直解》，卷二十七，頁1092。

〔註374〕　屈萬里：〈詩三百篇成語零釋〉，《書傭論學集》，頁183，參姜昆武：《詩書成詞考釋》，頁128～131、楊琳：〈「昭假」新解〉，《四川大學學報（哲學社會科學版）》1988年第4期，頁71～75，後收入氏著《語文學論集》（北京：人民出版社，2019年1月），頁3～12，楊氏釋「昭假」為「潔祀」。

〔註375〕　《毛詩注疏》，卷二十之一，頁768。

〔註376〕　《毛詩注疏》，卷二十之一，頁767。

〔註377〕　《史記・魯周公世家》：「周公不就封，留佐武王」、「子伯禽固已前受封，是為魯公」，《史記會注考證》，卷三十二，頁565、569。

〔註378〕　《尚書注疏》，卷十三，頁186。

離題描寫先祖，勢必導致文義不接，故從文義考量，將「昭假」改訓為「『聰明』乃『至』」，不失為合理的解釋。

17.〈泮水〉：「束矢其搜」，《傳》：「五十矢為『束』。『搜』，眾意也」，《箋》：「束矢搜然，言勁疾也」，〔註379〕《箋》將「其搜」解為「搜然」，合乎《詩經》文例，〔註380〕並改讀「搜」讀為「颼」，而較諸《傳》之訓詁，更合於乎文本脈絡。其實，「搜」無「眾」義，《傳》所謂「眾意」，《毛詩正義》理解為「束矢其搜然眾而不用」、「毛以為『搜』與『束矢』共文，當言其束之多，故搜為眾意。《傳》以弓言觫、矢言搜，其意言弓不張，矢不用，是僖公不至大戰而克服淮夷也」，〔註381〕《毛詩正義》已經體認出《傳》於此其實乃藉其訓詁發揮思想，十分正確。而《說文解字·十二上·手部》挼字：「眾意也」，蓋本毛《傳》，段玉裁《注》：「其意為眾，其言為挼也」，〔註382〕其義即指「搜」之「眾」義為「挼」之假借；但是段《注》「其意」之說，似仍一間未達：《傳》所謂「眾意」，等於是說「眾也」、「眾貌」、「眾然」，〔註383〕《說文解字》既用毛《傳》，當亦同義，非如段《注》所解。

第三節　小結：「文本意識」對毛《傳》、鄭《箋》訓詁的影響

前章所論，是從「經學建構」的角度，指出《傳》、《箋》在建構經學思想時，對文本進行諸多不合文義的改造過程，以及依據文本解經的同時，附加《詩》文本身所無的思想；而本章則延續前章的問題，略為轉換考察的視角，思考經學建構與文本的關係，如《傳》、《箋》並非處處都改造文本，而在很多地方也體現了其重視文本脈絡的「文本意識」，則其在經學建構的同時，發現了《詩經》的哪些文本特質？《詩經》的這些文本如何影響《傳》、《箋》的訓詁？文本的形式必然影響到經義的建構，這在羣經中，尤以《詩經》的問題

〔註379〕《毛詩注疏》，卷二十之一，頁769。
〔註380〕戴璉璋：〈詩經語法研究〉，《中國學術年刊》第1期（1976年12月），頁9～10、趙金銘：〈《詩經》形容詞研究〉，《先秦漢語研究》，頁118。
〔註381〕《毛詩注疏》，卷二十之一，頁770，據《校勘記》改。
〔註382〕《說文解字注》，頁611。
〔註383〕「也」、「貌」、「然」都是毛《傳》習見的訓詁術語。毛《傳》用「意」於形容詞後的例證如〈殷武〉：「撻彼殷武」，《傳》：「撻，疾意也」，《毛詩注疏》，卷二十之四，頁804。

最大，即此以而言，「文本意識」正是理解《傳》、《箋》經學思想的重要面向。

本章討論《傳》、《箋》的「文本意識」，則首先從「《傳》、《箋》已能分別何者是文本義，何者是其所欲發揮的經義」、「《傳》、《箋》曾對《詩經》的寫作手法、章法進行評點」、「《傳》、《箋》對同一首詩或不同詩篇中字、詞、句、章的先後順序與重複與否多有討論」、「闡發同一首詩中的不同敘述者」四個方面，說明《傳》、《箋》確實有「文本意識」。

其次，則將《傳》、《箋》的「文本意識」分為數類：「《傳》、《箋》據章法改訓」、「《箋》申《傳》所體現的『文本意識』之進展與不同的解經模式」、「其它」，逐一疏解例證。

以下將概述前一節〈毛《傳》、鄭《箋》訓詁中的「文本意識」例證疏釋〉中諸多例證的討論後，對「文本意識」的總體印象，　　並展開討論：

1. 《傳》、《箋》據章法改訓

《禮記・學記》：「一年視離經辨志」，鄭玄《注》：「『離經』，斷句絕也」，《正義》解為：「使章、句斷絕也」，〔註384〕是古人小學最初即學習分別章、句，然「章」在群經中，對文義的解決產生嚴重問題者，只有《詩經》，以至於現存兩漢注解中，只有《詩經》逐篇注明幾章幾句，〔註385〕這是因為不會有另一個儒家經典的文本是除了兩三個章以上句式相似，並且前章後章文義密切相關，乃至於相同，所以一旦《傳》、《箋》根據章法來判別某一處文字的訓詁，則其顯然體認了「文本意識」對《詩經》訓詁的重要性；故《傳》、《箋》

〔註384〕《禮記注疏》，卷三十六，頁 649，按：「視」，察也，察其能否離經辨志。「斷」，動詞，「句絕」為「斷」的賓語，「絕」者止也，「句絕」猶言句止之處。然此處鄭《注》中原無「章」的概念，《正義》之說雖未必合於鄭《注》之意，然其或以古人一般的認知為說，也未必不可從。但問題的關鍵乃是：根據上下文，這可能是專門針對已經過「塾」、「庠」、「序」訓練且有一定年齡的「國學」生徒而論的，所以：離的內容限於「經」，而且「一年」就要視其斷句能力。而〔清〕黃以周：〈離經辨志說〉云：「古離經有二法：一曰句斷，一曰句絕，……句斷者，其辭於此中斷，而意不絕；句絕則辭意俱絕也……鄭《注》『離』訓斷絕，兼兩法言，云『斷句絕也』者，欲句字兩屬之爾……孔疏章、句兼說，既非鄭義……」，《儆季雜著》，卷二，《黃式三黃以周合集》，第 15 冊，頁 284，求之過深，且依其說，文本結構必須理解為：「句斷、絕也」始通。

〔註385〕所以黃侃說：「章句本專施于《詩》，其後離析眾書文句者，亦有章句」，《文心雕龍札記》，頁 157、謝棟元亦云：「『章句』之學的產生，是從研究《詩經》開始的」，《謝棟元語言學論稿》，頁 181。

往往有通觀全詩章法後，根據全詩章法來判斷某一字當如何訓解的例證。

而這樣涵詠上下文義而施訓詁的例證，也不獨在一首詩的章與章之間為然，此外如《箋》援用下文才出現的辭句來注解上文，比如《箋》在注解〈小明〉：「念彼共人」時，就援用該詩下文才出現的「靖共爾位」為說；甚至《箋》於〈杕杜〉：「日月陽止，女心傷止，征夫遑止」，引〈采薇〉「歲亦莫止」為說，《詩經》的內在結構與外在編輯形式也參預並影響了經義的建立。〔註386〕則至少在某些例證中可以說：經義之衡定，並不完全由訓詁學家本身的思想主導，仍受《詩經》本身的文本特質約束。

2. 《箋》申、改《傳》所體現的「文本意識」之進展與不同的解經模式

此類例證有兩個觀察重點，一方面是考察《箋》如何在「申《傳》」的基本理念中，更全面地將《傳》的訓詁與其所發揮的經義，落實於文本中；雖然《箋》也有少數的例證，反而不如《傳》能落實文本義。但是《箋》此一意圖，有時也顯得左右為難，如〈大田〉：「秉畀炎火」，《傳》：「炎火，盛陽也」，《箋》：「螟、螣之屬，『盛陽』氣嬴則生之；今明君為政，田祖之神不受此害，『持』之『付』與『炎火』，使自消亡」，《傳》明明已解「炎火」為「盛陽」，可是《箋》在承認《傳》「盛陽」說之餘，又必須考慮到「盛陽」如何落實於文本的問題，所以只好採取兩存其說的方式，既發揮《傳》說，又進一步疏解文本義。

另一方面，從《箋》到《傳》的歷程中，對《箋》來說，其所面對的新問題是：如何在文本結構中發揮或彌縫《傳》既有的經義？或如何根據文本本身的歧異，藉由合理的訓詁手段，最大化地發揮文本中所可能具有的經學涵義？也就是說《傳》、《箋》異同最重要的啟示在於：文本結構固然制約經義建立的方向；但絕大多數的文本結構卻也是人為後設的建構，導致因為所欲發揮的經義不同，對文本的理解方式，就必然產生相應的變化。

總之，《箋》之文本意識主要即表現其藉由其彌縫訓詁，而使《傳》脫離文本的經義重新合於文本這一方面上，這也體現訓詁學由西漢至東漢的觀念

〔註386〕據此，也可以瞭解歐陽脩《詩本義》卷十四〈本末論〉中，明明認為：「正其名，別其類，或繫於此，或繫於彼，所謂太師之職者，末也」，卻還要在《詩》義產生的四種途徑：詩人之意、太師之職、聖人之志、經師之業，給予「太師之職」位置。

轉變，也形成了後世經學發展的基本原則與動力。

3. 此外，「文本意識」對《傳》、《箋》還有如下重要的影響

（1）詞性方面，《箋》屢將疊字之義字字落實，如〈吉日〉：「麀鹿麌麌」，《箋》：「麕牡曰『麌』，『麌』復『麌』，言多也」，又：〈敬之〉：「無曰高高在上」，《箋》：「無謂天『高』又『高』在上」，這可能反映《箋》對《詩經》作為「經」，其每一字都當具有意義的文本意識，如〈有客〉：「有客有客」，《箋》乃必須追究重複「有客」二字的意義是：「重言之者，異之也」。〔註387〕

並且，《箋》有時特別保存某一字義的多義性，可以說《箋》對詞性有了基本的認識，如「榦」有「楨榦」與「正直」義，〈韓奕〉：「榦不庭方」，《箋》：「作楨『榦』而『正』之」，而形容詞「正直」義顯然由名詞「楨榦」義引申而來，又如「截」有「斷」與「治」義，〈常武〉：「截彼淮浦」，《傳》：「截，治也」，《箋》：「『治』淮之旁國有罪者，就王師而『斷』之」，《箋》在申《傳》的過程中，細微地保存了「截」的多義性，使其符合文本義；但是《箋》對詞性的認識還是很粗疏的，從前文所揭示其輾轉訓解、改讀不同詞性關係的義項可知。

（2）觀察《傳》、《箋》在同一首詩中對相同字詞採用相同的解釋詞，或分辨同一首詩中的相同字詞在不同語境中的殊義，也可見《傳》、《箋》對於如何解釋《詩經》文句，在「文本意識」的影響下，有相當的自覺，如：

a. 同一首詩中的相同字詞，《傳》、《箋》採用相同的解釋詞：

〈東山〉：「烝在桑野」，又云：「烝在栗薪」，兩「烝」字《傳》異訓，《箋》則否，其統一〈東山〉兩「烝」之義為「久」：「蜎蜎蜎蜎然特行，『久』處桑野，有似勞苦者。古者聲『寊』、『填』、『塵』同也」、「烝，『塵』。栗，析也。言君子又『久』見使析薪，於事尤苦也」。又如：〈殷武〉：「天命多辟，設都于禹之績，歲事來辟，勿予禍適，稼穡匪解」，同詩同章明明有兩「辟」字，兩「辟」字都在「適」字之前，《傳》卻只說：「辟，君。適，過也」，蓋其將兩「辟」字都訓作「君」。

b. 《傳》、《箋》已能分辨同一首詩中的相同字詞在不同語境中的殊義：

上述〈東山〉：「烝在桑野」、「烝在栗薪」二句，該詩兩「烝」字《傳》分別解為：「烝，寊也」、「烝，眾也」。而〈卷阿〉：「有馮有翼，有孝有德，以引

〔註387〕《毛詩注疏》，卷十九之三，頁736。

以翼」，同詩同章二「翼」字異義，故《傳》特舉全句，且又依文本次序出注以分別：「『有馮有翼』，道可馮依，以為輔翼也。引，長，翼，敬也」。

以上是同一首詩之例，推及《詩經》各篇，此類例證亦復不少，如「蜩」字，〈七月〉：「五月鳴蜩」，《傳》：「蜩，螗也」，而〈蕩〉：「如蜩如螗」，《傳》云：「蜩，蟬也。」又如：「四牡騤騤」一句，《詩經》中四見；而《傳》有說者三次，分見〈采薇〉：「駕彼四牡，四牡騤騤」、〈桑柔〉：「四牡騤騤，旟旐有翩」、〈烝民〉：「四牡騤騤，八鸞喈喈」，《傳》依次分別解為：「騤騤，彊也」、「騤騤，不息也」、「騤騤，猶彭彭也」，均不同。

總之，上述這兩種現象都是《傳》、《箋》文本意識的一環，從《傳》、《箋》對同一首詩中的相同字詞，採用相同的解釋詞這一層面而言，《傳》、《箋》蓋已知同一首詩中的相同字詞，在大多數情況下詞義應相同的訓詁規範；從《傳》、《箋》能分辨同一首詩中的相同字詞，在不同語境中的殊義，而施以不同的訓詁這一層面而言，《傳》、《箋》又已不拘字面，而是仔細地分別該字詞在各種語境下的不同文本義。這兩個層面都是《傳》、《箋》在訓詁學上的重要貢獻。

（3）對《序》的態度方面，如前文所論，鄭玄相信《序》是「子夏所為，親受聖人」；但《箋》對《序》說也不是不加分別地盲從，有時候《箋》根據自己推考文本所得結論，不從《序》說，這可以說是「文本意識」對《箋》的最大啟示。如：

a.〈小星〉：「寔命不同」，《箋》：「是其禮命之數不同」，與《序》所謂「知其命有貴賤，能盡其心」之「命」指「天命」之「命」適相反。

b.〈隰有萇楚〉：「樂子之無知」，《箋》：「知，匹也」，《序》云：「而思無情慾者也」，明顯針對「樂子之無知」而言，《箋》不從其說。

c.〈北山〉：「憂我父母」，《箋》：「父母思己而憂」，據《箋》說，知其倒讀為「父母憂我」，然據《序》云：「而不得養其父母焉」，則《序》並未如《箋》說一樣倒讀為「父母憂我」，而是認為此人憂父母，《箋》此處乃據其上下推考章法而得的文義為說，反而不信其尊之如經的《序》。

4. 前章所討論的解散句構：《傳》、《箋》的「一句分為兩、三句讀」或「兩句合為一句讀」，其實也可以從「文本意識」的角度來分析：

此類例證中一句分為兩句讀最為常見，合讀的例證較少；但有時「一句分為兩、三句讀」或「兩句合為一句讀」這兩種方法其實共存於同一個例證

中，如：《箋》將〈桑柔〉解散句構為：「捋采／其劉，民下，瘼此」，將「捋采其劉」分為兩句，而「其劉」則合入下句讀，又《箋》也同樣將〈長發〉解散句構為：「方、外／大國是疆幅隕（《箋》又進一步解為：幅、隕、大國是疆）／既長」，「方外大國」分為兩句讀，而「大國」又合於下句讀。

雖然這些解散句構的例證，大多都仍是為了《傳》、《箋》經學建構服務；但也因此可以旁敲側擊其解讀文本的方式，畢竟相較於其它經書文本，注釋家顯然不能如此輕易、頻繁地解散句構，然則也就可以發現：正是《傳》、《箋》如此屢屢解散句構，反而倒使讀者認識了《詩經》文本的某些特質。並且重要的正是其仍解散句構；這句話的深層涵義是說：其原來大可完全不必理會文本，直接洋洋灑灑地發揮己見，故從《傳》、《箋》仍然解散句構以發揮經學思想這一點來說，《傳》、《箋》仍然相當尊重文本，而且是盡量在文本所能負荷的範圍內進行解構，雖然其最終目的是經學——但有意思的不就是觀察《傳》、《箋》如何「在文本中」發揮經學思想嗎？

而在解散句構中的例證中，《箋》的例證遠多於《傳》，雖說明《箋》改造文本的特性，但其實也側面看出了《箋》更重視文本的特性，因為《傳》大抵尚多是不注重文本，而直接發揮經義。

總結來說，如果宏觀地以章法、詞性、解詩的觀念等各個面向中，所流露出的初步文本觀念來觀察《傳》、《箋》，可以發現這雖然不是《傳》、《箋》解經時的重點，但也絕非無迹可尋。而不同的詩篇中，《傳》、《箋》解釋的重點，或是經學，或是文本，這必須逐詩逐句加以分疏，所以一筆抹煞《傳》、《箋》對文本理解方面的貢獻，並不恰當。並且值得反思的問題其實是：有了文學觀念，就能保證訓詁學家可以如實而準確地解釋《詩經》嗎？故與其討論《傳》、《箋》是否具有文學觀念，倒不如嘗試逐句說明《傳》、《箋》之所以如此解釋，背後反映的是什麼樣的文本觀念？而《傳》、《箋》這種看待文本的方式，與現今有何差異？這或許才是今後研究《傳》、《箋》「文本意識」的意義及可努力的方向。

結　論

第一節　本書論旨的推闡：「經學建構」與「文本意識」視野下的經學史

　　本文旨在研究《傳》、《箋》如何藉由解釋《詩經》建構其經學思想？而其建構的經學思想又為何？《傳》、《箋》是否只注重發揮經學思想，而罔顧文本？卻乏人反思：不深刻理解文本，如何揮發經義？文本對《傳》、《箋》的訓詁有何影響？甚至經學家治《詩》，對文本的反覆體味，及對文本的結構性闡發，可能比文學家或詩人更為深刻。

　　針對上述問題，本文提出毛《傳》與鄭《箋》訓詁中，其實存在兩個相輔相成的觀念與方法：「經學建構」、「文本意識」，而這兩個概念是後設地建立在以下方法前提而產生的：首先，應該重視訓詁中蘊含思想此一命題，並藉此重新觀察學術史。其次，不合文義或錯誤的訓詁並非一無意義，反而可藉此探究訓詁學家不惜違悟文義也要闡發的經學意義。故「經學建構」意味「經」的「經義」往往是有待發現的、甚至是有待於建構的，因此，只要嚴格地區分《傳》、《箋》之訓詁是否合於文本義，凡不合之處，大多可以視為《傳》、《箋》的「經學建構」，而合於文本的部分，也可以分辨出《傳》、《箋》所新增的經學觀念；「文本意識」則旨在描述相較於《傳》、《箋》建構經義的各種手段外，或指認、評點《詩經》的文本性質，或根據文本的特質，來闡發《詩》義的自覺，而此文本意識亦具體影響了《傳》、《箋》的訓詁。藉此二觀念，可以較全面地了解毛《傳》、鄭《箋》如何解讀《詩經》，並探索其所建構的經學思想，

及其文本觀念在訓詁學與文學史上的位置。

　　進一步將此二概念加以推衍，也可以作為觀察中國經學史消長演替的一個視角：時代越晚，經學家的「文本意識」則越發強烈，甚至認為解經必合於文本，乃是天經地義的事，於是如明、清人便將這種認識與要求，自覺或不自覺地投射到漢儒身上，則其所見的漢儒解經形象不外乎就是：

　　　　「漢儒訓經，使人緣經以求義，優柔而自得之，有見乎爾也。」〔註1〕

　　　　「漢儒信經，凡所立說，惟恐其說之稍違于經。」〔註2〕

　　　　「漢儒注書，循經立訓，意達而止；於去取異同之故不自深剖，令讀者自領之，此引而不發之道也。」〔註3〕

　　　　「解經但宜依經為訓，莊、劉、魏議論太暢，此宋儒說經之文，非漢儒說經之文。」〔註4〕

　　然而以上這些說法合於漢儒的觀念嗎？而從現存漢儒經注觀察漢人的解經觀念，是否也如此？在此雖然無法詳盡論述此一問題，但不可否認的是漢儒雖然也有大量合於文本的說解；然而漢儒經說不合於文本及其對待「經」的態度，概括來說，大概可以區分為「傳經術」，改造、建構經義，塑造「新經」三個層次：

　　第一個層次為「傳經術」，如果「每有災異，（平）當輒傳經術，言得失」，〔註5〕這句話中的「傳經術」，其義是說：「經術」是要「傳」的，尤其在「言得失」之時，觀《漢書‧平當傳》載其上書云：「《孝經》曰：『天地之性，人為貴，人之行莫大於孝，孝莫大於嚴父，嚴父莫大於配天，則周公其人也。』……高皇帝聖德受命，有天下，尊太上皇，猶周文、武之追王太王、王季也，此漢之始祖，後嗣所宜尊奉，以廣盛德，孝之至也」，〔註6〕即引《孝經》以傳本

〔註1〕此為〔明〕宋濂語，引自〔清〕朱彝尊：《經義考》，卷二九七〈通說三說經下〉，頁1524，附帶一說，明代學者對漢代經學、訓詁有許多不同前代的論述，正是清學之資源，筆者將另文處理這一問題。

〔註2〕〔清〕毛奇齡：〈《經義考》序〉，《經義考》，頁4。

〔註3〕〔清〕黃以周：〈示諸生書〉，《儆季雜著》，卷五，《黃式三黃以周合集》，第15冊，頁593。

〔註4〕〔清〕皮錫瑞：《經學通論》，卷一《書經》，頁99（每卷頁碼另起），按：皮氏指莊存與、劉逢祿、魏源，此語的言外之意就是：漢儒說經「依經為訓」。

〔註5〕《漢書‧平當傳》，《漢書補注》，卷七十一，頁1360。

〔註6〕《漢書‧平當傳》，《漢書補注》，卷七十一，頁1360。

朝尊高祖之事，則漢儒將其所欲言的時事傅以經術，這雖然也會導致經義的變形，但畢竟還只是「傅」，經義只是其所欲言事物的最重要佐證。而與平當同樣引《孝經》文致經義之例，也出現在六朝的佛教論述中，曹思文〈難神滅論〉明云必須要：「請舉經記，以證聖人之教」，故：「《孝經》云：『昔者周公郊祀后稷以配天，宗祀文王於明堂以配上帝』，若形神俱滅，復誰配天乎？復誰配帝乎？」〔註7〕即自覺地「舉經記」以證其神不滅之說，與漢儒「傅經術」如出一轍。

　　第二個層次，漢儒則在解經的同時，就會進一步改造、建構經義，而其所建構的兩個最重要的經說，毋寧就是「漢家堯後」與「為漢制法」：

　　「漢家堯後」之說，此說當出於讖緯（見下引賈逵語可知），眭弘云：「先師董仲舒有言：『雖有繼體守文之君，不害聖人之受命。』漢家堯後，有傳國之道，漢帝宜差天下求索賢人，禪以帝位；而退自封百里，如殷周二王後，以承順天命」，〔註8〕然眭弘後即坐此「妖言」而誅，所以漢儒多不敢言禪讓、「受命」等事；〔註9〕而棄禪讓之義而取堯後之說，則為漢儒通論，其後賈逵即援以此說解《左傳》：「又五經家皆無以證圖讖明劉氏為堯後者，而《左氏》獨有明文。」〔註10〕

〔註7〕　見〔梁〕僧祐著，李小榮校箋：《弘明集校箋》（上海：上海古籍出版社，2013年11月），卷九，頁484。

〔註8〕　《漢書·眭弘傳》，《漢書補注》，卷七十五，頁1395，按：齊召南云：「案：以漢為堯後，始見此文。」

〔註9〕　如《史記·儒林傳》記轅固與黃生爭論湯武究為「受命」或「弒君」：「轅固生曰：『必若所云，是高帝代秦即天子之位，非邪？』於是景帝曰：『食肉不食馬肝，不為不知味；言學者無言湯武受命，不為愚』，遂罷。是後學者莫敢明受命放殺者」，《史記會注考證》，卷一二一，頁1289。

〔註10〕　《後漢書·賈逵傳》，《後漢書》，卷三十六，頁332，李賢《注》：「《春秋》：晉大夫蔡墨曰：『陶唐氏既衰，其後有劉累，學擾龍，事孔甲，范氏其後也。』范會自秦還晉，其處者為劉氏。明漢承堯後也。」按：此文見《左傳·昭公二十九年》，《左傳注疏》，卷五十三，頁922～923，李賢《注》引文有刪節，稱《左傳》為《春秋》，蓋亦引傳稱經之例，詳前揭王利器：〈古書引經傳經說稱為本經考〉。然《左傳》家似仍停留在文飾經說的階段，如下文所舉何休之例，何休逕采讖緯之說入其《解詁》中，表明《公羊》學與讖緯自有久遠源流，獨異於《左》、《穀》。而今存史料中，《左傳》注解似未有引讖緯者。《穀梁》本既衰微，從現存史料來看，似也未見《穀梁》學者之經說或注解有微引緯書解經的事例；再以范甯而論，遲至范甯作《集解》，猶未有明引緯書之文，似可旁證兩漢《穀梁》學先師亦不用緯書解《穀梁》。

「為漢制法」之說，此亦讖緯之說，《公羊疏》引《春秋說》云：「丘攬史記，援引古圖，推集天變，為漢帝制法，陳敘圖錄」，〔註11〕何休即援此以解《公羊傳‧哀公十四年》之「反袂拭面，涕沾袍」云：「夫子素案圖錄，知庶姓劉季當代周，見采薪者獲麟，知為其出……深閔民之離害甚久，故豫泣也。」〔註12〕

這完全是經典中無徵，而純係漢儒所建構者，強烈顯示出經學家「通經致用」的傾向。而以《詩經》為例，王式不是已經明白道出：「臣以三百五篇諫」嗎？〔註13〕據此語，則可以想見王式說《詩》時種種咸非本意的「經學建構」。而《漢書‧藝文志》更是指稱三家《詩》：「或取《春秋》，采雜說，咸非其本義」，〔註14〕顯然三家《詩》認為發揮經義更重要；而這句話也證明漢儒已有「本義」的觀念，且認為解經當言「本義」，不過漢儒雖有此觀念，其能否徹底實踐，又或者認為有沒有必要在書於竹帛時，留存這些人盡皆知的「浮辭」，〔註15〕都會導致漢儒雖有「本義」的觀念，而其經注卻不能實踐其觀念的問題。

第三個層次，就是塑造「新經」。漢儒當然知道經典所載的事理，其實不能一一切合人事，甚至也不宜於施政，比如：陸賈答高祖「迺公居馬上得之；安事《詩》、《書》」之語云：「馬上得之，寧可以馬上治乎」，〔註16〕但陳平「六奇之策，不出經學」，〔註17〕照樣能輔佐高祖建功立業；又《春秋》固然可斷獄，但同時：「《春秋》之義，子不報讎，非子也；而法令不為之減者，以相殺之路不可開故也」，〔註18〕法令也不能因報讎見諸《春秋》而減去其刑罰。

〔註11〕《公羊傳注疏》，卷一，頁6，按：「推集天變」者，「集」合過往「天變」的事例，「推」尋其規律，以測未來，此之謂「推集」。

〔註12〕《公羊傳注疏》，卷二十八，頁356，「離」讀為「罹」。參黃復山：〈《公羊傳注疏》中之讖緯資料類編考釋〉，《東漢讖緯學新探》（臺北：臺灣學生書局，2000年2月），頁368～370、羅建新：《讖緯與兩漢政治及文學之關係研究》（上海：上海古籍出版社，2015年7月），頁60～61。

〔註13〕《漢書‧儒林傳》，《漢書補注》，卷八十八，頁1551。

〔註14〕陳國慶：《漢書藝文志注釋彙編》，頁41。

〔註15〕此語出自〔唐〕賈公彥〈序《周禮》興廢〉引鄭玄〈序〉云：「玄竊觀二三君子之文章，顧省竹帛之浮辭」，《周禮注疏》，卷首，頁8。

〔註16〕《漢書‧陸賈傳》，《漢書補注》，卷四十三，頁1028。

〔註17〕《後漢書‧胡廣傳》，李賢《注》：「《前書》：陳平設六奇策以佐高祖」，《後漢書》，卷四十四，頁405。

〔註18〕《後漢書‧張敏傳》，《後漢書》，卷四十四，頁404。

經典既然不合於漢制，為什麼不重塑一個合於漢制的經典呢？況且大漢盛業如此輝煌，也應有專門有一經典以為表彰，故司馬相如〈封禪書〉即倡言：「作《春秋》一藝，將襲舊六為七」，〔註19〕也就是說：漢家當有新經，使遂古相傳的「六藝」因漢家聖德而不得不增為「七藝」；而這個新經即出現在與經學產生最嚴重衝突的禮制方面，〔註20〕這是因為本來「聖王之繼亂世也，埽除其迹而悉去之」，〔註21〕可是「漢遭秦餘，禮壞樂崩，且因循故事，未可觀省」，〔註22〕甚者或以為：「今漢繼秦之後，如朽木、糞牆矣」，〔註23〕故於禮制方面只是「但推士禮以及天子」，〔註24〕粗具框架。乃至東漢章帝、和帝年間，漢章帝命曹襃作新禮，曹襃「乃次序禮事，依準舊典，雜以五經、讖、記之文，撰次天子至於庶人冠、婚、吉凶、終始制度，以為百五十篇，寫以二尺四寸簡。其年十二月奏上。……會（章）帝崩，和帝即位，襃乃為作

〔註19〕　《史記‧司馬相如傳》，《史記會注考證》，卷一一七，頁1262，韋昭云：「今《漢書》增一，仍舊六為七也」，文穎云：「六經加一為七也」，按：二說皆是，而韋昭之意，指漢家史書可增為第七藝；然當司馬相如行文之時，不可能預知班固撰《漢書》，故韋昭乃是據後來《漢書》成為正史的後見之明來注解司馬相如之文。而此一思想後來也有反響，比如李白〈古風〉其一說：「我志在刪述，垂輝映千春」，〔宋〕楊齊賢注，〔元〕蕭士贇補：《分類補註李太白詩》，卷二，收入《李太白全集》（臺北：世界書局，1997年5月），頁75，韓愈〈答崔立之書〉說：「作唐之一經，垂之於無窮」，羅聯添編：《韓愈古文校注彙輯》（臺北：國立編譯館，2003年6月），卷三，第一冊，頁704，並引〔清〕儲欣編，湯壽銘增訂，蔣抱玄評註：《韓昌黎文評點注釋》云：「《春秋》者，魯史也，而後儒尊之為經，因以沿稱史之有價值者曰『經』。唐之一經，唐史也」，大抵近是，但未知此說出自司馬相如，且用晚出六經皆史說解釋，稍未妥而已。

〔註20〕　參〔日〕狩野直喜著，周先民譯：〈《禮經》與漢制〉，《中國學文藪》（北京：中華書局，2011年4月），頁125～146，至於為何漢代襲用秦制不改，李偉泰認為是漢初「秦本位政策」的影響，《漢初學術及王充論衡述論稿》（臺北：長安出版社，1985年5月），頁1～68。

〔註21〕　《漢書‧董仲舒傳》，《漢書補注》，卷五十六，頁1166，注意文中的「悉」字。

〔註22〕　《後漢書‧曹襃傳》，《後漢書》，卷三十五，頁322。

〔註23〕　《漢書‧董仲舒傳》，《漢書補注》，卷五十六，頁1166。

〔註24〕　《漢書‧禮樂志》，《漢書補注》，卷二十二，頁483，參皮錫瑞：《經學通論》，卷三《三禮》，頁21～23（每卷頁碼另起），然姚際恆云《儀禮》「是士禮差居其半耳，《漢志》謂十七篇皆言士禮，非也」，《儀禮通論》，頁9，〔清〕顧廣圻〈策問四首〉云：「《儀禮》中有燕、聘、公食大夫，未嘗無天子諸侯之事，而世多以士禮目后（引按：原作「後」，今改）倉，何歟」，《顧千里集》，頁388。

《章句》，帝遂以新禮二篇冠。」〔註25〕按：曹襃所作新禮，雖不以經名，其實有經之實，否則不必如經一般慎重寫以二尺四寸簡，〔註26〕且與經學典籍一樣有「章句」。〔註27〕而和帝此時則正值當行冠禮之時，其儀節遂亦竟一準曹襃所注之新禮，則此舉的示範意義不也正反映了經學與皇權之間交錯消長的權力關係？

以《傳》、《箋》為例，其亦提供了某種意義上一部面貌頗為不同的「新經」：首先是詩篇上，有三家《詩》皆無的〈都人士〉，《傳》並逐詩詳標章、句，其次，《傳》合《序》於經，再者，《傳》改移詩文次第，推改什首。而《箋》拼合經文、《序》、《傳》，且亦議改詩文次序。〔註28〕這些看似單純的文獻問題，如果設身處地回溯漢人的視域，可以想見當時的讀者會如何震撼於《傳》、《箋》所提供這部面貌一新的《詩經》。

可見忽視以上這些面向，而認為漢儒都是完全中規中矩地依準文本解經，根本無法了解漢儒的解經觀念，及其所處時代中經學所面對、處理的問題。

但是在上文所展示的漢儒經學觀念中，其實還隱藏著一個思想的伏流，那就是：聖人也可以是經師嗎？〔註29〕

〔註25〕《後漢書·曹襃傳》，《後漢書》，卷三十五，頁322，參顧濤：《漢唐禮制因革譜》（上海：上海書店出版社，2018年10月），頁205～207。

〔註26〕詳本書第三章第三節〈鄭玄所見毛《詩》、《詩序》、毛《傳》的文本形態及其來源〉。

〔註27〕讀者或許會質疑：如《楚辭》亦有「章句」，但不應忘記，王逸作《章句》的意圖正是要將《楚辭》改造為一個「經」、「傳」相配的經典；這種「經」、「傳」相配的結構就反映在《楚辭釋文》所載的古本篇次中，詳朱曉海：〈《楚辭》暨《楚辭章句》形成略說〉，《漢賦史略新證》，頁150～157。附帶一提，一般認為自作自注始於王逸自注其作〈九思〉，姑且不論〈九思〉注文後來者已多疑非王逸自作，其實曹襃自注其所作之新禮，其事更在王逸前。

〔註28〕以上詳本書第二章第五節〈毛《傳》體例之問題〉、第三章第四節〈鄭《箋》體例之問題〉。

〔註29〕〔清〕畢沅特別指出：「六經權輿於孔子，六經之師亦權輿於孔子」，《傳經表》（北京：中華書局，1985年），卷首〈序〉，頁1；故其《傳經表》首列孔子，然其說法頗為特異。比如：〔清〕劉履芬〈呈宋丈于庭司馬翔鳳〉其一就說：「微言就泯沒，降以六藝師」，〔清〕劉履芬批點，王衛民輯：《《紅樓夢》劉履芬批語輯錄》（北京：書目文獻出版社，1987年12月），頁106，這句話表面上當然是誇讚宋翔鳳得微言，不過弦外之意到是指出了聖人微言與經師罕能並存於一人的問題。而韓大偉在討論孔子的身分時，也藉由《禮記正義》指出了問題是：「孔子既不屬於創作的聖者，也不屬於傳述的門徒，孔穎達不得不在此體系中對他略而不論」，確中肯綮，雖然其後續未展開較深刻的討

　　不應該忘記周公、孔子的形象之一，正是「經師」，也就是一個訓詁學家，而秦、漢以來經學家的一個主流認識是：《十翼》為孔子所著，《爾雅》為周公所著，則後人概括六朝經學時所說的一句話就深可玩味了：「寧道孔聖誤，諱言鄭、服非」，〔註30〕這固然是注解家的「經學建構」（「鄭、服」），徹底壓倒「文本意識」（「孔聖」——這句話隱藏的意思可能是六經皆聖人手著）的表現；〔註31〕但其中存在的悖論不也就是：（周公、）孔子何嘗不解經？

　　這也不是單一現象，以傳經譜系為例，從兩漢以來零星的記錄，直至明、清人的相關著作，都有一個特殊現象，即：傳經譜系的源頭，最多溯及孔門七十子；但從不溯及孔子，或其它聖人。〔註32〕則在兩漢以降的經學觀念中，出於孔子與出於七十子顯然有重大差異，故傳經譜系之所以均不追溯自孔子或其它聖人，其意義大概有三個層面可說：首先，此當然與兩漢以來經典或真或偽、師法家法紛繁、異文異字、篇卷不同的情況有關，以上各種情況顯然不能說是孔子所致，而是：「儒分為八」、〔註33〕「七十子喪而大義乖」、〔註34〕「弟子人人異端」、〔註35〕「子思弟子……音訛之異也」，〔註36〕又經「燔《詩》、《書》……

　　　　論，〔美〕韓大偉（David B.Honey）著，唐光榮譯：《中國經學史‧周代卷：孔子、《六經》與師承問題》（北京：社會科學文獻出版社，2018 年 6 月），頁 131。

〔註30〕《新唐書‧儒學下》載元澹（字行沖）〈釋疑〉引王劭語，《新唐書》，卷二〇〇，第 7 冊，頁 5693，「鄭、服」指鄭玄、服虔。

〔註31〕《後漢書‧范升傳》載范升己云：「五經之本自孔子始」，《後漢書》，卷三十六，頁 330，故皮錫瑞云：「孔子以前不得有經」，《經學通論》，卷首〈序〉，頁 1。

〔註32〕以毛《詩》為例，如：〔明〕朱睦㮮：《授經圖‧詩》（臺北：藝文印書館，1964～1970 年，《百部叢書集成》影印《惜陰軒叢書》本），卷二，頁 1 上、〔清〕萬斯同：《儒林宗派》，卷一，《叢書集成續編》，第 15 冊，頁 652、〔清〕趙繼序：《漢儒傳經記》，《叢書集成續編》，第 15 冊，頁 589～591、〔清〕周廷案：《西漢儒林傳經表》（哈佛大學燕京圖書館藏清乾隆辛亥年間〔1791 年〕周氏營道堂刊本），卷二，頁 12 上～12 下，全書已掃描公布在 https://iiif.lib.harvard.edu/manifests/view/drs:17253161$1i、金公亮：《詩經學新論》（臺北：啟明書局，1958 年 12 月），頁 139、孫筱：《兩漢經學與社會》，頁 226、俞艷庭：《兩漢三家《詩》學史綱》，頁 311，以上諸書所開列的毛《詩》傳經譜系，都只溯及卜商或毛公。

〔註33〕《韓非子‧顯學》，陳啟天：《增訂韓非子校釋》，頁 1。

〔註34〕《漢書‧藝文志》，陳國慶：《漢書藝文志注釋彙編》，頁 1。

〔註35〕《史記‧十二諸侯年表》：「魯君子左丘明懼弟子人人異端」，《史記會注考證》，卷十四，頁 235。

〔註36〕《文心雕龍‧練字》，詹鍈：《文心雕龍義證》，頁 1473。

六學從此缺矣」所致。〔註37〕其次，可能還與彼時聖人可學與否之觀念的影響有關。〔註38〕最後，應當指出這個傳經譜系不言而喻的範圍與假設是：這是注釋者的譜系，聖人不是、也不應是注釋者。〔註39〕

　　這個「經學建構」／「文本意識」、「聖人」／「經師」的矛盾，恐怕是宋人無意間提出了解決方案，如宋人辨《十翼》不盡是孔子所著，〔註40〕辨周公不作《爾雅》，〔註41〕那麼也正連帶消解了聖人是否可以是經師的矛盾，而確定了聖人之為聖人的典型，於是研讀聖人的文本才是當務之急，如朱熹明白揭示讀《詩》的方法是：「學者當『興於詩』。須先去了《小序》，只將本文熟讀玩味，仍不可先看諸家註解」；〔註42〕則此時可以說是經學史上「文本意識」較「經學建構」更重要的一個特殊時代，並且此後「文本意識」日益受到經學家、訓詁家的重視。

　　而清代經學的新義、張力與成就，也正表現在對「經學建構」／「文本意識」的態度上：

　　一方面：清人大多仍相信漢人經說，以《爾雅》為例，考據之盛行，訓詁之精密，竟也不妨礙乾嘉以降諸大師仍然相信《爾雅》為周公所作，如王念孫云：「朱子不信《爾雅》，謂是取傳注以作」，則王念孫顯然不認同朱說；意味著王氏是相信《爾雅》的，且不認為《爾雅》是「取傳注以作」，所以王氏

〔註37〕《漢書‧儒林傳》，《漢書補注》，卷八十八，頁 1543。

〔註38〕牟宗三云：「兩漢以來，大抵從才資觀聖人，以為聖人是天縱，不可學而至。此思想直貫至魏晉南北朝，至竺道生始成一正式被討論之問題」，《才性與玄理》（臺北：臺灣學生書局，1980 年 3 月），頁 323。

〔註39〕似只有林葉連：《中國歷代詩經學》，頁 116，在傳經譜系中溯及孔子，恐怕不合於以往的經學觀念。

〔註40〕〔宋〕歐陽脩：〈易或問〉：「或問：『《繫辭》果非聖人之作，前世之大儒君子不論，何也？』曰：『何止乎〈繫辭〉……』」，洪本健校箋：《歐陽脩詩文集校箋》（上海：上海古籍出版社，2009 年 8 月），《居士集》卷十八，上冊，頁 536～537，又另一篇〈易或問〉則認為〈繫辭〉「其源蓋出於孔子，而相傳於《易》師也。其來也遠，其傳也多，其間轉失而增加者，不足怪也」，《外集》卷十，下冊，頁 1594，參葉國良：《宋人疑經改經考》，頁 3～21。

〔註41〕〔宋〕歐陽脩：「《爾雅》非聖人之書，考其文理，乃是秦漢之間學《詩》者纂輯說《詩》博士解詁之言爾」，《詩本義》，卷十〈文王〉，頁 1956，又葉國良：《宋人疑經改經考》，頁 131～134。

〔註42〕〔宋〕朱熹著，〔宋〕黎德靖編：《朱子語類》，卷八十，朱杰人等主編：《朱子全書》（上海：上海古籍出版社、安徽：安徽教育出版社，2010 年 12 月，修訂本），第 17 冊，頁 2759。

才會說：「自周及漢古義相承，非鑿空之訓也！」〔註43〕注意王氏此語中的「周」字，無意中倒是展示了王念孫的經學觀念中仍然認為《爾雅》作者是周公，否則王念孫何必說「周」？而如以《詩》為例，隱藏在馬瑞辰史無前例的精密訓詁、考據之下的思想伏流，〔註44〕竟然是馬氏對漢代經說的認同：「鄭《箋》以為『急恒寒若』之異，則信乎天人相感之理有不爽矣！」〔註45〕

　　另一方面：迄宋以來，「文本意識」的發展，也使得清人不能完全置之不顧，甚至清人的「文本意識」也超軼前代，如王念孫說：「說經者，期於得經意而已。前人傳注不皆合於經，則擇其合經者從之」，王引之也呼籲：「經典之文，自有本訓，得其本訓，則文義適相符合，不煩言而已解；失其本訓，而強為之說，則阢隉不安，乃於文句之閒增字以足之，多方遷就而後得申其說。此強經以就我，而究非經之本義也」，〔註46〕顯然可見清人所面對的新問題是：如何合理地在文本結構中闡發、傳承既有的深刻經學義理；而非改讀以申發一己思想，便成為任重道遠的新問題，如李慈銘在討論吳樹聲《詩小學》「研極形聲，卓然小學名家」時，就提出了上述所言的焦慮：「然（吳樹聲《詩小學》）不遵《小序》，好異舊說，往往近於武斷。雙聲疊韻，固為訓詁之本；而義貴引申，故訓所傳，必非無自，亦安得以聲韻相限？」〔註47〕也就是說：李慈銘思考的毋寧就是：如何在「研極形聲」的基礎上，發揮《小序》與「故訓」的「傳承有自」的深刻經義？

　　這個問題，不妨觀察一個從蘇林到顏師古乃至於王先謙，其間如何曲折從經義壓倒文本，走向文本、經義皆兩全其美的訓詁例證，如：《漢書・董仲舒傳》：

〔註43〕以上見王引之《經義述聞・爾雅》「繩繩戒也」條引「家大人曰」，《皇清經解諸經總義類彙編（一）》，頁 1136。

〔註44〕屈萬里：「在清代說詩的專書裏，我認為馬氏此書，是一部最好的著作」，《詩經詮釋》，頁 22。

〔註45〕〔清〕馬瑞辰：《毛詩傳箋通釋》，卷二十，頁 600，按：「急恒寒若」見〈洪範〉。

〔註46〕前一語出自《經義述聞・自序》引家大人曰，《皇清經解諸經總義類彙編（一）》本《經義述聞》未收此〈序〉，據《經義述聞》（南京：鳳凰出版社，2013 年 4 月），頁 2，後一語出自〔清〕王引之：《經義述聞》，《皇清經解諸經總義類彙編（一）》，頁 1214。

〔註47〕〔清〕李慈銘著，張寅彭、周容編校：《越縵堂日記說詩全編》（南京：鳳凰出版社，2010 年 4 月），上冊，頁 141，附帶一提，李氏此語也點出了因聲求義說盛行後，其與漢代訓詁的緊張關係，關於這一問題，筆者將另文研討。

「而顓為自恣，苟簡之治。」

按：「之」讀為「其」，「苟簡」，動詞。蘇林曰：「苟為簡易之治也」，顏師古曰：「此說非也。『苟』謂苟為權利也，『簡』謂簡於仁義也；『簡易』，乾、坤之德，豈秦所行乎。『顓』與『專』同」，〔註48〕顏師古竟然挑剔蘇林所說的「簡易」字面上與《周易》的一名三訓相同，〔註49〕因而必須改其訓詁；而至王先謙時，雖然知道蘇林之說並無不合文義之處，但對於顏師古所附會之經義仍不敢置一辭，只好曲折地說：「『苟簡』謂苟且簡略也；蘇但不當言『簡易』耳，顏訓非」，〔註50〕藉此在經學大纛的籠罩下──雖然這是《漢書》──用心良苦地合理解釋文本。〔註51〕

不過，恐怕也不能對清人處理「經學建構」／「文本意識」的問題寄予過分的期待，因為清人也未能徹底在「文本意識」中進行合理地「經學建構」，不妨觀察以下戴震藉由《詩經》訓詁，來徹底改寫宋明理學中關於「道」之思想的例證：

「道，猶行也，氣化流行，生生不息，故謂之道……行亦道之通稱。

（原注：《詩·載馳》：『女子善懷，亦各有行』，毛《傳》云：『行，道也。』《竹竿》：「女子有行，遠父母兄弟」，鄭《箋》云：『行，道也。』）」〔註52〕

劉又銘注意到戴震「伴隨著專門的訓詁手法，戴震把儒家經典中關於『道』最有名的句子從朱子的詮釋脈絡巧妙地翻轉到他自己的理路來。可以說，經由全新的手法，他讓張載所早已提出卻似乎從未被看重的同一觀點更縝密且更具說服力地復活了」；〔註53〕然而劉氏未及檢討的是：戴震這種「專門的訓

〔註48〕按：「顓」字依文本順序，在「苟簡」之前，故本應先解「顓」字；然舊注於文為優先，故注家多先疏通或駁正舊注，再討論舊注所未及的文本字詞，不是注解失序，也不是所見文本不同。

〔註49〕見《周易注疏》，卷首〈序〉，頁3引鄭玄〈易贊〉、〈易論〉。

〔註50〕以上見《漢書補注》，卷五十六，頁1166。

〔註51〕蔡宗齊主編，徐剛本輯主編：《出土文獻：語言古史與思想（《嶺南學報》復刊第十輯）》（上海：上海古籍出版社，2018年12月），徐剛〈前言〉指出陳侃理〈司馬遷與〈過秦〉篇〉一文乃是「用經學的方法來研究史書」，頁6，其說恰可與本例印證，然這其實正是古人注史隱含的基本觀念，不限於陳氏一文。

〔註52〕〔清〕戴震：《孟子字義疏證》，卷中〈天道〉，《戴震集》，頁287。戴氏引文分見《毛詩注疏》，卷三之二，頁125、卷三之三，頁137。

〔註53〕劉又銘：《理在氣中──羅欽順、王廷相、顧炎武、戴震氣本論研究》（臺北：五南，2000年3月），頁120。

話手法」、「全新的手法」合理嗎？

　　戴震顯然不至於不知道：作為「道」之解釋詞的「行」，取的是「道」與「行」名詞義，而「流行」的「行」是動詞義。而姑且不論《傳》、《箋》所解乃是不合文義的經學建構，其所謂「有行」，即行然，「行」、「道」都是形容詞；可是戴震卻不置可否地使用了這些後人看起來不合文義的錯誤訓詁，並且斷章取義地偷換詞性，竟使形容詞→名詞→動詞三位一體地完成其經學建構——悲觀地說：是不是在經學建構的企圖下，從毛《傳》、鄭《箋》到戴震，百千年間曲折演進的「文本意識」或訓詁學規範，竟只是改頭換面為看似藉由有憑有據的「古訓是式」以掩飾其「強經以就我」？〔註54〕

　　然而以上這些清人所面對的問題，不也是時至於今，有志於經學者仍然念茲在茲的疑問嗎？

第二節　本文章節大要與若干新說

　　以下將逐章回述本文的主要架構與本書與前人有別的若干論點：

　　緒論，主要提示本文研究範圍與問題意識，並針對前行研究略作回顧，提出一己的方法論述。

　　第一章，則旨在從《詩序》的「同文現象」這個切入點，以〈伐柯〉《序》與〈九罭〉《序》為例，重探《詩序》之解經觀念、方法及其新義，共分四節。而本章闡述《詩序》不同於彼時說《詩》者的六個新義：《詩序》不言漢興受命、少有讖緯之說，不言天人感應，少言陰陽五行，似有受《春秋》、黃老學影響之處，說《詩》重視夫婦倫，對《詩經》有整體性的經學建構；藉此一方面可以了解《詩序》初出時，在當時的人的觀念中，其是一部具有什麼新義的著作，一方面也是嘗試在文義的標準外，開啟重新論述《詩序》的途徑。

　　第二章，討論《毛詩故訓傳》的體例、解經方法及其問題，共分七節，在本章中，也有若干發現：

　　1. 根據前人鄭玄注三禮時已見毛《詩》，未見毛《傳》之說之說，進一步指出鄭玄注三禮時毛《詩》、毛《傳》仍分行，至《毛詩箋》始合併，這

〔註54〕這也許就是李慈銘認為：「蓋戴氏師江氏，而江氏之學由性理以通訓詁，戴氏之學則由訓詁以究性理；江氏語言頗有迂冗之病，戴氏亦覺稍晦，不若後來凌氏、阮氏言性言仁之洞澈本原」的原因，〔清〕李慈銘著，張寅彭、周容編校：《越縵堂日記說詩全編》，頁130～131。

也確定了經書用簡書寫與經注合併的時限，〔註55〕而降及魏晉，紙張代興，經書體裁簡直產生了翻天覆地的變化，則是否鄭學之流行，古文經學之大盛，〔註56〕也應置於此時經學家身處外在環境的巨大變革中理解？

2. 重新論證《毛詩故訓傳》的書名取義當以故訓／傳二類平列說為是，指出《傳》不用《爾雅》體例，此據《爾雅》無「傳」，其亦不題為「毛詩故言訓傳」可知。且指出西漢時期，可能沒有所謂「訓」體的訓詁學著作，並論《倉頡訓纂》、《淮南道訓》不是「訓」體訓詁學著作。

3. 指出誤讀《後漢書・儒林傳》：「趙人毛萇傳《詩》」者，非如張舜徽所云始於《隋書・經籍志》：「修《隋志》者誤讀范書《儒林傳》」，乃魏晉以降已有此誤說，所據亦非《後漢書・儒林傳》，故張說仍可修正，《隋志》不過是反映魏、晉以來毛萇說流行的結果，未必為其誤讀《後漢書》所致，故不能全歸咎於《隋志》。

4. 分析毛《傳》後人增補說的三個基本思路是：一是將傳經譜系大小毛公的問題投射到毛《傳》的內容上尋求解答，二是認為毛《傳》有「乖牾」、「體例不純」、「自相矛盾」、「體例非常繁雜」之處，三是根據先秦兩漢的成書慣例，指出彼時的著作多非作者自著；而本書在綜合考慮與檢討前人論述、且沒有新材料可據的情況下，指出目前仍然沒有否定毛《傳》為一人所作的理由。

5. 論證毛《詩》今文說不可信。並指出毛《詩》為古文經之說，其接受史有一個斷層：從許慎《五經異義》與鄭《箋》開始，已明揭毛《詩》為古文經，如〈韓奕〉：「虔共爾位」，《箋》：「古之『恭』字或作『共』」與〈玄鳥〉：「景員維河」，《箋》：「『員』，古文『云』」，明揭「古文」，而文中並補充了〈李瞻墓誌〉這一前人並未討論的材料；然而宋代以後清代以前，學者卻大多對毛《詩》的古文經性質置之不論，清人始重張此說者可能是臧琳。

6. 關於毛《傳》體例方面，校正阮刻本《序》下《正義》標起止之誤作

〔註55〕《三國志・魏書・三少帝紀》載淳于俊云：「鄭玄合〈彖〉、〈象〉於經者」，卷四，頁43，這是經注合併時間的上限，或可上推及馬融，然馬融只合併《周禮》而已，不如歸之鄭玄。

〔註56〕王國維〈漢魏博士考〉：「此十九博士中，惟《禮記》、《公》、《穀》三家為今學，餘皆古學；於是西京……皆廢於此數十年之間，不待永嘉之亂而其亡可決矣。學術變遷之在上者，莫劇於三國之際，而自來無能質言之者，此可異也」，《觀堂集林》，卷四，上冊，頁 190～191。

「傳」，認為均當改作「箋」。並立下標準重新計算毛《傳》標興次數，重申116 次說為確，餘說皆非。又修正舊說認為毛《傳》存異說之處有六例，認為只有四例，考辨了〈常棣〉之《傳》所謂「飫，私也，不脫屨升堂謂之飫」、〈瞻彼洛矣〉之《傳》所謂「或曰：『盡之』」，皆非存異說之例。

第三章，討論鄭玄《毛詩箋》的體例、解經方法及其問題，共分四節，本章也有若干發現：

1. 認為鄭玄所見毛《詩》、毛《傳》均仍當是竹簡本，且可能是（或至少一部分是）源出齊、魯的抄本，以此修正清水茂之「鄭玄通學受紙的發明影響」說。並探索了鄭玄所見毛《詩》、《詩序》、毛《傳》的可能面貌。

2. 指出鄭玄弟子張逸，是最早指稱《詩序》之注解為鄭《箋》者。

3. 討論鄭《箋》中未記三家《詩》異文，亦罕有今文、古文等語的原因。

4. 相較於前人多傾向討論《箋》用三家《詩》說之處，或竟認為《箋》改《傳》之處全用三家《詩》說；本書則一反其道，特別指出鄭《箋》有絕不用三家《詩》說之例，如〈都人士〉首章之《箋》等。

5. 嘗試重新論述鄭《箋》與「義疏」關係，指出討論《箋》與「義疏」關係的意義應該是：鄭玄這種特殊的解經態度與體裁，其實深深影響了整個魏晉南北朝的解經觀念與方法；而不應將《箋》視為義疏或義疏之先聲。

第四章，討論毛《傳》、鄭《箋》訓詁中的經學建構，分為五節，主體部分以疏解訓詁例證組成，藉此探究毛《傳》、鄭《箋》藉由解釋《詩經》所建構的經學思想：

毛《詩》學中有一個貫串於《序》、《傳》、《箋》的共同解經觀念，《詩序》幾乎逐詩按斷年代，而《傳》雖少見強烈的時世觀念，然亦有若干線索，則就其經學立場來說，無所謂詩的寫成時代、敘事者的時代等問題，只有其「經學的歷史觀念」才是最重要的；至於鄭玄始正式而全面地上接《詩序》傳統，亦逐詩繫年，這也是鄭玄所以相較於毛《傳》不注《序》，其所以在體例上、經學觀念上在都必須箋《詩序》的理由。

毛《傳》的經學思想可以歸納為論天道、人性、治道三個方面，但均未見嚴密的思想體系。其已有「氣」、「元氣」的觀念，而氣源出於天，天生萬物，故其對世界萬物的形成，可能是以「氣」為中心，有了初步的認識。人性方面，《傳》認為性是天所賦予，人人皆然，且人人均應盡其性，而此一性善的本質，若不加保持修礪，也會失去。治道方面，對聖王重在其「感」而不論

其「生」，主張當用賢人與賢妃、當用禮義治國，且特別強調王室應能控制諸侯，諸侯必須尊重京師，此或與其時代背景有關。

鄭《箋》的經學思想，乃是在毛《傳》的基礎上，以《孟子》性善論為中心，補充《傳》中如「氣」、「性」等引而未發的問題，建立了完整的體系。與《傳》不同，《箋》中很少將氣與宇宙天地之生化聯繫；其論氣，重在論氣對人的生化與秉性的影響，天以「氣」為樞紐，賦予人與萬物均有其「性」，而人性的共同趨向是「性善」。具體來說，「性」的內容則有五，並可與五行間架相配合，而「德」被視為是「性」的發顯與工夫步驟。至於「惡」如何可能？《箋》則以氣、情、六物等因素加以解釋。此外，鄭玄還特別重視女德，並發揮在《詩經》中無考而在其思想中占有一定地位的「人偶」說。在王道論方面，《箋》重視的是：王迹之始、帝德、感生，王者聖王，為天所子，因而有「感生」之說，相較於毛《傳》，可以看出其「感」、「生」並重的特色。施政則內重賢妃，外重賢臣，並重視災異，而且反戰，對臣道有詳細的論述，其中若干思想命題都與《傳》完全相反。總結鄭《箋》的經學建構，可以說：它是《詩經》注釋學史上，第一次大規模地明引羣經證《詩經》者，也是真正把《詩經》完整地建構成一部「經書」者，此為其最大貢獻。

第五章，討論毛《傳》、鄭《箋》訓詁中的「文本意識」，旨在提供一個與前章經學建構完全不同的視角，以理解毛《傳》、鄭《箋》解經的另一面向，共分三節。本章首先從《傳》、《箋》已能分別何者是文本義／經義，並曾評點寫作手法、章法，且對同一首詩或不同詩篇中字、詞、句、章的先後順序與重複的關注，對同一首詩中的不同敘述者有所了解等四個方面，論證文本意識存在，且文本意識對其訓詁發揮了重要的影響。在文本意識的影響下，可以觀察出《箋》選擇文義的兩難，或是保存歧義、多義的用心；並且其也把握到了《詩經》文本重章複沓的特質，藉由上下章來確定某一字詞的意義。甚至，在文本意識的影響下，《箋》可以突破其所尊信的《序》說，發揮新解。而討論《傳》、《箋》「文本意識」的意義，即是指出《傳》、《箋》諸多解釋背後所反映的是什麼樣的文本觀念，及其與現今所理解的文本結構有何差異，畢竟這是來自現存最早且最完整的《詩經》解釋者遙遠而珍貴的啟發。

第三節　本文之侷限

關於本文的侷限，可以從寫法與取材範圍兩方面檢討：

1. 從寫法上檢討

第四、五章主要例證組成，例證似乎太多，此正如喬秀岩論其《義疏學衰亡史論》云「主要內容是經學論述的方法論分析，例證較多，閱讀起來也較費力」，〔註57〕惟此二章行文時已經注意將同類例證類聚分析，並且章末均有類似小結的內容加以貫串，均是試圖使此二章更容易閱讀。而第四、五章又為何不專取數篇作完整的個案分析？此因為本書的重點在於「訓詁」，故僅擇取若干重點文句加以討論即可；且個案分析能反映的《傳》、《箋》思想面貌有限，所以不採取個案分析的方式。

2. 從取材範圍檢討

三家《詩》訓詁亦有既解文本義，又發揮思想之例證，如：〈鄘風・君子偕老〉：「委委佗佗，君子偕老」，《韓詩故》云：「委委佗佗，德之美貌也，言象山河之迂曲」，〔註58〕按：「德之美貌也」，是發揮思想，指此君子之德甚美，「言象山河之迂曲」則是解文本義，可證《韓詩故》也能分別文本義與發揮思想之義，並在合理解釋文本義的基礎上發揮思想。則三家《詩》訓詁亦當取以比較，然本書限於篇幅，只能暫付闕如。

第四節　本文的預期開展

本題還有諸多後續面向可以開展，從共時、歷時、訓詁理論三個方面來說：

1. 共時性的研究，則觀察現存所有漢人注解，逐一考察其訓詁與文本的關係，探索其如何藉訓詁建構經義；或賦予文本完全缺少的經學思想，如王逸如何將〈離騷〉建構為「經」，而將《楚辭》編成一部經、傳相接的經書？〔註59〕甚至如出土〈五行〉篇，經、說思想明顯相違，〔註60〕則其如何解經？

〔註57〕〔日〕喬秀岩：《義疏學衰亡史論》（臺北：萬卷樓，2013年9月），頁266。
〔註58〕〔日〕新美寬著，〔日〕鈴木隆一補：《本邦殘存典籍による輯佚資料集成》（京都：京都大學人文科學研究所，1968年3月），頁12。
〔註59〕朱曉海：〈《楚辭》暨《楚辭章句》形成略說〉，《漢賦史略新證》，頁150～157。
〔註60〕陳麗桂：〈從郭店竹簡〈五行〉檢視帛書〈五行〉說文對經文的依違情況〉，《近四十年出土簡帛文獻思想研究》，頁185～200。

實頗耐人尋味。關於這類的傳世、出土的共時例證，此處不妨亦再提出二例討論，將來有待以專書為範圍進行完整的考察：

（1）《周禮・春官・世婦》：「大喪，比外內命婦之朝，莫哭不敬者，而苛罰之。凡王后有事於婦人，則詔相」，「凡王后」二句，《注》云：「鄭司農云：『謂爵婦人』，玄謂：拜，拜謝之也。〈喪大記〉：『夫人亦拜寄公夫人於堂上』」。〔註61〕按二鄭說之不同處，在於是否將「凡王后」二句連上文讀，《周禮疏》云：「先鄭云『謂爵婦人』者，此經自以為一義……後鄭不從者，上言『大喪』，下言后之拜事，則所拜者為大喪而拜，故引〈喪大記〉為證。」〔註62〕

（2）〈九辯〉：「既驕美而伐武兮，負左右之耿介」，王逸《章句》於上句云：「懷王自謂有懿德，又勇猛也」，又於下句云：「恃怙眾士，被甲兵也」，〔註63〕按王逸《章句》非字字依序訓詁，則「被」解負，「眾士」解「左右」，故「甲兵」應是解「介」，所以洪興祖云：「逸以『介』為『介冑』」。〔註64〕

王逸竟不惜改讀《楚辭》中習見的「耿介」為「甲兵」，推其意，蓋依據文意而改讀。因上句言「伐武」，故王逸以為「伐武」為此二句之主旨，讀「介」為「介冑」；又〈九辯〉下文尚有「雖重介之何益」，《章句》云：「身被甲鎧，猶為虜也」，亦同例。

然則王逸何以不援〈離騷〉：「彼堯舜之耿介兮」之例，訓為「耿，光也。介，大也」？〔註65〕恐怕王逸之意，以為懷王之「左右」不足以擔當「耿介」一詞，故〈九辯〉下文「眾踥蹀而日進兮」，《章句》：「無極之徒，在帷幄也」，〔註66〕故懷王左右皆「驕美」、「伐武」之小人而已，此或即王逸所以改讀「耿介」的理由。

2. 歷時性的研究，可分為兩個方面：一是從《傳》、《箋》訓詁來說，觀

〔註61〕以上均《周禮注疏》，卷二十一，頁330。

〔註62〕《周禮注疏》，卷二十一，頁330。

〔註63〕《楚辭補注》，卷八，頁319。

〔註64〕《楚辭補注》，卷八，頁319。

〔註65〕然楊樹達：〈楚辭耿介說〉認為：「耿介之耿殆假借為冂……冂象遠界，即有界義，故古以冂介連文……耿介者廉潔自持，不妄取與，猶今人言界限分明也」，《積微居小學述林全編》，卷六，頁372～373。

〔註66〕《楚辭補注》，卷八，頁320。按：「無極」，當指費無極。「帷」、「幄」，《周禮・天官・幕人》鄭玄注：「在旁曰帷……帷、幕皆以布為之」，又：「四合，象宮室曰幄，王所居之帷也」，《周禮注疏》，卷六，頁92，極指其親近於懷王。

察這些為特殊目的而生的訓詁義項，如何為後代所接受？如以《故訓匯纂》為樣本，即可發現：某些《傳》、《箋》為經義改讀而生的特殊訓詁，其後從無反響，〔註67〕這意味著歷代訓詁學家可能也發現《傳》、《箋》的某些訓詁義項根本沒有其它文本可證，則專門討論這些僅此一見訓詁義項，也頗有意義。一是從《傳》、《箋》思想來說，其思想是否被後來毛學者、鄭學者接受？清代新疏，於鄭《箋》未有成書，姑置不論；而綜觀整個《詩經》學史，有三次對毛《傳》最重要的理論補充，分別是鄭《箋》、孔穎達《毛詩正義》、陳奐《詩毛氏傳疏》，事實上，可能只有《箋》注意到《傳》的思想面向，在其基礎上建構了更完整的思想體系，即如《毛詩正義》的體大思精、陳奐《詩毛氏傳疏》的久負盛名，於毛《傳》思想，亦著墨寥寥，可見把握了《傳》、《箋》思想的面貌後，再對《詩經》學史中有關《傳》、《箋》的論述逐一進行考察，仍可以見出若干被隱蔽的論題。

　　3. 訓詁理論的研究，如本書所論證的「經學建構」或「解散句構」的等面，以及清人投射於漢人的自身訓詁學要求，這都不是現有的訓詁學理論可以包含的，則這些現象正提示讀者：應該有新的訓詁學理論來描述這些內容；同時，也應該重新觀察「漢代訓詁」對歷代訓詁學的接受與影響，甚或「漢代訓詁」也對歷代學術思想發生了影響，藉此重建其作為「漢代訓詁學」的理論內涵。此外更可以推而廣之，重新審視歷代訓詁，討論歷代「訓詁」如何成為歷代「訓詁學」。

〔註67〕如前所考〈候人〉：「不遂其媾」，《箋》：「『遂』猶『久』也」，《故訓匯纂》，頁 2302，即僅見於《箋》，後為《玉篇》著錄此義項而已。

主要引用書目

一、傳世《詩經》著作

1. 〔舊題漢〕毛公傳，〔漢〕鄭玄箋，〔漢〕鄭玄詩譜，〔唐〕陸德明音釋，〔唐〕孔穎達等正義，〔舊題清〕阮元校勘：《毛詩注疏》，臺北：新文豐，1977 年 1 月，影印嘉慶二十年江西南昌府學本。

2. 〔宋〕歐陽脩：《詩本義》，臺北：臺灣商務印書館，1975 年 9 月，《四部叢刊三編》景印吳縣潘氏滂憙齋藏宋刊本。

3. 〔宋〕呂祖謙：《呂氏家塾讀詩記》，黃靈庚等主編：《呂祖謙全集》，杭州：浙江古籍出版社，2008 年 1 月，第 4 冊。

4. 〔宋〕李樗、黃櫄：《毛詩李黃集解》，《四庫全書》，第 71 冊。

5. 〔宋〕范處義：《詩補傳》，卷十五，《詩經要籍集成》，第 5 冊。

6. 〔宋〕楊簡：《慈湖詩傳》，《詩經要籍集成》，第 8 冊，北京：學苑出版社，2002 年 12 月，影印民國 24 年《四明叢書》本。

7. 〔宋〕鄭樵著，顧頡剛輯點：《詩辨妄》，《續修四庫全書》，上海：上海古籍出版社，2002 年 4 月，第 56 冊。

8. 〔宋〕朱熹：《詩序辨說》，《續修四庫全書》，第 56 冊。

9. 〔宋〕魏了翁：《毛詩要義》，《續修四庫全書》，第 56 冊。

10. 〔宋〕王柏：《詩疑》，《續修四庫全書》，第 57 冊。

11. 〔宋〕劉克：《詩說》，《續修四庫全書》，第 57 冊。

12. 〔宋〕曹粹中著，張壽墉輯：《放齋詩說》，《續修四庫全書》，第 57 冊。

13. 〔宋〕王應麟：《詩考》，北京：中華書局，2011 年 12 月。

14. 〔宋〕輔廣：《詩童子問》，《日本宮內廳書陵部藏宋元版漢籍選刊》，上海：上海古籍出版社，2012 年 12 月，影印元至正甲申（1344 年）崇化余氏勤有堂刊本。

15. 〔元〕劉玉汝：《詩纘緒》，《詩經要籍集成》，第 12 冊。

16. 〔元〕梁益：《詩傳旁通》，北京：北京師範大學出版社，2012 年 3 月。

17. 〔明〕何楷：《詩經世本古義》，《詩經要籍集成》，第 16 冊。

18. 〔清〕王鴻緒等：《欽定詩經傳說彙纂》，《詩經要籍集成》，第 24 冊。

19. 〔清〕毛奇齡：《詩札》，《四庫全書》，第 86 冊。

20. 〔清〕朱鶴齡：《詩經通義》，《詩經要籍集成》，第 22 冊。

21. 〔清〕陳啟源：《毛詩稽古編》，山東：山東友誼書社，1991 年 10 月，影印北京圖書館藏張敦仁校清抄本。

22. 〔清〕錢澄之：《田間詩學》，合肥：黃山書社，2005 年 7 月。

23. 〔清〕李祖望：《詩經集義》，《江都李氏所著書》，第六冊，屈萬里、劉兆祐主編：《明清未刊稿彙編初集》，臺北：聯經，1976 年 7 月。

24. 〔清〕阮元：《三家詩拾遺》，《續修四庫全書》，第 76 冊。

25. 〔清〕阮元總纂，顧廣圻分校，袁媛整理：《毛詩注疏校勘記》，劉玉才主編：《十三經注疏校勘記》，北京：北京大學出版社，2015 年 10 月。

26. 〔清〕馬瑞辰：《毛詩傳箋通釋》，北京：中華書局，2015 年 3 月。

27. 〔清〕林伯桐：《毛詩通考》，臺北：臺灣商務印書館，1966 年 6 月，據《嶺南叢書》排印本。

28. 〔清〕姚際恆：《詩經通論》，臺北：廣文書局，1971 年 12 月。

29. 〔清〕賀貽孫：《詩觸》，《續修四庫全書》，第 61 冊。

30. 〔清〕陸奎勳：《陸堂詩學》，《續修四庫全書》，第 62 冊。

31. 〔清〕程晉芳：《毛鄭異同考》，《續修四庫全書》第 63 冊。

32. 〔清〕汪梧鳳：《詩學女為》，《續修四庫全書》，第 63 冊。

33. 〔清〕張澍：《詩小序翼》，《續修四庫全書》，第 66 冊。

34. 〔清〕胡承珙：《毛詩後箋》，《續修四庫全書》，第 67 冊。

35. 〔清〕李黼平：《毛詩紬義》，《續修四庫全書》，第 68 冊。

36. 〔清〕陳奐：《詩毛氏傳疏》，臺北：廣文書局，1967 年 11 月。

37. 〔清〕夏炘：《讀詩劄記》，《續修四庫全書》，第 70 冊。

38. 〔清〕成僎：《詩說考略》，《續修四庫全書》，第 71 冊。

39. 〔清〕張汝霖：《學毛鄭詩異同籤》，《續修四庫全書》，第 71 冊。

40. 〔清〕丁晏：《毛鄭詩釋》，《續修四庫全書》，第 71 冊。

41. 〔清〕陳喬樅：《毛詩鄭箋改字說》，《續修四庫全書》，第 72 冊。

42. 〔清〕顧廣譽：《學詩詳說》，《續修四庫全書》，第 72 冊。

43. 〔清〕曾釗：《詩毛鄭異同辨》，《續修四庫全書》，第 73 冊。

44. 〔清〕沈鎬：《毛詩傳箋異義解》，《續修四庫全書》，第 73 冊。

45. 〔清〕尹繼美：《詩管見》，《續修四庫全書》，第 74 冊。

46. 〔清〕李富孫：《詩經異文釋》，《續修四庫全書》，第 75 冊。

47. 〔清〕宋綿初：《韓詩內傳徵》，《續修四庫全書》，第 75 冊。

48. 〔清〕徐華嶽：《詩故攷異》，《詩經要籍集成》，第 28 冊。

49. 〔清〕龍啓濤：《毛詩補正》，《四庫未收書輯刊》，北京：北京出版社，2001 年 1 月，第捌輯，第一冊。

50. 〔清〕王劼：《毛詩讀》，《四庫未收書輯刊》，第陸輯，第 2 冊。

51. 〔清〕顧鎮：《虞東學詩》，卷五，《四庫全書》，第 89 冊。

52. 〔清〕黃中松：《詩疑辨證》，卷三，《詩經要籍集成》，第 26 冊。

53. 〔清〕牟庭：《詩切》，濟南：齊魯書社，1983 年 9 月。

54. 〔清〕牟應震：《毛詩質疑》，濟南：齊魯書社，1991 年 7 月。

55. 〔清〕孫燾：《毛詩說》，《四庫未收書輯刊》，第肆輯，第 4 冊。

56. 〔清〕龍啟濤：《毛詩補正》，《四庫未收書輯刊》，第捌輯，第 1 冊。

57. 〔清〕潘任：《七經講義・詩經講義》，林慶彰等主編：《晚清四部叢刊》第四編，臺中：文听閣圖書有限公司，2010 年 11 月，第 1 冊。

58. 〔清〕俞樾：《荀子詩說》，《曲園襍纂》，《春在堂全書》，臺北：中國文獻出版社，1968 年，第 3 冊。

59. 〔清〕龔橙：《詩本誼》，光緒己丑九月刻本，〔清〕譚廷獻：《半厂叢書》，臺北：華文書局，1970 年，第 1 冊。

60. 〔清〕魏源：《詩古微》，道光中二十卷本，《魏源全集》，長沙：岳麓書社，2004 年 12 月，第 1 冊。

61. 〔清〕王先謙：《詩三家義集疏》，臺北：明文書局，1988 年 10 月。

62.《南宋刊單疏本毛詩正義》，北京：人民文學出版社，2012 年 1 月。

63.《足利學校藏宋刊附釋音毛詩注疏》，東京：汲古書院，1977 年。

64.《宋本毛詩詁訓傳》，北京：國家圖書館出版社，2017 年 5 月。

65. 王曉平主編：《日藏詩經古寫本刻本彙編》，北京：中華書局，2016 年 1 月。

66. 中國詩經學會編：《詩經要籍集成》，北京：學苑出版社，2003 年 10 月。

67. 田國福編：《歷代詩經版本叢刊》，濟南：齊魯書社，2008 年。

二、傳世、出土文獻

1.〔舊題漢〕孔安國傳，〔唐〕陸德明音釋，〔唐〕孔穎達正義，〔舊題清〕阮元校勘：《尚書注疏》，臺北：藝文印書館，1997 年 11 月，影印嘉慶二十年江西南昌府學本。

2.〔東漢〕何休解詁，〔唐〕徐彥疏，〔唐〕陸德明音義，〔舊題清〕阮元校勘：《公羊傳注疏》，臺北：新文豐，1977 年 1 月，影印嘉慶二十年江西南昌府學本。

3.〔漢〕高誘注，王利器疏：《呂氏春秋注疏》，四川：巴蜀書社，2002 年 1 月。

4.〔舊題漢〕韓嬰著，屈守元箋疏：《韓詩外傳箋疏》，四川：巴蜀書社，2012 年。

5.〔漢〕陸賈著，王利器校注：《新語校注》，北京：中華書局，2010 年 4 月。

6.〔唐〕楊倞注，王天海校釋：《荀子校釋》，上海：上海古籍出版社，2009 年 10 月。

7.〔漢〕司馬遷著，〔南朝宋〕裴駰集解，〔唐〕司馬貞索隱，〔唐〕張守節正義，〔日〕瀧川龜太郎考證：《史記會注考證》，臺北：洪氏出版社，1986 年 9 月。

8.〔東漢〕許慎著，〔清〕段玉裁注：《說文解字注》，杭州：浙江古籍出版社，2009 年 3 月。

9.〔東漢〕鄭玄著，安作璋主編：《鄭玄集》，《齊文化叢書·文獻集成》，濟南：齊魯書社，1997 年 6 月。

10.〔東漢〕劉熙著，〔清〕畢沅疏證，〔清〕王先謙補：《釋名疏證補》，《小

爾雅訓纂等六種》，臺北：鼎文書局，1972 年 9 月。

11. 〔東漢〕服虔著，段書偉輯校：《通俗文輯校》，鄭州：中州古籍出版社，1993 年 9 月。

12. 〔漢〕荀悅著，〔晉〕袁宏著：《兩漢紀》，北京：中華書局，2005 年 3 月。

13. 佚名著，何清谷校注：《三輔黃圖校注》，西安：三秦出版社，2006 年 1 月。

14. 〔三國魏〕王肅注：《孔子家語》，臺北：臺灣商務印書館，1967 年 9 月，《四部叢刊》初編縮印本影印江南圖書館藏明覆宋刊本。

15. 〔三國魏〕何晏集解，〔南朝梁〕皇侃義疏：《論語義疏》，北京：中華書局，2017 年 10 月。

16. 〔魏〕張揖著，〔清〕王念孫疏證：《廣雅疏證》，臺北：鼎文書局，1972 年 9 月。

17. 〔三國吳〕韋昭解，徐元誥集解：《國語集解》，北京：中華書局，2002 年 6 月。

18. 〔三國吳〕陸璣著，羅振玉新校正：《毛詩草木鳥獸蟲魚疏新校正》，《羅振玉學術論著集》，上海：上海古籍出版社，2013 年 10 月，第四集。

19. 〔晉〕張華著，〔宋〕周日用等注，范寧校證：《博物志校證》，北京：中華書局，1980 年 1 月。

20. 〔晉〕崔豹著，牟華林校箋：《《古今注》校箋》，北京：綫裝書局，2014 年 9 月。

21. 〔晉〕張輔著，舒焚校注：《楚國先賢傳校注》，武漢：湖北人民出版社，1999 年 9 月。

22. 〔南朝宋〕范曄著，〔唐〕李賢注：《後漢書》，臺北：鼎文書局，1979 年 11 月，縮印中華書局標點本。

23. 〔南朝宋〕劉義慶著，〔梁〕劉孝標注，余嘉錫箋疏：《世說新語箋疏》，北京：中華書局，2009 年 3 月。

24. 〔梁〕蕭統編，〔唐〕李善注：《文選》，臺北：藝文印書館，2003 年 3 月，影印胡克家刻本。

25. 〔梁〕蕭統編，〔唐〕李善等注：《六臣注文選》，臺北：臺灣商務印書館，1979 年 11 月，《四部叢刊正編》景印上海涵芬樓藏宋刊本。

26. 〔梁〕僧祐著，李小榮校箋：《弘明集校箋》，上海：上海古籍出版社，2013 年 11 月。

27. 〔梁〕任昉著，〔明〕陳懋仁注：《文章緣起注》，《文體序說三種》，臺北：大安出版社，1998 年 1 月。

28. 〔隋〕王通著，〔宋〕阮逸注：《文中子中說》，上海：上海古籍出版社，1989 年 3 月。

29. 〔唐〕陸德明著，吳承仕疏證：《經典釋文序錄疏證》，北京：中華書局，2008 年 6 月。

30. 〔唐〕徐堅著：《初學記》，北京：中華書局，1962 年 1 月。

31. 〔唐〕李泰等著，賀次君輯校：《括地志輯校》，北京：中華書局，1980 年 2 月。

32. 〔唐〕虞世南：《北堂書鈔》，北京：中國書店，1989 年 7 月。

33. 〔唐〕許敬宗編，羅國威校注：《日藏弘仁本文館詞林校注》，北京：中華書局，2001 年 10 月。

34. 〔唐〕李白著，〔宋〕楊齊賢注，〔元〕蕭士贇補：《分類補註李太白詩》，《李太白全集》，臺北：世界書局，1997 年 5 月。

35. 〔唐〕杜甫著，〔宋〕趙次公注，林繼中輯校：《杜詩趙次公先後解輯校》，上海：上海古籍出版社，1994 年 12 月。

36. 〔唐〕杜甫著，〔宋〕魯訔編次，〔宋〕蔡夢弼箋：《草堂詩箋》，臺北：廣文書局，1971 年 9 月。

37. 〔唐〕林寶著，岑仲勉校：《元和姓纂（附四校記）》，北京：中華書局，1994 年 5 月。

38. 〔唐〕杜佑著：《通典》，北京：中華書局，1988 年 12 月。

39. 〔唐〕成伯璵：《毛詩指說》，《四庫全書》，第 70 冊。

40. 〔唐〕韓愈著，羅聯添編：《韓愈古文校注彙輯》，臺北：國立編譯館，2003 年 6 月。

41. 〔唐〕釋玄應撰，黃仁瑄校注：《大唐眾經音義校注》，北京：中華書局，2018 年 1 月。

42. 周勛初編：《唐鈔文選集注彙存》，上海：上海古籍出版社，2011 年 8 月。

43. 〔五代〕丘光庭：《兼明書》，陶敏主編：《全唐五代筆記》，第三冊。

44. 〔五代〕劉昫等著：《舊唐書》，臺北：鼎文書局，2004 年 10 月，影印中華書局標點本。

45. 〔南唐〕徐鍇：《說文解字繫傳》，北京：中華書局，1998 年 12 月。

46. 〔宋〕李昉等著：《太平御覽》，臺北：臺灣商務印書館，1997 年 7 月。

47. 〔宋〕歐陽脩等著：《新唐書》，臺北：鼎文書局，2004 年 10 月，影印中華書局標點本。

48. 〔宋〕歐陽脩著，洪本健校箋：《歐陽脩詩文集校箋》，上海：上海古籍出版社，2009 年 8 月。

49. 〔宋〕陳彭年等著，周祖謨校：《廣韻校本》，北京：中華書局，2004 年 6 月。

50. 〔宋〕樂史：《太平寰宇記》，《宋代地理書四種》，臺北：文海出版社，1963 年 5 月。

51. 〔宋〕林光朝：《艾軒集》，《四庫全書》，第 1142 冊。

52. 〔宋〕王觀國：《學林》，北京：中華書局，2006 年 10 月。

53. 〔宋〕程大昌：《考古編》，北京：中華書局，2008 年 12 月。

54. 〔宋〕程大昌著，周翠英註：《《演繁露》註》，北京：中國社會科學出版社，2018 年 9 月。

55. 〔宋〕沈括著，胡道靜校正：《新校正夢溪筆談》，《胡道靜文集》，上海：上海人民出版社，2011 年 12 月。

56. 〔宋〕郭忠恕著，黃錫全注釋：《汗簡注釋》，武漢：武漢大學出版社，1990 年 8 月。

57. 〔宋〕朱熹、呂祖謙編，〔宋〕葉采集解：《近思錄》，上海：上海古籍出版社，2013 年 2 月。

58. 〔宋〕朱熹：《四書章句集注》，北京：中華書局，2014 年 10 月。

59. 〔宋〕朱熹著，朱杰人等主編：《朱子全書（修訂本）》，上海：上海古籍出版社、安徽：安徽教育出版社，2010 年 12 月。

60. 〔宋〕周紫芝：《太倉稊米集》，《四庫全書》，第 1141 冊。

61. 〔元〕脫脫等著：《宋史》，臺北：鼎文書局，2004 年 10 月，影印中華書局標點本。

62. 〔高麗〕釋子山注，查屏球整理：《夾注名賢十抄詩》，上海：上海古籍出

版社，2005 年 8 月。

63. 〔明〕廖用賢：《尚友錄》，《中華漢語工具書書庫》，第 77 冊。

64. 〔明〕朱睦㮮：《授經圖》，《百部叢書集成》影印《惜陰軒叢書》本，臺北：藝文印書館，1964～1970 年。

65. 〔明〕吳弘基著，吳敏霞校注：《史拾》，西安：三秦出版社，1996 年 9 月。

66. 〔明〕陳繼儒：《枕譚》，《陳眉公四種》，臺北：廣文書局，1968 年 6 月。

67. 〔清〕萬斯同：《儒林宗派》，《叢書集成續編》，臺北：新文豐，1989 年 6 月，第 15 冊。

68. 〔清〕趙繼序：《漢儒傳經記》，《叢書集成續編》，第 15 冊。

69. 〔清〕臧琳：《經義雜記》，《皇清經解諸經總義類彙編（一）》，臺北：藝文印書館，1986 年。

70. 〔清〕朱彝尊：《經義考》，北京：中華書局，1998 年 11 月。

71. 〔清〕姚際恆：《儀禮通論》，北京：中國社會科學出版社，1998 年 10 月。

72. 〔清〕惠棟：《九經古義》，《皇清經解諸經總義類彙編（一）》。

73. 〔清〕余蕭客：《文選音義》，許逸民主編：《清代文選學名著集成》，揚州：廣陵書社，2013 年 11 月，第一冊。

74. 〔清〕王鳴盛：《蛾術編》，上海：上海書店，2012 年 12 月。

75. 〔清〕錢大昕：《潛研堂集》，上海：上海古籍出版社，1989 年。

76. 〔清〕錢大昕：《十駕齋養新錄》，上海：上海書店，2011 年 6 月。

77. 〔清〕錢大昕著，郭晉稀疏證：《聲類疏證》，上海：上海古籍出版社，1993 年。

78. 〔清〕錢大昭：《可廬著述十種敘例》，《國家圖書館藏古籍題跋叢刊》，第 4 冊。

79. 〔清〕孫志祖：《讀書脞錄續編》，《皇清經解諸經總義類彙編（二）》。

80. 〔清〕何焯：《義門讀書記》，北京：中華書局，2006 年 6 月。

81. 〔舊題清〕紀昀等著，魏小虎彙訂：《四庫全書總目彙訂》，上海：上海古籍出版社，2012 年 12 月。

82. 〔清〕程廷祚：《青溪文集》，《國家圖書館藏鈔稿本乾嘉名人別集叢刊》，第 3 冊。

83. 〔清〕洪頤煊:《讀書叢錄》,《皇清經解諸經總義類彙編》,第 2 冊。

84. 〔清〕盧文弨:《羣書拾補》,臺北:臺灣商務印書館,1967 年 3 月。

85. 〔清〕戴震:《戴震集》,上海:上海古籍出版社,2012 年 4 月。

86. 〔清〕段玉裁:《段玉裁遺書》,臺北:大化書局,1977 年 5 月。

87. 〔清〕陳樹華:《春秋經傳集解考正》,《續修四庫全書》,第 143 冊。

88. 〔清〕王引之:《經義述聞》,南京:鳳凰出版社,2013 年 4 月。

89. 〔清〕汪中著,李金松校箋:《述學校箋》,北京:中華書局,2014 年 7 月。

90. 〔清〕臧庸:《拜經日記》,《拜經堂叢書》,臺北:藝文印書館,1970 年 4 月。

91. 〔清〕胡承珙:《求是堂文集》,《續修四庫全書》,第 1500 冊。

92. 〔清〕胡培翬:《研六室文鈔》,《胡培翬集》,臺北:中央研究院中國文哲研究所,2005 年 11 月。

93. 〔清〕胡培翬、楊大堉:《儀禮正義》,臺北:鼎文書局,1973 年 5 月。

94. 〔清〕陳奐著,王欣夫輯:《三百堂文集》,《清代詩文集彙編》,第 553 冊。

95. 〔清〕丁晏:《頤志齋文集》,《清代詩文集彙編》,第 587 冊。

96. 〔清〕焦循:《易餘籥錄》,徐德明等主編:《清代學術筆記叢刊》,第 37 冊。

97. 〔清〕王筠:《菉友蛾術編》,徐德明等主編:《清代學術筆記叢刊》,第 43 冊。

98. 〔清〕劉恭冕:《廣經室文鈔未刻手稿》,《北京師範大學圖書館藏稀見清人別集叢刊》,第 26 冊。

99. 〔清〕宋翔鳳:《小爾雅訓纂》,《小爾雅訓纂等六種》,臺北:鼎文書局,1972 年 9 月。

100. 〔清〕法偉堂著,邵榮芬編校:《法偉堂經典釋文校記遺稿》,上海:華東師範大學出版社,2010 年 7 月。

101. 〔清〕黃丕烈:《蕘圃藏書題識》,《國家圖書館藏古籍題跋叢刊》,北京:北京圖書館出版社,2002 年 5 月。

102. 〔清〕沈欽韓:《幼學堂文稿》,《清代詩文集彙編》,上海:上海古籍出

版社，2010 年 12 月，第 514 冊。

103.〔清〕沈欽韓：《前漢書藝文志注》，《二十五史藝文經籍志考補萃編》第二卷，北京：清華大學出版社，2011 年 9 月。

104.〔清〕姚振宗：《隋書經籍志考證》，《二十五史藝文經籍志考補萃編》，北京：清華大學出版社，2014 年 4 月，第十五卷第一冊。

105.〔清〕林春溥：《竹柏山房箚記三種》，臺北：世界書局，1988 年 10 月。

106.〔清〕周中孚：《鄭堂讀書記》，上海：上海書店，2008 年 12 月。

107.〔清〕莊有可：《慕良襍著》，徐德明等主編：《清代學術筆記叢刊》，第 32 冊。

108.〔清〕李遇孫等：《金石學錄三種》，杭州：浙江人民美術出版社，2017 年 1 月。

109.〔清〕鄭獻甫：《愚一錄》，《叢書集成續編》，第 13 冊。

110.〔清〕梁玉繩：《史記志疑》，臺北：臺灣學生書局，1970 年 7 月。

111.〔清〕鳳韶：《鳳氏經說》，臺北：世界書局，1988 年 10 月。

112.〔清〕馬國翰：《玉函山房輯佚書》，揚州：廣陵書社，2004 年 11 月，影印光緒十年楚南湘遠堂刊本。

113.〔清〕王謨：《漢魏遺書鈔》，京都：中文出版社，1981 年。

114.〔清〕謝章鋌：《賭棋山莊文續集》，陳慶元主編：《謝章鋌集》，長春：吉林文史出版社，2009 年 1 月。

115.〔清〕莊述祖：《珍蓺宦文鈔》，《續修四庫全書》，第 1475 冊。

116.〔清〕劉逢祿：《春秋公羊釋例後錄》，上海：上海古籍出版社，2013 年 9 月。

117.〔清〕陳壽祺：《五經異義疏證》，北京：中華書局，2014 年 8 月。

118.〔清〕陳壽祺：《左海文集》，《續修四庫全書》，第 1496 冊。

119.〔清〕李慈銘著，張寅彭、周容編校：《越縵堂日記說詩全編》，南京：鳳凰出版社，2010 年 4 月。

120.〔清〕劉履芬批點，王衛民輯：《《紅樓夢》劉履芬批語輯錄》，北京：書目文獻出版社，1987 年 12 月。

121.〔清〕陸心源：《儀顧堂集》，杭州：浙江古籍出版社，2015 年 11 月。

122.〔清〕俞正燮：《俞正燮集》，合肥：黃山書社，2005 年 9 月。

123. 〔清〕黃式三:《儆居集》,《清代詩文集彙編》,第 563 冊。

124. 〔清〕桂文燦:《群經補證》,《廣州大典》,第 24 輯,第 4 冊。

125. 〔清〕何琇:《樵香小記》,徐德明等主編:《清代學術筆記叢刊》,第 21 冊。

126. 〔清〕牟庭:《雪泥書屋雜志》,《清代學術筆記叢刊》,第 34 冊。

127. 〔清〕彭兆蓀:《潘瀾筆記》,《清代學術筆記叢刊》,第 38 冊。

128. 〔清〕王玉樹:《經史雜記》,《清代學術筆記叢刊》,第 45 冊。

129. 〔清〕黃以周:《儆季文鈔》,《清代詩文集彙編》,第 708 冊。

130. 〔清〕黃以周:《禮書通故》,北京:中華書局,2007 年 4 月。

131. 〔清〕黃家岱:《嬹藝軒襍著》,《儆季所箸書五種并儆孫書兩種》,國立臺灣大學圖書館藏清光緒乙未(光緒十九年,1893 年)江蘇南菁講舍刊本,第 10 冊。

132. 〔清〕林昌彝:《三禮通釋》,北京:北京圖書館,2006 年 11 月。

133. 〔清〕陳澧:《東塾讀書記》,《陳澧集》,上海:上海古籍出版社,2008 年 7 月,第 2 冊。

134. 〔清〕陶方琦:《漢孳室文鈔》,《續修四庫全書》,第 1567 冊。

135. 〔清〕張之洞:〈詁訓傳箋註解名義疏〉,《書林》第 2 卷第 2 期(1937 年)。

136. 〔清〕皮錫瑞:《尚書大傳疏證》,《皮錫瑞全集》,北京:中華書局,2015 年 9 月,第 1 冊。

137. 〔清〕皮錫瑞:《六藝論疏證》,《皮錫瑞全集》,第 3 冊。

138. 〔清〕皮錫瑞:《鄭志疏證》,《皮錫瑞全集》,第 3 冊。

139. 〔清〕皮錫瑞:《師伏堂筆記》,《皮錫瑞全集》,第 8 冊。

140. 〔清〕皮錫瑞:《經訓書院自課文》,《皮錫瑞全集》,第 8 冊。

141. 〔清〕陸楣:《鐵莊文集》,《稀見清人別集百種》,第 3 冊。

142. 〔清〕陳立:《公羊義疏》,北京:中華書局,2017 年 11 月。

143. 〔清〕莫伯驥:《五十萬卷樓藏書目錄初編》,臺北:廣文書局,1967 年。

144. 〔清〕梁紹煕、黎承:《經學源流大義》,《廣州大典》,第 24 輯,第 5 冊。

145. 〔清〕吳承志著,羅淩校注:《橫陽札記》,上海:華東師範大學出版社,2012 年 2 月。

146. 〔清〕魏源:《魏源全集》,長沙:岳麓書社,2004 年 12 月。

147. 〔清〕許瀚:《攀古小廬全集》,上冊,濟南:齊魯書社,1985 年 10 月。

148. 〔清〕孫詒讓:《墨子閒詁》,北京:中華書局,2001 年 4 月。

149. 〔清〕孫詒讓:《周禮正義》,北京:中華書局,2008 年 11 月。

150. 〔清〕于鬯:《香草校書》,北京:中華書局,1984 年 8 月。

151. 〔清〕龍璋:《小學蒐逸》,北京:國家圖書館出版社,2013 年 4 月。

152. 〔清〕廖平著,李燿仙主編:《廖平選集》,成都:巴蜀書社,1998 年 7 月。

153. 〔清〕任泰:《質疑》,徐德明等主編:《清代學術筆記叢刊》,第 51 冊。

154. 〔清〕傅維森:《缺齋遺稿》,林慶彰等主編:《晚清四部叢刊》第 10 編,第 98 冊。

155. 〔清〕陳僅:《羣經質》,《四庫未收書輯刊》,第參輯,第 10 冊。

156. 〔清〕羅汝懷編:《湖南文徵》,長沙:岳麓書社,2008 年 9 月。

157. 〔清〕蘇輿編:《翼教叢編》,上海:上海書店出版社,2002 年 1 月。

158. 〔清〕甘鵬雲:《潛廬隨筆》,沈雲龍主編:《近代中國史料叢刊》,第 963 冊。

159. 〔清〕甘鵬雲:《國學筆談》,臺北:華世出版社,1977 年 4 月。

160. 〔清〕錢人龍:《小嬰蘭堂經說》,林慶彰等主編:《晚清四部叢刊》,第三編,第 1 冊。

161. 〔清〕劉光蕡:《前漢書藝文志注》,《二十五史藝文經籍志考補萃編》,北京:清華大學出版社,2012 年 1 月,第五卷。

162. 〔清〕顧家相:《勴堂文集》,臺北:文海出版社,1972 年。

163. 〔清〕陳玉樹:《後樂堂文鈔》,《晚清四部叢刊》第 4 編,第 94 冊。

164. 〔清〕劉善澤:《三禮注漢制疏證》,長沙:岳麓書社,1997 年。

165. 〔清〕王闓運:《爾雅集解》,長沙:岳麓書社,2010 年 8 月。

166. 〔清〕江瀚:,《慎所立齋文集》,《近代中國史料叢刊》,第 709 冊。

167. 〔清〕陳倬:《敤經筆記》,徐德明等主編:《清代學術筆記叢刊》,第 70 冊。

168. 〔清〕岳森著,吳仰湘整理:〈為學通議〉,干春松等主編:《經學的新開展(經學研究第 1 輯)》,北京:中國人民大學出版社,2012 年 11 月。

169. 〔清〕吳闓生著，王基倫、王誠御、許妙音標點校勘：《古文範》，臺北：萬卷樓，2019 年 8 月。

170. 梁鼎芬撰集，曹元弼校補：《經學文鈔》，《廣州大典》，第 24 輯，第 5 冊。

171. 章炳麟：《駁箴膏肓評》，《章太炎全集》，第 2 冊。

172. 章炳麟：《章太炎全集‧書信集（上）》，上海：上海人民出版社，2017 年 4 月。

173. 劉師培：《劉申叔遺書》，南京：江蘇古籍出版社，1997 年 11 月。

174. 《宋本藝文類聚》，上海：上海古籍出版社，2013 年 12 月。

175. 《韓國經學資料集成》，首爾：成均館大學校，1989 年。

176. 國家圖書館編：《漢晉名人年譜》，北京：北京圖書館出版社，2004 年 6 月。

177. 荊門市博物館編：《郭店楚墓竹簡》，北京：文物出版社，1998 年 5 月。

178. 馬承源主編：《上海博物館藏戰國楚竹書（一）》，上海：上海古籍出版社，2001 年 11 月。

179. 馬承源主編：《上海博物館藏戰國楚竹書（二）》，上海：上海古籍出版社，2002 年 12 月。

180. 裘錫圭主編：《長沙馬王堆漢墓簡帛集成》，北京：中華書局，2014 年 6 月。

181. 《定州漢墓竹簡論語》，北京：文物出版社，1997 年 7 月。

182. 馬衡：《漢石經集存》，上海：上海書店，2014 年 12 月。

183. 徐玉立主編：《漢碑全集》，鄭州：河南美術出版社，2006 年 8 月。

184. 毛遠明：《漢魏六朝碑刻校注》，北京：綫裝書局，2008 年 12 月。

185. 葉煒、劉秀峰主編：《墨香閣藏北朝墓誌》，上海：上海古籍出版社，2016 年 10 月。

三、近人論著

1. 《山東省志‧諸子名家志》編纂委員會編：《鄭玄志》，山東：山東人民出版社，2003 年 5 月。

2. 丁忱：《爾雅毛傳異同考》，武昌：武漢大學出版社，1988 年 1 月。

3. 丁忱：《詩經古字通》，武漢：武漢武漢大學出版社，1990 年。

4. 丁邦新編：《董同龢先生語言學論文選集》，臺北：食貨出版社，1974 年 11 月。

5. 丁邦新：《中國語言學論集》，臺北：幼獅文化，1977 年 1 月。

6. 丁福保：《佛學大辭典》，臺北：臺灣印經處，1974 年 4 月。

7. 丁聲樹：《丁聲樹文集》，北京：商務印書館，2020 年 4 月。

8. 于大成：《淮南鴻烈論文集》，臺北：里仁書局，2005 年 12 月。

9. 于省吾：《澤螺居詩經新證》，北京：中華書局，2003 年 4 月。

10. 于淑娟：《韓詩外傳研究：漢代經學與文學關係透視》，上海：上海古籍出版社，2011 年 10 月。

11. 中國詩經學會、河北師範大學合編：《中國香港、臺灣地區詩經研究文獻目錄》，北京：學苑出版社，2012 年 10 月。

12. 文幸福：《詩經毛傳鄭箋辨異》，臺北：文史哲出版社，1989 年 10 月。

13. 方平權：《漢語詞義探索》，長沙：岳麓書社，2006 年 9 月。

14. 王力：《王力文集》，第十九卷，山東：山東教育出版社，1990 年 6 月。

15. 王三慶：《敦煌類書》，高雄：麗文文化，1993 年 6 月。

16. 王文生：《臨海集》，西安：陝西人民出版社，1983 年 11 月。

17. 王卯根：《文言文注釋源流匯考》，北京：中國戲劇出版社，2009 年 2 月。

18. 王金凌：《中國文學理論史：上古篇》，臺北：華正書局，1987 年 4 月。

19. 王利器：《鄭康成年譜》，濟南：齊魯書社，1983 年 3 月。

20. 王利器：《曉傳書齋集》，上海：華東師範大學出社，1998 年 4 月。

21. 王利器：《王利器學述》，杭州：浙江人民出版社，1999 年 4 月。

22. 王浩：《鄭玄《三禮注》《毛詩箋》同源詞研究》，北京：北京師範大學出版社，2017 年 10 月。

23. 王妍：《經學以前的《詩經》》，北京：東方出版社，2007 年 3 月。

24. 王欣夫：《蛾術軒篋存善本書錄》，上海：上海古籍出版社，2002 年 12 月。

25. 王振民主編：《鄭玄研究文集》，濟南：齊魯書社，1999 年 10 月。

26. 王叔岷：《史記斠證》，臺北：中央研究院歷史語言研究所，1982 年 6 月。

27. 王叔岷：《莊子校詮》，臺北：中央研究院中國文哲研究所，2007 年 6 月。

28. 王國維：《觀堂集林》，北京：中華書局，2013 年 11 月。

29. 王國維著，胡平生、馬月華校注：《簡牘檢署考校注》，上海：上海古籍出版社，2004 年 11 月。

30. 王澤強：《簡帛文獻與先秦兩漢文學研究》，北京：中國社會科學出版社，2010 年 5 月。

31. 王靖獻著，謝濂譯：《鍾與鼓──詩經的套語及其創作方式》，四川：四川人民出版社，1990 年 12 月。

32. 王雲路、方一新編：《中古漢語研究》，北京：商務印書館，2000 年 7 月。

33. 王曉平：《日本詩經學史》，北京：學苑出版社，2009 年 9 月。

34. 王曉平：《日本詩經學文獻考釋》，北京：中華書局，2012 年 4 月。

35. 王禮卿：《四家詩恉會歸》，臺中：青蓮出版社，1995 年 10 月。

36. 王鐵：《漢代學術史》，上海：華東師範大學出版社，1995 年 12 月。

37. 史玲玲：《詩經毛傳音訓辨證》，臺北：黎明，1973 年 5 月。

38. 史玲玲：《詩經雅頌叚借字考》，臺北：黎明，1980 年 7 月。

39. 包兆會：《西漢初中期文藝思想研究》，南京：南京大學出版社，2013 年 3 月。

40. 任莉莉：《七錄輯證》，上海：上海古籍出版社，2011 年 12 月。

41. 任銘善：《無受室文存》，杭州：浙江大學出版社，2005 年 7 月。

42. 向熹：《詩經語言研究》，四川：四川人民出版社，1987 年。

43. 向熹：《詩經語文論集》，四川：四川民族出版社，2002 年 7 月。

44. 江俠庵編譯：《先秦經籍考》，臺北：河洛出版社，1975 年 5 月。

45. 江舉謙：《詩國風籀略》，臺中：私立東海大學出版，1992 年 10 月。

46. 江藍生：《近代漢語探源》，北京：商務印書館，2000 年 8 月。

47. 江磯（陳鴻森）編：《詩經學論叢》，臺北：崧高書社，1985 年 6 月 。

48. 余培林：《詩經正詁》，臺北：三民書局，1993 年 10 月。

49. 余嘉錫：《余嘉錫文史論集》，長沙：岳麓書社，1997 年 5 月。

50. 余嘉錫：《目錄學發微》，北京：中華書局，2007 年 10 月。

51. 朱金發：《先秦詩經學》，北京：學苑出版社，2007 年 9 月。

52. 朱自清：《朱自清古典文學論文集》，臺北：源流出版社，1982 年 5 月。

53. 朱承平：《故訓材料的鑒別與應用》，廣州：暨南大學出版社，2001 年 6

月。

54. 朱東潤：《詩三百篇探故》，上海：上海古籍出版社，1981 年 11 月。

55. 朱季海：《初照樓文集》，北京：中華書局，2011 年 11 月。

56. 朱星：《朱星古漢語論文選集》，臺北：洪葉，1996 年 1 月。

57. 朱曉海：《讀易小識》，臺北：文史哲出版社，2016 年 1 月。

58. 朱曉海：《漢賦史略新證》，西安：陝西人民出版社，2004 年 6 月。

59. 宋永培：《當代中國訓詁學》，廣州：廣東教育出版社，2000 年 7 月。

60. 宋永培：《《說文》與上古漢語詞義研究》，成都：巴蜀書社，2001 年 6 月。

61. 何丹：《《詩經》四言體起源探論》，北京：中國社會科學出版社，2001 年 1 月。

62. 何金松：《漢字形義考源》，武漢：武漢出版社，1996 年 1 月。

63. 何定生：《定生論學集——詩經與孔學研究》，臺北：幼獅文化事業公司，1978 年 7 月。

64. 何定生：《詩經今論》，臺北：臺灣商務印書館，1968 年 6 月。

65. 何志華、陳雄根編：《先秦兩漢典籍引《詩經》資料彙編》，香港：香港中文大學出版社，2004 年 12 月。

66. 呂友仁：《讀經識小錄》，上海：上海古籍出版社，2017 年 9 月。

67. 呂思勉：《章句論》，上海：商務印書館，1926 年 6 月。

68. 呂思勉：《群經概要》，《中國文化思想史九種》，上海：上海古籍出版社，2009 年 4 月。

69. 呂珍玉：《詩經訓詁研究》，臺北：文津，2007 年 3 月。

70. 呂振端：《魏三體石經殘字集證》，臺北：學海出版社，1981 年 5 月。

71. 沈文倬：《宗周禮樂文明考論》，杭州：浙江大學出版社，2001 年 6 月。

72. 沈兼士：《沈兼士學術論文集》，北京：中華書局，2004 年 5 月。

73. 馬先醒：《簡牘學要義》，臺北：簡牘學會，1980 年，未署月份。

74. 馬敘倫：《老子校詁》，北京：古籍出版社，1957 年 11 月。

75. 馬承源主編：《商周青銅器銘文選》，北京：文物出版社，1988 年 4 月。

76. 馬衡：《凡將齋金石叢稿》，北京：中華書局，1996 年 12 月。

77. 馬銀琴：《兩周詩史》，北京：社會科學文獻出版社，2006 年 12 月。

78. 馬導源編譯:《日本漢學研究論文集》,臺北:中華叢書編審委員會,1960年7月。

79. 車行健:《毛鄭詩經解經學研究》,臺北:花木蘭文化出版社,2007年3月。

80. 車行健:《釋經以立論——漢代毛鄭詩經經解的思想探索》,臺北:里仁書局,2011年9月。

81. 牟宗三:《才性與玄理》,臺北:臺灣學生書局,1980年3月。

82. 牟潤孫:《注史齋叢稿(增訂本)》,北京:中華書局,2009年6月。

83. 李人鑒:《太史公書校讀記》,蘭州:甘肅人民出版社,1998年10月。

84. 李冬梅:《蘇轍《詩集傳》新探》,成都:四川大學出版社,2006年1月。

85. 李世萍:《鄭玄《毛詩箋》研究》,北京:知識產權出版社,2010年1月。

86. 李沈陽:《漢代人性論史》,濟南:齊魯書社,2010年9月。

87. 李直方:《漢魏六朝詩論稿》,香港:龍門書店,1967年12月。

88. 李銳:《同文與族本——新出簡帛與古書形成研究》,上海:中西書局,2017年4月。

89. 李威熊:《馬融之經學》,臺北:文史哲出版社,1975年。

90. 李偉泰:《漢初學術及王充論衡述論稿》,臺北:長安出版社,1985年5月。

91. 李源澄:《李源澄著作集》,臺北:中央研究院中國文哲研究所,2008年。

92. 李增杰:《字林考逸續補》,廣州:廣東高等教育出版社,1989年7月。

93. 李雲光:《三禮鄭氏學發凡》,上海:華東師範大學出版社,2012年12月。

94. 李雲光:《毛詩重言通釋》,臺北:臺灣商務印書館,1978年12月。

95. 李雲光:《禮學論集》,香港:黃河文化服務社,1997年8月。

96. 李零:《蘭臺萬卷:讀《漢書·藝文志》》,北京:生活·讀書·新知三聯書店,2011年1月。

97. 李學勤主編:《字源》,天津:天津古籍出版社,2014年5月。

98. 李學勤:《古文獻論叢》,上海:上海遠東出版社,1996年11月。

99. 李學勤:《走出疑古時代(修訂本)》,瀋陽:遼寧大學出版社,1997年12月。

100. 李學勤：《中國古代文明研究》，上海：華東師範大學出版社，2004 年 11 月。

101. 金公亮：《詩經學新論》，臺北：啟明書局，1958 年 12 月。

102. 金德建：《古籍叢考》，香港：中華書局，1986 年 12 月。

103. 金德建：《司馬遷所見書考》，上海：上海人民出版社，1963 年 2 月。

104. 金德建：《經今古文字考》，濟南：齊魯書社，1986 年 10 月。

105. 汪中：《詩經朱傳斠補》，臺北：學海出版社，1990 年 1 月。

106. 汪祚民：《詩經文學闡釋史（先秦─隋唐）》，北京：人民文學出版社，2005 年 3 月。

107. 汪辟疆：《汪辟疆文集》，上海：上海古籍出版社，1988 年。

108. 汪耀楠：《注釋學綱要》，北京：語文出版社，1991 年 3 月。

109. 倪其心：《校勘學大綱》，北京：北京大學出版社，1987 年 7 月。

110. 段熙仲：《春秋公羊學講疏》，南京：南京師範大學出版社，2002 年 11 月。

111. 吳宏一：《詩經新繹‧國風編‧國風三》，臺北：遠流，2018 年 5 月。

112. 吳忠匡：《史記太史公自序注說會纂》，哈爾濱：黑龍江人民出版社，1985 年 12 月。

113. 吳步江：《詩經義韻臆解》，臺北：黃冠南出版，1982 年 12 月。

114. 吳其昌著，吳令華主編：《吳其昌文集》，太原：三晉出版社，2009 年 7 月。

115. 吳國泰：《史記解詁》，《居易簃叢書（六種）》，成都：巴蜀書社，2006 年 9 月。

116. 吳國泰：《《經傳釋詞》臆正》，《居易簃叢書（六種）》。

117. 吳萬鍾：《從詩到經──論毛詩解釋的淵源及其特色》，北京：中華書局，2001 年 3 月。

118. 屈萬里：《書傭論學集》，臺北：臺灣開明書店，1970 年。

119. 屈萬里：《詩經詮釋》，臺北：聯經，1990 年 10 月。

120. 周光慶：《中國古典解釋學導論》，北京：中華書局，2002 年 9 月。

121. 周何：《詩經著述考（一）》，臺北：鼎文書局，2004 年 3 月。

122. 周泉根：《新出戰國楚簡之《詩》學研究》，天津：天津教育出版社，2010

年 12 月。

123. 周浩治：《魏晉南北朝詩經著述考》，臺北：珪庭出版社，1979 年。

124. 周鳳五：《朋齋學術文集》，臺北：臺大出版中心，2016 年 12 月。

125. 林申清：《宋元書刻牌記圖錄》，北京：北京圖書館出版社，1999 年 7 月。

126. 林其錟、陳鳳金：《文心雕龍集校合編》，臺南：暨南出版社，2002 年 6 月。

127. 林葉蓮：《中國歷代詩經學》，臺北：臺灣學生書局，1993 年 3 月。

128. 林耀潾：《西漢三家詩學研究》，臺北：文津出版社，1996 年 9 月。

129. 季旭昇：《《詩經》吉禮研究》，臺北：花木蘭文化出版社，2010 年 9 月。

130. 季旭昇：《詩經古義新證》，北京：學苑出版社，2001 年 6 月。

131. 季惟齋：《徵聖錄》，上海：華東師範大學出版社，2010 年 2 月。

132. 岑溢成：《詩補傳與戴震的解經方法》，臺北：文津，1992 年 3 月。

133. 佘正松、周曉琳主編：《《詩經》的接受與影響》，上海：上海古籍出版社，2006 年 7 月。

134. 洪誠：《洪誠文集》，南京：江蘇古籍出版社，2000 年 8 月。

135. 洪國樑：《詩經訓詁之「亦通」問題》，臺北：學海出版社，1995 年 4 月。

136. 洪國樑：《詩經、訓詁與史學》，臺北：國家出版社，2015 年 3 月。

137. 洪湛侯：《詩經學史》，北京：中華書局，2002 年 5 月。

138. 洪業：《洪業論學集》，北京：中華書局，2005 年 6 月。

139. 郜同麟：《宋代文獻引《春秋》研究》，北京：中國社會科學出版社，2015 年 4 月。

140. 俞志慧：《君子儒與詩教——先秦儒家文學思想考論》，北京：生活・讀書・新知三聯書店，2005 年 3 月。

141. 郝志達主編：《國風詩旨纂解》，天津：南開大學出版社，1990 年 2 月。

142. 馮浩菲：《毛詩訓詁研究》，湖北：華中師範大學出版社，1988 年 8 月。

143. 馮浩菲：《中國古籍整理體式研究》，北京：北京圖書館出版社，1997 年 2 月。

144. 胡玉縉：《許廎學林》，臺北：世界書局，2015 年 6 月，影印北京中華書局本。

145. 胡平生、韓自強：《阜陽漢簡詩經研究》，上海：上海古籍出版社，1988

年 5 月。

146. 胡明揚主編：《詞類問題考察》，北京：北京語言學院出版社，1996 年 5 月。

147. 胡楚生：《經學研究論集》，臺北：臺灣學生書局，2002 年 11 月。

148. 胡熊鍔：《經學通論》，林慶彰主編：《民國時期經學叢書》第三輯，第 1 冊。

149. 胡樸安：《中國訓詁學史》，臺北：臺灣商務印書館，1980 年 9 月。

150. 胡繼明：《詩經爾雅比較研究》，重慶：重慶大學出版社，1995 年 10 月。

151. 姚小鷗：《詩經三頌與先秦禮樂文化》，北京：北京廣播學院，2000 年 1 月。

152. 晁福林：《上博簡《詩論》研究》，北京：商務印書館，2013 年 10 月。

153. 夏傳才：《詩經研究史概要》，北京：清華大學出版社，2007 年 6 月，增訂本。

154. 夏傳才主編：《詩經學大辭典》，石家莊：河北教育出版社，2014 年 3 月。

155. 夏傳才、董治安主編：《詩經要籍提要》，北京：學苑出版社，2003 年 8 月。

156. 曹元弼：《復禮堂文集》，臺北：華文出版社，1968 年。

157. 袁梅：《詩經異文彙考辯證》，濟南：齊魯書社，2013 年 1 月。

158. 徐中舒：《徐中舒歷史論文選輯》，北京：中華書局，1998 年 9 月。

159. 徐仁甫：《古詩別解》，上海：上海古籍出版社，1984 年 1 月。

160. 徐復觀：《中國經學史的基礎》，臺北：臺灣學生書局，1982 年 5 月。

161. 徐復觀：《兩漢思想史（卷三）》，臺北：臺灣學生書局，1993 年 9 月。

162. 徐剛：《訓詁方法論》，北京：北京大學出版社，2015 年 3 月。

163. 徐興無：《經緯成文——漢代經學的思想與制度》，南京：鳳凰出版社，2015 年 12 月。

164. 郜同麟：《宋代文獻引《春秋》研究》，北京：中國社會科學出版社，2015 年 4 月。

165. 姜亮夫：《詩騷聯綿字考》，《姜亮夫全集》，昆明：雲南人民出版社，2002 年 10 月，第十七冊。

166. 姜亮夫：《楚辭書目五種》，上海：上海古籍出版社，1993 年 2 月。

167. 姜亮夫：《姜亮夫文錄》，昆明：云南人民出版社，1999 年。

168. 高葆光：《詩經新評價》，臺中：東海大學，1965 年。

169. 馬敘倫：《老子校詁》，北京：古籍出版社，1957 年 11 月。

170. 殷孟倫：《子雲鄉人類稿》，濟南：齊魯書社，1985 年 2 月。

171. 唐元：《經學浮沉中的文體變遷：兩漢經解文體研究》，南京：鳳凰出版社，2015 年 12 月。

172. 唐文治：《十三經提綱》，上海：華東師範大學出版社，2015 年 1 月。

173. 勞悅強：《文內文外——中國思想史中的經典詮釋》，臺北：國立臺灣大學出版中心，2010 年 6 月。

174. 勞榦：《漢晉西陲木簡新考》，臺北：中央研究院歷史語言研究所，1983 年 12 月。

175. 寇淑慧：《二十世紀詩經研究文獻目錄》，北京：學苑出版社，2001 年 7 月。

176. 孫作雲：《詩經研究》，開封：河南大學出版社，2002 年 6 月。

177. 孫良朋：《中國古代語法學探究（增訂本）》，北京：商務印書館，2005 年 11 月。

178. 孫筱：《兩漢經學與社會》，北京：中國社會科學出版社，2006 年。

179. 孫雍長：《管窺蠡測集》，湖南：岳麓書社，1994 年 11 月。

180. 孫猛：《日本國見在書目錄詳考》，上海：上海古籍出版社，2015 年 9 月。

181. 許錟輝：《說文解字重文諧聲考》，臺北：嘉新水泥公司文化基金會，1968 年 8 月。

182. 許嘉璐：《未輟集》，北京：中國社會科學出版社，2000 年 3 月。

183. 康國章：《《說文》所收《詩經》用字考釋》，北京：新華出版社，2016 年 12 月。

184. 蒙文通：《經學抉原》，林慶彰主編：《民國時期經學叢書》，臺中：文听閣圖書有限公司，2008 年 7 月，第二輯，第 5 冊。

185. 蒙文通：《經史抉原》，成都：巴蜀書社，1995 年 9 月。

186. 陶懋炳：《司馬光史論探微》，長沙：湖南師範大學出版社，1989 年 11 月。

187. 郭全芝：《清代《詩經》新疏研究》，安徽：安徽大學出版社，2010 年 3

月。

188. 郭永秉：《古文字與古文獻論集續編》，上海：上海古籍出版社，2015 年
8 月。

189. 郭晉稀：《詩經蠡測》，四川：巴蜀書社，2006 年 1 月，增訂本。

190. 郭錫良《上古音手冊》，北京：北京大學出版社，1986 年 11 月。

191. 陳子展：《詩經直解》，上海：復旦大學出版社，1991 年 6 月。

192. 陳子展：《詩三百解題》，上海：復旦大學出版社，2001 年 10 月。

193. 陳中凡：《陳中凡論文集》，上海：上海古籍出版社，1993 年 8 月。

194. 陳世驤：《中國文學的抒情傳統：陳世驤古典文學論集》，北京：生活‧
讀書‧新知三聯書店，2015 年 1 月。

195. 陳戍國：《詩經芻議》，長沙：岳麓書社，1997 年 4 月。

196. 陳戍國：《詩經校注》，長沙：岳麓書社，2004 年 5 月。

197. 陳直：《兩漢經濟史料論叢》，北京：中華書局，2008 年 6 月。

198. 陳昭瑛：《儒家美學與經典詮釋》，臺北：臺大出版中心，2005 年 8 月。

199. 陳柱：《待焚文藁》，林慶彰主編：《民國文集叢刊》，第 1 編。

200. 陳桐生：《《孔子詩論》研究》，北京：中華書局，2004 年 12 月。

201. 陳桐生：《禮化詩學：詩教理論的生成軌迹》，北京：學苑出版社，2009
年 3 月。

202. 陳致：《從禮儀化到世俗化：《詩經》的形成》，上海：上海古籍出版社，
2009 年 12 月。

203. 陳致主編：《跨學科視野下的詩經研究》，上海：上海古籍出版社，2010
年 3 月。

204. 陳緒平：《毛傳鄭箋補正》，四川：巴蜀書社，2020 年。

205. 陳國慶：《漢書藝文志注釋彙編》，北京：中華書局，2006 年 10 月。

206. 陳漢章：《陳漢章全集》，杭州：浙江古籍出版社，2014 年 3 月。

207. 陳溫菊：《詩經器物考釋》，臺北：文津，2011 年 8 月。

208. 陳應棠：《毛詩訓詁新銓》，臺北：臺灣中華書局，2017 年 9 月。

209. 陳麗桂：《近四十年出土簡帛文獻思想研究》，北京：中華書局，2015 年
8 月。

210. 陸宗達：《訓詁簡論》，香港：中華書局，2002 年 5 月。

211. 陸忠發：《現代訓詁學探論》，杭州：浙江大學出版社，2008 年 2 月。

212. 陸錫興：《《詩經》異文研究》，北京：中國社會科學出版社，2001 年 12 月。

213. 管錫華：《爾雅研究》，合肥：安徽大學出版社，1996 年 12 月。

214. 章炳麟著，龐俊、郭誠永疏證：《國故論衡疏證》，北京：中華書局，2008 年 7 月。

215. 湯炳正：《屈賦新探》，濟南：齊魯書社，1984 年 2 月。

216. 費振剛等：《先秦兩漢文學研究》，北京：北京出版社，2001 年 12 月。

217. 曾小夢：《先秦典籍引詩考論》，北京：商務印書館，2018 年 10 月。

218. 曾影靖編纂：《中國歷史研究工具書敘錄（稿本）》，香港：龍門書店，1968 年 2 月。

219. 賈晉華等編：《新語文學與早期中國研究》，上海：上海人民出版社，2018 年 9 月。

220. 聞一多：《聞一多全集》，臺北：里仁書局，2000 年 10 月。

221. 聞一多講述，劉晶雯整理：《聞一多詩經講義》，天津：天津古籍出版社，2005 年 1 月。

222. 張文朝：《日本における『詩經』學史》，臺北：萬卷樓，2012 年 12 月。

223. 張以仁：《張以仁先秦史論集》，上海：上海古籍出版社，2010 年 1 月。

224. 張以仁：《張以仁語文學論集》，上海：上海古籍出版社，2012 年 11 月。

225. 張永言：《語文學論集（增補本）》，上海：復旦大學出版社，2015 年 1 月。

226. 張西堂：《詩經六論》，上海：商務印書館，1957 年 9 月。

227. 張金泉、許建平：《敦煌音義匯考》，杭州：杭州大學出版社，1996 年 12 月。

228. 張洪海輯：《詩經匯評》，南京：鳳凰出版社，2016 年 6 月。

229. 張政烺：《甲骨金文與商周史研究》，北京：中華書局，2012 年 4 月。

230. 張蓓蓓：《中古學術論略》，臺北：大安出版社，1991 年 5 月。

231. 張素卿：《清代漢學與左傳學：從「古義」到「新疏」的脈絡》，臺北：里仁書局，2007 年 3 月。

232. 張森楷：《史記新校注稿》，臺北：中國學典館復館籌備處，1967 年。

233. 張傳官：《急就篇校理》，北京：中華書局，2017 年 8 月。

234. 張涌泉主編：《敦煌經部文獻合集》，北京：中華書局，2008 年 8 月。

235. 張能甫：《鄭玄註釋語言詞彙研究》，成都：巴蜀書社，2000 年 3 月。

236. 張富海：《漢人所謂古文之研究》，北京：綫裝書局，2007 年 4 月。

237. 張傳官：《急就篇校理》，北京：中華書局，2017 年 8 月。

238. 張健：《元代詩法校考》，北京：北京大學出版社，2001 年 9 月。

239. 張煥君、刁小龍：《武威漢簡「儀禮」整理與研究》，武漢：武漢大學出版社，2009 年 11 月。

240. 張樹波：《國風集說》，石家莊：河北人民出版社，1993 年 8 月。

241. 張餘慶著，王志民、楊效春、鄭福田校釋：《風詩決疑校釋》，內蒙古：內蒙古教育出版社，1992 年 4 月。

242. 張舜徽：《舊學輯存》，濟南：齊魯書社，1988 年 10 月。

243. 張舜徽：《漢書藝文志通釋》，湖北：湖北教育出版社，1990 年 3 月。

244. 張豐乾：《《詩經》與先秦哲學》，北京：北京大學出版社，2009 年 11 月。

245. 張寶三：《東亞《詩經》學論集》，臺北：臺大出版中心，2009 年 7 月。

246. 張壽林：《張壽林古典文學論著》，臺北：中央研究院中國文哲研究所，2009 年 12 月。

247. 張壽安：《以禮代理——凌廷堪與清中葉儒學思想之轉變》，臺北：中央研究院近代史研究所，1994 年 5 月。

248. 張壽安：《十八世紀禮學考證的思想活力：禮教論爭與禮秩重省》，臺北：中央研究院近代史研究所，2001 年 12 月。

249. 張濤：《經學與漢代社會》，石家庄：河北人民出版社，2001 年 12 月。

250. 雷家驥：《史詩三首箋證》，臺北：蘭臺出版社，2009 年 8 月。

251. 翟相君：《詩經新解》，鄭州：中洲古籍出版社，1993 年 1 月。

252. 裘錫圭：《古文字論集》，北京：中華書局，1992 年 8 月。

253. 裴普賢、糜文開：《詩經欣賞與研究續集》，臺北：三民書局，1970 年 8 月。

254. 裴普賢：《詩經研讀指導》，臺北：東大圖書公司，1977 年 3 月。

255. 裴普賢：《詩經相同句及其影響》，臺北：三民書局，1988 年 1 月。

256. 黃人二：《戰國楚簡研究》，上海：上海古籍出版社，2012 年 11 月。

257. 黃人二：《先秦新出土文獻與兩漢今古文經學公案》，臺中：高文出版社，2012 年 12 月。

258. 黃六平：《急就二集》，香港：中華書局，1978 年 5 月。

259. 黃侃箋識，黃焯編次：《量守廬群書箋識》，武漢：武漢大學出版社，1985 年 6 月。

260. 黃侃：《文心雕龍札記》，北京：中華書局，2007 年 8 月。

261. 黃忠慎：《惠周惕《詩說》析評》，臺北：文史哲出版社，1994 年 1 月。

262. 黃焯：《毛詩鄭箋平議》，武漢：武漢大學出版社，2008 年 3 月。

263. 黃焯：《黃焯文集》，武漢：湖北教育出版社，1990 年 1 月。

264. 黃國良：《詩經通假字集釋》，四川：唐山教育學院學報編輯部編輯，1985 年 6 月。

265. 黃復山：《東漢讖緯學新探》，臺北：臺灣學生書局，2000 年 2 月。

266. 黃懷信：《上海博物館藏戰國楚竹書《詩論》解義》，北京：社會科學文獻出版社，2004 年 1 月。

267. 黃彰健：《經今古文學問題新論》，臺北：中央研究院歷史語言研究所，1982 年 11 月。

268. 黃震雲：《先秦詩經學史》，北京：北京燕山出版社，2012 年 5 月。

269. 黃慶萱：《史記漢書儒林列傳疏證》，臺北：嘉新水泥公司文化基金會，1966 年 3 月。

270. 黃靈庚：《訓詁學與語文教學》，杭州：浙江大學出版社，2008 年 5 月。

271. 程元敏：《詩序新考》，臺北：五南，2004 年 12 月。

272. 程元敏：《先秦經學史》，臺北：臺灣商務印書館，2013 年 11 月。

273. 程元敏：《漢經學史》，臺北：臺灣商務印書館，2018 年 3 月。

274. 程俊英著，朱杰人、戴從喜編：《程俊英教授紀念文集》，上海：華東師範大學出版社，2004 年 11 月。

275. 程燕：《詩經異文輯考》，合肥：安徽大學出版社，2010 年 6 月。

276. 程勇：《漢代經學文論敘述研究》，濟南：齊魯書社，2005 年 4 月。

277. 盛廣智：《詩三百精義述要》，長春：東北師範大學出版社，1988 年 12 月。

278. 童嶺編：《秦漢魏晉南北朝經籍考》，上海：中西書局，2017 年 6 月。

279. 傅杰：《聆嘉聲而響和》，上海：華東師範大學出版社，2001 年 1 月。

280. 楊合鳴：《詩經句法研究》，武漢：武漢大學出版社，1993 年 3 月。

281. 楊合鳴：《詩經疑難詞語辨析》，武漢：崇文書局，2002 年 5 月 。

282. 楊向奎：《清儒學案新編》，濟南：齊魯書社，1994 年 3 月。

283. 楊柏峻：《楊伯峻學術論文集》，長沙：岳麓書社，1984 年 3 月。

284. 楊新勛：《宋代疑經研究》，北京：中華書局，2007 年 4 月。

285. 楊端志：《訓詁學》，山東：山東文藝出版社，1986 年 5 月。

286. 楊儒賓：《儒門內的莊子》，臺北：聯經，2016 年 2 月。

287. 楊鴻年：《漢魏制度叢考》，武漢：武漢大學出版社，2005 年 5 月。

288. 楊樹達：《漢書管窺》，上海：上海古籍出版社，1984 年 1 月。

289. 楊樹達：《積微居小學述林全編》，上海：上海古籍出版社，2007 年 8 月。

290. 楊聯陞：《國史探微》，臺北：聯經，1983 年 3 月。

291. 楊聯陞：《中國文化中「報」、「保」、「包」之意義》，香港：中文大學出版社，1987 年。

292. 齊佩瑢：《訓詁學概論》，臺北：華正書局，1999 年 9 月。

293. 詹鍈：《文心雕龍義證》，上海：上海古籍出版社，1989 年 8 月。

294. 詹鄞鑫：《華夏考——詹鄞鑫文字訓詁論集》，北京：中華書局，2006 年 12 月。

295. 董治安：《先秦文獻與先秦文學》，濟南：齊魯書社，1994 年 11 月。

296. 董治安主編：《兩漢全書》，濟南：山東大學出版社，1999 年 9 月。

297. 董純光：《詩經管窺》，未署出版年月與地點。

298. 蔡先金：《簡帛文學研究》，北京：學習出版社，2017 年 3 月。

299. 蔡守湘編：《歷代詩話論詩經楚辭》，武漢：武漢人民出社，1991 年 6 月。

300. 鄒酆：《辭書學叢稿》，武漢：崇文書局，2004 年 1 月。

301. 漆永祥：《乾嘉考據學研究》，北京：中國社會科學出版社，1998 年 12 月。

302. 賴炎元：《韓詩外傳考徵》，臺北：臺灣省立師範大學，1963 年 7 月。

303. 趙立偉：《魏三體石經古文輯證》，北京：社會科學文獻出版社，2007 年 9 月。

304. 趙平安：《新出簡帛與古文字古文獻研究》，北京：商務印書館，2009 年

12 月。

305. 趙苑夙：《上博楚簡〈孔子詩論〉文字研究》，新北：花木蘭文化出版社，
2012 年 3 月。

306. 趙帆聲：《詩經異讀》，開封：河南大學出版社，2002 年 1 月。

307. 趙沛霖：《興的起源》，北京：中國社會科學出版社，1987 年 11 月。

308. 趙沛霖：《詩經研究反思》，天津：天津教育出版社，1989 年 6 月。

309. 趙沛霖：《現代學術文化思潮與詩經研究——二十世紀詩經研究史》，北
京：學苑出版社，2006 年 8 月。

310. 趙制陽：《詩經賦比興綜論》，新竹：楓城出版社，1974 年 3 月。

311. 趙盛德主編：《中國古典文學理論名著探索》，桂林：廣西範大學出版社，
1989 年 2 月。

312. 樊波成：《老子指歸校箋》，上海：上海古籍出版社，2013 年 8 月。

313. 樊波成：《《老子指歸》研究》，上海：華東師範大學出版社，2020 年 11
月。

314. 賴貴三主編：《昭代經師手簡箋釋》，臺北：里仁書局，1999 年 8 月。

315. 虞萬里：《榆枋齋學林》，上海：華東師範大學出版社，2012 年 11 月。

316. 魯洪生主編：《詩經集校集注集評》，北京：中華書局、現代出版社，2015
年 12 月。

317. 蔣見元、朱傑人：《詩經要籍解題》，上海：上海古籍出版社，1996 年 9
月。

318. 蔣紹愚：《漢語詞匯語法史論文集》，北京：商務印書館，2000 年 8 月。

319. 蔣善國：《三百篇演論》，臺北：臺灣商務印書館，1980 年。

320. 蔣善國：《尚書綜述》，上海：上海古籍出版社，1988 年 3 月。

321. 蔣禮鴻：《蔣禮鴻語言文字學論叢》，杭州：浙江古籍出版社，1994 年 12
月）。

322. 滕志賢：《《詩經》與訓詁散論》，上海：上海人民出版社，2008 年 2 月。

323. 葉長青：《漢書藝文志答問》，上海：華東師範大學出版社，2015 年 4 月。

324. 葉國良：《宋人疑經改經考》，臺北：國立臺灣大學出版委員會，1980 年
6 月。

325. 葉國良：《經學側論》，新竹：國立清華大學出版社，2005 年 11 月。

326. 葉國良：《宋代金石學研究》，臺北：臺灣書房，2011 年 1 月。

327. 鄧紅：《董仲舒思想研究》，臺北：文津出版社，2008 年 6 月。

328. 鄧佩玲：《《雅》《頌》與出土文獻新證》，北京：商務印書館，2017 年 8 月。

329. 鄧聲國：《文獻學與小學論考》，濟南：齊魯書社，2007 年 7 月。

330. 熊公哲等著：《詩經研究論集》，臺北：黎明，1983 年 10 月。

331. 熊明輯校：《漢魏六朝雜傳集》，北京：中華書局，2017 年 6 月。

332. 駢宇騫、段書安：《二十世紀出土簡帛綜述》，北京：文物出版社，2006 年 3 月。

333. 謝棟元著，李秀坤編：《謝棟元語言學論稿》，上海：上海外語教育出版社，2016 年 5 月。

334. 鄭吉雄：《戴東原經典詮釋的思想史探索》，臺北：臺大出版中心，2008 年 9 月。

335. 鄭玉珊：《詩經古義探源》，臺北：五南，2016 年 3 月。

336. 鄭志強：《當代詩經研究新視界》，北京：中國長安出版社，2014 年 10 月。

337. 鄭良樹：《百年漢學論集》，臺北：臺灣學生書局，2007 年 2 月。

338. 鄭振鐸：《鄭振鐸全集》，石家莊：花山文藝出版社，1998 年 11 月。

339. 鄭偉：《《毛詩大序》接受史研究：儒學文論進程與士大夫心靈變遷》，北京：人民出版社，2015 年 4 月。

340. 簡良如：《詩經論稿‧卷一》，臺北：華藝出版社，2011 年 2 月。

341. 簡啟賢：《《字林》音注研究》，成都：巴蜀書社，2003 年 1 月。

342. 簡博賢：《今存三國兩晉經學遺籍考》，臺北：三民書局，1986 年 2 月。

343. 簡博賢：《今存南北朝經學遺籍考》，臺北：黎明，1975 年 2 月。

344. 蘭文龍：《清人詩經序跋精萃》，北京：中國書籍出版社，2015 年 3 月。

345. 蕭維琪編：《高郵王氏紀念館》，高郵：江蘇省高郵市文物管理委員會，1991 年 3 月。

346. 蕭璋：《文字訓詁論集》，北京：語文出版社，1994 年 6 月。

347. 盧國屏：《《爾雅》與《毛傳》之比較研究》，臺北：花木蘭文化出版社，2009 年。

348. 潘秀玲：《詩經存古史考辨：詩經與史記所載史事之比較》，臺北：花木蘭文化出版社，2006 年。

349. 欒貴明：《四庫輯本別集拾遺》，北京：中華書局，1983 年 10 月。

350. 劉又銘：《理在氣中——羅欽順、王廷相、顧炎武、戴震氣本論研究》，臺北：五南，2000 年 3 月。

351. 劉大白：《白屋說詩》，北京：中國書店，1983 年 6 月。

352. 劉立志：《漢代《詩經》學史論》，北京：中華書局，2007 年。

353. 劉玉才、水上雅晴主編：《經典與校勘論叢》，北京：北京大學出版社，2015 年 4 月。

354. 劉光義：《詩語詞集釋》，臺北：臺灣商務印書館，1968 年。

355. 劉冬穎：《出土文獻與先秦儒家《詩》學研究》，北京：知識產權出版社，2010 年 12 月。

356. 劉信芳：《孔子詩論述學》，合肥：安徽大學出版社，2003 年 1 月。

357. 劉咸炘：《推十書》，四川：成都古籍書店，1996 年 11 月。

358. 劉青松：《《白虎通》義理聲訓研究》，北京：商務印書館，2018 年 7 月。

359. 劉運興：《詩義知新》，山東：山東教育出版社，1998 年 03 月。

360. 劉操南：《詩經探索》，杭州：浙江大學出版社，2003 年 1 月。

361. 劉毓慶：《歷史詩經著述考（先秦—元代）》，北京：中華書局，2002 年 5 月。

362. 劉毓慶主編：《詩義稽考》，北京：學苑出版社，2006 年 8 月。

363. 劉毓慶、郭萬金：《從文學到經學——先秦兩漢詩經學史論》，上海：華東師範大學出版社，2009 年 11 月。

364. 錢玄：《三禮通論》，江蘇：南京師範大學出版社，1996 年 10 月。

365. 錢存訓：《書於竹帛》，《錢存訓文集》，北京：國家圖書館出版社，2012 年 12 月。

366. 錢基博：《經學論稿》，武漢：華中師範大學出版社，2011 年。

367. 錢鍾書：《管錐編》，北京：生活・讀書・新知三聯書店，2008 年 6 月。

368. 龍宇純：《絲竹軒詩說》，臺北：五四書店，2002 年 11 月。

369. 龍宇純：《絲竹軒小學論集》，北京：中華書局，2009 年 2 月。

370. 顏崑陽：《詩比興系論》，臺北：聯經出版事業公司，2017 年 3 月。

371. 魏家川：《先秦兩漢的詩學嬗變》，北京：學苑出版社，2007 年 10 月。

372. 鍾泰：《莊子發微》，上海：上海古籍出版社，1988 年 9 月。

373. 戴君仁：《梅園論學集》，臺北：臺灣開明書局，1970 年 9 月。

374. 戴君仁：《梅園論學續集》，臺北：藝文印書館，1974 年 11 月。

375. 戴維：《詩經研究史》，湖南：湖南教育出版社，2001 年 9 月。

376. 羅常培：《羅常培文集》，濟南：山東教育出版社，1999 年 8 月。

377. 羅振玉：《楚州金石錄》，《羅振玉學術論著集》，第 6 集《漢兩京以來鏡銘集錄（外十四種）》，上海：上海古籍出版社，2013 年 10 月。

378. 羅根澤：《諸子考索》，香港：學林書店，1977 年。

379. 羅建新：《讖緯與兩漢政治及文學之關係研究》，上海：上海古籍出版社，2015 年 7 月。

380. 黨懷興：《《六書故》研究》，西安：陝西師範大學出版社，2000 年 7 月。

381. 饒宗頤：《中國宗教思想史新頁》，北京：北京大學出版社，2000 年 5 月。

382. 顧頡剛：《史林雜識初編》，北京：中華書局，2005 年 1 月。

383. 顧頡剛、顧廷龍輯：《尚書文字合編》，上海：上海古籍出版社，1996 年 1 月。

384. 顧實：《漢書藝文志講疏》，上海：上海古籍出版社，2009 年 12 月。

385. 顧濤：《漢唐禮制因革譜》，上海：上海書店出版社，2018 年 10 月。

386. 〔法〕葛蘭言（Marcel Granet）著，趙丙祥、張宏明譯：《中國古代的節慶與歌謠》，桂林：廣西師範大學出版社，2005 年 11 月。

387. 〔美〕杜百勝（W.A.C.H. Dobson）：《詩經語法》（The Language of the Book of Songs，1966）。

388. 〔美〕周啟榮著，毛立坤譯：《清代儒家禮教主義的興起──以倫理道德、儒家經典和宗族為切入點的考察》，天津：天津人民出版社，2017 年 12 月。

389. 〔美〕夏含夷著，黃聖松等譯：《孔子之前：中國經典誕生的研究》，臺北：萬卷樓，2013 年 4 月。

390. 〔美〕孫康宜、〔美〕宇文所安主編，劉倩等譯：《劍橋中國文學史》，北京：生活·讀書·新知三聯書店，2013 年 6 月。

391. 〔美〕蘇源熙（Haun Saussy）著，卞東坡譯：《中國美學問題》，南京：

江蘇人民出版社，2011 年 3 月。

392.〔美〕韓大偉（David B.Honey）著，唐光榮譯：《中國經學史‧周代卷：孔子、《六經》與師承問題》，北京：社會科學文獻出版社，2018 年 6 月。

393.〔美〕蘇源熙（Haun Saussy）著，卞東坡譯：《中國美學問題》，南京：江蘇人民出版社，2011 年 3 月。

394.〔日〕大川節尚：《三家詩より見たる鄭玄の詩經學》，東京：關書院，1937 年 7 月。

395.〔日〕大庭脩著，徐世虹譯：《漢簡研究》，桂林：廣西師範大學出版社，2001 年 9 月。

396.〔日〕小野澤精一等著，李慶譯：《氣的思想》，上海：上海人民出版社，2007 年 3 月。

397.〔日〕中村璋八：《五行大義校註（增訂版）》，東京：汲古書院，1998 年 5 月。

398.〔日〕水澤利忠：《史記會注考證校補》，東京：史記會注考證校補刊行會，1961 年 3 月。

399.〔日〕古勝隆一：《中国中古の学術》，東京：研文出版，2006 年 11 月。

400.〔日〕本田成之著，江俠庵譯：《經學史論》，林慶彰主編：《民國時期經學叢書》第一輯，第六冊。

401.〔日〕加藤虎之亮：《周禮經注疏音義校勘記》，上海：中西書局，2016 年 9 月。

402.〔日〕白川靜著，杜正勝譯：《詩經的世界》，臺北：東大圖書公司，2009 年 7 月。

403.〔日〕田中和夫著，李寅生譯：《漢唐詩經學研究》，南京：鳳凰出版社，2013 年 12 月。

404.〔日〕田所義行：《社会史上から見た漢代の思想と文学の基本的性格の研究》，東京：中國學術研究會，1965 年 2 月。

405.〔日〕內野熊一郎：《今文古文源流型の研究》，東京：內野博士著書刊行會，1954 年 3 月。

406.〔日〕金谷治：《唐抄本鄭氏注論語集成》，東京：平凡社，1978 年 5 月。

407.〔日〕貝加田誠：《詩經研究》，東京：龍溪書舍，1985 年 11 月。

408. 〔日〕赤塚忠：《詩經研究》，東京：研文社，1986 年 3 月。

409. 〔日〕竹添光鴻：《毛詩會箋》，南京：鳳凰出版社，2012 年 6 月。

410. 〔日〕安居香山、中村璋八：《緯書集成》，石家莊：河北人民出版社，
1994 年 12 月。

411. 〔日〕松本雅明：《詩經諸篇の成立に関する研究》，東京：東洋文庫，
1958 年 1 月。

412. 〔日〕林秀一著，喬秀岩等譯：《孝經述議復原研究》，武漢：崇文書局，
2016 年 6 月。

413. 〔日〕村山吉廣、江口尚純編：《詩經研究文獻目錄》，東京：汲古書院，
1992 年 10 月。

414. 〔日〕森三樹三郎：《上古より漢代に至る性命觀の展開：人性論と運命
觀の歷史》，東京都：創文社，1971 年 10 月。

415. 〔日〕新美寬著，〔日〕鈴木隆一補：《本邦残存典籍による輯佚資料集
成》，京都：京都大學人文科學研究所，1968 年 3 月。

416. 〔日〕家井真著，陸越譯：《詩經原意研究》，南京：江蘇人民出版社，
2012 年 6 月。

417. 〔日〕岡村繁著，俞慰慈等譯：《毛詩正義注疏選箋》，上海：上海古籍
出版社，2009 年 6 月。

418. 〔日〕狩野直喜著，周先民譯：《中國學文藪》，北京：中華書局，2011
年 4 月。

419. 〔日〕堀池信夫：《漢魏思想史研究》，東京：明治書院，1988 年 11 月。

420. 〔日〕清水茂著，蔡毅譯：《清水茂漢學論集》，北京：中華書局，2003
年 10 月。

421. 〔日〕野間文史：《五經正義の研究：その成立と展開》，東京：研文出
版，1998 年 10 月。

422. 〔日〕富谷至編，張西艷譯：《漢簡語彙考證》，上海：中西書局，2018
年 9 月。

423. 〔日〕喬秀岩：《北京讀經說記》，臺北：萬卷樓，2013 年 7 月。

424. 〔日〕喬秀岩：《義疏學衰亡史論》，臺北：萬卷樓，2013 年 9 月。

425. 喬秀岩、葉純芳：《學術史讀書記》，北京：生活・讀書・新知三聯書店，

2019 年 1 月。

426. 〔日〕島田翰：《古文舊書考》，上海：上海古籍出版社，2014 年 10 月。

427. 〔日〕諸橋轍次：《詩經研究》，東京：目黑書店，1912 年 11 月。

428. 〔日〕興膳宏、川合康三：《隋書經籍志詳考》，東京：汲古書院，1995 年 7 月。

429. 〔日〕種村和史：《宋代《詩經》學的繼承與演變》，上海：上海古籍出版社，2017 年 10 月。

430. 〔日〕藤堂明保：《鄭玄研究》，收入蜂屋邦夫編：《儀禮士昏疏》，東京：東京大學東洋文化研究所，1986 年 3 月。

431. 〔韓〕李瀷著，白承錫校注：《詩經疾書校注》，南京：江蘇教育出版社，1999 年 12 月。

四、單篇論文、論文集之一章（篇）

1. 〈批舒立淇文字指歸二卷說文解字便箋一卷說文解字舉隅一卷毛詩訓詁傳釋例一卷均不適教科書之用准自行出版〉，《教育公報》第 3 年第 1 期（1916 年）。

2. 丁忱：〈十年來訓詁學的發展方向〉，《中國語文通訊》第 17 期（1991 年）。

3. 于維杰：〈鄭玄詩譜考正〉，《學粹》第 4 卷第 3 期（1962 年 4 月）。

4. 方秋士：〈毛詩叚借字考〉，《國學雜誌》第 4 期（1915 年）。

5. 王力主講，謝以榮、周斯奮筆記：〈文化建設與新訓詁學〉，《廣東建設研究》第 1 卷第 2 期（1946 年）。

6. 王力：〈新訓詁學〉，葉聖陶編：《開明書店二十周年紀念文集》，北京：中華書局，1985 年 6 月。

7. 王文生：〈「詩言志」——中國文學思想的最早綱領〉，《中國文哲研究集刊》第 3 期（1993 年 3 月）。

8. 王利器：〈跋釋書本〉，附於王重民：《冷廬文藪》，上海：上海古籍出版社，1992 年 12 月。

9. 王松木：〈論「音韻思想史」及其必要性——從「魯國堯問題」談起〉，《聲韻論叢》第 17 期（2012 年 8 月）。

10. 王洲明：〈從《漢書》稱《詩》論定《毛詩序》基本完成於《史記》之前

——兼答張啟成先生的商榷〉，《河北師範大學學報（哲學社會科學版》第 30 卷第 3 期（2007 年 5 月）。

11. 王振華：〈陰陽學說對《毛傳》解《詩》的影響——兼論對《詩經》「訛言」一詞的正確理解〉，《文藝理論研究》第 2 期（2010 年）。

12. 王振華：〈《毛詩故訓傳》名義新考〉，曲景毅主編：《多元視角與文學文化——古典文學論集》，安徽：安徽大學出版社，2014 年 2 月。

13. 王景琳：〈〈關雎〉錯簡臆說〉，《文史》第 25 輯，北京：中華書局，1985 年 10 月。

14. 王承略：〈論《毛詩》的經本及其學派歸屬〉，《福建論壇（文史哲版）》（2000 年 3 月）。

15. 王誠御：〈《尚書·康誥》「周公初基作新大邑於東國洛」訓詁論考——兼論訓詁中的錯綜關係〉，《思辨集》第 19 輯（2016 年 3 月）。

16. 王誠御：〈論阮刻本《禮記》鄭玄注：「官，（猶）仕也」之「官」字為譌文及其所致之譌訓——兼述「古書注解次序與文本次序對應情況」的校勘價值〉，國立臺灣大學中文系主辦：第 44 期中國文學研究發表會，2017 年 4 月 29 日（六）。

17. 王誠御：〈〈孔子詩論〉：「童（同），而皆賢於其初者也」解〉，《有鳳初鳴年刊》第 13 期（臺北：東吳大學中國文學系博碩士班，2017 年 5 月）。

18. 王誠御：〈釋《毛詩正義》「（於）經無所當」〉，國立政治大學中文系主辦：「道南論衡——2017 年全國研究生學術研討會」，2017 年 11 月 4 日（六）。

19. 王誠御：〈《敦煌本文選注》「伏生所誦《詩》」及《文選集注》「《毛詩》孔安國《注》」辨正〉，《東吳線上學術論文》第 42 期（2018 年 6 月）。

20. 王懷宜：〈《詩毛傳》訓詁隱形理念初探〉，《揚州教育學院學報》第 25 卷第 1 期（2007 年 3 月）。

21. 王富祥：〈博物志疏證〉，《臺東師專學報》第 4 期（1976 年 4 月）。

22. 王顯：〈從《詩經》韻例來看某些可疑的章句〉，《古漢語研究論文集（三）》，北京：北京出版社，1987 年。

23. 王顯勇：〈《詩經》毛傳「某，某；某，某也」形式之義隔相訓初探〉，《黃石理工學院學報（人文社會科學版）》第 28 卷第 1 期（2011 年 2 月）。

24. 石立善：〈從敦煌吐魯番出土古寫卷看清人三家詩異文研究之闕失〉，《華人文化研究》第 2 卷第 1 期（2014 年 6 月）。

25. 朱天助：〈兩漢十翼稱經考〉，《儒家典籍與思想研究》第 5 輯，北京：北京大學出版社，2003 年 2 月。

26. 朱廷獻：〈詩經異文集證〉，連載於《文史學報》第 14～16 期（1984～1986 年）。

27. 朱迎平：〈《文士傳》佚文〉，《古典文學與文獻論集》，上海：上海財經大學出版社，1998 年 6 月。

28. 朱淵清：〈六詩考〉，《第三屆詩經國際學術研討會論文集》，香港：天馬圖書公司，1998 年 6 月。

29. 朱曉海：〈《文選‧弔魏武帝文並序》今本善注補正〉，《中國文選學：第六屆文選學國際學術研討會論文集》，北京：學苑出版社，2007 年 9 月。

30. 朱曉海：〈論向秀〈思舊賦〉〉，江建俊主編：《竹林名士的智慧與詩情》，臺北：里仁書局，2008 年 7 月。

31. 江慎中：〈用我法齋經說：費易毛詩非古文說〉，《國粹學報》（分類合訂本），第 6 卷第 2 期（1910 年）。

32. 安性栽：〈論《孔疏》之「興」〉，《湛江海洋大學學報》第 25 卷第 2 期（2005 年 4 月）。

33. 束景南：〈《別字》即《方言》考〉，《文史》第 39 輯（1994 年 3 月）。

34. 沈文倬：〈懿齋學述之一〉，《古文獻研究》第 2 輯，杭州：浙江古籍出版社，1995 年。

35. 谷麗偉：〈《毛傳詁訓傳》作者辨正〉，《古籍整理研究學刊》第 4 期（2011 年 7 月）。

36. 呂珍玉：〈訓詁考據之外──《詩》義解釋背後的一些問題〉，《興大中文學報》第 37 期（2015 年 6 月），頁 1～29。

37. 呂珍玉：〈《詩經》疑難詞語訓解判準困難及規範建立〉，《東海中文學報》第 31 期（2016 年 6 月），頁 1～36。

38. 宋丹丹：〈古今文《毛詩》淺議〉，《小品文選刊：下》第 3 期（2016 年）。

39. 來國龍：〈論戰國秦漢寫本文化中文本的流動與固定〉，《簡帛》第 2 輯（2007 年）。

40. 宗靜航：〈王國維「大毛公作《故訓》小毛公作《傳》」說辨〉，《新國學》
第 3 卷，成都：巴蜀書社，2001 年 12 月。

41. 汪春泓：〈關於《毛詩大序》的重新解讀〉，《文史探真》，北京：昆侖出
版社，2004 年 7 月。

42. 杜其容：〈詩毛氏傳引書考〉，臺北：國立臺灣大學圖書館藏手寫油印本，
1953 年。

43. 何容心：〈毛詩聲訓類纂敘例〉，《學風》第 5 卷第 8 期（1935 年）。

44. 余迺永：〈訓詁之回溯與前瞻〉，《香港浸會書院學報》第 7 期（1980 年）。

45. 余培林：《群經引詩考》，《臺灣省立師範大學國文研究所集刊》第 8 號
（1964 年）。

46. 車行健：〈考古與經義的關涉：傅斯年〈大東小東說〉和史語所城子崖的
發掘及其與《詩經·大東篇》的詮釋〉，《第四屆中國經學國際學術研討
會會議論文集》（2011 年），頁 565～583。

47. 李三榮：〈毛詩借字疏證舉例〉，《師院文萃》第 4 期（1970 年 06 月）。

48. 李笠：〈廣段玉裁論校書之難〉，《語言文字學專刊》第 1 卷第 2 期（1936
年）。

49. 李霖：〈論陳喬樅與王先謙三家詩學之體系〉，《儒家典籍與思想研究》第
二輯，北京：北京大學出版社，2010 年 5 月。

50. 李霖：〈從《大雅·思齊》看鄭玄解《詩》的原則〉，《中國經學》第 15
輯，桂林：廣西師範大學出版社，2015 年 3 月。

51. 李霖：〈《秦風·渭陽》的經學建構〉，《中國哲學史》2017 年第 3 期。

52. 李錦煜、趙茂林：〈《毛詩》的《序》《傳》歧異原因析論〉，《北京工業大
學學報（社會科學版）》第 13 卷第 2 期（2013 年 4 月）。

53. 李獨清：〈劉向別錄考釋〉，《貴大學報》第 1 期（1946 年）。

54. 李耀南：〈中國書裝考〉，《北京圖書館同人文選》，北京：書目文獻出版
社，1987 年 10 月。

55. 吳鷗：〈淺談鄭玄的以禮注詩〉，《北京大學中國古文獻研究中心集刊》第
4 輯，北京：北京大學出版社，2004 年 10 月。

56. 周光慶：〈《詩經》毛朱解釋模式比較〉，鄭遠漢主編：《黃侃學術研究》，
武漢：武漢大學出版社，1997 年 5 月。

57. 周鳳五：〈論上博孔子詩論竹簡留白問題〉，《上博館藏戰國楚竹書研究》，上海：上海書店，2002 年 3 月。

58. 施炳華：〈毛傳釋例〉，《成功大學學報（人文篇）》，第 19 卷（1984 年 3 月）。

59. 施逸霖：〈《毛詩》傳者考〉，《孟晉雜誌》第 2 卷第 11 期（1925 年）。

60. 杜其容：〈毛詩連綿詞譜〉，《杜其容聲韻論集》，北京：中華書局，2008 年 11 月。

61. 杜月村：〈《詩經》的傳習與研究〉，復旦大學中文系編：《卿雲集：復旦大學中文系七十五周年紀念論文集》，上海：上海古籍出版社，2002 年 8 月。

62. 林成章：〈《詩》同文比義〉，《國學季刊》第 4 卷第 4 號（1934 年）。

63. 林金泉：〈齊詩學之三基四始五際六情說探微〉，《成功大學學報（人文社會篇）》，第 20 期（1985 年 7 月）。

64. 林宏明：〈從古文字學的研究成果重新檢視鄭玄注經的得失〉，《第五屆中國經學國際學術研討會論文集》，臺北：國立政治大學中國文學系，2009 年 5 月。

65. 林惟仁：〈錢穆論兩漢今古文及其相關問題〉，《中國文哲研究集刊》，第 49 期（2016 年 9 月）。

66. 林葉蓮：〈毛詩稽古編所闡釋之治道理念〉，《陳伯元先生六秩壽慶論文集》，臺北：文史哲出版社，1994 年 3 月。

67. 林慶彰：〈朱謀㙔《詩故》研究〉，《中國文哲研究集刊》第 2 期（1992 年 3 月）。

68. 林慶彰：〈《詩經》學史研究的回顧與前瞻〉，鍾彩鈞主編：《中國文哲研究的回顧與展望》，臺北：中國文哲研究所籌備處，1992 年 5 月。

69. 林慶彰：〈評《詩經研究文獻目錄》〉，《中國文哲研究通訊》第 3 卷 2 期（1993 年 6 月）。

70. 林慶彰：〈兩漢章句之學重探〉，《中國經學史論文選集》，臺北：文史哲出版社，1992 年 10 月。

71. 林慶彰：〈傳記之學的形成〉，何志華、沈培等編：《先秦兩漢古籍國際學術研討會論文集》，北京：社會科學文獻出版社，2011 年 1 月。

72. 林慶彰:〈從幾個論題看臺港《詩經》研究的異同〉,《中國文哲研究通訊》第 27 卷第 3 期(2017 年 9 月)。

73. 林耀潾:〈葛蘭言、白川靜的《詩經》民俗學研究述論〉,《成大中文學報》,第 17 期(2007 年 7 月)。

74. 金學主:〈李炳憲「詩經孔學考」略論〉,《第一屆中國域外漢籍國際學術會議論文集》,臺北:聯經出版事業公司,1987 年 12 月。

75. 季旭昇:〈《澤螺居詩經新證》述評〉,《語文、性情、義理:中國文學的多層面探討國際學術會議論文集》,臺北:國立臺灣大學出版,1996 年 7 月。

76. 胡平生:〈吐魯番出土義熙寫本毛詩鄭箋《小雅》殘卷的復原與考證〉,《第二屆詩經國際學術研討會論文集》,北京:語文出版社,1996 年 8 月。

77. 胡樸安:〈樸學齋讀書記:毛詩鄭箋改字說〉,《國學周刊》第 49 期(1924 年)。

78. 常森:〈現狀和困境:近年來《詩經》研究平議〉,《南京師範大學文學院學報》2005 年 02 期(2005 年)。

79. 常森:〈論上博戰國楚竹書《詩論》的《詩經》學史價值〉,北京大學詩歌中心、北京大學中文系編:《立雪集》,北京:人民文學出版社,2005 年 4 月。

80. 常森:〈論漢代《詩經》著述之內外傳體〉,《國學研究》第 30 卷,北京:北京大學出版社,2012 年 12 月。

81. 徐聖心:〈「莊子尊孔論」系譜綜述——莊學史上的另類理解與閱讀〉,《臺大中文學報》第 17 期(2002 年 12 月)。

82. 徐建委:〈《詩》的編次與《毛詩》的形成〉,《復旦學報(社會科學版)》2017 年第 2 期。

83. 強中華:〈蕭綱〈毛詩十五國風義〉臆測〉,佘正松、周曉琳主編:《《詩經》的接受與影響》,上海:上海古籍出版社,2006 年 7 月。

84. 許維遹:〈饗禮考〉,耿素麗、胡月平選編:《三禮研究》(北京:國家圖書館出版社,2009 年 5 月),第二冊。

85. 彭漢遺:〈毛詩正疑錄〉,《北京民國大學月刊》第 1 期(1928 年)。

86. 崔大華：〈論經學之訓詁〉，林慶彰主編：《經學研究論叢》第 1 輯，桃園：聖環圖書，1994 年 4 月。

87. 馬楠：〈傳世經部文獻所見脫簡錯簡現象再討論〉，《出土文獻》第 7 輯，上海：中西書局，2015 年 10 月。

88. 凌麗君：〈從「單字為訓」看《毛詩故訓傳》與詩小序的關係〉，《民俗典籍文字研究》第 3 輯，北京：商務印書館，2006 年 12 月。

89. 凌麗君：〈言內語境影響下的《毛傳》不等值訓釋分析〉，王寧主編：《訓詁學與詞匯語義學論集》，北京：語文出版社，2011 年 3 月。

90. 孫作雲：〈詩經的錯簡〉，《詩經與周代社會》，北京：中華書局，1966 年 4 月。

91. 孫次舟：〈論魏三體石經古文之來源並及兩漢經古文寫本的問題〉，《齊大國學季刊》新 1 卷第 1 期（1940 年）。

92. 孫海波：〈西漢今古文之爭與政治暗潮（完）〉，《中國學報》第 3 卷第 2 期（1945 年 2 月）。

93. 房瑞麗：〈清儒三家《詩》輯佚觀念論略〉，《詩經研究叢刊》第 28 輯，北京：學苑出版社，2015 年 12 月。

94. 唐文：〈鄭注群經體例發微〉，《吉林大學社會科學學報》第 1 期（1991 年）。

95. 唐志遠，黃世俐：〈《毛詩故訓傳》闡釋系統述論——以《國風》為例〉，《南海學刊》第 4 期（2017 年）。

96. 勞榦：〈論中國造紙術之原始〉，《國立中央研究院歷史語言研究所集刊》，第 19 本（1948 年）。

97. 陸宗達：〈季剛先生與《手批白文十三經》〉，《黃侃紀念文集》，武漢：湖南人民出版社，1989 年 3 月。

98. 陳志信：〈倫理神話的闡釋——以《毛詩鄭箋》的詮釋體系試探經學運作的形式與意義〉，李明輝、陳瑋芬編：《理解、詮釋與儒家傳統：個案篇》，臺北：中央研究院中國文哲研究所，2008 年。

99. 陳侃理：〈《史記集解》為注體說〉，《文史》2018 年第 2 輯。

100. 陳昭容：〈訓詁學新構想的例證〉，《東海學報》第 21 期（1980 年 6 月）。

101. 陳致：〈古金文學與詩經文本研究〉，勞悅強、梁秉賦主編：《經學的多元

脈絡》，臺北：臺灣學生書局，2008 年 10 月。

102. 陳劍：〈清華簡「庶災皐蠱」與《詩經》「烈假」、「罪罟」合證〉，《饒宗頤國學院院刊》第 2 期（2015 年 5 月）。

103. 陳鴻森：〈韓詩遺說補誼〉，《大陸雜誌》第 85 卷第 4 期（1992 年）。

104. 陳錦春：〈漢四家《詩》說異同譾論〉，《詩經研究叢刊（第二十九輯）》，北京：學苑出版社，2018 年 5 月。

105. 章琦：〈《毛詩》今文說〉，《新國學》第 8 卷，成都：巴蜀書社，2010 年。

106. 莊雅洲：〈臺灣目前訓詁學的特色與瓶頸〉，《人文與社會科學簡訊》第 11 卷第 3 期（2010 年 6 月）。

107. 梁振杰：〈古文《毛詩》質疑〉，《文學遺產》第 5 期（2007 年）。

108. 黃人二：〈簡論先秦兩漢書手抄寫後校勘之大概〉，謝維揚、朱淵清主編：《新出土文獻與古代文明研究》，上海：上海大學出版社，2004 年 12 月。

109. 黃侃遺著：〈詩經序傳箋略例〉，《蘭州大學學報（社會科學版）》，第 3 期（1982 年）。

110. 黃典誠：〈淺談《詩經》的詞彙與語法〉，《黃典誠語言學論文集》，廈門：廈門大學出版社，2003 年 8 月。

111. 黃淬伯：〈詩傳箋商兌〉，《唐代關中方言音系》，南京：江蘇古籍出版社，1998 年 9 月。

112. 黃德寬：〈安徽大學藏戰國竹簡概述〉，《文物》第 9 期（2017 年）。

113. 黃耀堃、戴慶成：〈《楚辭補注》引《楚辭釋文》研究〉，《漢學研究》第 23 卷第 2 期（2005 年 12 月）。

114. 廖元善：〈毛詩消借字之研究〉，連載於《協大藝文》第 18～20 卷（1946～1947 年）。

115. 程蘇東：〈《毛詩正義》所引《定本》考索〉，《中國典籍與文化論叢》第 12 期，南京：鳳凰出版社，2010 年 5 月。

116. 程蘇東：〈《毛詩正義》刪定考〉，《文學遺產》第 5 期（2016 年）。

117. 程蘇東：〈東京國立博物館藏唐人〈毛詩並毛詩正義大雅殘卷〉正名及考論〉，《中央研究院歷史語言研究所集刊》第 88 本第 2 分（2017 年 6 月）。

118. 郭萬金、劉毓慶：〈傳統《詩》學的現代轉型〉，《山西大學學報（哲學社

會科學版)》，2014 年第 2 期（2014 年）。

119. 華鍾彥：〈詩經十論〉，《華鍾彥文集》，開封：河南大學出版社，2009 年 5 月。

120. 曹美秀：〈漢、宋學者的聖人觀——以蔡沈與王鳴盛對《尚書・堯典》的詮解為例〉，《臺大文史哲學報》第 82 期（2015 年）。

121. 曹建國、張玖清：〈出土《詩》學簡帛材料研究綜述〉，《漢學研究通訊》，第 26 卷第 4 期（2007 年 11 月）。

122. 張小敏：〈日本《詩經》準漢籍要籍提要〉，《中國經學》第 15 輯，桂林：廣西師範大學出版社，2015 年 3 月。

123. 張京華：〈說「詩」——從經學的角度〉，景海峰主編：《經典、經學與儒家思想的現代詮釋》，北京：人民出版社，2015 年 11 月。

124. 張欣：〈《後漢書・鄭玄傳》所載第五元先考略〉，《中國典籍與文化》第 2 期（2018 年）。

125. 張秀英：〈漢前『詩義』考索〉，《詩經研究叢刊（第七輯）》，北京：學苑出版社，2004 年 7 月。

126. 張瑛：〈讀毛詩傳〉，《國學論衡》第 4 期（1934 年），頁 1～3。

127. 張恒壽：〈六朝儒經注疏中之佛學影響〉，《中國社會思想與文化》，北京：人民出版社，1989 年 8 月。

128. 張奇峰：〈從經學角度的研究思想史——評《十八世紀禮學考證的思想活力：禮教論爭與禮秩重省》〉，洪濤等主編：《經學、政治與現代中國（思想史研究第 3 輯）》，上海：上海人民出版社，2007 年 4 月。

129. 張樹波：〈《詩經》異文簡論〉，《詩經國際學術研討會論文集》。

130. 張錦少：〈論清人三家《詩》分類理論中的「師承法」——以劉向及《說苑》為例〉，《嶺南學報》復刊第 4 輯（2015 年）。

131. 張寶三：〈漢代章句之學論考〉，《臺大中文學報》第 14 期（2001 年 5 月）。

132. 張寶三：〈論訓詁學研究與儒家注疏之關係〉，林慶彰主編：《經學研究論叢》第 10 輯，臺北：臺灣學生書局，2002 年 3 月。

133. 張寶三：〈《詩經》研究中之文獻解讀問題〉，《臺大中文學報》第 32 期（2010 年 6 月）。

134. 張壽安：〈經學研究新視域：從「知識轉型」開展「經學學術史」的研究

——從歷代經數與經目的變化談起〉，《人文中國學報》第 21 期（2015 年
11 月）。

135. 雷學軍：〈《毛傳》標興探〉，《海南師範大學學報（社會科學版）》第 23
卷第 4 期（2010 年）。

136. 馮浩菲：〈《毛詩故訓傳》名義解及其它〉，《華中師範大學學報（哲社版）》
第 6 期（1989 年）。

137. 馮浩菲：〈21 世紀《詩經》訓詁走向展望〉，《詩經研究叢刊（第一輯）》，
北京：學苑出版社，2001 年 7 月。

138. 孟慶楠：〈經學思想史視域中的先秦《詩》學文獻——對詩學思想表現形
式的反思〉，《平頂山學院學報》第 31 卷第 1 期（2016 年 2 月）。

139. 葛立斌：〈戰國出土文獻稱引《詩》條綴〉，《廣東教育學院學報》，第 29
卷第 1 期（2009 年 2 月）。

140. 楊晉龍：〈臺灣近五十年詩經學研究概述一九四九～一九九八〉，《漢學研
究通訊》第 20 卷第 3 期（2001 年 8 月）。

141. 應三玉：〈古籍注釋的一種方法：引典注釋法〉，《北京大學中國古文獻研
究中心集刊》第 4 輯。

142. 傅懋勣：〈中國訓詁的科學化〉，《大學》第 1 卷第 7 期（1942 年）。

143. 翁世華：〈從構詞法的理論論「話訓」與「訓詁」二詞並非一個同素異序
同義詞〉，《新加坡國立大學中文系學報：學叢》，第 2 期（1990 年 12 月）。

144. 賀廣如：〈馮登府的三家《詩》輯佚學〉，《中國文哲研究集刊》第 23 期
（2003 年 09 月）。

145. 賀廣如：〈論王先謙《詩三家義集疏》之定位〉，《人文學報》第 28 期（2003
年 12 月）。

146. 賀廣如：〈范家相《三家詩拾遺》及其相關問題〉，《漢學研究》第 22 卷
第 1 期（2004 年 6 月）。

147. 虞萬里：〈熹平石經《魯詩·鄭風》復原平議〉，《出土文獻與古文字研究》
第 6 輯，上海：上海古籍出版社，2015 年 2 月。

148. 聞惕：〈毛詩鄭箋漢制考證〉，連載於《實學》第 2 期至第 4 期（1926 年）。

149. 賴炎元：《毛詩鄭氏箋釋例》，《師大國文研究所集刊》第 3 期（1959 年
6 月）。

150. 趙伯義〈論《毛詩詁訓傳》集比釋義〉,《詩經國際學術研討會論文集》, 保定:河北大學出版社,1994 年 6 月。

151. 趙伯義:〈《毛詩故訓傳》解釋通假說〉,《詩經研究叢刊(第八輯)》,北京:學苑出版社,2005 年 1 月。

152. 趙茂林:〈《毛傳》成書及定型考論〉,《詩經研究叢刊(第二十四輯)》, 北京:學苑出版社,2008 年 1 月。

153. 趙培:〈毛傳鄭箋所本之《詩經》面貌管窺——以《曹風・鳲鳩》為例〉, 《中山大學學報(社會科學版)》第 58 卷(2018 年第 2 期)。

154. 趙逵夫:〈馬王堆漢墓帛書《相馬經・大光破章故訓傳》發微〉,《古典文獻論叢》,北京:中華書局,2007 年 6 月。

155. 趙海金:〈毛詩通叚文字考證〉,連載於《孔孟學報》第 14 卷 3 期至第 15 卷 4 期(1975 年 11 月〜1976 年 12 月)。

156. 鄧昭祺:〈《毛詩序》新探〉,《香港大學中文系集刊》第 4 卷(2000 年)。

157. 鐘明彥:〈義理性形訓、聲訓、義訓芻議(一):形訓〉,《應華學報》第 9 期(2011 年 8 月)。

158. 謝奇懿:〈《毛詩》學中的陰性特質——以《毛傳》和〈詩序〉為主〉,《陳滿銘教授七秩榮退誌慶論文集》,臺北:萬卷樓,2005 年 7 月。

159. 謝奇懿:〈毛鄭詩經學中的天人關係與文學透顯〉,《文藻外語學院 2006 年度教師專題研究發表暨研討會》,高雄:文藻外語學院,2007 年 9 月。

160. 鄭毓瑜:〈〈詩大序〉的抒情界域〉,《文本風景——自我與空間的相互定義(全新增訂版)》,臺北:麥田出版,2014 年 12 月。

161. 劉立志:〈先秦《詩》傳《詩》說析論〉,《傳統中國研究集刊》第 8 輯, 上海:上海人民出版社,2011 年 4 月。

162. 劉文清:〈訓詁學新體系之建構:從當前訓詁學研究之回顧與反思談起〉, 《臺大文史哲學報》第 62 期(2005 年 6 月)。

163. 劉文清:〈從惠棟《九經古義》論其「經之義存乎訓」的解經觀念〉,鄭吉雄主編:《臺日學者論經典詮釋中的語文分析》,臺北:臺灣學生書局, 2010 年 8 月。

164. 劉文清:〈《毛詩箋》訓詁術語探究〉,《「國科會中文學門小學類 92〜97 研究成果發表會」論文集》,臺北:新文豐,2011 年 4 月。

165. 劉文清：〈《毛詩正義》訓詁術語初探——兼論「疏不破注」之意義〉,「龍宇純先生學術研討會」,臺中：東海大學中文系主辦,2018 年 12 月 1 日。

166. 劉玉國：〈「進退維谷」解〉,《訓詁論叢》第 3 輯,臺北：文史哲出版社,1997 年 5 月。

167. 劉青松：〈《詩經》毛傳、鄭箋的義理聲訓〉,《民俗典籍文字研究》第 7 輯,北京：商務印書館,2010 年 12 月。

168. 劉笑敢：〈出土簡帛對文獻考據方法的啟示(之一)——反思三種考據方法的推論前提〉,周鳳五主編：《先秦文本及思想之形成、發展與轉化》,臺北：臺大出版中心,2013 年 12 月。

169. 劉殿爵：〈揚雄《方言》與《孟子》〉,《中國文化研究所學報》第 1 期(1992 年)。

170. 鮑有為：〈河間獻王與古文經學的傳承〉,《古籍研究》總第 62 卷,南京：鳳凰出版社,2015 年 12 月。

171. 蕭和宣：〈毛詩本字考〉,連載於《東北大學周刊》第 47～65 期。

172. 潘重規：〈史記伯夷列傳稱「其傳曰」考釋〉,《大陸雜誌語文叢書：通論・經學》,臺北：大陸雜誌社,1963 年。

173. 潘銘基：〈《毛詩正義》所引「定本」研究〉,《經學文獻研究集刊》第 13 輯,上海：上海書店,2015 年 4 月。

174. 鄒酆：〈試論王力的新訓詁學〉,《辭書學叢稿》,武漢：崇文書局,2004 年 1 月。

175. 錢玄：〈《毛詩故訓傳》析句釋例〉,《語言研究集刊》第 2 輯,南京：江蘇教育出版社,1988 年 11 月。

176. 嚴壽澂：〈「思主容」「溪其羣」「序異端」——清人經解中寬容平恕思想舉例〉,彭林主編：《中國經學》第 2 輯,桂林：廣西師範大學出版社,2007 年 5 月。

177. 魏佩蘭：〈毛詩序傳違異考〉,《師大月刊》第 30 期(1936 年)。

178. 顧實：〈秦漢燒書、校書兩大案平議〉,葉繼元主編：《南京大學百年學術精品：圖書館學卷》,南京：南京大學出版社,2002 年 5 月。

179. 顧濤：〈鄭康成注〈禮〉未嘗更改經字證〉,《漢學研究》第 25 卷第 2 期(2007 年 12 月)。

180. 戴君仁：〈一字見宗旨〉，《梅園論學續集》，臺北：藝文印書館，1974 年 11 月。

181. 戴璉璋：〈詩經語法研究〉，《中國學術年刊》第 1 期（1976 年）。

182. 龔道耕著，李冬梅校正：〈龔編《鄭君年譜》校正〉，《儒藏論壇》第 3 輯，成都：四川大學出版社，2009 年 5 月。

183. 〔日〕山崎明：〈百二十詠詩注校本──本邦伝存李嶠雜詠注──〉，《斯道文庫論集》第 50 輯（2015 年）。

184. 〔日〕山崎純一：〈女訓書としての漢代の『詩經』〉，《村山吉廣教授古稀紀念：中國古典學論集》，東京：汲古書院，2000 年 3 月。

185. 〔日〕小島毅：〈朱熹の經解方法〉，《村山吉廣教授古稀記念：中國古典學論集》。

186. 〔日〕水上靜夫：〈『毛詩』疊句原讀攷〉，《池田末利博士古稀紀念：東洋學論集》，廣島：池田末利博士古稀記念事業會，1980 年 9 月。

187. 〔日〕內山直樹著，柳悦譯：〈漢代所見序文體例研究〉，收在方旭東主編：《日本學者論中國哲學史》，上海：華東師範大學出版社，2010 年 12 月。

188. 〔日〕平山久雄：〈敦煌毛詩音殘卷反切の研究（上）〉，《北海道大學文學部紀要》第 14 卷第 3 分冊（1966 年）。

189. 〔日〕加賀榮治著，童嶺譯：〈魏晉經書解釋所顯示之方向〉，《秦漢魏晉南北朝經籍考》。

190. 〔日〕田中和夫：〈關於《詩經》古注的順序意識〉，《詩經研究叢刊（第 19 輯）》，北京：學苑出版社，2011 年 9 月。

191. 〔日〕田中和夫：〈『毛詩正義』における順序意識の意味するもの〉，早稻田大學中國文學會：《中國文學研究》第 39 期（2013 年 12 月）。

192. 〔日〕伊東貴之著，張瑋儀校對：〈宋學‧朱子學的意義轉換──經學‧歷史學‧「天論」‧「性說」的考察〉，淡江大學中文系主編：《台灣儒學與現代生活國際學術研討會論文集》，臺北：臺北市政府文化局，2000 年 12 月。

193. 〔日〕保科季子著，石立善譯：〈天子好逑──漢代儒教的皇后論〉，童嶺編：《秦漢魏晉南北朝經籍考》，上海：中西書局，2017 年 6 月。

194. 〔日〕池田秀三著，石立善譯：〈訓詁的虛與實〉，彭林主編：《中國經學》第 5 輯，桂林：廣西師範大學出版社，2009 年 10 月。

195. 〔日〕池田秀三著，洪春音譯：〈《毛詩箋》在鄭學中的意義〉，《古典學集刊》第 1 輯，上海：華東師範大學出版社，2015 年 5 月。

196. 〔日〕安井小太郎：〈毛詩詁訓傳撰者考〉，《東華》第 68 集。

197. 〔日〕岡村繁：〈《毛詩正義》校勘劄記〉，《詩經研究》第 12 號（1987 年12 月）。

198. 〔日〕堀池信夫：〈緯學詩說考〉，中村璋八編：《緯學研究論叢──安居香山博士追悼》，東京：平河出版社，1993 年 2 月。

199. 〔日〕遠藤光曉：〈關於《切韻》的韻序〉，《南陽師範學院學報（社會科學版）》，第 11 期（2014 年）。

200. 〔日〕豐嶋睦：〈韓詩外伝に見える思想の源流〉，《東洋學論集：池田末利博士古稀記念》，廣島：池田末利博士古稀記念事業會，1980 年 9 月。

201. 〔日〕野間文史著，金培懿譯：〈《五經正義》研究〉，《中國文哲研究通訊》第 15 卷第 2 期。

202. 〔日〕野間文史著，楊柳譯：〈邢昺《爾雅疏》研究〉，《中國經學》第 17輯。

五、學位論文

1. 王利：《鄭玄《尚書注》輯考》，香港：香港中文大學博士論文，2016 年8 月。

2. 王振華：《〈毛詩故訓傳〉以禮說〈詩〉研究》，北京：北京大學博士學位論文，2010 年。

3. 王博玄：《唐代以前經籍注解體裁研究》，臺北：國立臺灣大學中國文學研究所博士論文，2013 年 7 月。

4. 王艷：《漢初諸子引詩研究》，黑龍江：哈爾濱師範大學碩士論文，2012年 5 月。

5. 李林芳：《語言、文本、注釋傳統──〈毛傳〉、〈鄭箋〉注解差異及原因探考》，北京：北京大學博士學位論文，2018 年。

6. 李慧玲：《阮刻《毛詩注疏（附校勘記）》研究》，上海：華東師範大學中國古典文獻學博士學位論文，2008 年。

7. 李穎：《《詩經》異文字際關係考證》，桂林：廣西師範大學碩士論文，2016年6月。

8. 馬昕：《三家〈詩〉輯佚史研究》，北京：北京大學博士論文，2013年。

9. 洪惟仁：《中國訓詁學之理論基礎》，國立臺灣師範大學國文研究所碩士論文，1972年6月。

10. 范麗梅：《簡帛文獻與《詩經》書寫文本之研究》，臺北：國立臺灣大學中國文學研究所博士論文，2008年10月。

11. 高立雯：《兩漢著述引《詩》研究》，福建：福建師範大學碩士論文，2014年5月。

12. 張素卿：《敘事與解釋：《左傳》經解研究》，臺北：國立臺灣大學博士論文，1997年5月。

13. 馮暉：《先秦諸子引詩研究》，山東：山東師範大學碩士論文，2011年6月。

14. 曹建國：《漢代《詩》學考述》，合肥：安徽大學碩士論文，2001年6月。

15. 彭美玲：《鄭玄毛詩箋以禮說詩研究》，臺北：國立臺灣大學中國文學研究所碩士論文，1992年6月。

16. 陸婉儀：《詩經傳箋異同考》，香港：香港中文大學碩士論文，1970年。

17. 陳昌明：《六朝「緣情」觀念研究》，臺北：國立臺灣大學中國文研究所碩士論文，1987年5月。

18. 陳惠美：《清代輯佚學》，臺北：私立中國文化大學博士論文，2004年。

19. 趙汝真：《詩經國風通叚字考》，臺北：私立中國文化大學研究所碩士論文1969年6月。

20. 遅林華：《《孔子詩論》集釋》，武漢：華中師範大學碩士論文，2011年。

21. 賴明德：《毛詩考釋》，臺北：國立臺灣師範大學國文研究所博士論文，1972年7月。

22. 趙逸文：《詩毛氏傳訓詁例證》，臺北：私立中國文化大學中國文學研究所碩士論文，1964年。

23. 羅健蔚：《鄭玄《三禮注》說《詩》與引《詩》之研究》，臺北：國立臺灣大學中國文學研究所碩士論文，2005年7月。

24. 鄭于香：《清代三家《詩》輯佚學研究——以陳壽祺父子、王先謙為中心》，

桃園：中央大學中國文學系碩士論文，2007 年 7 月。

25. 簡博賢：《今存唐代經學遺籍考》，臺北：國立臺灣師範大學國文研究所碩士論文，1970 年。

六、網路資源

1. 〔清〕周廷寀：《西漢儒林傳經表》，哈佛大學燕京圖書館藏清乾隆辛亥年間〔1791 年〕周氏營道堂刊本，https://iiif.lib.harvard.edu/manifests/view/drs:17253161$1i。

2. 〔清〕馮登府：《石經閣文初集》，哈佛大學燕京圖書館藏清同治甲戌年間陳乃乾寫補本，https://iiif.lib.harvard.edu/manifests/view/drs:52110871$1i。

3. 〔清〕梅植之：《嵇庵詩集》、《嵇庵文集》，哈佛大學燕京圖書館藏道光二十四年（1844 年）刊本，https://books.google.com.tw/books?id=1BgtAAAAYAAJ&printsc=frontcover&hl=zh-TW&source=gbs_ge_summary_r&cad=0#v=onepage&q&f=true。

4. 〔清〕朱琦：《小萬卷齋文槀》，哈佛燕京圖書館藏光緒 11 年（1885 年）從孫臧成嘉樹山房重刊本，https://books.google.com.tw/books?vid=HARVARD:32044067915645&printsec=titlepage&redir_esc=y。

5. 〔清〕吳承志：《遜齋文集》，哈佛大學燕京圖書館藏《求恕齋叢書》本，https://ctext.org/library.pl?if=gb&file=96681&page=120#box(498,480,2,2)。

6. 陳漢章：《綴學堂初槀》，哈佛大學燕京圖書館藏光緒十九年（1893 年）象山陳氏刊本，https://hollis.harvard.edu/primoexplore/fulldisplay?vid=HVD2&docid=HVD_ALEPH007358448&context=L&search_scope=default_scope。

7. 李霖：「文本・經義・結構──《毛詩》的經學世界」演講資訊，http://www.ihss.pku.edu.cn/about/index.aspx?nodeid=47&page=ContentPage&contentid=1177，2017 年 5 月 2 日於北京大學。

訂補本跋

　　拙作為二零一九年提交國立臺灣師範大學國文系之碩士論文，伏承業師王基倫先生指導、錯薦，寵畀花木蘭文化事業有限公司青鑒梓行，恩榮莫儗，不敢不勉。小文於博士班入學初審，仰蒙劉文清先生惠錫斧削；碩士論文口試，光荷張素卿先生、劉文清先生垂諭發蒙。成均業竟，上庠忝充，得廁座末沐聆張、劉二師法言，二師不棄糞朽，謬與點志，嘉命講論鄙制如干，私衷愧悚，恐墜師望。日月云邁，屢思更張，七襄不成，敢肻昔愆？雖謹飾前非，仍愧隅照，滯譽河間；每痛悔舊是，自鬻短綆，暴論北海，凡斯種種，大雅其裁諸。並敬奉戔書呈家父母大人尊前，父生母鞠，小子學《詩》，時恆洛頌，曷敢或亡。